U0457239

让我们
甲骨文
oracode
一起追寻

Strangers in Their Own Land

ANGER AND MOURNING ON THE AMERICAN RIGHT

STRANGERS IN THEIR OWN LAND:ANGER AND MOURNING ON THE AMERICAN RIGHT

By Arlie Russell Hochschild

Published by arrangement with Georges Borchardt, Inc.

Through Bardon-Chinese Media Agency

故土的陌生人

美国保守派的愤怒与哀痛

〔美〕阿莉·拉塞尔·霍赫希尔德 著
Arlie Russell Hochschild

夏凡 译

SSAP 社会科学文献出版社
SOCIAL SCIENCES ACADEMIC PRESS (CHINA)

本书获誉

“独具匠心。”

——阿图·葛文德（Atul Gawande），《纽约客》

“谦卑却有分量。”

——戴维·布鲁克斯（David Brooks），《纽约时报》

“《故土的陌生人》的非同寻常之处在于其始终如一的同理心及对政治中情感领域的关注。它被称为应景之作，却能经得住时间的考验。”

——加布里埃尔·汤普森（Gabriel Thompson），《新闻日报》

“霍赫希尔德超越了老生常谈，即支持小政府和减税而不那么富裕的选民的投票不符合自身的经济利益……《故土的陌生人》颠覆了对红脖子的漫画式描绘，展现出一群尊严常常遭忽视之人。”

——多顿·阿金多耶（Dotun Akintoye），《奥普拉杂志》

“对霍赫希尔德的耐心、才智和宽厚善良，我们心怀感激。”

——提奥·安德森（Theo Anderson），《当今时代》

“堪称典范……迄今对特朗普背后对抗情绪的社会基础及右翼平民主义整体最清晰的记叙性说明文。”

——罗伯特·库特纳（Robert Kuttner），《美国展望》

“在这个仿佛世界末日将近的时刻，阿莉·拉塞尔·霍赫希尔德的《故土的陌生人》无疑是场及时雨……值得一读。”

——肖恩·麦卡恩（Sean McCann），《洛杉矶书评》

“霍赫希尔德对人们如何认识自己的生活有浓厚兴趣……这些细致详尽的描述……揭示了霍赫希尔德笔下的‘故土的陌生人’与新一代精英间的巨大分歧。”

——杰迪戴亚·珀迪（Jedediah Purdy），《新共和》

“《故土的陌生人》……为了解一些选民如何感到疏离和脱节提供了极佳视角。”

——米奇·兰德里欧（Mitch Landrieu），新奥尔良市市长，《政客杂志》

“霍赫希尔德了解人们——以及她的祖国——胜过他们自己。”

——希瑟·马利克（Heather Mallick），《多伦多星报》

“霍赫希尔德怀着同情心和同理心找到了一种叙述，给（这些人的）生活赋以意义，令他们的经历为人所知——同时解释了他们的政治信念及其他许许多多。想要了解当代美国的人都应该读读这本引人入胜的书。”

——罗伯特·莱希（Robert B. Reich），加州大学伯克利分校公共政策学院教授

“在当今美国政治中，没有更重要的话题，亦无人能剖析得更为透彻。每一页——每个故事和人物——都让人着迷，书中的分析令人深受启发。”

——芭芭拉·埃伦赖希（Barbara Ehrenreich），《我在底层的生活》（*Nickel and Dimed*）、《我的失序人生》（*Living with a Wild God*）作者

“极富同情心……如今，关于政策、立法乃至事实的问题几乎都从公众话语中消失不见，取而代之的是对候选人‘气质’及品牌的辩论，在这样一个时代，（霍赫希尔德的）分析可谓姗姗来迟。”

——纳撒尼尔·里奇（Nathaniel Rich），《纽约书评》

“一本令人震惊而眼界大开的书。”

——海伦·刘易斯（Helen Lewis），《新政治家》

“不可不读。”

——查克·柯林斯（Chuck Collins），Inequality. org

“所有对政治感兴趣且还未准备好放弃的美国人的必读之书。”

——琼·布莱兹（Joan Blades），起居室对话组织、天下母亲组织及前进组织共同创始人

献给

哈罗德·阿雷诺和安妮特·阿雷诺

以及

威利、威尔马、玛丽莉、迈克·T.、克拉拉和将军

目　录

序

五年前开始这项研究时，美国两个政治阵营日益敌对分化， xi
令我愈发担忧。在很多左派人士看来，共和党和福克斯新闻频道（Fox News）似乎决心裁撤美国联邦政府的一大部分，减少穷人救济，让权力和财富进一步流向仅占人口总量 1% 的权贵之手。在很多右派人士看来，政府本身就是积聚权力的精英，为强化自身控制巧立名目，把轻松得来的钱分发出去，换取忠实的民主党选票。自那时以来，两党之间分歧加深，唐纳德·特朗普横空出世，加快了美国政治生活的脉搏。我想，我对自由主义左派阵营有所了解，但右派怎么了？

提出这个问题的人大多从政治角度找寻答案。虽然我也有自己的看法，但作为一名社会学家，我对右派人士的生活**感受**有浓厚兴趣——换言之，政治之下的情感。为理解他们的情感，我必须站在他们的立场上进行想象。我试着这样做，发现了他们的“深层故事”，一种**依照感受**的叙述。

政治题材与我的专业相去甚远，但近距离观察是我所长。在此前的作品《第二轮班》中，我聚焦了一个由来已久的问题——当夫妻二人都外出工作时，他们如何照料家庭，度过家庭时光。我坐在双职工家庭的厨房地板上，观察父母二人中孩子叫的是谁，接电话的是谁，以及夫妻双方对另一半的相对感
激之情。为寻找一个有利于家庭生活的工作场所，我流连于工 xii

厂和企业总部外的停车场，观察疲惫的员工何时回家（《时间困扰》），了解员工对度假、学吉他的幻想，“如果他们有时间的话”。我对菲律宾保姆进行了深入访谈（《全球女性》），在印度古吉拉特的小村庄采访为西方客户孕育新生命的商业代孕母亲（《外包自我》）。所有这些工作令我深信，养育新生儿及领养婴儿的职场父母应享有带薪育儿假——除美国之外，世界上所有主要工业国家都实行这一政策。现在，大多数美国儿童都生活在所有大人都要工作的家庭，因此在我看来，带薪育儿假的理念颇为可喜，有人情味，早就应当推行。然而，这一理想遭遇了一个新事实——右派中的很多人反对政府帮助双职工家庭这一理念。事实上，除了军队以外，他们根本不希望政府发挥多大作用。其他理想——加强环境保护，防止全球变暖，消除无家可归的现象——也同样面临紧闭的大门。我意识到，如果希望政府帮忙达成这些目标中的任何一个，我们就需要了解那些将政府视为问题而非答案的人。就这样，我踏上了通往美国右派内心的旅程。

早在 20 世纪 60 年代末，在察觉到美国文化中的分歧后，我和丈夫亚当前往国王考爱花园公寓（Kings Kauai Garden Apartments）住了一个月——该公寓位于加利福尼亚州圣塔安娜市，有一个丛林装饰风格的公共露台，播放着丛林鸟兽的声音。我们想要认识约翰·伯奇协会的成员，这个协会是茶党的一个早期右翼先驱。我们参加协会会议，与尽可能多的人交流。我们见到的许多成员都成长于中西部小城镇，在失范的加州城郊，他们感到完全失去了方向，并将这种不安转变为一个信念——美国社会面临被共产主义者接管的危险。环顾四周，我们非常清楚他们为何感觉被“接管”——几年间，柑橘园全部消失了，取而代之的是停车场和大型购物中心，这是毫无计划的城市扩张的一个例子。我们也感到被什么接管了，但不是共产主义。

我一生中大部分时间都身处进步主义阵营，但近年来，我 xiii
开始想更好地了解右派人士。他们是如何形成自己观点的？我们能否在一些问题上达成共同的奋斗目标？在这些问题的指引下，一天，我驱车行驶在路易斯安那州莱克查尔斯（Lake Charles）① 郊外荒凉工业区的工厂之间。与我同行的是莎伦·加利西亚（Sharon Galicia），一个热情、娇小的白人单身母亲，她是个金发美人，正挨个向工厂推销医疗保险。圆锯切入大片薄钢板，发出震耳欲聋的声音，她却泰然自若，和工人们开着玩笑。工人将防护装备拉至眉毛处，双臂交叉。她的吸引力和说服力十足，能说会道。（“如果你出了事故，付不起账单或等不及保险一个月后生效怎么办？我们在 24 小时内就能给你保险。”）工人们伸手拿笔签合同时，莎伦与他们聊起猎鹿、血肠里的鳄鱼肉肉量——那是一种深受人们喜爱的路易斯安那辣味香肠，还有路易斯安那州立大学老虎队（LSU Tigers）的最新赛况。

我们驾车行驶在工厂之间时，莎伦讲述了自己的经历，说到她的父亲——一个沉默寡言的工人，如何跟她情绪失常的母亲离了婚，再婚后搬去了一个拖车里，离他们有半小时车程，而这一切都没有告诉她或她哥哥。与她分开时，我内心有不少疑问。她父亲发生了什么事？他的婚姻遭遇如何影响了当时还是小女孩的她，继而影响到曾为妻子和现在作为单身母亲的她？与她交谈的小伙子们过着怎样的生活？为何这个活泼开朗、办

① 莱克查尔斯的字面意思为“查尔斯湖”。（本书所有脚注均为译者注，后文不再特别说明。）

事周到、意志坚定的年轻女人——本应是带薪育儿假的惠及对象，却是绝不会考虑这一概念的茶党的热心成员？

我自然当面向莎伦道了谢，感谢她让我跟着她跑工厂，但后来，我在心里再次感谢了她给予我的信任和沟通这份礼物。过了一阵子，我发觉她与我建立的联系比我起初料想得更加珍贵。它为一座同理心（empathy）之桥搭起了脚手架。桥梁两侧的我们错误地以为，对“另”一侧产生同理心便为深刻分析画上了句号，而事实上，到了桥梁的另一侧，最重要的分析才可能开始。

英语中没有太多词语可以用来形容与另一个世界的人展开
xiv 沟通，**并因这种行为而受到欢迎的感觉**。一种特殊的、相互的情感就此诞生。这是怎样一份大礼。感激、敬畏、欣赏；对我而言，这些词都适用，而我不知道该用哪个。但我认为，我们需要一个专门的词，并应让其占据一席尊贵之地，以修复英语世界文化钢琴中缺失的一键。两极分化以及我们根本不了解彼此这一日益成真的现实，令我们太容易诉诸反感和蔑视。

我最早经历与人沟通和别人向我伸出沟通之手，是作为一名外交人员的孩子。在年少的我心中，自己是被赋予了一项与父亲类似的个人使命，即与父亲工作带我们所至的所有国家的人们交朋友。我以为，自己被教导要和跟我们说话、穿着、步态、长相、信仰都不同的人进行沟通。父亲真的让我这么做了吗？我想没有。我为何这样做？我不知道。后来我才明白个中原因。奇怪的是，数十年后，在与莎伦一同逐家拜访工厂时，还有为这本书做调研期间与许多人交流时，我同样感受到了那份对沟通的感激之情。我感到自己再度身处他乡，可这一次是在自己的故乡。

第一部分

大悖论

第 1 章　内心之旅

迈克的红色卡车沿着土路，缓缓穿行于一排排高大的甘蔗 3
间。冲积平原上，目之所及，到处都是生机勃勃的银色甘蔗穗儿，在 10 月的阳光下摇曳。我们所在之处是过去的阿默利斯种植园（Armelise Plantation）。西边几英里开外便是浩荡的密西西比河，卷着中西部的泥土和弃物一路向南，经新奥尔良注入墨西哥湾。迈克说："以前，我们常赤着脚从一排排甘蔗间走过。"他 64 岁，是个和气的高个子白人。他摘下墨镜，细细打量着一片甘蔗田，几乎停下车来，将手臂伸出车窗，指向最左边道："我祖母原来就住在……**那里**。"他又将手臂向右移，接着说："我叔公泰恩的木工店大概是在……**那里**。"不远处是另一位叔公亨利的旧居，他是个技师，昵称是"普克"。一个叫"独木舟"的男人经营一家铁匠铺，迈克和一个朋友年少时会在那里搜集废金属，在彼时的他的眼中，那些金属"像金子一样"闪闪发光。祖父比尔负责看管甘蔗田。迈克接着说道，欧内斯廷小姐那时就住在……**那边**。她是个身材苗条的黑人，系一条白色头巾。迈克回忆道："她喜欢在秋葵汤[①]里放浣熊和负鼠，我们把一天打来的猎物给她，还有弓鳍鱼。她丈夫发动不了车时，我们就听到她向窗外喊，'那车出毛病了。'"随后，迈克又指向记忆中通往他儿时住所的土路。"那是个排

---

① 一种用秋葵荚调浓的鸡汤、肉汤或海味汤。

房[①]，”他若有所思地说，“可以用枪从一头瞄到另一头。但我
4 们九个人住得还不错。”那个房子是经过改造的阿默利斯种植园奴隶宿舍，迈克的父亲以前是名水管工，为种植园及其周边的住户做事。显然，从卡车窗户眺望出去，我和迈克看到的风景不尽相同。迈克眼前是一个他钟爱却已不复存在的熙熙攘攘的世界。而我看到的是一片绿野。

我们把车停在路边，下车后步入最近的一排甘蔗田。迈克为我们砍下一根，截头去尾，削出两截纤维丰富的甘蔗段。我们咀嚼着，吮吸着甘甜的汁水。回到卡车里，迈克再度陷入对班德维尔（Banderville）的怀念——那是个昔日的小村落，到20世纪70年代才最终拆除。村里住户四分之三是黑人，四分之一是白人，在迈克的记忆中，他们相处和睦，亲密而不平等。迈克在糖、棉花和骡子犁地的时代度过了童年，成年后则经历了石油时代。十几岁的夏天，为了赚取大学费用，他在蚊子肆虐的沼泽河中铺设木板，搭建石油钻井平台。大学毕业后，他自学成为一名“估算员”——计算建造墨西哥湾大型石油钻井平台及储存大量化学物质和石油的巨大白色球形罐所需材料的尺寸、强度和成本。“小时候，你在路边伸出大拇指就能搭便车。如果你有车，会让别人搭你的车。有人饿了，你会给他吃的。你有自己的社区。知道是什么破坏了这一切吗？”他顿了顿，“大政府。”

我们回到迈克的红色卡车，喝了一大口水（他为我们俩都带了塑料瓶装水），继续在甘蔗田间缓缓前行，话题转向了政治。“这里的大多数乡亲们都是卡津人[②]、天主教教徒、保守派，”

---

① 所有房间都由前向后排成一直列的房子。

② 居住在美国路易斯安那州的法裔加拿大人的后代。

他解释道，满腔热情地说，“我支持茶党！”

我第一次见到迈克·沙夫（Mike Schaff）是几个月前在巴吞鲁日（Baton Rouge）[①] 路易斯安那州议会大厦前的台阶上，那里正举行一场环保集会，迈克站在麦克风前，声音因激动而沙哑。他遭遇了美国最离奇的环境灾难之一，经历了真正翻天覆地的一幕，并因此失去了家园和社区——若要加以形容，那是个吞噬了上百英尺高的大树、将四十英亩沼泽掀了个底朝天的天坑。我脑海中因而浮现了一个大大的疑问。造成这一灾难
的是一家监管不严的钻井公司。但作为茶党拥护者，迈克赞成 5
政府全面放松监管，支持大幅削减政府开支——包括环保开支。他怎么能一边饱含泪水地忆起不复存在的家园，一边要求剥夺政府除了军队和飓风救济之外的大部分职能？我感到困惑。我意识到我们之间隔着一堵墙。

同理心之墙

可以说，我是带着对墙的兴趣来到了路易斯安那州。不是像贝尔法斯特和平墙隔离天主教教徒和新教教徒、得克萨斯边境隔离美国人和墨西哥人，或是过去隔离东西柏林居民的那种看得见的实体墙。我感兴趣的是同理心之墙（empathy wall）。同理心之墙是深刻理解他人的障碍，这堵墙会令我们对信仰或成长环境不同的人漠不关心，甚至怀有敌意。在政治动荡的时期，我们急于把握确定性。我们把新信息硬塞进自己的思维定式。我们满足于从外部了解他人。但有没有可能在不改变我们自身观念的情况下，从内部了解他人，从他们的眼中看现实，了解

---

① 路易斯安那州首府。

生活、感受与政治间的关系；换句话说，有没有可能穿过同理心之墙？[1] 我认为这是有可能的。

我请迈克·沙夫带我看看他长大的地方，因为我希望尽可能了解他如何看待世界。在自我介绍时，我告诉他："我来自加利福尼亚州伯克利，是个社会学家，想了解我国越来越深的分歧。所以我想摆脱自己的政治圈子，认识您这个圈子里的人。"听到"分歧"一词，迈克点了点头，然后打趣说："伯克利？那你们一定是共产党咯！"他咧嘴笑了起来，仿佛在说："我们卡津人会笑，希望你也行。"

有他在，想笑并不难。他是个高大结实的男人，戴褐色框眼镜，说话简练，声音小到近乎咕哝，发表自己的看法时总是情真意切，时而带些自嘲，还常发布忠实的脸书（Facebook）
6 宣言。介绍自己的家庭背景时，他说："我妈妈是卡津人，爸爸是德国人。我们卡津人管自己叫浣熊屁股。因为我有一半卡津、一半德国血统，所以我妈叫我'半途而废'①。"我们笑了起来。迈克有六个兄弟姐妹，他们的父亲用管道工的薪水养活了一大家。他说："我们那会儿不知道自己穷。"我后来认识的极右派人士中，很多人在说起自己或父母的童年时，都会有如此评价。迈克有工程师般的好眼力，运动员般对钓鱼和比赛的喜爱，以及自然主义者般聆听树蛙鸣叫的耳朵。我不认识任何茶党成员，没有真正与他们交谈过，而他也不太认识我这样的人。"我反对堕胎，支持持枪权，支持我们在无损他人利益的前提下，以自认为合适的方式自由生活。还有，我反对大政府，"迈克说，"我们的政府太过庞大、贪婪、无能，已被严重收买，不再是我

---

① half - ass，字面意思为半边屁股。

们的政府了。我们需要回归本土社区，比如阿默利斯过去的那种。说真的，那样对我们更好。”

不仅我国两大政党在这些问题上分歧越来越大，政治情感也比过去更为深切。1960 年进行的一项调查中，美国成年人被问道，如果他们的孩子与另一党派的成员结婚，他们是否会感到“不安”，当时两党回答“是”的成员均不超过 5%。而到了 2010 年，33% 的民主党人和 40% 的共和党人回答了“是”。[2] 事实上，一些人所谓的**党派心**（partyism）现在超越种族[3]，成为引发分裂和偏见的根源。

过去美国人搬家，是为了寻找更好的工作、便宜的住房或宜人的气候。而在《大分类：为何志趣相投的美国人的聚居令我们分崩离析》（*The Big Sort: Why the Clustering of Like - Minded Americans Is Tearing Us Apart*）一书中，比尔·毕晓普（Bill Bishop）和罗伯特·G. 库欣（Robert G. Cushing）指出，现在，人们更愿意与观点相同者为邻。[4] 人们正将自己分隔至情绪基调不同的地区——这里是愤怒，那里是满怀希望和信任。一群来自得克萨斯的自由意志主义派在埃尔帕索（El Paso）① 东边的盐滩买了块地，命名为保罗维尔（Paulville），将其留给“热爱自由”的罗恩·保罗（Ron Paul）的狂热追随者。越是将自己限制在想法相同的群体中，人们的观点就越极端。2014 年，皮尤（Pew）研究中心对一万多名美国人展开一项研究，结果显示，两党中政治参与度最高的群体认为，“另一党派”成员不仅错了，而且“误入歧途到了威胁国家福祉的程度”。[5] 与过去相比，两党还越来越多地从各自的电视频道获取新闻——右派 7

① 美国得克萨斯州城市。

看福克斯新闻频道，左派看微软全国广播公司节目（MSNBC）。分歧因此进一步扩大。

我们生活在《纽约客》（*New Yorker*）所谓的“茶党时代”。茶党运动的活跃成员约35万人，但皮尤研究中心的另一项民调显示，其支持者占美国人口的约20%，即4500万人。[6]存在分歧的问题多得惊人。调查发现，90%的民主党人认为人类活动对气候变化构成影响，而赞同这一观点的共和党温和派有59%，共和党保守派为38%，茶党拥护者则仅有29%。事实上，政治是决定气候变化观点的最大因素。[7]

分歧之所以扩大，是因为右派更右了，而非左派更左。共和党总统艾森豪威尔、尼克松和福特都支持《平等权利修正案》（Equal Rights Amendment）①。1960年，共和党政纲欢迎劳资双方开展“自由集体谈判”。共和党人自诩“扩大最低工资覆盖面，又有数百万工人将获益”；“完善失业保险制度，延长领取失业救济金的时限”。[8]德怀特·艾森豪威尔任总统期间，针对最富裕阶层的税率是91%，2015年则是40%。[9]2016年总统大选期间，几乎所有共和党候选人都对美国计划生育协会（Planned Parenthood）大肆抨击。然而，该组织的一名创始人是佩姬·戈德华特（Peggy Goldwater）——1964年共和党保守派总统候选人巴里·戈德华特（Barry Goldwater）之妻。艾森豪威尔将军呼吁大举投资基础设施，而今天，几乎所有国会共和党人都认为这是可怕的政府越权行为。罗纳德·里根增加了国家债务，支持控枪，而如今，

① 为保证平等权利不因性别而受到限制提出的宪法修正案，1972年得到美国国会两院通过，但未获所需的38个州的支持。

共和党控制的得克萨斯州议会却允许民众“公开携带”① 上了膛的枪支进入教堂和银行。昔日的保守派到了今天，似乎变成了温和派或自由派。

今天的极右派要求把联邦政府的一些部门彻底砍掉——如
教育部、能源部、商务部和内政部。2015 年 1 月，58 名众议院
共和党人投票要求裁撤国内收入署（Internal Revenue Service）。[10]
一些共和党国会议员候选人要求关闭所有公立学校。[11] 2015 年 3
月，共和党控制的美国参议院以 51 比 49 的票数通过一份预算 8
决议修正案，支持出售或转让除国家纪念地和国家公园以外的
所有非军用联邦土地，包括森林、野生动植物保护区及荒野保
护区。[12] 1970 年，没有一位美国参议员反对《清洁空气法》
（Clean Air Act）。而如今，来自全国污染最严重州之一——路
易斯安那州的参议员大卫·维特（David Vitter）与 95 名共和党
议员一同要求裁撤环境保护局（Environmental Protection
Agency）。[13]

茶党对政府的排斥可能预示着一种更普遍的趋势。20 世纪 30 年代大萧条期间，为改善自己的经济状况，美国民众曾向联邦政府寻求援助。而面对 2008 年的经济大衰退，大多数民众都未求助于政府。[14] 政治分歧越来越大，各方主张愈发强硬，风险剧增。无论是普通公民还是政党领袖，都与对立党派人士鲜有交流，破坏了极微妙的治理进程。当然，美国从前也分裂过。内战期间，南北方思想观念的分歧令 75 万人命丧战场。在动荡的 20 世纪 60 年代，越南战争、民权和女权问题致使国内冲突不断。但最终，健康的民主政体依赖于集体的力量解决问题。

① 即在公开场所持枪，但必须放在其他人视线可见的范围内。

为做到这点，我们需要弄明白发生了什么事——特别是变化更迅速、力量更强势的右派。

大悖论

受托马斯·弗兰克（Thomas Frank）的《堪萨斯州怎么了?》（*What's the Matter with Kansas?*）一书启发，我开始了历时五年的美国右派内心之旅，将一个像背包一样的大悖论带在身边。早在2004年弗兰克的著作面世时，左右两派的分歧之下就潜伏着一个悖论。自那以来，这一分歧已成为一道鸿沟。

放眼全国，红州①经济更落后，少女妈妈更多，离婚率更高，健康问题更严重，肥胖和创伤死亡率更高，低体重婴儿更多，入学率也更低。红州居民的平均寿命比蓝州②居民短五年。事实上，路易斯安那（75.7岁）与康涅狄格（80.8岁）两州预期寿命之差与美国和尼加拉瓜两国的差别相同。[15]在另一个非
9 常重要却鲜为人知的领域，红州也遭受了更多苦难，这一领域正关乎生物健康和生命的自身利益：工业污染。

路易斯安那州是这一悖论的极端例子。社会科学研究理事会（Social Science Research Council）发布的《衡量美国》（*The Measure of America*）报告根据“人类发展”情况对美国各州进行排名。排名基于预期寿命、入学率、受教育程度和个人收入中位数等指标。路易斯安那州在50个州中排第49位，总体健康排名最末。[16]2015年的《国家成绩单》（National Report Card）显示，路易斯安那州的八年级阅读水平在50个州中排第48位，八年级数学成绩排第49位。路易斯安那州的高中毕业率仅为

---

① 倾向于支持共和党的州。

② 倾向于支持民土党的州。

80%，拥有研究生或专业学位①的人仅有 7%。在凯西基金会（Annie E. Casey Foundation）编制的《儿童数据手册》（*Kids Count Data Book*）中，路易斯安那州在儿童幸福感方面排 50 个州中的第 49 位。问题还超越了种族：与路易斯安那州的黑人相比，马里兰州黑人平均寿命长 4 年，收入是前者的两倍，取得大学学历的可能性也比前者高出一倍。路易斯安那州的白人生活水平低于马里兰州[17]，在所有州中仅好过密西西比州。路易斯安那州还遭遇了很多环境问题：该州有近 400 英里低平且不断后退的海岸线，每小时就有一块橄榄球场大小的湿地消失。海平面上升及强飓风对其构成了威胁，而世界顶尖科学家将这些问题与气候变化联系在一起。

考虑到诸如此类的一系列挑战，人们可能会认为民众对联邦政府的帮助持欢迎态度。事实上，红州年度预算的很大一部分的确来自联邦政府的资金——就路易斯安那州而言，这一比例是 44%；联邦政府每年要在每个路易斯安那人身上花费 2400 美元。[18]

但迈克·沙夫并不欢迎那笔联邦资金，对气候变化的科学性也表示怀疑。他说："50 年后我才会担心全球变暖。"迈克热爱路易斯安那州，也热爱户外活动。但与茶党中的其他人一样，他不指望政府，而相信自由市场。迈克的母亲曾投票给路易斯安那州民主党人埃德·爱德华兹（Ed Edwards）②，因为他是卡

① 为培养适应特定行业或职业工作所需专业人才而设置的学位。

② 路易斯安那州第 590 任州长。1965 ~ 1972 年任美国众议院议员，1972 ~ 1996 年四度当选州长。

津人。她还曾投票给杰克·肯尼迪（Jack Kennedy）①，因为他是天主教教徒；他当选时，“民主党人”还不是什么坏词。但
10 现在情况不一样了。迈克一直在一家小公司工作，主张各种规模的企业应同享自由市场，如此一来似乎又出现一个悖论。茶党拥护者中，许多人在小公司工作，或自己经营小买卖。然而，他们拥护的政客支持加强超大型企业垄断力的法律，而这些大企业随时可能吞并小公司。小农场主与孟山都（Monsanto）② 投票相同？街角杂货店店主与沃尔玛投票相同？地方书店与亚马逊投票相同？如果我是小企业主，我自然会欢迎降低公司税，但要说壮大可能让我破产的垄断企业呢？我不会这么干。

这些谜题周围还环绕着一个更大的谜团：一套体制怎么能既制造痛苦，又不用为这种痛苦承担责任？2008 年，由于华尔街投资者的鲁莽及对其监管的严重缺失，很多人倾家荡产，失去了工作和希望。然而几年后，在“自由市场”的旗帜下，日益壮大的小镇右派中许多人却又为华尔街辩护，反对政府“过度监管”。为什么会这样？

我想，要弄清楚这些问题，也许最好的办法是与“大分类”逆向而行，离开我所在的蓝州和社区，去一个红州，试着攀越同理心之墙。[19]在墙这边，我的邻居和朋友们与我多多少少有些相似。他们有文学学士学位及以上学历，每天看《纽约时报》（*New York Times*）。他们吃有机食品，对废品进行回收利用，尽量搭乘旧金山湾区捷运系统（BART，公共铁路系统）。他们中大部分人在东或西海岸长大，有人常去教堂做礼拜，许多人说自己“有精神信仰”，却不常去教堂。许多人就职于公

① 即约翰·F. 肯尼迪。

② 美国一家跨国农业公司。

共或非营利部门，和我一样对这一切感到困惑。刚开始这项研究时，我的密友中没有人出生于南部，只有一人就职于石油行业，无一是茶党成员。

在刊登于《纽约时报》的《谁把我的蓝州变红了?》（Who Turned My Blue State Red?）一文中，亚历克·麦吉利斯（Alec MacGillis）为大悖论提供了一个有趣的答案。[20]他认为，需要医疗补助（Medicaid）① 和食品券②的红州居民欢迎这些福利，但不会去投票；而社会阶层略高的群体——保守派白人则不需要这些福利，他们会投票，但投票反对用公共资金帮助穷人。

这种“高两等”理论给了我们部分答案，但不是最主要的。首先，我后来发现，投票反对政府服务的富裕群体还是会使用这些服务。我为写这本书对茶党拥护者进行了一系列访谈， 11
他们几乎所有人或近亲都曾获益于政府主要服务。有几位受访者年迈的父母生活不能自理，又没有长期护理商业保险，他们便让父母申报为贫困人士，以便获取医疗补助。另一位男士的妻子罹患严重致残的疾病，高昂的护理费用会让他破产。为了让妻子符合领取医疗补助的条件，他满怀爱意地与她离了婚。一位身体健全的男士不顾妹妹反对，参与了补充营养援助计划（SNAP）③ ——两人都是茶党成员。另一位女士的哥哥在狩猎季申请了失业救济。虽然大多数人嘴上说：“既然有，为什么不用?”但很多人对此感到羞愧，请我不要将他们的身份与这种行为联系在一起，我答应了。但羞愧并未阻止那些反对公共服务的人使用它们。

---

① 由美国各级政府向穷人和伤残者提供的医疗补助方案。

② 美国政府发放给低收入者以兑换实物的票券。

③ 之前称为粮食券计划。

麦吉利斯指出，选民行为其实符合自身利益。但确实如此吗？“高两等”观点解释不了为何红州选民本身不是亿万富翁，却反对向亿万富翁征税——这笔钱本可用来资助扩建当地图书馆，或在当地公园里安装秋千。我认为，想检验麦吉利斯的想法，最佳方法莫过于找出一个贫穷红州的富裕选民**确实**面对的问题，然后证明他们亦不希望政府在此事上帮忙。换句话说，“高两等”的选民可能会说，“我们减少穷人福利吧，因为我不是穷人”；或者“别改善公立学校了。我家孩子上的是私立学校”——虽然与我交流过的人无一这样说。但他们确实面对着其他一些政府能帮得上忙的问题，这样便引出了本书的锁孔问题（keyhole issue）：环境污染。我推断，通过近距离审视该问题，我可以以小见大，揭示为何人们对环境污染及其他许多问题做出如此反应。

首先，我想去右派的地理中心——南部。右派近来发展壮大几乎都是在梅森－迪克森线①（Mason－Dixon line）以南，这一地区覆盖了原邦联州，其人口占美国总人口的三分之一。过去二十年，南部人口也增长了14%。1952年至2000年，在受过高中教育的南方白人中，共和党选民增加了20%，而在受过
12 大学教育的白人中，增加的比例就更高了。[21]从全国范围看来，白人经历了向右转：1972年至2014年，他们在民主党人中所占比例从41%下降至24%，而在共和党人中所占比例则由24%上升至27%。[22]（在此期间，无党派白人也有所增加。）因此，如果想了解右派，我就需要了解南方白人。[23]

可我应当去南部的哪个地方？在2012年大选中，就全国整

① 美国宾夕法尼亚州与马里兰州之间的分界线，是美国南北方的分界线。

体而言，39%的白人选民把票投给了贝拉克·奥巴马。在南方，这一比例是29%。而在路易斯安那州，这一比例为14%——低于南方整体水平。[24]2011年的一项民调显示，路易斯安那州半数民众支持茶党。[25]路易斯安那州众议员中，加入美国众议院茶党党团（Tea Party Caucus）的比例也很高，仅次于南卡罗来纳州。[26]

幸运的是，我在路易斯安那州有个联系人——萨莉·卡佩尔（Sally Cappel），她是我带过的一个研究生的岳母。正是萨莉介绍我认识了南方白人，还通过一位朋友带我认识了其中的右派。萨莉住在莱克查尔斯，是个画家和进步民主党人，2016年民主党初选期间支持伯尼·桑德斯（Bernie Sanders）①。萨莉的闺蜜雪莉·斯莱克（Shirley Slack）是个满世界飞的空乘人员，家住路易斯安那州奥珀卢瑟斯（Opelousas），是茶党和唐纳德·特朗普的狂热支持者。两人在路易斯安那州立大学（Louisiana State University）读书期间都参加过女生联谊会（尽管是不同的联谊会）。两人都结了婚，各育有三个孩子，同住在莱克查尔斯时，两人的住处步行可达，有彼此的家门钥匙。两人都很疼爱对方的孩子。雪莉认识萨莉的父母，甚至还在两人"太小题大做"时找萨莉母亲商量。她们互送生日礼物和圣诞礼物，一起在报纸上寻找即将举办的文化活动通知——她们在莱克查尔斯做邻居时，曾一起参加这种活动。一天，我留宿在雪莉位于奥珀卢瑟斯的家中时，注意到挂在客房墙上的一幅水彩画，这是萨莉画的，作为礼物送给了雪莉11岁的女儿，小姑娘梦想着成为一名芭蕾舞演员。画中的芭蕾舞女一只脚踮起，

① 美国联邦参议员，代表佛蒙特州，无党派人士，民主社会主义者，曾以民主党人身份参与2016年美国总统选举。

踩在蓬松的淡色云朵上，另一只脚高高抬起；舞女的头被星星般的黄色蝴蝶环绕。这是一幅充满爱意的画，勾勒出一个孩子
13 的梦想——这个梦想后来成了现实。两人都通过电视关注新闻——萨莉在 MSNBC 收看雷切尔·玛多（Rachel Maddow）的节目，雪莉则在福克斯新闻频道看查尔斯·克劳萨默（Charles Krauthammer）的节目，两人都会与志趣相投的丈夫讨论这些不同报道。两人一周会通两三次电话，她们已成年的孩子也保持着联系，也同样存在一些政治分歧。虽然本书并非关于这两位女士的私生活，但如果没有她们，我便无法完成本书，而且我相信，我国也需要效仿她们的友谊模式——跨越分歧来沟通交流的能力。

首先，我查阅了其他人对右派崛起的诠释。一个极端的理论是，一群富豪为了保护自己的财产，雇用“活动承包商”炮制出一批“伪草根支持者”。[27]例如，在纪录片《亿万富翁的茶党》（*The Billionaires' Tea Party*）中，澳大利亚制片人塔基·奥尔德姆（Taki Oldham）发现，国内挑战气候变化概念的“公民团体”得到了石油公司资助，他认为，民粹主义者的反政府愤怒是经过精心策划的公司策略。[28]另有人认为富豪群体对茶党运动起到了煽动作用，但不认为草根支持是假的。《纽约客》特约撰稿人简·迈耶（Jane Mayer）[29]描述了石油大王科赫兄弟的策略——身家亿万的查尔斯·科赫（Charles Koch）和大卫·科赫（David Koch）仅在 2016 年就投入了 8.89 亿美元帮助右翼候选人及右翼事业。[30]查尔斯·科赫说，“想要实现社会变革，需要一个纵横一体”的策略，涵盖“从观念构建到政策制定、教育、草根组织、政治游说、诉讼和政治行动”。[31]这就像是个庞大的公司，拥有树林、纸浆厂、出版社，并付钱给作者，让

他们写出带有倾向性的作品。这种政治“公司”影响力可能大得惊人。2010 年，最高法院对“联合公民诉联邦选举委员会案”（Citizens United v. Federal Election Commission）做出判决，允许企业向政治候选人进行无限制的匿名捐赠，此后几年中，这种影响力表现得尤为突出。2016 年总统大选第一阶段，候选人获得的 1.76 亿美元资助中，近半数来自 158 个富人家族——其中，共和党候选人收获 1.38 亿美元，民主党人则仅有 2000 万美元入账。[32] 通过“美国人争取繁荣”（Americans for Prosperity）组织，科赫兄弟在国会获得了限制环保局权力的广泛承诺。

迈克出生于阿默利斯种植园，本想在居住过的科恩河 14
（Bayou Corne）安度晚年。距这两处数英里之遥的密西西比河河畔，有一条如今遍布石化工厂的狭长地带，被人们恰如其分地称为“癌症带”（Cancer Alley）。关注这一问题符合迈克·沙夫的利益吗？他认为符合。没人付钱让他参加当地的茶党会议，也没人付钱给他的邻居，他们中很多人与迈克观点相同。

在《堪萨斯州怎么了?》一书中，弗兰克认为，迈克这样的人被严重误导了。富人的“经济日程”搭配着社会问题的“诱饵”。受禁止堕胎、持枪权利、学校祷告吸引，迈克和与他想法相似的朋友们被说服接受了有损其利益的经济政策。弗兰克写道：“**投票**要求禁止堕胎，**结果**资本利得税下调了……**投票**想摆脱政府束缚，**结果**从新闻媒体到肉类加工，各行各业都被大集团和垄断企业控制。**投票**打击精英主义，**结果**在社会秩序中，财富反而前所未有地集中了。”[33] 弗兰克认为，他亲爱的堪萨斯乡亲们被严重误导了。

那么是如何被误导的？如果我们聪明、好学、见多识广，还会被误导吗？迈克很聪明，通过多个渠道获取新闻——虽然主要消息来源是福克斯新闻频道——还常跟家人、邻居和朋友讨论政治问题。和我一样，他周围的人们与他观点相同。迈克不认为科赫兄弟资助的观念机器在骗他。事实上，迈克怀疑是不是有个索罗斯①资助的机器在骗我。我认为，以金钱换取政治影响力的行为真实存在且效果显著，但要解释为何我们相信自己所为，欺骗论未免太过简单，我们很容易受骗这一前提亦然。

我们生活的地区通常反映了特殊的治理文化，政治与地理紧密相连。科林·伍达德（Colin Woodard）的《美国诸邦》（*American Nations*）一书便以此为论点。他指出，阿拉斯加州及美国南部、中西部的农村地区向右倾，而大城市、新英格兰地区和东西海岸则向左倾。受小镇自治传统和欧洲的影响，新英
15 格兰人往往相信服务于“共同利益”的善政。阿巴拉契亚地区和得克萨斯州人通常是爱好自由的小政府派。这可溯至其等级制度传统，南部各州的白人重视地方控制，抗拒联邦权力——这也与150年前南方兵败北方有关。[34]历史学家罗宾·艾因霍恩（Robin Einhorn）指出，对联邦税制的反抗也源于南方。[35]地方传统诚然存在，却不像伍达德所言那样一成不变。而且，虽然极右派在南方声势最盛，但大多极右翼人士都来自一个群体——白人、中低收入、年长、已婚、基督徒[36]——这一群体遍布全国。

还有人指向右派的道德观。例如，在《正义之心》（*The Righteous Mind*）一书中，乔纳森·海特（Jonathan Haidt）表达

---

① 乔治·索罗斯（George Soros），金融投资家、慈善家、社会活动家，为民主党提供了巨额资金援助。

了与弗兰克不同的观点。他认为，人们并非被误导，其投票符合自身利益——这一利益基于文化价值观。他举例指出，左右两派虽都很重视关爱和公平，但对服从权威（右派）或重视独创性（左派）的侧重不同。这自然没错。但一个人可以心平气和地拥有一套价值观，也可以出于愤怒，催生一个新党派。为何有此不同？西达·斯考切波（Theda Skocpol）和瓦妮莎·威廉森（Vanessa Williamson）正确地指出，这是各种情况相结合产生的独特结果——其中既有倾向因素，也有诱发因素。主要诱因包括 2008 年经济危机和政府避免危机的努力、奥巴马当选总统及福克斯新闻等。[37]

这些研究对我都有很大帮助，但我发现，它们都缺失了一个元素——对政治中情感的充分认识。[38]我想知道，对于一系列问题，人们**想要有何感受**，他们觉得自己**应该或不应该有何感受**，以及他们**实际感受**如何？当政治领袖发言时，我们聆听的不仅是他们的字句；我们有所倾向，想要从中获得某种感受。各政治派系在一些宽泛的情感目标上立场大致相同，有些则不然。有人崇尚自由女神像所象征的精神——“给我你那疲惫、困顿、渴望自由呼吸的芸芸众生”①，也有人以遵守宪法、通过自我奋斗获得成功的美国为傲。

发挥作用的是左派和右派的“情感规则”（feeling rules）。
右派不认同这样的自由观——为同性新婚夫妇感到高兴，对叙 16
利亚难民的遭遇感到难过，不会对交税感到愤愤不平。左派视之为偏见。这种规则挑战了右翼信条的情感核心。像唐纳德·特朗普这样随心所欲的候选人得以迎合这种情感核心。面对支

① 节选自美国自由女神像基座上铭刻的十四行诗《新巨人》。

持的人潮，这位 2016 年共和党总统候选人、身家上亿的企业家说：“看看这热情。”

我发觉，我们可以通过我所谓的“深层故事”（deep story）来了解这一核心，这个故事“感觉仿佛”（feels as if）是事实一样。[39]仿佛透过爱丽丝的镜子，深层故事会带领我聚焦一个酝酿已久的社会冲突焦点，“占领华尔街”的左派和反政府右派均忽视了该问题——前者将目光投向私营部门内部的 1% 和 99%，认为二者构成一场阶级斗争；后者则认为阶层和种族的差异只是个人特质问题。深层故事将我引向感受的应该与不应该、情感管理，以及魅力领袖所激发的核心感受。我们会发现，人人都有深层故事。

聊天和随访

但首先要确定研究对象。我一开始待在莱克查尔斯，这是路易斯安那州西南部的一个小城，人口 7.4 万，位于墨西哥湾以北约 30 英里处。居民中一半是白人，一半是黑人，有不少卡津人后裔，外国出生居民占总人口的 3%。[40]23% 的居民拥有文学学士学位，家庭年均收入中位数为 3.6 万美元。莱克查尔斯位于卡尔克苏堂区（Calcasieu Parish）（受法国传统影响，路易斯安那州使用“堂区”一词代替“县”），每年在周边地区举办 75 个节日活动，其狂欢节博物馆声称收藏了世界上最多的狂欢节服装。城内三家大赌场吸引着游客光顾，工人们则跟随其迅速扩张的石化产业而来。

一到那里，我便通过各种办法寻觅极右派人士的踪影。起初，萨莉·卡佩尔和雪莉·斯莱克帮我组建起四个焦点小组，自由派人士小组和茶党拥护者小组各两个。各组都在萨莉家厨

房碰面，茶党小组会议结束后，我会对茶党拥护者进行个别访 17
谈，有时也会对他们的配偶和父母进行访谈。称之为“访谈”，是因为在与他们交流前，我会给他们一张纸，纸上写明我的意图，并让他们签字。但在两三个小时的访谈结束后，他们常说，跟你聊天很高兴，而且确实，我们的交流最后往往混合了访谈和闲聊。

一个在茶党焦点小组访谈会上认识的会计邀我参加一系列路易斯安那州西南部共和党女性（Republican Women of Southwest Louisiana）月度午餐会，调侃道：“也许我们会让你改变看法！”我发现，参会的都是中年白人、职业女性，与会人数众多，组织井井有条，还有一桌特别来宾——身着红色T恤的青少年们。每次午餐会，我都会在席间结识新朋友，约定时间进行随访，常常见到她们的家人，有时还有邻居。我获邀参观了两个私立基督教学校，参加了浸礼会、五旬节派①和天主教的礼拜仪式和教会活动，包括一次40岁以上人士的五旬节派秋葵汤烹饪大赛。在共和党女性午餐会上，一位五旬节派牧师的妻子带我认识了很多她教堂里的人，并邀我参加她与朋友的乌鸦牌（Rook）游戏（这是一种纸牌游戏，一副牌共57张，被称为“传教士扑克”，给新教教徒玩家提供了一种不错的选择，因为扑克游戏与赌博相关）。我认识了一位男士，他的伯祖父曾是3K党大巫师②（这是他祖父搬到另一个城市的原因之一）；我还结识了一名女性茶党成员，她是个虔诚的浸礼会教徒，领养了一个非裔美国婴儿和一个来自南美洲的孩子。

---

① 基督教新教宗派之一，19世纪末发源于美国，强调直接灵感，信奉信仰治疗。

② 3K党党首。

我还跟随一名共和党参议员候选人及其茶党对手踏上了竞选游说之旅，造访了拉斐特（Lafayette）的阿卡迪亚村烤猪宴、新伊比利亚（New Iberia）的稻米节和彩船游行、克劳利（Crowley）的投票动员活动，还有雷恩（Rayne）的一场工会见面会。每次短暂逗留期间，我都会与周围的人们聊天。一个名叫迈克·特里蒂科（Mike Tritico）的海洋生物学家和环保活动人士向我说起他的右翼朋友们强烈反对他参与环保行动。迈克是无党派人士，他父亲是个家具店老板。他70岁，身材高大，有种教师风范，对当地工业的了解有如百科全书。在一些人眼中，他是个隐士，住在一座凌乱不堪的小屋中，小屋位于朗维尔（Longville）的森林里，还有人视其为圣人，而
18 州里的监管官员则将他看作眼中钉。我询问能否跟他见见他的对手。迈克答应了。

五年间，我以40名茶党拥护者为核心展开访谈，还对另外20人做了访谈，他们来自各行各业——教师、社工、律师和政府官员——拓宽了我对核心小组的认识。在此过程中，我积累了4690页文字记录。在核心小组中，我选取了少数最能说明特定模式的对象，经允许后跟着他们，请求他们带我去看看他们出生的地方、在哪里上学、去哪间教堂、在哪里购物和消遣，试着感受这些对他们产生的影响。虽然他们都支持茶党，彼此却有很大不同。有的每周去三次教堂，有的一次都不去。有人拥有七支枪，有人有三支，有些枪躺在玻璃罩中，有些则在床边抽屉里。他们看待贫穷的视角也不同。有人说：“我问我们那里杂货店的保安，店里被偷的都是什么东西。他说，主要是大米、豆子和婴儿食品。这说明了些问题。”也有人觉得这种说法“夸张”了。他们的担忧也有所不同。一个男人告诉我，他在

慈善二手店（Goodwill）买了一本二手医书，以防经济“彻底完蛋”，他得自己固定骨折的胳膊。还有人囤了些储备物资，以防“都得自给自足”，他的一些邻居也这样做了。大多数人没这么紧张。在对奥巴马总统的怀疑和抹黑方面，我的核心小组成员也有所区别。一位茶党拥护者的脸书页面上有奥巴马的正侧面入狱大头照，照片下方还配有名牌；另一个人的页面照片则显示他在“公共住房”[①] 中。多数人愤怒、害怕，一些人为实际损失而哀痛，而他们的情感状况也大不相同。（有关我研究的更详细介绍，参见附录 A。）

我绝对不是在加州伯克利。首先，我偶尔会听到不一样
的措辞：“快得像鸭子吃掉六月的虫子……屁股都进鳄鱼嘴里
了[②]……”有个人将未经修饰、直来直去的讲话称为“像北方
佬那样说话”。大小教堂随处可见，一些城镇中每个街区都有
一间。莱克查尔斯最大的书店有三排书架摆放着各式各样、
字号大小不一的《圣经》，还有皮面的《圣经》学习笔记本。 19
一些餐馆打出“四旬期[③]特供”的广告，以吸引信仰天主教的
法裔克里奥尔人[④]和卡津居民。这里还少了些东西，提醒我自
己不在家乡：报摊上没有《纽约时报》，杂货店和农贸市场几
乎没有有机农产品的踪影，电影院里不放外国电影，小车很少，
商店里小码衣服相对较少，对着电话讲外语的行人也较少——
事实上，行人也少一些。黄色拉布拉多犬较少，更多的是比特
犬和斗牛犬。忘了自行车道、以颜色区分的垃圾回收桶和屋顶

---

① 政府为低收入人口建造和维护、收取低额租金的住房。

② 比喻为伤脑筋的问题所困扰。

③ 基督教教会年历的一个节期。

④ 出生于美洲的欧洲人及其后裔。

的太阳能面板吧。在一些小餐馆，菜单上几乎所有食物都是油炸的。餐前无人询问无麸质主菜，正餐一般以祷告开始。在莱克查尔斯往东的密西西比河下游石化企业带沿线，我看见不少人身伤害律师的广告牌（“打电话找查克”）。我那个世界的法宝消失了，而面对他们的护符，我意识到，与其说茶党是个正式的政治组织，倒不如说是一种文化，一种看待和感受一个地方及其人民的方式。

我比较了位于巴吞鲁日的路易斯安那州立大学与加州大学伯克利分校（University of California, Berkeley）的学生活动组织——前者是我一些访谈对象的母校，后者是我多年来执教的地方。在路易斯安那州立大学（在校学生约 3 万人，学生组织约 375 个），我发现了油田基督教联谊会（Oilfield Christian Fellowship）、农商俱乐部（Agribusiness Club）、空气与废弃物管理协会（Air Waste Management Association）、岩石物理学和测井分析师协会（Society of Petrophysics and Well Log Analysts）等组织的学生分会，还有一个作战模拟和角色扮演协会（Wargaming and Role Playing Society, WARS）——加州大学伯克利分校均没有对应组织。[塞拉利昂学生联盟（Sierra Student Coalition）成立于 2015 年至 2016 年。]

加州大学伯克利分校（学生 37000 人，学生组织 1000 个）则有大赦国际（Amnesty International）、反人口贩卖联盟（Anti-Trafficking Coalition）、构建加州可持续性（Building Sustainability at Cal）、环境科学学生协会（Environmental Science Student Association）、伯克利全球学生大使馆（Global Student Embassy at Berkeley，旨在推广基层环保合作）——路易斯安那州立大学也没有类似组织。迈克·沙夫毕业于路易斯安那大学

门罗分校（University of Louisiana at Monroe①），在校期间加入
了象棋俱乐部、基瓦尼俱乐部（Kiwanis）② 下属的同圆社
（Circle K），还有一个叫作“刀鞘与刀锋”（Scabbard and 20
Blade）的军事联谊会。该校有 7000 名学生，约 150 个学生团体，其中一个团体——“纸杯蛋糕为目标”（Cupcakes for a Cause）——为帮助女性退伍军人筹款。另一个组织——路易斯安那大学门罗分校钓鱼队（ULM Fishing Team）——每月举行比赛。东北路易斯安那州立大学（Northeastern Louisiana State）③ 的学生俱乐部有大学共和党俱乐部（College Republicans）及年轻美国人为自由俱乐部（Young Americans for Liberty），却没有大学民主党俱乐部（College Democrats）。[41]

驱车行驶在莱克查尔斯街头，我注意到一些皮卡车尾的贴纸上写着“别踩我”，还画着一条盘旋的响尾蛇，吐着长长的信子。这一标志最早出现于 1775 年，其创造者是独立革命时期的一名殖民地将军，现被全国各地的茶党使用。我曾在拉斐特和奥珀卢瑟斯之间的 49 号州际公路上看到一块大招牌，上面写着“出生证明在哪里?”，公然质疑奥巴马总统的出生地，不过 2011 年牌子被撤下了。在莱克查尔斯以北一小时车程处，朗维尔和德里德（DeRidder）之间的 171 号公路旁，有家二手卡车行，车行边的木屋旁有块颇不吉利的招牌，宣称此处是“奥巴马熏肉房”。

到处都在提醒我种族隔阂的存在。例如，在韦斯特莱克（Westlake）公墓，白人和黑人的墓地由一条车道隔开。白人墓

---

① 原文为 Louisiana State University in Monroe，未查到有此大学，疑有误。

② 美国工商业人士的一个俱乐部。

③ 未查到有此大学，疑有误。

地周围的草不久前刚修剪过，而黑人墓地周围疏于维护。另一个例子是，卡尔克苏堂区老政府大楼前，树立着一尊年轻邦联士兵的花岗岩雕像，雕像下方有一块纪念匾——向“保卫南方”的人们致谢。然而，没有类似场所纪念奴隶英雄或私刑受害者。2016 年到访莱克查尔斯时，我注意到雕像脚下有一面早期邦联的小旗帜——左上方是 13 颗星，右侧是红白红相间的宽条。路易斯安那州西南部的五个堂区中，有三个以内战期间的邦联官员命名，[42]就更不用说杰弗逊·戴维斯（Jefferson Davis）①银行和高速公路了；州里有 90 尊邦联纪念碑，最近的一些于 2010 年才刚揭幕。仅 15 年前，在朗维尔的一辆拖车附近，有人焚烧了一个十字架②，[43]朗维尔正是我的一个向导——迈克·特里蒂科居住的地方，他有些我认识的朋友也住在那里。那是路易斯安那州已知的最后一起焚烧十字架事件。六名男子
21 被联邦检察官指控并判了刑。在周遭环境中，种族的身影似乎无处不在，但在自然直接的交谈中，这一话题几乎从未出现。

锁孔问题

我想拉近与他们的距离。我认为，最好的办法莫过于在一个地方认识一群人，聚焦一个问题。这个问题并非前文所言的情况，即富裕选民否决他们自己不需要的政府政策。与我交流过的每个人都不想看到环境污染。但在路易斯安那州，大悖论的存在显而易见——环境污染状况严重，而反对监管污染源的呼声同样高涨。如果我能够真正走进极右派人士的思想和内心，

① 美国内战期间的邦联首任，也是唯一一任总统。

② 人们通常把焚烧十字架和 3K 党联系起来。

探索他们饮用的水源、狩猎的动物、游泳的湖泊、钓鱼的小溪和呼吸的空气，便可近距离了解他们。透过他们对这一锁孔问题的看法——政府应当在何种程度上监管工业污染者，或者是否应当监管——我希望了解右派对更多问题的认识。我可以了解——从情感角度而言——政治如何作用于我们每个人。

路易斯安那州盛产石油，监管政策宽松，数十年来环境破坏现象严重。我研究期间，水力压裂①的浪潮也蔓延至莱克查尔斯，小城迅速成为路易斯安那州西南部 840 亿美元巨额投资计划的中心——这是美国工业最大规模投资之一。莱克查尔斯成了美国石化产品的生产中心。[44]

我将工业增长纳入考量，对一些政府官员进行了访谈——附近的韦斯特莱克市市长和路易斯安那州西南部增长和机会工作小组（Southwest Louisiana Task Force for Growth and Opportunity）负责人［该小组刚接到任务，要为 18000 名工人的到来做计划，这些工人将住在“工人营地”（man camps）；其中 13000 人来自州外，包括菲律宾管道工］[45]。

在莱克查尔斯期间，我住在鲁比阿姨旅馆（Aunt Ruby's
Bed and Breakfast）。在房间的浴缸边，我发现一瓶保湿沐浴露， 22
瓶身背面用小字列出成分：石油、月桂醇聚醚硫酸铵、月桂酰两性基乙酸钠、十二烷基硫酸铵、月桂酸、氯化钠、羟丙基三甲基氯化铵。我想起，我墨镜的塑料材质里，还有表带、电脑、保湿霜中可能也有这些成分。我来此地所乘飞机的燃料和四处活动所乘车辆的汽油均产自莱克查尔斯，而且很多生产公司就在附近。

① 一种开采天然气的技术，要求用大量掺入化学物质的水灌入页岩层进行液压碎裂以释放天然气。

为此行做准备时，我重读了安·兰德（Ayn Rand）的《阿特拉斯耸耸肩》（*Atlas Shrugged*）。这本书被誉为茶党圣经，保守派广播名嘴拉什·林博（Rush Limbaugh）和前福克斯新闻电视评论员格伦·贝克（Glenn Beck）都对其大加赞颂。兰德称帮助穷人是“荒谬的想法”。她说，慈善是坏事，贪婪是好事。我猜想，他们如果赞同安·兰德，八成非常自私、冷酷无情，因此我做好了最坏打算。可令我感到欣慰的是，很多人热情慷慨，对待身边的人非常宽厚，包括对待一名素不相识、正在写书的年长自由派白人。

考虑到加州大学伯克利分校的自由主义名声，我一度担心告诉别人自己在那里教书，暗自希望在路易斯安那州认识的人们会充满敬意地想起那里走出的 72 位诺贝尔奖得主及显赫的学术地位。然而他们并没有。当我告诉一位男士自己生活在伯克利时，他立即回答：“噢，你们那有**嬉皮士**。”还有人在福克斯新闻频道看过伯克利学生抗议学费上涨的报道。学生们将自己用铁链拴在一起，站在校内一栋建筑的屋顶边缘，面对着电视镜头。如果一人掉下去，他们就都会掉下去，我想这正是他们的用意。“你说这些学生**平均分得有 A** 才能进伯克利？”有人怀疑地问我，“我觉得这个铁链的主意挺蠢的。”

在一次路易斯安那州西南部共和党女性会议上，坐在我对面的福音歌手马多娜·马西（Madonna Massey）声称，她“**爱**拉什·林博”。过去，我觉得林博固执己见、令人不快，因此对这一话题毫不关心并有些反感，通常会转移话题。而如今我对马多娜说：“我想聊聊你喜欢他什么。”一周后，我们在当地一
23 家星巴克喝着甜茶，我问马多娜她为何喜欢林博。“他对‘女
权纳粹’的批评，你知道的，女权主义者，想与男人平等的女

人。”我消化了一会儿。然后她问我是怎么想的，我回答后，她说：“但你人挺好的……”接着，我们讨论了林博发明的绰号（“共产主义自由派”“环保疯子”）。最后，我们聊起马多娜的基本感受——她觉得自己受到了自由派的侮辱，林博则保护了她：“噢，自由派觉得相信《圣经》的南方人无知、落后，是红脖子、废物。他们认为我们搞种族歧视、性别歧视、同性恋歧视，可能还身体肥胖。”她的祖父来自阿肯色州，是个一贫如洗的雇农，生活得很艰辛。她是个颇有天赋的歌手，深受广大会众喜爱，毕业于一所两年制圣经学院，是两个孩子的慈母。这一瞬间，我开始意识到蓝州对红州居民嘲笑的力量。她感到，林博是道防火墙，挡住了自由派对她和她祖先的侮辱。我想知道，这些是右翼媒体为煽动仇恨情绪编造出来的吗？还是说蓝州的冷嘲热讽已经多到足以广泛流传？再次见到马多娜时，她想知道自己的话有没有让我难受。我告诉她没有。“有时我也会那样，”她说，“试着跳出自己的思维模式，看看别人的感受如何。”

与迈克·沙夫一同漫步于阿默利斯种植园的甘蔗田间，或是与马多娜坐在生活之路五旬节教堂（Living Way Pentecostal Church）中时，我发现这个大悖论的中心有许多好人。为人和善的马多娜怎么会反对政府帮助穷人？迈克·沙夫这般热情、聪明、体贴的男人——不法企业及其肆意破坏行为的受害者——怎么会将如此强烈的怒火发泄在联邦政府身上？全国最易遭受多变天气影响的一个州，怎么会成为否认气候变化的中心？

怀着对这些问题的好奇，我开始了深入右派内心之旅。

第2章 “一件好事”

25 他坐在家里的木质前廊上，等着我的车，前廊外是修剪整齐的庭院，那是在路易斯安那州德里德的郊区。他从椅子上起身，伸出一只胳膊向我挥了挥，另一只胳膊撑着助行架，以维持身体稳定。李·舍曼（Lee Sherman）是个胸膛宽阔的男人，身高6英尺3英寸，留着平头，头发已经花白，深蓝色眼睛，他82岁，笑容满面地向我表示欢迎。他为达拉斯得州人（Dallas Texans）橄榄球队（后更名为堪萨斯城酋长队）效力过两年，上过《美国赛车运动名人录》（*Who's Who of American Motorsports*），作为纳斯卡（NASCAR）[①] 赛车手戴着颈托、身穿防火服以每小时200英里的速度狂飙，还买下了曾属于电视版神奇女侠（Wonder Woman）的划水艇——他对此颇为自豪。李边握手边向我致歉。“很抱歉撑着这玩意儿，”他指了指助行架道，“还有不能陪你在屋里好好转转。”他说，感到自己身体已不比当年，但还是平静地接受了双腿虚弱的事实。考虑到在匹兹堡平板玻璃公司（Pittsburgh Plate Glass）曾从事的危险工作，他很高兴自己还活着。“那时候的同事都已经过世了，大多数死时还很年轻。”他一边告诉我，一边缓缓带着我穿过整洁的屋子，走向餐厅桌旁。桌上放了咖啡杯、咖啡、曲奇和一本大相册。

我从莱克查尔斯向北行驶，穿过路易斯安那州西南部前往

---

① 即全国运动汽车竞赛（National Association for Stock Car Auto Racing），一项在美国流行的汽车赛事。

德里德，途中路过形形色色的加油站、家多乐（Family Dollar）① 商店、发薪日贷款公司、餐馆，还有郁郁葱葱的稻田——有时水稻田间的湿渠中会养殖小龙虾——一直延伸至地平线。德里德以西约 17 英里、与得克萨斯州交界处是一大片松林，曾经是传奇罪犯邦妮和克莱德出没的无人之境。往北边是 26
大豆、甘蔗和菜豆田，石油井架在远处工作。德里德东南方 130 英里处坐落着巴吞鲁日，即路易斯安那州首府。在壮阔的密西西比河沿岸，巴吞鲁日和新奥尔良之间，是宏伟的种植园园主宅邸，周围绿草如茵，那里曾住着美国最富裕的家族。如今那里已成为旅游景点，在信越（Shintech）、埃克森美孚（ExxonMobil）和孟山都等大型石化工厂的围绕下失去了光彩。

鉴于其在石化厂做管道工期间的亲身遭遇、亲眼所见以及奉命所为，李也成了一名热心的环保主义者。他在莱克查尔斯的匹兹堡平板玻璃公司工作过 15 年，那里所属的卡尔克苏堂区的人均有毒物质排放量在全国各县中高居前 2%。美国癌症学会（American Cancer Society）的数据显示，路易斯安那州男性癌症发病率居全国第二，男性癌症死亡率则排在第五。[1]

但李最近自告奋勇地为茶党国会议员约翰·弗莱明（John Fleming）插起了草坪牌②。弗莱明在右翼的自由事业（Freedom Works）计分卡上拿了 91 分，他赞成撤销环保局和削弱《清洁空气法》的效力，支持在外大陆架开采石油，还反对限制温室气体排放，赞成放松对华尔街的监管。李常常出席德里德的茶党会议，身穿红白蓝三色的茶党 T 恤，T 恤上画着鹰磨爪的图案。那么，为何身为环保主义者的李会热心帮助一名呼吁撤销

---

① 美国杂货连锁店。

② 竞选时置于宅前标示支持何人何党派的宣传招牌。

环保局的政客插草坪牌？如果能回答这一问题，或许我就能开启大悖论之门。

也许我还能找到李从左派变成右派的钥匙。在华盛顿州西雅图城外的一家海军造船厂工作时，他曾多年支持斯库普·杰克逊（Scoop Jackson）参议员——此人是冷战时期的一名自由派民主党人，支持保护公民权利和人权。李由单亲妈妈带大，母亲曾在工作的造船厂争取同工同酬，他称自己是个“平权宝
27 宝”（ERA①baby）。然而，于 20 世纪 60 年代来南方工作后，
他就成了共和党人，2009 年后加入了茶党。

我们坐了下来，倒上咖啡，然后我请他讲讲自己的童年。李有意放慢了语速，像是在讲给晚辈听。

“我小时候天不怕地不怕，有六个兄弟。大约七岁时，我用绳索拉下一束杨树枝，将自己绑上去，然后松开，这样我就能飞了。”李笑着回忆道。“我飞得很高”——他用手臂划出一道宽阔的弧线——“然后落在了多刺的黑莓灌木丛中。我很疼，但母亲没来找我，因为她想让我长个教训。可我没有。”他如此补充道。李在拿到驾驶执照前很久就开上了车，12 岁时便偷了邻居的双翼飞机，飞行后安全着陆。

即使年龄更小时，李也是个活泼的孩子。“差不多五岁时，我得了肺炎，需要卧床休养三个月。我的曾祖母（她是印第安人，住在蒙大拿州的克罗保留地）坐在我身上，而不是我身边，所以我无法起身。她就是这样防止我乱动的，我因此学会了钩针编织。”

年轻时，李在西雅图城外的美国海军造船厂学做铜匠，他

---

① ERA 是《平等权利修正案》（Equal Rights Amendment）的缩写。

的父亲在那里做电工。1965 年他南下工作，受雇于匹兹堡平板玻璃公司，成为一名管道维修工，不久便在工厂赢得了机械天才的名声。“他做螺帽、螺栓、金属杆管，估算长度精确到毫米，都不用测量或重新测量。”环保活动人士迈克·特里蒂科告诉我，正是他介绍了我们认识。周末，李会去赛车，一名工厂主管总在周一询问前一周周六赛况如何。

李胆大心细，很适合匹兹堡平板玻璃公司的危险工作——他安装和维修的管道装载着致命化学物质，比如二氯乙烷（EDC）、汞、铅、铬、多环芳烃（PAHs）、二噁英等。神秘的是，这些化学物质最终出现在附近一条叫作印德河（Bayou d'Inde）的沼泽河——一家姓阿雷诺的卡津人世世代代生活在那里，生活受到极大影响，他们与李之间颇有渊源[2]，我们将会在后文中写到。

李慢慢抿了一小口咖啡，告诉我，有一次他侥幸死里逃生。 28
一天他工作时发生了意外，低温液氯被暴露在 1000℃ 的高温下，立即气化了。当时工厂里有 16 名工人。李的上司发现公司防护装备不足，便吩咐他离开。“我离开 30 分钟后，”李说，“工厂就爆炸了。被我抛下的 15 个人中，有 5 人丧了命。”第二天下午，李的上司让他帮忙寻找五名死亡工人的尸体。找到了两人，还有三人没有找到。三名受害者中，一人的尸体被酸严重腐蚀，成了碎块出现在通往印德河的下水道中。“如果没人发现他，”李转头望向餐厅窗外，“尸体最后就会流进印德河。”

20 世纪 60 年代，匹兹堡平板玻璃公司的安全措施极少。李告诉我：“安全会议上，主管只是让我们填写文件。我们工作时会接触化学物质，却不戴防护面罩。你会学着如何用嘴代替鼻子呼吸。”

“公司没怎么警告我们工作中的危险，”李柔声说，“同事们告诫了我。他们会说，‘你不能站在那种东西里，出来。’如果没有同事，我活不到今天。”

李维护的管道输送氧气、氢气、氯气，他解释道，出现泄漏时，“是我负责修理”。

“你工作时不戴手套吗？”我问。

“噢，对，对。”

后来，总管终于给工人们发放了徽章，过度接触危险化学物质时徽章会有记录，李说：“但总管取笑那些徽章。测量器本应两到三个月后才显示到达极限，但我的徽章三天就到了。总管以为我把徽章塞在了管道里！”20 世纪 60 年代末，路易斯安那州莱克查尔斯的匹兹堡平板玻璃公司便是这样一幅景象。

意外时有发生。一天，李正站在屋里，趴在一根大型管道
上检查过滤器。这时，远处控制室的操作员误转旋钮，灼热的
29 杏仁味液态氯代烃从管中流过，意外地淋了他一身。“很烫，而
且我完全湿透了，”李告诉我，“我跳进安全淋浴室，戴上呼吸
器，以免自己被熏倒。但化学物质造成的烧伤很厉害，最糟的
是手臂底下、两腿中间、屁股上。”他说，即便淋浴过，“化学
物质还是腐蚀了我的鞋、裤子及衬衫。我的内裤被烧没了，只
有袜子上和内裤上的一些松紧带还在。我的衣服被烧得干干净
净”。

李的主管让他回家，重新买一套鞋、袜、内裤、李维斯①和工作衬衫，并把收据带来厂里报销。几天后，他把收据放在了主管办公室。账单大约 40 美元。但主管指出，被烧毁的衣服

① 一个牛仔服品牌。

已经有些旧了。他告诉李：“鞋磨损了大约八成，裤子约五成新。”“最后，算上折旧费，”李苦笑着说，“主管给了我一张 8 美元的支票。我没兑成现金。”

在匹兹堡平板玻璃公司的工作令李十分自豪，但显然他对公司的忠诚度不高。尽管如此，他仍会按公司的要求做事。被酸浇后的一天，公司又交给他一项不祥的工作——每天两次，通常在黄昏后，总要秘密进行。要完成这项工作，李得动用一辆 8 英尺长的“沥青车”，车由四个轮子推动前进。车上装着一个巨大的钢罐，罐内装有“渣油”——沉淀在厨房大小的钢制容器底部的高黏性氯代烃焦油残渣。钢罐周围包了层石棉，以维持车下加热器产生的热量。车底部缠着铜线圈。焦油越热，在被倒掉之前凝固的可能性就越小。罐里是有毒废料。

李晚上加班，在夜幕掩护下，头戴呼吸器，拉着沥青车行驶在一条小路上，路的一边通往卡尔克苏航道（Calcasieu Ship Channel），另一边则通向印德河。

李会四处张望，“确保没人看到我”，并检查自己是否位于上风向，以免烟吹到自己脸上。他将沥青车拉入湿地。然后，他说：“我弯下腰，打开龙头。”在压缩空气的压力作用下，有
毒废液喷出“二三十英尺”，落入黏稠的湿地。李一直等到车 30
中的非法有毒废料排放殆尽。

李说：“从没有人看到过我。”

鸟儿

李拿起一块饼干，缓缓吃下，娓娓道出一天独自在河岸边完成秘密工作时发生的一件事。“向水道里倒渣油时，我瞧见一只鸟飞入烟雾，然后立即落入水中。它好像被击中了似的。我

将两把铲子放在泥中，这样踩上去不会陷入湿地太深。我走过去捡起那只鸟。它的翅膀和身体没有动，看起来是死了，但心脏还在跳。我在农场长大，了解鸟类。我带着鸟儿，踩着铲子走回岸边，右手托住它的头，左手捧着翅膀和身体。我向它嘴里吹气，按压它的身体。不一会儿，它恢复了呼吸，眼睛睁开了，但身体其他地方仍没有动。我将它放在了卡车引擎盖上，那里比较暖和。然后我走开了，去检查我的沥青车。回来时，鸟儿已经不见了。它飞走了。这总算是一件好事。”

下午，李又说起鸟儿的故事，时而说起鸟儿，时而说起沥青车。“我知道自己做的事不对，”他反复说，“毒物会致人死亡。做了这种事，我很抱歉。妈妈不会希望我这么做的。我从未与其他人说过这件事，但我知道如何**不被抓到**。”仿佛是李犯下了公司的罪行，且要承担公司的罪过。

然而，像那只鸟一样，李自己也成了受害者。他因接触化学物质而生病。被氯代烃烧伤后，“我的脚感觉像棍子一样，双腿无法弯曲和抬起，因此公司的医生让我休病假。我还一直去公司医生那里看病，想知道能否回去上班，但他总说，在我能做深蹲之前不应该回去。”休了八个月病假后，李回去上班了。但时间不长。

31 在匹兹堡平板玻璃公司工作 15 年后，李被叫到一个办公室，发现自己面对着一个七人组成的解雇委员会。“他们不想为我的医学失能埋单，”李解释道，“所以他们解雇我的理由是旷工！他们说我的工作时间不够！他们没算上我加班的时间，没扣除我为陆军预备役请假的时间。我就这样被炒了——因为旷工。他们给我发了解雇通知书。两名保安将我送到停车场。”李拍了下桌子，仿佛几十年后，他又刚被炒鱿鱼了。

鱼群死亡和最终对峙

七年后，李再次遇到解雇委员会中的一员，令后者大为讶异。印德河的鱼群大批死亡，其上游正是李倾倒有毒废料、拯救晕倒鸟儿的地方，河边住着阿雷诺一家。一个卡尔克苏咨询工作组开会讨论附近的水路，称其“受损”了，并考虑发布海鲜公告，警告民众控制本地鱼类摄入量。[3]

本地水路遭污染已有多时，污染源很多。但 1987 年，州政府终于对印德河、卡尔克苏航道和墨西哥湾河口发布了海鲜公告。这一警告令人震惊，史无前例，要求人们控制海鲜摄入量，“因为有低度化学污染”。公告称，每个月餐桌上的鱼类不应出现超过两次。不能游泳，不能进行水上运动，也不能接触河底沉淀物。路易斯安那州以此警告公众，本地水域存在有毒物质——此举已姗姗来迟。

渔民立即慌了。他们的鱼还卖得掉吗？居民会限制自己的
饮食吗？政府现在是否让他们将鱼视为携带有毒化学物质的可
疑物种，而非秋葵汤、什锦饭①和炸鱼自助餐中的美味？石油
和渔业和谐共处这一精心打造的观念遭到全盘质疑，而且不仅
在路易斯安那州，全国食用的所有海鲜中，三分之一来自墨西 32
哥湾，而来自墨西哥湾的海鲜中，则有三分之二来自路易斯安
那州。

很多人的生计与此息息相关，从渔网到菜碟——渔民，杂货店、运输公司和餐馆员工——对于发布海鲜公告的政府官员都愤怒至极。政府是就业杀手，很多岗位危在旦夕：

---

① 一种把米饭、海鲜、鸡肉放在一起炒制的什锦饭（jambalaya），流行于路易斯安那州克里奥尔人聚居区。

虾提供 15000 个就业岗位，
牡蛎提供 4000 个岗位，
蟹提供 3000 个岗位，
小龙虾则提供 1800 个岗位，包括
1000 个小龙虾养殖户和 800 个捕捞野生小龙虾的商业渔民。[4]

到 1987 年，几件事影响了渔民对该公告的反应。一来，匹兹堡平板玻璃公司并非唯一污染源。其他产业也造成了严重污染，致使路易斯安那州成了全国产生有害废料最多的地方。二来，美国国会批准成立了环境保护局（1970 年）、通过了《清洁空气法》（1970 年）和《清洁水法》（Clean Water Act）（1972 年）。[5]此外，全州各地涌现出许多小型基层环保组织，家庭主妇、教师、农民等成为组织领袖，他们对周边发现的有毒废料和出现的疾病大为震惊。公告发布前后，本地活动人士拍案而起，反对在莱克查尔斯和相邻的威洛斯普林斯（Willow Springs）、萨尔弗（Sulphur）、莫斯维尔（Mossville）等地周围倾倒有毒废料，成为 20 世纪七八十年代“前沿”——又称“激进主义”——政治的一部分。[6]

佩姬·弗兰克兰（Peggy Frankland）是个 70 岁出头的活泼女性，父母是农民。早年生活在得州东部时，她曾是返校节皇后；现在，她住在萨尔弗的一个核桃农场，离匹兹堡平板玻璃公司不远。她记述了发布海鲜公告时的场景：“我的旅行车和我朋友丈夫的复印机都快被我们用坏了。我们在教堂和学校碰头，与莱克查尔斯、巴吞鲁日和华盛顿的官员和童子军领袖会面。
33 人们说我们不是基督徒，而是万物有灵论者，崇拜地球而非上帝，称我们为‘狂热分子’‘乡巴佬’。我们想见州议员，他们却瞧不起我们，觉得我们是没头脑的家庭主妇。”弗兰克兰在《路易斯安那州环境运动的女性先锋》（*Women Pioneers of the Louisiana Environmental Movement*）一书中写道：“企业把我们的土地和河流当作厕所看待，而我们奋起反抗。”

身为民主党人的弗兰克兰指出：“我们可以说，‘嗨，有部关于清洁水的联邦法律。你污染了我们的水源。你准备如何清理？’”但那些与弗兰克兰一道行动的活动人士现在大多成了支持茶党运动的共和党人，与李·舍曼一样，他们反对专横霸道的联邦政府，甚至对环保局也颇有微词。这便是透过锁孔看见的大悖论。

与此同时，路易斯安那州卫生与医院局（Louisiana Department of Health and Hospitals）设立了捕鱼和游泳警告牌，很快，一些标牌便布满弹眼，还有一些被偷走了。就是在这种情况下，匹兹堡平板玻璃公司解雇委员会的一名成员和李·舍曼出乎意料地相遇了。

我们俩各吃了一块饼干，然后李接着讲他的故事。莱克查尔斯当时最大的公共会场——伯顿体育馆（Burton Coliseum）中，坐满了“大约一千名愤怒的渔民和其他渔业人士”。李说：“会议开始时，只剩站的地方了。我听见人们在窃窃私语。噢，他们准备整垮政府哩。”

人们面前的高台上摆着一张桌子，桌后坐着一排公司高管——包括两名匹兹堡平板玻璃公司的人，还有公司律师和州政府官员。一名官员站了起来，解释发布海鲜公告的原因：鱼类被污染了，必须告知居民。污染从何而来？坐在台上的匹兹堡平板玻璃公司高管装糊涂。会议持续了二三十分钟，人们对政府官员嘘声不断。

这时，多年前被匹兹堡平板玻璃公司解雇的李·舍曼自作主张地爬上高台，令所有人大吃一惊。他背对官员，面朝愤怒的渔
34 民，举起一块大硬纸板，从高台一端缓缓走向另一端，让所有人都能看到上面的字——“我就是那个向河里倒毒废料的人”。

整个体育馆顿时鸦雀无声。

官员想把李赶下台去。但一名渔民喊道：“我们想听听他说什么。”

“我讲了36分钟，”李回忆道，“有人说，‘舍曼，你得坐下，该某某说了!’但另一个人说，‘不，我想听他说!’我告诉他们，我是按老板要求办的。我告诉他们，化学物质让我的身体出了毛病。我告诉他们，我因为旷工被炒了鱿鱼。我唯一没说的是，一个害我丢掉工作的匹兹堡平板玻璃公司解雇委员会成员当时就在台上，坐在桌子后面。他甚至还在我周末的纳斯卡比赛中下过注。这是最棒的一点——匹兹堡平板玻璃公司的那些家伙们束手无策。”

现在渔民们知道，鱼类真的遭到了污染。此次会议后不久，渔民们便对匹兹堡平板玻璃公司发起民事诉讼，双方达成庭外和解，每人仅得到1.2万美元。

另一个领域，再一次证明

李在艰苦、令人不快、危险的岗位上工作过。他忠心耿耿地遵照公司要求，污染了一个河口。他替公司做了不光彩的事，自己担下了罪责，然后他自己也如垃圾一般，被公司背叛并抛弃。李一生中最英勇的行为便是将公司的肮脏秘密公之于众，告诉一千名迁怒于政府的渔民，事情是因匹兹堡平板玻璃公司这样的企业而起。

但在其一生中，李·舍曼经历了从左派到右派的转变。年轻时，李生活在华盛顿州。他骄傲地说：“我参与了州里第一名女性竞选国会议员的活动。”但在 20 世纪 50 年代，他从西雅图搬至达拉斯工作，从保守派民主党人变成了共和党人，2009 年后又加入了茶党。如此看来，虽然他最主要的人生经历是被工业背叛，他现在却感到背叛自己最严重的是联邦政府——这一 35
点在他的政治立场上有所体现。他认为当时匹兹堡平板玻璃公司和很多本地石化公司做得不对，收拾烂摊子没有错。他觉得工业不会自觉“做正确的事”，却拒绝让联邦政府发挥与之平衡的作用。事实上，李支持的候选人希望取消几乎所有工业限制，撤销环保局。对李·舍曼这样的工人而言，职业安全与健康管理局（Occupational Safety and Health Administration）大幅改善了他们的生活——他对那些改革心怀感激——却认为该机构的任务已基本完成了。

在李·舍曼一个人的身上，我同时看到了大悖论的两面——他需要帮助，却有原则地拒绝这些帮助。他自己就深受接触有毒物质之苦，参与了对公共水源的污染，对污染深恶痛绝，现在骄傲地自称环保人士，却为何与反环保的茶党为伍？不是因为科赫兄弟给了他钱，至少这并非直接原因。李帮茶党插草坪牌是无偿的。不过，他的信息来源局限于福克斯新闻以及在右翼朋友间传播的视频和博客文章。他仿佛置身于一间回音室，里面充斥着质疑环保局、联邦政府、总统和税收的声音。

确切说来，茶党支持者对联邦政府的反感似乎来自三个方面——宗教信仰（他们感到政府削弱了教会）、税收政策（他们认为税赋太高、高收入群体税负太重），还有政府令他们荣誉丧尽，这点我们后文会谈到。李最大的不满来源于税收。税收流入了错误的人之手——尤其是“整天闲散度日，晚上却开派对狂欢的”福利制度受惠者和工作清闲的公务员。他知道自由派民主党人希望他更关心领福利的穷人，却不想让民主党人的政治正确规则告诉他应该同情谁。他以自己更有地方特色，也更私人的方式表达着对穷人的同情。通过博雷加德堂区（Beauregard Parish）的非营利性社区机构“博雷关怀”（Beau－Care），每年圣诞节，他与妻子“博比小姐”（Miss Bobby）都会在一棵圣诞树上选取七个信封，为信封中卡片上指定的孩子准备一份礼物。（“卡片上有孩子的鞋号。如果鞋号太大，我们
36 就知道鞋的主人已经成年，便不会送出礼物。但我妻子把我们自己都用不起的钱花在了孩子们身上。”）

的确，李和博比小姐靠社会保险度日，生活非常拮据。后来发生的两件事令他对国内收入署更为不满。其一，他为多挣点钱找了份兼职，工作时长超过了联邦政府规定，被发现后不得不等上一年才能重获社保金。那一年，帮助李渡过难关的就只有他们夫妇所属的摩门教堂和自身也不富裕的迈克·特里蒂科。更令他气愤的是第二件事。“我跟本地国税局的一名职员约了时间去退一笔税，那次会面令我很不痛快，”李解释道，“那个姑娘穿了件透视衬衣来分散我的注意力。然后她向我索要每一张收据，算错了数，给我的钱比我带来的还少。她骗了我。我是需要那笔钱，但一直未兑现那张支票。”

“我很固执，”李告诉我，“如果你跟我作对，我永远不会忘记。”他希望证明自己的清白，正如在伯顿体育馆的海鲜公告会议上，当匹兹堡平板玻璃公司解雇委员会的一名成员出现时，他感到自己被指旷工一事沉冤得雪一样。他感到自己再次得到了证明，无论对那名政府职员、所有国税局员工，还是所有税

收的源头——政府。他完成了报复，完成了又一次伯顿体育馆壮举。他加入了茶党。

被匹兹堡平板玻璃公司解雇后，两个保安将他带到了停车场，李愤怒至极。“我有把枪，”他告诉我，“我没想伤人，当然不想伤害我的同事，但想给那个地方一点颜色瞧瞧。我**太**生气了。”但与此同时，在那里工作期间，他度过了自己的黄金岁月，展现了自己的高超技艺、勇气、耐力和男子气概。想到所有这些，他便将愤怒更多地转向了政府。公司给他发工钱，而政府把这些钱抢走了。

我和李在他的餐桌前坐了三个半小时，把饼干都吃完了。我告辞时，李撑着助行架站了起来，缓缓将我送至前廊，前廊边是个四门车库（比房子还大），里面停了三辆赛车，维修进
度各不相同。三十块塑料草坪牌摞在一起，靠墙放着，李打算 37
帮茶党国会议员候选人约翰·弗莱明把牌子插到当地的草坪中。

分别时，李对我露出灿烂的笑容，邀请我下次再来——我们还没看他的相册——然后欣然向我挥手道别。日复一日，他在傍晚时分悄悄将沥青车中的有毒废料倒入河口的公共水域，后来那些废料流至下游的印德河，我听说一对夫妇常年生活在那里。他们也是悖论的一部分吗？我觉得应该见见他们。

第3章　记忆者

39 我坐在哈罗德·阿雷诺（Harold Areno）家客厅柔软的沙发上。哈罗德是个和蔼的卡津管道工，他坐在我旁边的椅子上，小心翼翼地将一本大相册捧在我面前。他的手在黑白照片的塑料封皮上来回摩挲，慢慢翻页，寻找着一张照片。他77岁，以前是五旬节会灯塔教堂（Lighthouse Tabernacle Pentecostal Church）的执事，穿着格子衬衫和牛仔裤。他说话缓慢而有磁性，目光落在相册上，说完一件事时常轻轻笑出声，仿佛在说："没事的。"

他指了指，在这儿呢。他的母亲、父亲、他自己和九个兄弟姐妹站成两排，在印德河河畔的阳光下眯着眼睛。[1]那是1950年。哈罗德介绍了他兄弟姐妹的名字。他告诉我，母亲如何捕雀鳝——用饵将鱼骗至船边，拍击其身体两侧，然后抠住鱼鳃，将其拎到船里。他缓缓翻至相册的下一页。这是一张他父亲及其兄弟姐妹的照片，他们都在印德河对岸出生长大，印德河的意思是"印第安人的沼泽河"。其他照片中，家里的不同成员在野餐、扮小丑、游泳，还有一张照片里，他们将一枚西瓜从船上丢下去，在水中嬉戏后大快朵颐。

但他想让我看的不仅是他的家庭。仿佛介绍友邻一般，他指向家人背后。照片上的一张张面孔后，是高大的落羽杉，傲然屹立于水中，粗壮的三角形树干伸出水面。它们曾是路易斯
40 安那州南部湿地辉煌的女王，如今仍是官方州树。一棵棵树上，

向外伸展的低矮枝丫挂着绿色苔藓，仿佛舞厅里的蕾丝披肩。“它们很高，阳光几乎晒不进湿地中来。”哈罗德轻声说。这些树可以长到 150 英尺高，寿命可达 600 年，有些树的已知树龄长达 1700 年。哈罗德的父亲用这些树制作渔船，一些是卡津人的传统平底独木舟。他会将原木送至附近的锯木厂，在他的作坊中将木头锯开，制作成船后把成品租给渔民。他还负责管理一座弓形桥，转动轮子，桥身便会转向一侧，给过往船只让路，这份工作的月薪是 30 美元。其余时间，他用来捕鱼和务农。

“把一个卡津人丢到沼泽里，”哈罗德笑道，扬起眉毛以示强调，“他就能活下来。”

但那是过去的事了。

哈罗德站在院子边上，指着令人作呕的河水。水面上到处是了无生机的灰色树干，一些树干低垂着，像战败的士兵，一眼望不到尽头。这是个树木的坟墓。哈罗德的手臂无力地垂到身体一侧。

李·舍曼倾倒沥青车、打开阀门、将有毒废料排入公共水域的地方距离印德河数英里。从那里，河水一路流向阿雷诺家所在地，另一路变窄，经卡尔克苏航道后又变宽，进入缀着狐米草的潮间带泥滩，然后缓缓向南，30 英里后流进墨西哥湾——美国人餐桌上近半的海鲜就来自那里。匹兹堡平板玻璃公司倾倒沥青车的湿地有一个很大的“下游”。跟随李对阿雷诺家的所作所为，我希望能发现大悖论的另一个视角。

三代人以来，阿雷诺家一直在房子周围及下方的土地上捕鱼、打猎、种菜。他们的棕色木屋干净整洁，有绿色的百叶窗、精心修理的草坪，家门口的车道两边种着百合和木槿，车道上停着辆白色卡车。门廊面水，一侧挂了面巨大的美国国旗。在

41 印德河关道的一英里内仅有两户人家，阿雷诺家是其中之一。旁边的房子从前是哈罗德姐姐的，很久前就没人住了。其他家也搬走了，狭窄的柏油路和河流间留下一长排低矮的松树。

哈罗德说："直到失去了，我们才知道曾经拥有什么。"他在印德河的一边长大，在另一边成了家，距离出生的地方"近在咫尺"。但除了失去青春、树木和很多家庭成员，哈罗德还失去了一种生活方式。"我们以前有40英亩土地。"他如此告诉我，相册已经合上，放在他腿上。"我们在两英亩土地上种了利马豆、玉米和蔬菜。我们可以晚上抓青蛙，白天捕鱼——雀鳝、鲈鱼。"他说，还有其他鱼：石首鱼、鲱鱼、鲻鱼，还有红鼓鱼，过去都是鸟儿的食物——大雪鹭、白鹈鹕和褐鹈鹕、海鸥、鹭、琵鹭、燕鸥和双领鸻——这些鸟一度在印德河一带很常见。"青蛙会叫一整晚。那时河水可以直接喝。"

哈罗德和他的九个兄弟姐妹都住在阿雷诺家位于河畔的40英亩土地上。"我们每月只去一次商店，采购糖、香草，等等。我们养了鸡、猪、牛，还有个菜园。我们靠着河过日子，夏天晚餐吃牛蛙，鲶鱼杂烩是家常菜。我们会把自家产的牛奶做成奶油，加入糖和香草，自己做冰激凌。"

"我的母亲是法国人，"哈罗德告诉我，"她说法语，会用手风琴弹《西瓜人》，每天用木炉为12口人做三餐。她是个大块头，大约220磅重。"哈罗德说："她会杀了鸡，用鸡肉炖一锅秋葵汤，然后用内脏做饵，穿在线上钓鲶鱼。我们什么也不浪费。"

像路易斯安那州西南部的很多人一样，阿雷诺一家是信奉天主教的阿卡迪亚法国移民后裔——他们后来被称为卡津人。1765年，在战争中大胜法国后，英国人将卡津人从加拿大新不伦瑞克无情地赶了出去。英国船只将他们丢在沿海地区。最终，载满卡津人的七艘船抵达新奥尔良港，船上的很多人后来迁徙至路易斯安那西南部的沼泽地带生活，与阿塔卡帕印第安人融合，一些当地印第安人不得不离开家园。他的父母没上过什么 42
学，哈罗德说，因为学校禁止教授法语，也不鼓励说法语的人上学。[2]哈罗德自己只读到八年级。

像哈罗德一样，安妮特·阿雷诺（Annette Areno）也记得昔日的印德河。她是个 70 多岁的漂亮女人，金灰色的卷发高高束起。她戴着眼镜，身着粉色衬衫和有花卉图案的长裙。她热情、精力充沛，谈吐温柔而从容。她边听哈罗德说话，边补充更正，言语中透着严肃，但说起她自己对河流的所思所想时又很坦率，将其与她祖父的农场相比较——农场位于路易斯安那州的金德镇（Kinder），是她长大的地方。她是附近萨姆休斯顿高中（Sam Houston High School）的管理员，前不久刚获得学校的终身成就奖。“我的工作就是收拾青少年留下的烂摊子。”她俏皮地翻了个白眼说道。

“我记得盛夏坐在落羽杉的树荫下。那时，挂在树上的苔藓还是绿色的。河里还有青蛙，它们能找到各种小鱼。后来，工业来了。河流开始变得恶臭扑鼻，仲夏夜也得关着窗。从这里到墨西哥湾的落羽杉和青草都死了。到现在，河里的鱼还不能吃，水也不能喝。”

哈罗德补充道：“漂浮的橡胶碎片会堵住汽艇的水泵。我们在凡士通（Firestone）① 的下游。”

阿雷诺夫妇 46 岁的儿子德尔温（Derwin）来到门前。他性

① 美国轮胎和橡胶公司。

格活泼，有一头棕色头发，同他爸爸一样也是个管道工，在附近的石化工厂工作，他趁着调休前来串门，带来了派派思（Popeye's）① 的外卖——鸡块、米饭和豆子、卷心菜沙拉和甜面包。安妮特泡了咖啡，给所有人备好午餐，为没有亲自下厨道歉。

祷告后，德尔温也加入了对话，看来这已是家中老生常谈的话题了。“我 1962 年出生，在这里长大，记忆中只有死去的落羽杉和散发恶臭的水面。现在无论去哪里，我都能**闻出**水和空气的质量如何。这似乎是一种特殊的直觉。现在这里的水从表面上看比以前干净了，但别去搅河底的泥。这些天晚上，东边吹来的风中有某些东西燃烧的味道，总是在晚上。”

43 “我已经很多年没在这条河里听到过牛蛙叫了，”哈罗德继续说道，“大约三年前，我听到过一只在下水道中鸣叫，但没叫多久。我不知道是有人抓到它了，还是它死了。”哈罗德说，有一次发生了“鱼群死亡”事件，鱼在水面和岸上乱蹦，“想要呼吸”。

接着他又说起乌龟，我逐渐意识到，我们正在梳理一份骇人的清单。“我们注意到乌龟的眼睛变白了。它们会待在一块木头上一动不动，再不下水抓东西吃。它们失明了，然后活活饿死。”哈罗德和安妮特轮流说起种种海洋生物，语气亲密而镇定，仿佛将它们一一安葬。

“我爸爸发现他的牛倒了下来，躺在地上，”哈罗德接着说，“它们喝过河里的水。还有鸡。一开始，它们会垂着翅膀到处走。后来就倒下死了。他的山羊和绵羊群也都死了。”他发出

① 美国快餐品牌。

一声低沉的苦笑，像是在说："你能怎么办呢?"

我感到自己好似闯入了一个低速犯罪现场。李·舍曼的沥青车只是一部分罪行。其他公司和州政府也牵连其中。哈罗德带着一丝愤怒继续说道："我侄子以前养猪。你知道，猪几乎什么都能忍。因为水质不好，我侄子得把泔水煮过后再给它们吃。那些猪却跑出猪圈去喝河水，然后就死了。卫生部门怪罪我**侄子**没让他的猪离污染水源远一些，却**没对那些水采取任何措施**。"

哈罗德、安妮特和德尔温轮流讲述他们的经历时，我感到他们既无奈又抗拒。他们说话时，时而望向窗外的河流，时而低头看着盘子，偶尔看看我对他们故事的反应。他们没有坚持要得到我的回应，只是摇摇头，仿佛在说："所有这些本不该发生。"多年来，他们一直在等待一场官司的消息，等待令他们筋疲力尽，一腔怒火也几乎消耗殆尽。

但不仅如此。他们失去的不仅是动物和鱼类。我做好了准备。

哈罗德在椅子里挪了挪身子，轻轻咳嗽了几声，接着说： 44
"我姐夫 J. D. 是第一个。他患了脑瘤，47 岁时就去世了。然后住在隔壁的姐姐莉莉·梅得了乳腺癌，转移到了骨头上。我的母亲死于肺癌和膀胱癌。还有其他住在河边的人：埃德娜·梅和兰伯特都死于癌症。朱莉娅和温德尔也得了癌症，他们家离这里两英里远。我妹妹在这里长大，但后来搬去了休斯敦河，她也在与癌症抗争。还有我的另一个姐夫，得了前列腺癌，已经扩散到骨头里。"（安妮特和哈罗德都是癌症幸存者。）

"唯一没得癌症的就是我父亲，"哈罗德说，"他从未在工厂工作过。其他所有人——生活在这 40 英亩土地上的我们这些孩子和我们的配偶——都得了癌症。”

哈罗德的直系亲属中，除了安妮特和哈罗德本人，其他患了癌症的人都因此而去世。家里的前几代人——比如哈罗德祖父那代——无一患过癌症或因此而亡。作为五旬节派教徒，家里也没有人吸烟或饮酒。

我不知该说什么，笨拙地问道：“那现在水质好些了吗？”

“噢，没有，”德尔温说，“一场暴雨后，河水上涨，工厂的污染物融进水中，你就能闻出有问题。现在他们说是要清理，但我不知道他们如何做到。”[3]

他们三人开始讨论如今怎样判断鱼类能否安全食用，看法大相径庭。哈罗德不吃印德河里的鱼——这种鱼本身就象征着危险。“他们试图在电视上对危险轻描淡写，”他警惕地说，“英国石油公司（British Petroleum，BP）的漏油事故后，他们说虾可以吃。但有人检查吗？我觉得没有。我是不会吃的。”

接着，德尔温说起他如何从一条鱼的样子、气味和消化能力判断其安全与否，他的话令父母吃了一惊。“如果虾闻起来没问题，味道不错，吃完后感觉也不错，那我就不会担心。”哈罗德警告道：“但那些鱼可能还是不安全。我们以前总是吃鱼，现在只是偶尔吃，而且从不吃这条河里的鱼。钓鱼的话，我钓到后就放生了。”

45 “我会捕些红鼓鱼来吃，”德尔温接着说道，“因为那些红鼓鱼是从墨西哥湾一路**洄游过来**的。它们在这里出现并不代表它们在此**产卵**和长大。红鼓鱼不像雀鳝那样留在这里。因此前些天我想，嗯，没事的。我捕了些红鼓鱼，清理干净。烹饪之前，我试着闻了闻，看看能否闻出点不像正常鱼的怪味。它们似乎挺正常的。但我没将它们与墨西哥湾那里游来的雀鳝进行比较。我在烧烤炉上把鱼烤好后吃了，想找出某种怪味，但心想，‘呀，真好吃。’便把鱼吃了。”

安妮特看着自己的儿子，眼神中充满关爱。对德尔温而言，判断标准是鱼类的繁殖栖息地——红鼓鱼是安全的，雀鳝则不然。哈罗德同意安妮特的观点：“河里的鱼都不安全。”但如果要吃，哈罗德补充道，他会吃鱼身上安全的**部分**。“我问过鱼类和野生动物局的人，问他检验鱼时取的是哪里的肉。他告诉我，‘我会取脂肪组织，还有鱼肉的深色部分。化学物质都留在鱼的**脂肪**组织和**深色部分**。’于是我说，‘很高兴能跟你聊聊。如果我吃鱼的话，不会再吃肚子和深色部分了。’”

纸巾地图

前阵子，阿雷诺家的老朋友、海洋生物学家迈克·特里蒂科在纸巾上给我画了张地图。地图中间的点代表阿雷诺在印德河河畔的房子。往东 1.5 英里处是匹兹堡平板玻璃公司，也就是李·舍曼和哈罗德·阿雷诺工作过的地方。后来，我与哈罗德和迈克乘船在莱克查尔斯河口转了转，去了李悄悄向公共水域倾倒装满有毒废料的沥青车的那个河岸。岸边长着扫帚般的高大银绿色米草，看起来一切正常，掩盖了李可怕的秘密。

匹兹堡平板玻璃公司现在属于另一家公司，改名为埃克塞尔（Axiall），生产氯代烃。[4]阿雷诺家以东 4 英里处坐落着大陆
石油公司（Conoco）的码头——1994 年，那里有 150 万吨二氯 46
乙烷发生泄漏，是北美洲最严重的化学物质泄漏事件之一。[5]阿雷诺家以北 4 英里处是安特吉公司（Entergy）的纳尔逊燃煤发电站。往北 2 英里是个叫作威洛斯普林斯的村庄，居民都是黑人，1982 年，有害垃圾处理公司布朗－费里斯国际（Brown and

Ferris International）在那里的露天垃圾场倾倒垃圾，致使当地居民患病。北边还有总部位于南非的大型能源化学公司萨索尔（Sasol），该公司现正建造美国首个天然气制油工厂，还在推进美国最大的新工业设施扩建项目。[6]此外，在阿雷诺家东南方 300 英里外的墨西哥湾，“深水地平线”（Deep Water Horizon）钻井平台于 2010 年发生爆炸，造成世界历史上最严重的海上石油泄漏事故。我意识到，印德河位于整个化工帝国以及大悖论的中心。[7]

大部分污染物沉到了河底——汞、重金属、二氯乙烷和氯化二噁英。因此起初那里是主要危险所在。但后来美国陆军工程兵团为方便商船通过，两度疏浚附近航道。哈罗德告诉我：“他们从河底挖出有毒淤泥，将其留在河流两岸，却没有标记污泥位置。”因此，现在阿雷诺家对河岸也不放心。我注意到，做出这一决定的是美国陆军工程兵团，亦即联邦政府。

我问，那对污染源的严格监管呢？我想知道，阿雷诺夫妇给主张治污的政治候选人投票了吗？还是像李・舍曼一样把票投给了别人？

“严格监管是好事。”哈罗德答道。“我们不反对工业，”安妮特澄清道，“我们乐于看到工业来此。工业能带来就业。哈罗德能找到份工作，我们很高兴。但几十年来，河流完全没被清理过，我们也没有得到搬迁补偿。”

与其他朋友和家人一样，阿雷诺夫妇是共和党人，2012 年总统大选时把票投给了米特・罗姆尼（Mitt Romney）。“当然，他是代表大企业的，”哈罗德解释道，“如果他来了，会对附近公司的首席执行官们展开友好访问。他不会治污。”

47 但哈罗德和安妮特说话时态度温和，语气平缓，我感到他们对我所询问的生活领域已基本丧失了兴趣。“我们把票投给将《圣经》摆在正确位置的候选人，”哈罗德补充道，“我们努力活得正派体面，希望我们的领袖也如此，并希望他相信这种生活方式。”2012 年大选中，在决定把票投给罗姆尼前，他们支持的是宾夕法尼亚州前参议员里克·桑托勒姆（Rick Santorum）。阿雷诺夫妇不赞同“贪婪的大公司”欺负小人物。安妮特又说：“石油利益集团企图阻止电动汽车发展。”哈罗德对此表示同意，说道：“共和党人代表大公司利益。他们不会帮忙解决我们的问题。”

但共和党人与上帝和家庭站在一边，安妮特说：“我们喜欢这一点。《圣经》说，耶稣希望我们以其父的事为念。”在经历失去家人、朋友、邻居、青蛙、乌龟和树木的痛苦时，信仰指引着他们。他们感到，是上帝赐予了他们面对苦难的勇气，为此他们对上帝心怀感激。安妮特接着说：“我不知道人们要是不认识上帝该怎么办。”对阿雷诺夫妇而言，宗教信仰进入了一个本可由政治独立发挥重要作用的文化空间，他们感到政治没帮上忙，而《圣经》则雪中送炭。

在路易斯安那州州长人选方面，阿雷诺夫妇依据信仰和家庭价值观，两次把票投给了鲍比·金达尔（Bobby Jindal）。[8]然而，金达尔并不支持整顿环境问题。他曾在保守派智库传统基金会（Heritage Foundation）发表讲话，称奥巴马政府用排放法规和环保措施“挟持我们的经济，以实现他们的激进思想”。2014 年，金达尔还给工业拨款 16 亿美元，“激励”其在路易斯安那州投资——全州居民人均 394 美元；同时，他从州预算中削减了差不多同等金额，裁退了 3 万名公共部门员工——包括护士、护士助理、医疗技术人员、公立学校教师[9]和安全检查员。

对右派产生强烈影响的似乎是三个关切——税收、信仰和荣誉。李·舍曼渴望少交税，阿雷诺夫妇希望保护自己的基督教信仰。在这些基础动机之上，还有一些个人愿望：李对污染公共水域感到内疚，又遭到一名不诚实的税务局官员欺骗，想
48 证明自己没有错。他感到，税务局腐败，税收本身也有不诚实之嫌。税收去了哪、用于做什么，都不甚明了。阿雷诺夫妇与李有同样的关切，但还有另一个私心。考虑到他们长期以来的遭遇，以及上帝和教会在他们经历这些苦难时发挥的重要作用，他们强烈感到须将自己交付给有精神引导力量之人。对李和阿雷诺夫妇而言，政治关乎信任。信任身边的人已经够难了，信任千里之外的人更是难上加难；而对土生土长的当地人而言，华盛顿特区非常遥远。他们和所有与我交流过的人一样，感到自己遭遇了惨重损失，抑或是被盗？他们失去了自己的文化家园、立足之地和荣誉。

最受他们信任的政客没有提出要帮忙治理环境。至于那些提出帮忙的人，他们是谁？他们在争取什么？这便是困境所在。李和阿雷诺夫妇都曾把票投给共和党国会议员大卫·维特，此人曾于 2011 年投票支持撤销整个环境保护局。他还曾投票反对国家海洋基金会（National Endowment for the Oceans）——该组织旨在保护海洋、沿海地区及五大湖区生态系统。环境保护局发布一份接触甲醛与癌症关系的报告后，他曾与之展开论战。在环保选民联盟（League of Conservation Voters）的计分卡上，他的得分为零。[10]

至于路易斯安那州沿海地区遭受的气候变化威胁，他们投票支持的候选人无一认为威胁真实存在。共和党州长金达尔曾

将气候变化称为“特洛伊木马”，认为其会带来一批新的政府
监管机构。李·舍曼认为气候变化是“一派胡言”。这是个大
政府概念，**自由派**会对此感到担忧，而**保守派**不会信以为真，
借此大做文章。但在阿雷诺家的起居室，哈罗德、安妮特和迈
克·特里蒂科却时不时俯身研究《圣经·启示录》的第11章
18节。这段写道，上帝会败坏那些败坏世界之人。在《马可福
音》第13章19节，他们还找到这样的经文：“因为在那些日子
必有灾难，自从神创造万物直到如今，并没有这样的灾难，后
来也必没有。”通过这些段落，三人将信仰用在了应对气候变化
问题上；鉴于迈克受过海洋生物学教育，他还加入了科学判断。
他们一同得出结论：气候变化的确是一个正在发酵的人为灾难， 49
需要出台强有力对策。在他们所处的舆论环境中，他们这样做
是颇为勇敢的。但他们的关切引发一个问题：要如何改善环境？
在这个问题上，《圣经》给出的答案比政治更加清晰。

记忆者

“他们甚至不想在附近设立‘禁止钓鱼及游泳’的标牌。”德尔温如此说道。“前阵子牌子竖起来了，但有人拆走了。是谁干的？我不知道。但似乎无论是谁，他们都不希望人们知道——即使知道，也不想（人们）记得——这附近遭到了污染。你在电视上看到的那些壳牌石油公司（Shell Oil）广告里，美丽的白鹭掠过翠绿的湿地，还放着音乐。你会想，他们想让我们忘记什么。”他又补充说。我们已经开始享用甜点和咖啡，围坐在桌边的人频频点头。

阿雷诺夫妇记得的不只是印德河清澈见底的旧日好时光。他们**保留**的是工业和州政府忘得一干二净的记忆。这种更宏观

的制度性遗忘改变了人们表达哀痛的私人行为。然而还不仅如此，它还改变了阿雷诺家的身份。他们没有离开印德河，而是留了下来。他们不想离开，但纵使想要走，也负担不起。那些制造污染的公司没给过他们搬迁所需资金。他们的房价下跌了，因为就算像他们这样精心维护，又有谁愿意住在印德河关道上呢？阿雷诺一家成了留守移民。他们留下了，可环境不在了。

“乡愁”（nostalgia）一词来自希腊语，词根为 nostros 和 algia，意思分别是“返乡”及“渴望”。17 世纪时，欧洲医生认为乡愁是种疾病——像流感一样，患病的大多是背井离乡的仆人、士兵和求职者，可用鸦片、水蛭治愈，对富人而言，瑞士阿尔卑斯山脉之旅疗效亦佳。[11]随着时间的流逝，这种情感得到广泛承认。葡萄牙人有 saudade 一词，俄罗斯人有 toska，捷克人有 litost。其他国家也给这种情感起了名字：罗马尼亚人称
50 之为 dor，德国人称之为 heimweh，威尔士人称之为 hiraeth，西班牙人叫 mal de corazon。这种心病的许多患者不得已离开了深爱的家园，而家园本身犹在。哈罗德和安妮特还住在家中，环境却已不复从前。

我还见到了其他记忆者。有人忆起高高耸立的落羽杉林——20 世纪 20 年代遭到成片砍伐。如今，美国林务局（U. S. Forest Service）在阿查法拉亚国家遗产区（Atchafalaya National Heritage Area）为这些树制作了纪念牌。一定是某个联邦政府员工想到的好点子，将这些古老庄严的树木称作“路易斯安那购地树”（Louisiana Purchase Trees）——它们在 1803 年路易斯安那购地案（Louisiana Purchase）时就活着。还有其他树木因 1812 年路易斯安那建州时就已在世而得名。关心路易斯安那的人们如今可以关怀这些树木。它们是州里的先祖。保罗·

林戈（Paul Ringo）是非营利性环保组织“河流保卫者”（Riverkeepers）的成员，他无需用这种点子来留住记忆。保罗住在萨宾河（Sabine River）河畔一个与世隔绝的小木屋中，每天夜里听着河流的汩汩水声。萨宾河的河水遭到上游一家造纸厂污染。他监测水中污染物，并护送“祷告勇士”① 为河流祈祷。事实上，他本人也是个祷告勇士。他珍视曾居住在该流域的阿塔卡帕印第安人的记忆，帮助灰心丧气的族人后裔与州政府谈判。“萨宾河是条公共河流，”我前去拜访时，保罗·林戈告诉我，“但如果你不能喝河里的水，不能在河里游泳、钓鱼，不能在此给孩子洗礼，那这就不是你的河，而是造纸厂的河。”与阿雷诺夫妇一样，保罗·林戈也是个记忆者。

但很多市民并不赞同这种想法，原因有二。其一，城里有了新商机，有了新的就业机会、资金和产品[12]，市民沉浸在欢庆中。“经济发展”为人们津津乐道，而乡愁则挡了路。他们会问：“你不相信经济发展吗？”另一个原因是，人们感到环保事业落入了鼓吹政府扩张的左倾分子和游手好闲的地方官员之手。

乡愁的这一渠道遭到封堵，州旅游办公室则忙着另辟蹊径，
宣传莱克查尔斯每年的75个节日、集市和特别活动：规模仅次 51
于新奥尔良的狂欢节盛会、卡津柴迪科音乐节，以及莱克查尔斯走私节②——这是欢庆昔日海盗传统的节日，为期两周。还有布罗布里奇（Breaux Bridge）小龙虾节、雷恩青蛙节和阿布维尔（Abbeville）巨型煎蛋饼节。它们给人们的记忆增添了

① 致力于为他人祈祷的基督徒。

② 现已改名为路易斯安那州海盗节。

乐趣。[13]

石化工厂的很多工人都是保守派共和党人，他们热爱打猎和捕鱼，感到自己陷入了一个可怕的困境。他们热爱壮丽的大自然，这是他们儿时的记忆。作为户外运动爱好者，他们了解自然、尊重自然。然而，他们所处行业对大自然造成了污染——常是通过合法途径。他们需要养家糊口，对于支持可能损害自身利益的环境运动或联邦政府行动态度谨慎。市民们纷纷说，必须在环境和就业之间做出选择。在福克斯新闻、本地报纸和朋友间的交谈中，有种论调一再出现：太过怀念旧日蛙鸣和清澈河流可能也仅此而已——只是过于怀旧罢了。人们普遍感到，不应太执着于环境、太怀念没有污染的过去，或者太过怀旧；市民们不“应该感到”如此。这是因为，水力压裂法掀起开发热潮，许多新产业即将来到莱克查尔斯，对破裂岩层中释放出的天然气进行加工。

因此，具有讽刺意味、不可思议而且令人难堪的是，心怀敬意的联邦政府员工和北方环保人士承载了南方壮丽河山的部分记忆。美国林务局制作纪念牌，恳请居民铭记家乡古树的历史，其资金来源于联邦政府。总部位于纽约的河流保卫者联盟（Riverkeepers Alliance）提醒当地民众，如不关心他们可能会失去什么；该组织创始人是出生于华盛顿特区的环保人士小罗伯特·F. 肯尼迪（Robert F. Kennedy Jr.）。阿雷诺夫妇欢迎这些北方环保人士，将其视为他们困境中的天然盟友；同样承受了巨大损失的迈克·沙夫亦然。

阿雷诺夫妇是记忆者，却经历了奇特的“结构性失忆”（structural amnesia）——英国人类学家爱德华·埃文·埃文斯-普理查德爵士（Sir Edward Evan Evans-Pritchard）在一项与此毫

不相关的研究中描述了这一现象。埃文斯 - 普理查德当时正在 52
研究一个叫努尔人（Nuer）的苏丹游牧民族，该族族人对一些事情记忆力极佳，对其他事却完全没有记忆。例如，男女族人都记得 11 代的男性祖先，但已基本忘却了同时期的女性族人。这位人类学家感到，他们有个记忆与遗忘的结构，这一结构基于努尔人的主要制度——亲属制度。在这一制度中，男性占据主导地位。[14]埃文斯 - 普理查德由此推断，记忆是权力的间接表现。

阿雷诺家面对的是另一种结构性失忆，与之相关的是另一种权力来源：路易斯安那州化学协会（Louisiana Chemical Association）、塑料工业协会（Society of the Plastics Industry）、乙烯基协会（Vinyl Institute）、壳牌石油公司、匹兹堡平板玻璃公司，以及他们的政府领袖。这一权力来源的发言人将大众的想象力引至激动人心的经济未来上。阿雷诺夫妇感到，他们无声的河流、安息的亲人和死去的树木都被遗忘了，与女性努尔族人一样。

为难小人物

哈罗德对埃文斯 - 普理查德的理论做了重要补充。“州政府似乎总是为难**小**人物，”他说，“拿这条河举例吧。如果你的摩托艇往水里漏了一点油，监督员便会给你写传票。若是**企业**泄漏数千加仑汽油，导致河里所有生物死亡呢？州政府却放任不管。如果你射杀了一只濒危的褐鹈鹕，他们便将你投入大牢。如果企业污染鱼类，造成褐鹈鹕食用后死亡呢？他们还是放任不管。我认为他们**对草根阶层监管过度**，因为对**顶层**监管**难度更大**。”权力结构操纵的不仅是集体记忆，还有规则执行。越是处于权力阶梯上端，逃脱惩罚的概率越大；越是在下端，免遭惩罚的概率则越小。环保监管便是这样。

如果权力精英想忘记污染，并在社会中制造结构性失忆，你就需要一个全能的大脑来记住往事。阿雷诺夫妇感到，你需要的是上帝。他记得从前之事，知道失去了什么。如果联邦政府决心让美国成为一个拥有多元文化的国家，削弱基督教教会
53 的地位，便是妨碍了教会，降低了上帝的重要性。而正是上帝令他们得以从痛苦的煎熬中挺了过来。

给父母送来午餐的德尔温正收拾东西准备离开。对他而言，解决印德河问题的办法超越了权力、政治或科学的范围。与其父母一样，德尔温也是被提论（rapture）[①] 的忠实信徒。他形容“末世”的来临，引用《启示录》说：“地将被烈火熔化。”德尔温说，火有净化作用，因此地球在千年后将得到净化，在此之前，魔鬼会大行其道。在伊甸园，“没有什么会破坏环境。在上帝自己出手之前，我们也许再也看不到其创造之初的印德河是什么样子。上帝很快就会着手解决此事，所以人类破坏多少便也无关紧要”。

哈罗德和安妮特也期待被提，但希望人类在此**之前**就可以改善环境。他们已经等了太久，对政治近乎绝望。[15] 几十年来，一个与工业界“合作”研究污染问题的委员会偶尔碰头。莱克查尔斯的新移民对这段污染的历史不甚了解，旅游办公室亦无意唤起这段记忆。与污染的记忆一同被埋葬的，是人们对哈罗德和安妮特多年来非凡毅力的了解。至少上帝记得他们经历了什么，记得经历这些事所需的勇气。

---

① 一些基督徒认为，末日灾难来临之际，所有信徒将被耶稣提走。

向阿雷诺一家告别时，我问起他们状告印德河污染者的官司。由河畔居民和附近企业工人组成的53名原告对22家公司提起了诉讼。哈罗德答道：“我们还在等。”在他们深爱的沼泽河中，树木、飞鸟和鱼儿都已不在，没有什么能彻底弥补这种损失，但阿雷诺家盼望着这场官司至少能给他们提供搬迁的资金，因为他们尽管热爱这个地方，却不信任这里的水、河岸和空气，因而感到自己是身在家园的难民。打赢官司会是一场精神上的胜利，一个会让人铭记的事实。代理他们案件的公司中，一名律师（首席律师已经去世）叹了口气告诉我，这是企业常用的策略，他们在州政府的配合下，长期拖延诉讼，致使原告 54
等不到赔款便去世了。尽管如此，时间已过去很久了。

我惊讶地得知，在这场案件的原告中，有个我已经见过的人——李·舍曼。[16]李和阿雷诺家在印德河的污染中扮演了不同角色，但均视彼此为受害者。他们成了好友。2012年，三人都收看了共和党总统候选人米特·罗姆尼的演讲。罗姆尼不会帮国家清理肮脏的河流，他们想，但反对堕胎权，支持“拯救所有婴儿”——对他们而言，那似乎是更重要的道德问题，他们最终将据此接受审判。

哈罗德送我到车旁。我坐进车里，打开车窗，系上安全带。“我们在这个地球上的时间很有限，”他靠在车窗边说，“但如果我们让自己的灵魂得到救赎，我们就能进天堂，而天堂是永恒的。从此，我们再也不用担心环境问题。那是最重要的事。我做的是长远打算。”

第4章 候选人

55 这里是路易斯安那州拉斐特城外，修缮一新的阿卡迪亚村[①]中。一顶大帐篷下，手风琴正带领小提琴、吉他和洗衣板[②]，演奏着一曲悦耳易记的快节奏柴迪科卡津沼泽摇滚小调。身穿运动衫、百慕大短裤[③]和运动鞋的中年女子从野餐桌前将舞伴拉进舞池。戴卷沿牛仔帽的男人们跳着两步舞，几名少女踏着熟练的舞步，与母亲或祖母跳起吉特巴舞[④]，马尾不停甩动。两个戴白色高帽的厨师也暂时加入进来。一个蹒跚学步的孩子被领到演奏台上，脖子上挂着个小小的洗衣板，胡乱在板上拨弄着鼓槌，惹得白人野餐者们咯咯发笑。别处，孩子们在节日面部彩绘摊位、气球小贩和刨冰摊间嬉笑奔跑。帐篷一侧的长桌上，猪肉、豆子、米饭、秋葵汤等菜肴一字排开，一个盛满猪皮的大篮子在餐桌间传递。

这是个宜人的周六，我来到了印德河以北一小时车程的地方。这里正举行布斯塔尼烤猪宴（Boustany Boucherie）——这场公众烤猪活动是共和党国会议员查尔斯·布斯塔尼（Charles Boustany）竞选活动的一站。在2012年选举中，他与另一名国

---

① 一个位于拉斐特的文化公园。

② 一种打击乐器。

③ 一种长至膝上两三厘米的短裤。

④ 一种起源于美国西部的牛仔舞，随着爵士音乐节拍跳的快速四步舞，又名水手舞。

会议员、茶党党团成员杰夫·兰德里（Jeff Landry）展开激烈竞争。直至最近，兰德里代表的还是第 3 选区，布斯塔尼则代表第 7 选区。2010 年普查结果显示州内人口减少，而每个席位代表的人数需大致相当。普查后，路易斯安那州失去一席，于是，像“抢椅子”游戏一样，两人在同一片地区往返奔波，举办一 56
场又一场的活动，争夺仅剩的一个席位。

烤猪宴的举办地是个公园，为纪念 19 世纪中期路易斯安那西南部阿卡迪亚殖民者的生活而建——他们后来被称为卡津人。园内的草坪上，建有经过简单修复的木屋，土墙铁皮屋顶。池塘和高大的伊万杰琳橡树周围，坐落着铁匠铺、纺织坊和一个小天主教教堂，教堂的木牌上用法语写着“新希望小教堂，1850 年”。一台老旧生锈的耙地机和犁静静地躺在附近草地上。一顶木棚下有一支 27 英尺长的独木舟，就是哈罗德·阿雷诺的父亲为印德河渔民制造的那种。

坐在野餐桌前，我产生了一个疑问：布斯塔尼、兰德里这样的政客如何对待印德河，或是迈克·特里蒂科画在纸巾地图上的其他此类地方？他们记得发生了什么吗？他们会帮助李·舍曼、哈罗德和安妮特这样的人吗？如果他们呼吁缩小联邦政府规模，那么他们打算如何解决这些问题？这些问题构成了大悖论的一部分，而正是这个大悖论带我来到了路易斯安那州。我又一次问自己，为何在这个全国健康状况最差、经济发展滞后的州，人们会对提供州预算 44% 资金的联邦政府充满怀疑；为何这样一个遭到污染的地方会对政府监管污染者持负面态度。政治竞选活动在民众的文化生活中处于中心位置。它告诉了民众，权势人物认为哪些问题值得一听。

我留意图片中没有出现的内容，却无意间看到了自己想要的画面——就像通过研究底片来了解一张照片一样。我发现自己的注意力不在人们记得什么、关注什么、说了什么上，而在于他们忘了什么、忽视什么、没有说什么。我无意间得到了我所谓的深层故事，并注意到，故事将人们意识中的哪些内容排挤出去。

注意力转向无声之声并不是对我勇敢攀越同理心之墙的嘉奖。我仍在属于我的这边，离墙还有很远；我对自己说，既然路易斯安那州的环境这么糟糕，我希望这些政客谈到治污问题。
57 如若不然，原因何在？一些合乎常理之事似乎变得令人费解。我见到的许多茶党支持者似乎都热心、聪明、宽宏大量——并不像安·兰德笔下的恐怖人物。他们有社区和教会，对认识的人充满善意。很多人与李·舍曼和阿雷诺夫妇一样，非常关心环境。但我逐渐发现，对他们每个人而言，都有其他更重要的东西。税收，或是教会？这些似乎是问题中的一部分。但仅此而已吗？布斯塔尼议员是个主流共和党人，在他的选区内颇受欢迎，以坦率真诚著称。他是个训练有素的外科医生，为人随和，支持石油业发展。他是那种能从华盛顿搞到钱，却也会炮轰“华盛顿精英”的人。他会一面抱怨华盛顿与民众脱节，一面在你和华盛顿之间建立联系。烤猪宴入场抽奖的奖品是联邦政府的一个象征——国会俱乐部食谱，还有布斯塔尼夫人自制的圣诞饰品，裹在一面小小的美国国旗中（我有幸中奖了）。人们将自己遭遇的不幸归罪于华盛顿，却也珍视与华盛顿的联系。杰夫·兰德里是茶党共和党人，2011 年的一项民调显示，几乎半数路易斯安那州选民都支持茶党。因此，我很好奇这两人会有何不同。[1]

过了一会儿，乐队停止演奏，舞者纷纷落座。戴着眼镜、有些秃顶的布斯塔尼议员走上讲台，开始发言："我们一同经历了飓风。我们一同经历了影响就业的石油钻探暂停期。我们一同经历了金融和经济危机。"路易斯安那州需要"你们可以信任的保守派领袖"。后来在一次电台采访中，他自豪地说，自己曾否决一份对石油和天然气公司征税的法案——该法案本可筹得 600 亿美元税款；他还曾在英国石油公司事故后反对暂停石油钻探，并投票支持基石输油管线项目（Keystone pipeline）①。[2]

几天后，在雷恩一个工会会堂举办的红豆饭晚餐会上，他的对手兰德里议员发表了十分相似的演讲，只间或加上一句："如果对你们没好处，我不会投票的。"[3]兰德里曾在甘蔗田做工，还当过警察，说话拖长了调子，带着浓重的卡津口音。

"你可以让一个高中毕业生——我认识的一些人连高中都没念完，"兰德里说，"在石油和天然气行业努力工作——他们赚 58
到的钱比国内其他地方的大多数人都多。"他接着说："我受够了政府干涉我的私事……当我苦苦挣扎、需要帮助时，我从未直接去找政府。知道我去了哪儿吗？我去了我的教堂。我去了我的社区。我是说，在这个国家，医院是谁建的？回去查查吧。露德圣母（Lady of Lourdes）②——那可不是政府，对吧？中西部所有那些浸礼会医院？还有东海岸的天主教医院？那不是政府建的；那是人帮助人。（我们）问题的答案就在这里，就在雷恩这样的地方。"

但听众多为年长者，他们的问题集中在如何获得更多、更

---

① 一个从加拿大阿尔伯塔省延伸至墨西哥湾的输油管线项目，曾引发环保人士抗议。

② 罗马天主教对圣母玛利亚的一种称呼，以纪念她 1858 年在法国露德附近显现。

好的联邦政府服务上。“为何 65 岁以上老人社保的生活成本指数[①]还未上调?”一名男子问道。(兰德里的答案是晚点退休。)另一个人的问题有关医疗保险。一名年长女性抱怨道,她去看医生需要花 28 美元搭出租车。“为何老年人不能免费搭乘小巴?”对于这些问题,兰德里没有给出答案。

在克劳利一场工会礼堂见面会的几天后,兰德里议员来到新伊比利亚,在一个彩船游行活动上发表了演讲。人群中有些人正津津有味地吃着辣热狗——配辣椒酱、芥末和糖——还有炸鸡和双份巧克力威士忌焦糖布朗尼蛋糕。“政府无视我们的宪法和我们的保守主义价值观,像喝醉的水手一样挥霍我们交的税。当然,这样说对水手不公平。我们必须将国家从这样的政府手上夺回来。”兰德里宣布,人们频频点头。

人群中大约三分之一是黑人,似乎还有不少多民族的亲友。两个在场的白人告诉我,有些人前来更多是为了美食和音乐而非政治。一名黑人女性向我透露道:“噢,我会投给奥巴马。我们这里有些人非常穷。我 21 岁的孙子说他要投给共和党人,但我不知道他是说真的,还是只想让我犯高血压。”

59 所有这些演讲中,从开始的效忠宣誓到最后邀请观众参加秋葵烹饪赛,我再次惊异于两位候选人都避而不谈之事——路易斯安那州在一份人类发展指数中排全国 50 个州里的第 49 位;其经济水平排全国倒数第二;其 44% 的预算来自联邦政府——大悖论。

与此同时,两人都表现并宣扬着一种文化,正是这种文化导致了大悖论的产生。他们对“华盛顿圈”充满鄙夷,却又千

① 美国社会保障署每年依据居民消费价格指数上调生活成本指数,并基于该数据上调综合福利。

方百计地从那里为路易斯安那州争取资金。两人险些——但避免了——像其他著名南方共和党人那样，就谁想除掉更多政府机构展开比拼。2012 年总统大选期间，得州州长里克 · 佩里（Rick Perry）呼吁撤销三个联邦政府部门（三个部门分别是商务部、教育部和能源部），但众所周知，在一次全国性电视辩论中，他忘了第三个部门是什么。共和党人罗恩 · 保罗呼吁关掉国内收入署、联邦应急管理署（Federal Emergency Management Agency，FEMA）及卫生与公共服务部（Department of Health and Human Services）。如前所述，大卫 · 维特议员呼吁撤销环境保护局。

关于我的锁孔问题，情况是这样的：两人争夺的第 3 选区席位，即卡尔克苏堂区，是全国污染最严重县之一——迈克 · 特里蒂科在纸巾地图上标记的一些公司就位于该选区，已被部分淡忘的印德河污染事件也发生于此地。（2015 年，堂区的 9 条主要水路中有 8 条被环保局列为“受污染”，第 9 条状态为“未评估”。[4]）根据环保局数据，2015 年，拉斐特堂区有 100 所设施存在违法现象，89 所设施“过去五年内是正式强制措施的对象”。[5]

我访谈过的大多数人将票投给了布斯塔尼，后者在选举中胜出。但整个竞选活动期间，我从未听到有人提起布斯塔尼投票支持放松对华尔街监管一事——此举会加剧垄断，损害小生意人的利益，而他们中有很多茶党成员。[6]我从未听到有人说起联邦及州政府向石油公司提供的补贴，企业所得税的下降，石油在路易斯安那海岸侵蚀中发挥的作用，或是水域遭污染之事。
投票记录反映出他们的立场。布斯塔尼曾投票要求削减环保局 60
资金，阻止通过汽车燃油效率标准，禁止出台联邦水力压裂法规，终止《清洁空气法》对烟雾、煤烟和汞污染的防护，并挖去《清洁水法》的核心——各州必须达到的水质量标准，即联邦的"门槛"。他投票支持重新定义"健康空气"一词——基于对污染行业而言**是否可行**及**代价几何**，而非人类健康。兰德里众议员同样如此。[7]在环保选民联盟的国会议员计分卡上，布斯塔尼和兰德里的终身得分均为6分，总分为100分。[8]2012年，路易斯安那州向空气、水和土地排放的人均有毒物质达31磅。相比之下，美国全国人均排放有毒物为11磅。所有这些事，两位候选人均未曾提及。[9]

胜算不大的候选人对环境问题也保持了沉默。在克劳利举行的一次有数百民众参加的"投票站见"活动中，一名自由意志主义者誓言"让政府走开"，以便路易斯安那人"在稻田里种大麻"。一名民主党人的开场白是："我不同意民主党或总统说的所有事情。"接着，他宣布自己反对堕胎、反对同性恋婚姻、支持持枪权、支持石油业发展。仅有一名候选人支持"保护我们的海岸"，部分原因是此举将"保护我们的能源产业"。

兰德里在工会礼堂举办的一次竞选活动期间，30多名退休工厂职工围坐在木制野餐桌前，吃着纸盘盛放的红豆饭。谈到民主党，他们说那是来自遥远过去的一段支离破碎的记忆。一个人说，他一直等到父亲去世才给共和党投票，桌前响起会心的笑声。另一个人接着说："我家只剩一个民主党人了，是我妻子，而且她准备把票投给兰德里。"人们笑得更起劲了。路易斯安那州曾是所谓的蓝狗民主党①州，然而自1970年以来，在10

① 蓝狗民主党人，又称蓝狗联盟，是美国国会众议院的一个保守派民主党人团体。

次总统大选中 7 次把票投给了共和党人。在这样的老年白人群体中，向右倾的趋势似乎还将继续。有人解释说："我们很多人过得还可以，但我们不想失去现在拥有的东西，不想看到这些东西被拿走。"我问他认为被"拿走"的是什么，他的答案并非倾倒有毒废料者夺走公共水域，或烟囱夺走清洁空气，不是 61
健康或寿命，不是公共部门就业机会。他认为被拿走的是税款，这些钱给了不工作、不应得到帮助的人——不仅是税款，还有荣誉。全国经济萧条已持续三十年之久，如果那笔钱能作为某种"加薪"回馈公民，有何不可？

正如与迈克·沙夫、李·舍曼和阿雷诺夫妇的对话一样，话题转向了纳税人与拿税人间的分歧，前者应得到帮助，后者比前者低一个阶层，不配拿这些钱。我会一次又一次地发现，这一分歧是个情感导火索，特别是在石油等男性从业者居多的私营部门男性员工群体中易于出现。但打猎和钓鱼也是男人做的事，而现如今如果他们打到的鸭子吃过印德河里的鱼，打猎也少了些乐趣。尽管如此，若要在动物和人类之间做出选择，兰德里工会礼堂餐桌前的男人们认为，还是人更重要："现如今，美国男人也是个濒危物种了。"

将军、心理计划和"大谈就业"

与此同时，一名可能参选路易斯安那州州长的候选人打破了本次竞选在环境问题上的沉默。他身高 6 英尺 5 英寸，身穿军队制服，在巴吞鲁日一家酒店的早餐桌前起身迎接我的到来。我们转移至一间会议室，他坐了下来，摘下饰有三颗大五角星的军帽，将其放在桌上。拉塞尔·奥诺雷（Russel Honoré）将军是一名功勋赫赫的美国陆军中将，曾在 2005 年 9 月带领联合特遣队和一支千人国民警卫队营救“卡特里娜”飓风后被困于洪水和混乱中的新奥尔良居民。他从联邦应急管理署署长迈克尔·布朗（Michael Brown）手里接过了救援工作，后者是来自俄克拉何马州的律师，酷爱马匹，曾在大选中为布什捐款，因救灾不力而声名狼藉。奥诺雷被称为“五级将军”（五级是用来描述风暴等级的词）。他提醒国民警卫队士兵枪口朝下，因为“我们在执行营救任务，该死”。他受到数千名得到营救的“卡特里娜”洪水受害者爱戴，成为全州的传奇人物。

62 将军出生于巴吞鲁日西北的潘特康勃堂区（Point Coupee Parish），是家里 12 个孩子中最小的一个。他是有黑人血统的克里奥尔人，但因走路大步流星、行事作风硬朗、声音低沉而显权威，故而被人们亲切地称为“了不起的卡津人”。新奥尔良市市长说他是“约翰·韦恩（John Wayne）① 那种男人”。但这种评价大大低估了他。他长着一张长脸，鹰钩鼻，小胡子花白，不时流露出同情、幽默、深思或愤怒之色。他越过了同理心之墙。

“我不反对石油和天然气行业在路易斯安那州赚钱，”他首先实事求是地说，“但石油公司得把自己留下的烂摊子清理干净，可他们没有。他们得为自己搞的破坏善后，可他们没有。而且我们基本上只能听到来自他们那边的说法。”

“民众为何不要求政客治理环境？”我问奥诺雷。将军停顿了片刻：“路易斯安那人整天听到的都是就业，就业，就业。听的足够多了，人们便渐渐相信，这就是故事的全部。实际上，他们成了一个心理计划的俘虏。”

---

① 美国演员，以出演西部片和战争片中的硬汉角色而闻名。

奥诺雷呼吁清理遭污染的河流和被遗弃的油井，还要求在工业厂房中安装类似飞机驾驶舱黑盒子的监控设备，以确定是什么导致了灾难的发生。近年来，将军还领导着他所谓的“绿军”（The Green Army）——这是一些小型环保组织的联盟。“我原先不知道我们的问题有多严重，直到卡特里娜飓风后，一架直升机载着我飞到新奥尔良上空，”将军说道，“我向窗外望去，数英里的土地上满目疮痍。我记得自己对飞行员说，‘这团糟一定是飓风造成的，’他答道，‘不，那些是多年前废弃的油井架。’”

一小时后，奥诺雷提出开着他的卡车带我沿滨河路转转，这段路与密西西比河平行，连接巴吞鲁日和新奥尔良，沿途一带如今被人们俗称为“癌症带”。“看到那条河了吗？”将军指着窗外的密西西比河问道。我想起马克·吐温的著作《密西西比河上》（*Life on the Mississipi*），被地图上沿河城镇的名字深深吸引：康文特（Convent）、圣加布里埃尔（Saint Gabriel）、圣 63
罗斯（Saint Rose）、圣詹姆斯（Saint James）。我知道，美国超过半数的谷物和五分之一的其他出口产品都是经此运向墨西哥湾，再前往世界各地。

“你知道自己在看什么吗？”奥诺雷问道。我以为自己知道。“那不是密西西比河的水。那是孟山都的水，埃克森美孚的水，壳牌石油的水。这是条公共水道，但那些是私人水域。如今密西西比河属于工业，河边已几乎没有公共码头了。”[10]

事实上，这条伟大的河流很久之前就已遭到污染。“早在 20 世纪 50 年代，”一名男子告诉我，“一条蒸汽船离开新奥尔良时，明轮推进器刚刚刷成红色。等到抵达上游的纳奇兹（Natchez），红漆已经消失了。”

如同之前乘坐迈克·沙夫的车一样，我坐在将军的卡车上穿过甘蔗园。路上，我开始意识到自己看不见的是什么。与沙夫同行时，看不见的是历史，与将军同行时则是污染。的确，路易斯安那州的污染大多并非肉眼可见。我们的车穿过冈萨雷斯（Gonzales），那是“癌症带”上的一座小镇，被路易斯安那州旅游局标榜为“世界什锦饭之都”。这里春天会举行节日庆典，届时，厨师会在巨型大锅中翻炒 700 磅重的米饭。不远处是路易斯安那州旅游网站（LouisianaTravel. com）推荐的“渔人港”，附近有“徒步旅行和观赏野生动物的绝佳”之所。在那里，还可以来一场“卡津精华沼泽之旅”。[11]整个小镇仿佛派对不断——表面看来如此。[12]

然而可悲的是，什锦饭之都位于世界上污染最严重的工业带之一。在密西西比河两岸，坐落着 150 座工厂，它们分布在一条 85 英里的狭长地带上。每座工厂周围都拉起了铁丝网围栏，一些工厂入口的牌子上骄傲地展示着一个数字——该厂因事故而停工的日子屈指可数。许多工厂所在地曾是棉花园或甘蔗园。环保局的数据显示，2013 年，滨河路沿线的其他城镇——普拉克明（Plaquemine）、圣加布里埃尔、盖斯马（Geismar）、唐纳森维尔（Donaldsonville）——所在各堂区申报有毒物质排放量在全美各县中位列前 3%。[13]路易斯安那州的有毒废弃物产量居全国第六，从别州购入有毒废弃物量排全国第
64 三。“我们从**阿肯色州购入**有毒废弃物，”将军接着说道，他睁大双眼，似乎感到难以置信，“因为他们的监管比我们的**严格**。”[14]州里有许多注入井，深深扎入地下，井周围有套管，有毒废弃物被注入管内。一些令人担忧的相关研究不时见诸报端。[15]

“路易斯安那有很多石油，”将军接着说，“很多人视之为一桩幸事。如果处理得当，也许的确如此。但我们做得并不好。”他指出，业界在州里钻了 22 万多口井，找到 600 块产油田，修建了长达 8000 英里的管道和运河。水下管道连接着离岸钻井平台与路易斯安那州和得克萨斯州的陆上炼油厂，长度逾 2.5 万英里。[16]企业控制了政府，将军指出，而付出代价的则是民众。

他把车停在南方大学（Southern University）校园中的一段密西西比河河堤旁。这是将军的母校，以前是所全黑人大学。我们下了车，穿过草地，凝视着密西西比河。他指向远处的一座小岛：“看到岛上那个小角了吗？他们管它叫‘自由黑人角’，因为如果有人能穿过河游到那里，就能抵达地下铁路①并获得自由。许多人不会游泳，淹死了。但如今，如果他喝进河水，便会生病，慢慢因污染而亡。”

“漏油让我们难过，禁令让我们恼火”

结合兰德里和布斯塔尼议员演讲中未听到之事与在将军车窗外看不见之风景，我开始认识到，忘记或忽视路易斯安那州的环境问题有多容易。但如果一场灾难规模巨大、众所周知、影响深远、举世瞩目，以至到了“前所未见”的程度，令人无法忽视，情况又如何呢？我的茶党朋友们会有何表示？

当然，2010 年**的确**发生了这样一起轰动一时的事件——英国石油公司的“深水地平线”钻井平台在路易斯安那州附近的墨西哥湾海域发生爆炸。奥巴马总统称之为“美国史上最严重 65

① 19 世纪美国秘密路线网络和避难所，用来帮助非裔奴隶逃往自由州、加拿大、墨西哥等地。

的环境灾难”。[17]爆炸造成 11 名工人死亡，17 人受伤，还导致水下 10000 英尺处的一根油管发生破裂，石油源源不断地流入墨西哥湾，持续时间长达三个月。在这 87 天期间，每三至四天的漏油量与一次“埃克森·瓦尔迪兹”号（Exxon Valdez）油轮漏油事故①相当。

训练有素的工程师无计可施。心急如焚的专家上电视作证。他们说，路易斯安那州 397 英里长的墨西哥湾海岸对整个海湾逾 90% 鱼类和 98% 商业物种的生命周期都至关重要。无眼虾和幼年海豚被冲上海岸，约 650 英里长的海岸线上发现了原油球块。鹈鹕大批死亡。蟹笼上布满油污[18]，捕虾业遭到重创。泄漏的石油流入了牡蛎养殖区。爆炸发生后，6000 只鸟、600 只海龟、逾 100 只宽吻海豚，还有鲸等其他海洋哺乳动物的尸体被冲上海岸。[19]后来的研究发现，接触过泄漏石油的鱼类胚胎——特别是金枪鱼——其体型、心脏和眼睛均发生了变形。[20]

还有更多坏消息。约 9 万名渔民失去了生计，他们得到一份工作——参加“机遇之舟”（Vessels of Opportunity）项目[21]，用自己的船只清理溢油。然而，他们的防护装备不足以应对石油和 Corexit 分散剂，一些人出现了皮肤损伤、视力模糊、呼吸困难、头痛等症状。[22]

面对这些情况，奥巴马总统下令暂停深海钻井活动，为期六个月，直至防护措施到位。他认为，经历一次灾难总好过两次或更多。没人确切知道事故为何发生。当时，英国石油公司用的防喷器从未在 10000 英尺的深度使用过。就连用来勘查爆

① 1989 年 3 月 24 日，美国埃克森公司的“埃克森·瓦尔迪兹”号巨型油轮在阿拉斯加州美、加交界的威廉王子湾附近触礁，泄出 1080 万加仑原油。

炸现场的机器人都是首次使用，因此没人知道它们能否工作。[23] 还有 32 个钻井平台仍在墨西哥湾运作，运用的技术和作业深度均与“深水地平线”相似。英国石油公司本身没有对禁令提出反对。总之，在很多人看来这是明智之举。

但几个月后，路易斯安那州立大学的一组研究人员询问生活在受灾海岸的约 2000 位居民：“对于暂停海上钻井直至新安全防护措施到位的禁令，你持支持还是反对态度？”半数受访者 66
反对，仅有三分之一的人表示支持。[24] 当被问道，“你对全球变暖、保护野生动植物等其他环境问题的看法有没有因本次漏油事件改变？”七成受访者回答“没有”。剩下的人——有趣的是，他们受教育程度较低、女性居多——答了“是”。与我交流过的路易斯安那州内陆地区居民，比如兰德里和布斯塔尼议员，也坚决反对奥巴马的禁令。

为什么？损失钻井收入是原因之一。但联邦政府“过度监管”也是一个原因。“发生漏油或事故不符合公司的**自身利益**。他们尽力了，”一位女士对我说，“因此如果发生了泄漏，公司恐怕也无能为力。”还有人历数了我们日常生活中的所有石油制品。甚至有个人宣称：“造成漏油的是**过度**监管。如果政府没有盯着英国石油公司，公司便会自我监管，漏油事件就不会发生。”

一位女士概括道：“漏油让我们难过，但禁令让我们**恼火**。”[25] 州长和来自该州的国会参议员纷纷要求结束禁令。奥巴马回应了其部分要求，提前一个月结束了禁令，但在与我交流过的人们眼中，此举并未给他加分。“奥巴马远在华盛顿，他知道什么？”他们问道。在两名议员几年后的演讲中，完全没有提及漏油事件。

我想，也许反对禁令的路易斯安那州沿海地区居民是在向石油产业和私营部门表忠心，他们落入了反对联邦政府的历史循环。但鉴于他们易遭损失和污染的影响，也许他们是在管理对自己所知之事的强烈焦虑、担忧和愤怒之情。[26]也许他们在告诉自己："我们承担不起担忧的后果。我们需要把这些想法抛到脑后，管理我们的焦虑情绪，并且不要承认自己在这么做。"

带着这样的想法，我重新审视了大悖论。依照我最初的看法，路易斯安那州与其他红州一样，面对着诸多挑战。也许经济状况较好的极右派人士没有提出贫穷、学校质量低下、医疗
67 等问题，是因为这些问题并未直接对其构成影响。污染对富裕阶层也有影响，可他们似乎准备自己咬牙坚持。至于怪罪于谁，就像爸爸留下个烂摊子，你会埋怨妈妈，因为出了错遭到责备的总是妈妈，想办法补救的也总是她，而且妈妈没有离开。至少起初看来是这样。

享有的自由，免于的自由，谁的自由？

那么，路易斯安那人如何看待不同形式的政府监管？我想，这一问题的答案也许能帮助我理解那些对漏油感到难过，却对政府感到恼火的沿海地区路易斯安那人。也许他们不满的对象是政府监管这一整体概念。乍一看，路易斯安那州内的政策似乎旗帜鲜明地反对监管本身。在酒精饮料方面，路易斯安那州是全国监管最宽松的州之一。[27]你可以驱车前往得来速冰镇得其利①摊，购

① 一种以朗姆酒为基酒的鸡尾酒。

买“外带”得其利鸡尾酒——唯一的法律限制是，塑料盖必须盖上，吸管不能插在杯中。在莱克查尔斯的一间加勒比小屋酒馆，一位满意的顾客称，自己点了一杯多加几份烈酒的 32 盎司长岛冰茶①，吸管孔处粘着胶带——这样便是“封口”的——然后就接着开车上路了。直至 2004 年，驾驶时携带未封口容器才成为非法行为。新奥尔良甚至会在 7 月底举办一个“保卫得其利节”（Defend the Daiquiri Festival）——自然，该活动得到酒精游说组织的支持。[28]

没有执照的商贩可以销售手枪、猎枪、步枪或攻击性武器，以及大容量弹匣。一人可购买任意数量的枪支，除手枪外，其余均不用登记，被偷不用上报，持枪进入停车场或州立公园也无需犹豫。路易斯安那州还有一条“不退让”（Stand Your Ground）法，允许受到惊吓的房主首先开枪。[29]人们可以携带上了膛的枪走进新奥尔良波旁街②的酒吧。

事实上，路易斯安那州的枪支销售商不用保留销售记录，不用调查买家的背景，可将枪支卖给许多在其他州被禁止购买枪支的顾客：有暴力或枪支相关轻罪记录人士、被列入恐怖观察名单或“禁飞”名单的人士、吸毒或酗酒人士、青少年罪犯，以及有严重精神疾病或家庭暴力历史的罪犯。2010 年，州 68
长通过一项法律，允许在教堂、犹太会堂和清真寺隐藏手枪。第二年，路易斯安那州的枪支致死率高居全国首位，几乎是全国平均值的两倍。[30]

然而，与我交流过的很多人仍坚信携带武器的权利。迈克·沙夫有四支枪。“一支点 22 步枪，一把爸爸去世时留给我

① 一种以伏特加、朗姆、金酒、龙舌兰为基酒的鸡尾酒。

② 新奥尔良法国区的一条著名的古老街道。

的点 22 手枪，一把点 40 史密斯 & 韦森自动手枪，还有一支 12 号口径猎枪。这些是用来猎杀害兽或鹿的，”他解释道，“那把点 40 史密斯 & 韦森则是用来自卫的。”接着，他说起第一任妻子的步枪，还有一支肯塔基长步枪——那是把“展示枪”，由套件组装而成。但现在他有四支，他说这“对南方人来说不算什么。大多数人有七八支枪”。他没有隐蔽携枪证①，但说，如果“情况变得更糟”，他最终会去申请的。

如果观察得更仔细，便可发现路易斯安那州监管的总体模式，大悖论也变得比乍看起来更为复杂。对于酒精饮料、枪支、摩托车头盔（在该问题上立法有所反复），监管颇为宽松——这些主要是白人男性的爱好。但对女性和黑人来说，监管则较为严格。在一定范围内，联邦法律给予了女性决定是否堕胎的权利。但路易斯安那州对提供该服务的诊所进行了限制[31]，如果该限制得到美国最高法院的支持，那么州内只有一间位于新奥尔良的诊所可以为女性做堕胎手术。如果州内成年人将青少年送往州外堕胎，而该青少年没有事先告知其父母，那么该成年人可能因此入狱。

年轻黑人男性也是监管对象。杰弗逊·戴维斯堂区通过一项法案，禁止他们在公众场合穿着露出“腰以下皮肤或内衣”的裤子。报纸大版面刊登了几张从背后拍摄的照片，照片上是两个露着一大截内裤的十几岁黑人男孩。堂区对初犯罚款 50 美元，再犯者罚款 100 美元。[32]维尔普拉特（Ville Platte）的一项城市条例（该城市 54% 的人口为黑人）要求居民天黑后在户外行走时穿“反光质地”、从各个方向都可以被看到的外套。[33]

① 在公共场合随身隐蔽携带手枪的许可证。

监禁是排在死刑之后的终极监管工具。美国的监禁人口比 69
例高于塞舌尔群岛以外的任何国家——包括俄罗斯和古巴。[34]路易斯安那州的监禁人口比例居全国各州之首，而且囚犯中的黑人比例高得出奇。全国最大的最高戒备监狱安哥拉（Angola）也在这里，该监狱以管理严酷而著称。全国单独拘禁时间最长的事例就发生于此——一个名叫艾伯特·伍德福克斯（Albert Woodfox）的黑人被关押 43 年，每天 24 小时中有 23 小时在单人牢房中度过，最终于 2016 年 2 月 19 日获释。因此，虽然路易斯安那州以"别约束我"那种近乎牛仔式的自由闻名，但或许想堕胎的强奸受害女性、杰弗逊·戴维斯堂区的黑人男孩或艾伯特·伍德福克斯不这么认为。

然而，当人们忿忿不平地说起监管时，想起的并非堕胎诊所和监狱，而是政府让他们在店里买什么。一次路易斯安那州西南部共和党女性午餐会席间，有关监管的话题集中在对荧光灯或 LED 灯泡的推广上。有人说："政府无权管我们买什么灯泡，我让我丈夫把所有灯泡都换回了旧的那种。"还有人对如今快餐店菜单上的那些"强制性的"沙拉多有怨言。"我不需要政府告诉我吃什么。"一个人抱怨道。"你们记不记得有个围裙上写着'厨子不胖，我就不吃'?"一位女士问道，引发一阵欢笑。其他人生气的原因是当地禁止在人行道上开车或在自家院里停超过一辆休闲车（RV），还有人为儿童保护设备感到气愤。一位女士回忆起药瓶上没有儿童安全盖、车上没有安全带的日子。"我们让他们掷草地飞镖，在他们身边抽烟，"她说，"**他们都活得好好的**。现在就好像孩子去玩儿童滑梯都得戴着头盔、护膝和护肘。"围坐在桌前的人们纷纷笑了起来。

70 自助式监管

路易丝（Louise）是个热心肠的簿记员和三个孩子的母亲，在幼童军小队担任女训导，住在一家石化工厂附近。她认为应当对工厂进行监管——“对其他东西都进行监管，为何不监管它们?”——但所见所闻令她对监管的细致程度产生了怀疑。因此，她对附近工厂展开了非正式监视。“有时几个月都不会有突发情况，”她解释道，“有时你会听到一些噪声，或是窗户晃动的声音，令你屏住半口气。我们会打个电话，‘爸，你没事吧?’（她公公在一家工厂工作），他会说，‘没事，一切都好。’如果凡士通那里出了什么事，我会打爆我女婿的电话，打给每个认识厂里工人的人。”[35]她说，还有些时候，“晚上，你走到桥边，看到烟雾在空气中弥漫。莱克查尔斯的空气潮湿闷热，就像有人把你罩了起来，然后你便会闻到一种味道，令你疑惑，有什么被困住了吗?”她接着说道：“我的房子离雪铁戈石油公司（Citgo）直线距离不到3英里，周围有乌鸦飞过。今天有一批排放物，但他们说，排放物没有离开工厂的范围。”她大笑起来，然后说道：“于是我和我的邻居说，‘噢，谢天谢地，只到围栏。’”

另一位女士监视着附近工厂烟囱中喷出的工业火焰。“如果是奇怪的颜色，我会打电话给亲戚朋友，‘为什么今天是蓝色的?’或‘为什么是红色的?’或者，如果你听到了什么动静，或闻到了什么味道，那就打开收音机或电视，看看屏幕上有没有滚动条，告诉你刚才发生了什么事。在工厂附近，污染是关乎个人利益的事。”

在参加新伊比利亚的彩船游行时，我问坐在身边的一位男士:“州政府在尽其所能保障安全吗?”“我不知道。有时他们不告诉我们事情的真相,因为不想吓着我们,”他答道,“当然,我们也不想陷入恐慌。”

2013 年,埃克塞尔工厂——换了新名字和新管理团队的匹兹堡平板玻璃公司——发生了爆炸,是 13 个月内的第二起此类事件。[36]爆炸后,莱克查尔斯、韦斯特莱克和萨尔弗市东部腾起滚滚黑烟,其成分包含盐酸、二氯乙烷和氯乙烯。司机们用手 71
机拍下了事件的发生过程,将天空被黑烟笼罩的照片和视频发布在“油管”(YouTube)① 和“脸书”网上。27 人因呼吸困难被送往当地医院急诊室——大多是事发时在 10 号州际公路上驾车的司机。公路关闭了三个小时,附近居民还接到了“就地避难”的命令。但路易斯安那州环境质量局(Louisiana Department of Environmental Quality)称,其检测设备显示“N. D.”——“未检出”。民众们只能接受这个事实——他们的手机和电脑屏幕告诉他们“显而易见,情况很糟”,而州政府则声称“没看见,无法判断”。

将军调转了车头。我们回到滨河路上,沿着“癌症带”返回巴吞鲁日。我请他回答我常听到的一个问题:“如果各公司自己想避免事故发生,我们为何还需要政府?”将军答道:“监管少的行业事故多,监管多的行业事故少;监管是有用的。”他苦笑了一下,接着说:“但我们这里有‘自我监管’。联邦政府环保局将责任推给州环境质量局。州政府又将责任推给石油公司。石油公司对自己进行监管。就像我开着这辆卡车,以 100 英里

① 一个视频网站。

的时速在滨河路上狂飙。我打电话给公路巡警说，‘警官，抱歉，我正在超速呢。’”

在兰德里和布斯塔尼议员举办的集会上、路易斯安那州西南部共和党女性午餐会席间，我常听到人们谈论**享有**的自由——开车时讲电话，在得来速摊位前购买没插吸管的得其利酒，携带上了膛的枪四处走动。但几乎无人说起**免于一些事的自由**，比如枪支暴力、车祸或有毒物质污染。奥诺雷将军并非杞人忧天的胆小鬼，但心系在“自我监管”的工厂附近、易受其影响的社区。“这是心理计划的一部分——人们以为自己是自由的，其实不然，”他说，“**公司**有污染的自由，但这意味着**人们**失去了游泳的自由。”

这个心理计划是如何起效的？也许我遗漏了最显而易见的
72 答案：就业。石油带来就业。就业带来金钱。金钱带来更好的生活——学校、家庭、健康、一席美国梦。也许，与我一同坐在竞选集会观众席中的人们没那么讨厌联邦政府，他们只是热爱私营部门，尤其是路易斯安那州的私营部门之王——石油产业。也许我忙着聆听治污的“无声曲”，却没有听到关于就业的嘹亮歌声。要知道，杰夫·兰德里曾在奥巴马总统进行国会演讲时举起一块牌子：“石油 = 就业”。也许，政府监管扼杀了这些就业机会。

奥诺雷将军曾告诉我，在这里，话题除了就业还是就业，说得“足够多了”，人们便相信了。他告诉我，这个“心理计划”包含这样一个理念——人们必须在就业与清洁的水或空气之间做出两难的抉择。但有多少就业岗位依赖于石油产业？必须在两者之间做出选择吗？在了解政府前，也许我应当先了解私营部门。也许存在我没有看见的艰难选择。

第5章 “阻力最小型人格”

在我面前的是保罗·坦普莱特（Paul Templet），一位化学 73
物理学博士，前不久刚从路易斯安那州立大学的教学岗位上退休。他曾任路易斯安那州环境质量局负责人，在他任职的四年间，各类污染都降低了一半。坦普莱特了解就业、环境和取舍权衡，我们来到巴吞鲁日一位朋友家中，在摆好了咖啡和蛋糕的餐桌前落座，想就这些话题聊聊。他待人友善、精力充沛、意志坚定。他留着八字胡和山羊胡，戴着墨镜，看不出已经73岁了。他身穿铁锈色T恤和卡其色的裤子，若有所思地将咖啡杯送至嘴边，仿佛比起咖啡更重视眼下的话题。他出生于路易斯安那州艾伦港（Port Allen），是个卡津人，年少时曾为陶氏化学公司（Dow Chemical）从火车车厢中搬卸沙袋。

在布斯塔尼众议员、兰德里众议员、维特参议员和金达尔州长的演讲中，一套逻辑逐渐明朗起来。我的茶党朋友们欣然选出了这些领袖，因此我想了解这套逻辑，看看它在我这里是否说得通，厘清为何我的朋友们认为其言之有理。

这套逻辑是这样的。石油越多，就业越多。就业越多，就越繁荣，对政府援助的需求就越少。人们对政府的依赖越低——地方政府、州政府、联邦政府——经济状况就越好。因此，为了吸引更多石油产业就业机会，州政府需要向石油公司提供财政“激励”，以鼓励他们来到路易斯安那州。那些激励
资金必定来自州预算，州政府可能为此解雇公共部门员工，此 74

举看似痛苦，却减少了对政府的依赖，降低了税收。这是红州的逻辑。但悖论在于，路易斯安那州因此经济状况更差，出现更多问题。

因此首先，我问保罗："石油石化工厂为路易斯安那州贡献了多少就业岗位？""现如今，不到10%。"他答道。我大吃一惊。谈了这么多就业，这一比例却似乎不足以证实奥诺雷将军的说法——就业说的"足够多了"，以至于"环境"一词令人倍感威胁，民众听到"监管"便怒叹连连。但后来，我在核实他的数据时发现，该比例的最高估值为州内所有就业岗位的15%[1]——这一数据来自路易斯安那州中央大陆石油和天然气协会（Louisiana Mid - Continent Oil and Gas Association）。最低估值为3.3%，数据来源于美国劳工统计局（U. S. Bureau of Labor Statistics）。（这其中包括了2014年油气开采业、对矿业、石油和煤炭产品生产的支持活动，以及管道运输业带来的全部就业机会。[2]）

布斯塔尼、兰德里众议员等人大谈石油促进就业，为何其所占比例却如此之少？原因在于，这是个高度自动化的产业。要**建造**一座石化工厂，你临时需要很多建筑工人，然后他们的工作便结束了。要**运作**一间化工工厂，你需要少量训练有素的工程师、化学家和操作员，他们会监视仪表盘，知道出了问题该怎么办。此外你还需要一些李·舍曼这样的修理工。

但页岩气产业正高速发展，也许这意味着路易斯安那州将迎来更多就业机会。2014年萨索尔公司资助的路易斯安那州西南部区域影响研究（Southwest Louisiana Regional Impact Study）显示，2018年将新增18000个就业岗位，其中一小部分是正式工作。但报告称，这些岗位中七成流向了路易斯安那州西南部以外地区的工人。[3]很多公司会从世界各地招聘专业人士。据说，建造“工人营地”——封闭营地工房——的建筑工来自墨西哥。工人营地可容纳 5000 名管道工，其中一部分是持临时签证的菲律宾人，具体数量不详。菲律宾人在墨西哥湾石油平台工作已有十余年的历史。[4]

与此同时，州内大多数正式工作——占比 85%——涉及其 75
他行业，比如教育儿童，照料病患，建造活动房屋、游乐场设施，制造游艇，修理飞机，为所谓“南方好莱坞”制作的电影担任后台工作人员，在种植园主庄园担任导游，捕鱼及务农。[5]

或许石油领域的就业在官员眼中更为重要，因为石油为州政府贡献了更多财政收入。然而石油开采税——将石油和天然气从地下开采出来时需支付的费用——仅占州预算收入的 14%，低于 1982 年时的 42%。[6]但这是最大的单项收入来源，也是鲍比·金达尔州长计划吸引更多石油石化企业前来背后的逻辑依据。（石油企业还给了他 100 万美元的竞选经费，我的茶党访谈对象对此心知肚明。批评人士还指出，石油企业无论如何都会来，因为石油、管道、石化工厂、港口这一整套架构业已存在。）

为提供“激励”，金达尔下调了企业所得税，故而此类公司对州政府财政收入的贡献从 2008 年的 7.03 亿美元下降至 2012 年的 2.9 亿美元。[7]他还降低了石油开采税：2008 年州政府的此项收入逾 10 亿美元，2012 年则不到 8.86 亿美元。[8]2000 年到 2014 年，州政府还损失了 24 亿美元的收入，因为其完全免除了对一些石油企业征收的开采税。（在州政府的同意下，新企业不必缴纳建造新厂房及制造设备的当地房产税。）事实上，路易斯安那州经济发展和税务基金会（Louisiana Economic

Development and Tax Foundation）的统计显示，该州向“新制造业项目提供的企业税为全国最低”。[9]在长达三年的时间内，人们甚至无从判断石油公司究竟有没有向州里交税，因为审计石油企业付款的工作交给了矿产资源办公室（Office of Mineral Resources），该部门与业界关系密切，2010 年至 2013 年根本没有进行审计。[10]因此，除去为路易斯安那州提供了 15% 的就业岗位之外，石油给州里带来的经济效益越来越低。吸引石油企业前来的代价日益高昂，而它们到来后的经济贡献则逐渐减少。
76 同时，为负担这部分开销，州政府解雇公共部门员工，而州债务——2012 年达 830 亿美元，其中大部分是公共养老金缺口——则仍未减少。

坦普莱特博士和我喝起了第二杯咖啡，同时开始揭露更深一层的真相。“石油带来一些就业，”坦普莱特说，“但会导致其他就业机会的丧失，甚至抑制其他行业的增长——比如海鲜行业和旅游业。”2010 年英国石油公司“深水地平线”石油钻井平台发生爆炸，此类事故对海产品和旅游业造成严重打击，影响波及牡蛎渔民、深海渔民、批发商、餐馆经营者和酒店员工。没人想吃受到石油污染的虾，或在遍布原油球块的沙滩上度假。即便摩根城（Morgan City）每年会举办路易斯安那州虾和石油节（Louisiana Shrimp and Petroleum Festival），石油与海鲜的搭配也并不协调。石油还以另一种方式造成了就业机会流失。金达尔一面向石油行业提供“激励”资金，一面削减了 30000 个公共部门就业岗位——护士、医疗技术人员和教师。

一套为石油业岗位辩护的说辞是，该行业工作人员薪水较高，这些钱会通过消费“向下渗透”，从而创造就业机会，提高其他工人的工资。但事实如此吗？“效果不太明显。”坦普莱特说道。原因在于，石油工人的工资并不是向下渗透，而是外流了出去。[11]他解释道：“大多数工厂都为外国公司所有。萨索尔公司的总部位于约翰内斯堡。荷兰皇家壳牌的总部在海牙。英国石油公司的总部在伦敦。雪铁戈是委内瑞拉国家石油公司（Petróleos de Venezuela）的全资子公司。马格诺利亚液化天然气公司（Magnolia LNG）总部设在澳大利亚珀斯。2012 年从康菲石油（ConocoPhillips）分拆出来的菲利普斯 66 公司（Phillips 66）总部在美国，但不在莱克查尔斯。因此，这些公司大多数高管并未在莱克查尔斯、萨尔弗或韦斯特莱克修建豪宅和游泳池。股东也未在此消费，而是将钱带回了他们居住的地方，比如康涅狄格州格林尼治镇（Greenwich），或加利福尼亚州米尔谷（Mill Valley）。”[12]

菲律宾临时管道工和持绿卡的墨西哥人赚到的钱也不会“向下渗透”，因为大多数人本本分分地将钱寄给了国外需要经济帮助的家人。事实上，一些本地居民对菲律宾工人不在本地商铺消费多有怨言。总体看来，据坦普莱特计算，路易斯安那州“外流”的资金相当于州内生产总值的三分之一。（州内生 77
产总值即全州生产的所有商品及服务的总价值。[13]）

我又想到大悖论，便问坦普莱特，石油业的到来是否改善了州内的贫困状况。“没有，”他答道，“石油业来之前，路易斯安那州的经济状况就很差，如今仍是如此——在全美排倒数第二。”1979 年，有 19% 的路易斯安那人生活在贫困线以下；2014 年，这一比例为 18%。[14]此外，石油带来一些技能型正式工作机会，但受教育程度不高的穷人很难找到这样的工作，无论他们来自什么种族。石油也没有提高学校水准——学校的资金来源于当地房产税，富人区交税多，贫民区交税少。

然而，仍有15%的人的确找到了理想工作，他们薪水的三分之二没有外流出去。这是好消息。但整体情况如何？也许路易斯安那州的石油行业代表了保守派人士支持的一种经济增长策略——社会学家卡罗琳·汉利（Caroline Hanley）和迈克尔·T. 道格拉斯（Michael T. Douglass）称之为“低端路线”策略——以工会禁令、低薪、退还企业所得税、放松环境监管为诱饵，吸引**其他地方的现有**行业迁来本州。这种战略50年前将新英格兰的纺织业带到了南部，如今令梅赛德斯从新泽西州迁到了佐治亚州，丰田从加利福尼亚州迁到得克萨斯州，日产从加利福尼亚州迁到田纳西州。[15]路易斯安那州吸引就业的办法并非在州内培育新行业，而是窃取别州的就业机会。另一种策略被研究人员称为“高端路线”，即通过创造有吸引力的公共部门来**激发新的就业机会**，正如加州在硅谷及华盛顿州在西雅图的做法一样。我突然想到，也许前一个经济发展策略受到一个派别支持（茶党，路易斯安那州模式），后一个策略则得到另一个派别支持（民主党，加州模式）。[16]

坦普莱特与我开始享用第三轮咖啡和蛋糕。我想回到奥诺雷将军“心理计划”的中心思想，即在美国，你必须在就业和好环境间**做出选择**——右翼人士对好工作有可以理解的焦虑，而该计划则利用了这种情绪。与我交流过的许多路易斯安那人有意无意地告诉我，环境监管会影响就业。正是这种想法催生
78 了“环保疯子”的论调。但坦普莱特让我查查麻省理工学院（MIT）政治科学家斯蒂芬·迈耶（Stephen Meyer）在1992年进行的一项研究。迈耶根据50个州的环保严格程度给各州打了分，然后将监管严格程度与其20年来的经济增速相对照，发现

监管越严格，就业机会就越多。2016 年一项针对世界主要经济体的调查也发现，严格的环境政策加强而非削弱了经济体在国际市场上的竞争力。[17] 如果说这是经济合作与发展组织（Organisation for Economic Co-operation and Development，OECD）经济学家间日益达成的共识，我想知道，为何我的茶党朋友们对此并不知晓。[18]

也许原因在于坦普莱特眼中的最后两部分情况：石油业力量越来越壮大，且展现了企业的慷慨姿态。他指出，企业从州政府榨取的好处越多，民众对良好的教育和医疗资源的需求就越紧迫，可供穷人利用的机会就越少，其他经济部门也越不景气——如此一来，权力进一步落入石油业之手。

讽刺的是，石油企业常做出善意姿态，以私企身份回馈社区，所用的资金来自囊中羞涩的州政府，即当初吸引它们来州里的激励资金。陶氏化学公司资助了奥杜邦自然研究所（Audubon Nature Institute）。壳牌石油公司支援了国家鱼类与野生生物基金会（National Fish and Wildlife Foundation）。[19] 匹兹堡平板玻璃公司为莱克查尔斯附近的“林中自然实验室 - 教室”（Naturelab - Classroom in the Woods）提供了资金支持。萨索尔公司资助了一个记录莫斯维尔镇——这是个黑人社区，因萨索尔扩建而迁走——历史的项目。路易斯安那州化学协会（Louisiana Chemical Association）出资援助了州肿瘤登记处（Louisiana Tumor Registry）。路易斯安那州的民众现在心怀感激——说到这可悲的讽刺之处，坦普莱特顿了顿——“不仅为就业，也为这些馈赠”。

污染的红与蓝

驾车回莱克查尔斯的路上，我脑中冒出一个令人泄气的想法。也许路易斯安那是个非典型石油州，不同于国内其他红州。
79 也许它仅仅讲述了一个石油的故事。它是否正将我带离右派的中心？我曾设想南部是右派的中心，而路易斯安那州则是南部的中心。但路易斯安那州究竟是个异类，还是全国情况的一个典型例子？

到家时，我找到一个答案——社会学家亚瑟·奥康纳（Arthur O'Connor）在2012年的一项令人震惊的研究。研究表明，与蓝州居民相比，红州居民遭受的工业污染程度更甚。1992至2008年的五次总统大选中，有22个州将票投给了共和党，这些州的选民通常要求政府**减少**对企业的监管，他们居住环境的污染则**更为**严重。他发现，生活在22个民主党州的居民大体赞成加强监管，他们的居住环境则更干净。[20]对我的茶党朋友们来说，这是个令人沮丧的消息。

我和我在伯克利的研究助理丽贝卡·埃利奥特（Rebecca Elliott）还问了另一个问题：污染更严重的仅是红州吗？还是只要当地居民倾向于共和党，**县**里的污染都更严重，无论在哪个州？我们审视了政治观点和污染之间的关系。一方面我们查阅了环保局网站上的公开数据，发现该局依据接触污染的风险给全国各县打了分（风险筛选环境指标，又称RSEI得分）。这些指标测量了化学物质排放量、毒性程度及接触人口规模。这是现有衡量公众接触污染的最佳方式。我们将这组数据与第二个信息源——著名的《综合社会调查》（General Social Survey）中记录的个人观点——联系起来，借此研究人们对环境及政治的**看法**与其所在县接触污染的实际**风险**间有何联系。

我们发现，在2010年，如果你生活在接触有毒污染物较多的县，便更有可能认为美国人对环境“太过担忧”，国家对环境问题反应“过头”了。此外，你还更有可能将自己形容为坚定的共和党人。于是又是它，大悖论，但现在它适用于我的锁孔问题：全国各地的环境污染。路易斯安那州远非异类，其情 80
况适用于全国。（参见附录 B。）

“阻力最小型人格”

我又想到阿雷诺家在印德河河畔的家园。为何匹兹堡平板玻璃公司等企业选择在那里建厂，而不是其他地方？首要原因自然是靠近石油。但是否还有其他因素？研究发现，州的经济状况越差，监管可能就越宽松。[21]那么，生活在落后州的穷人便不那么担忧利润向州外“泄漏”或州政府向工业提供资金吗？还是可以理解为，他们仅想得到一份工作，准备默默忍受这些？

当然，与我交流过的路易斯安那人都不喜欢污染。但或许与其他人相比，有些人对忍受自己不喜欢之事更有准备呢？结束巴吞鲁日之行回到家后，我找到一份颇有启发性的报告，内容关于业界如何应对人们不希望住所附近出现工厂的情况。报告作者是 J. 斯蒂芬·鲍威尔（J. Stephen Powell），就职于总部设在洛杉矶的塞雷尔咨询公司（Cerrell Associates, Inc.），报告题为《废弃物－能源转化工厂选址面临的政治难题》。这是份专供报告，共 57 页，最终被公之于众——我查不出是谁将其泄露了出去。此报告诞生于另一个时代（1984 年）、另一个地方（洛杉矶），放在今日却与彼时同样适用。加利福尼亚州废弃物管理委员会（California Waste Management Board）给了塞雷尔咨询公司 50 万美元，让其明确哪些社区不会拒绝“本地不欢迎的土地使用”（LULU）。[22]阿雷诺家便“不欢迎”匹兹堡平板玻璃公司出现在印德河附近。

在废弃物管理委员会想建造的工厂附近生活颇为不易。这种设施会发出臭味，有时还会有噪声。“废弃物－能源转换设施还有可能造成空气污染，对人类健康构成威胁，”鲍威尔写道，“工厂排放物可能包括不等量的氮氧化物、一氧化碳、二氧化硫、碳氢化合物，还有颗粒物等其他尚未被设立健康标准的物
81 质。”公司的卡车可能造成交通拥堵。他还指出，工厂可能令房产贬值，带来的就业机会也不多。

那么，如何让社区接受这样一家公司？鲍威尔得出结论，工厂负责人的最佳方案并非努力令本就倾向于拒绝的居民改变心意，而是找到不太可能拒绝的居民群体。

基于访谈和问卷结果，鲍威尔列出一份清单，说明了“阻力最小型人格形象”的特征：

· 长期居住于南部或中西部小镇

· 仅受过高中教育

· 天主教教徒

· 不参与社会议题，没有行动主义的传统

· 从事采矿、务农、放牧的工作（塞雷尔将其称为“开发自然的职业”）

· 保守派

· 共和党人

· 支持自由市场

20 世纪 40 年代，大型石油公司刚刚来到路易斯安那州之时，这里 40% 的成年人受教育程度不超过小学五年级，居民搬去州外的可能性亦为全国最低。从 70 年代起，州里的大部分人

成了共和党人，支持自由市场和小政府。我见过的大多数人符合部分或全部标准——他们长期居住于此，（半数为）高中学历，是保守派共和党人。阿雷诺夫妇与这一描述相符，李·舍曼也符合大部分描述。对石油业持拒绝态度者的特点截然不同——年轻、受过大学教育、来自城市、自由派、对社会问题有浓厚兴趣、相信善政。奥诺雷将军曾说，“就业、就业、就业”说得“足够多了”——他称之为“心理计划”。“阻力最小型人格”是否容易受此计划影响？还是说这一想法过于简单，而这种想法来自同理心之墙的我这一侧？

我了解了右派中心公众生活中的说与不说，目睹了我的茶 82
党朋友们在忍受什么。但同理心之墙比我想象中更高。我看得到他们看不到的，然而——也许尤吉·贝拉（Yogi Berra）[①] 会说——看不到**我**看不到的。我感到，对于**他们**看到了什么，尊崇什么，我仍一无所知。我需要另辟蹊径，进入围绕他们、影响他们的**社交领域**（social terrain）。这其中包括了工业、州政府、教会和新闻界。这些主要机构如何影响着他们对生活的感受？我想先从工业开始，便由莱克查尔斯出发，穿过 10 号州际公路桥前往韦斯特莱克市政厅，来到鲍勃·哈代（Bob Hardey）市长办公室敞开的门前。

① 前美国棒球运动员、教练与球队经理。他创造了很多听似自相矛盾的名言和俏皮话，这些言论被称为“尤吉嘉言录”。

第二部分
社交领域

第6章　工业："美国能源带的扣子"

我与鲍勃·哈代坐在韦斯特莱克市长办公室中观看一个视 85
频，视频记录了为庆祝萨索尔扩张而举办的动工仪式。萨索尔是总部设在南非的石化巨头，其项目位于阿雷诺夫妇在印德河河畔的小屋东北方6英里处。哈代60岁，充满活力，行动敏捷，有点秃顶，举手投足间透着孩子气。他目不转睛地盯着视频，眼神中流露出抑制不住的喜色。屏幕上，两百名穿着西装、打着领带的高官显要面对麦克风正襟危坐。萨索尔将斥资210亿美元，在一块3034英亩的土地上打造一个能源综合体——这将是美国历史上规模最大的外国直接投资制造业项目。该项目是一份规模更大、涉及多家公司的投资计划的一部分。未来五年内，将有66个工业项目落户路易斯安那州西南部，投资总额达840亿美元。[1]《华尔街日报》（*Wall Street Journal*）称之为"沼泽河畔的卡塔尔"。根据该计划，将有"26条公共道路不复存在，883个公共地块被收购"。"有肥料工厂、硼制造商、甲醇罐区、聚合物工厂、氨厂和纸张处理设施的新城市"将拔地而起，取而代之。[2]

哈代市长是第七位发言人。"我一个字都没写，"他回忆道，"但我想，应该装作写了稿。"在参选韦斯特莱克市长前，哈代在菲利普斯66公司担任仪器组组长，他说自己没有太多公
开演讲的经历。"所以，我带着平板电脑上了台。那里面有我妻 86
子的照片，我就看着她。"他将iPad递给我，向我展示了他妻

子的照片。她有一头深色头发，坐在那里，面带微笑。

鲍勃面对着 iPad，既是为了掩饰也是为了给自己鼓劲。他告诉在场高官，哈代家四代以来都生活在韦斯特莱克。那里的一条道路以其姓氏命名。他本人、他的父亲和儿子都在本地工厂工作，他希望孙子亦是如此。但情况需要有所改变，他又说。"我儿子和儿媳盼了很久，想建一幢他们自己的房子。2015 年，他们终于在韦斯特莱克这里开建了，位置离我和我太太的住处不远。我去帮他安装水管。这时他告诉我，萨索尔需要征用他的地，想让他把地卖给公司，搬去别处。我停下手中的活，起身对他说，'儿子，我会帮你给下一个房子装水管的。'"

台下的人们全神贯注地聆听着。

在韦斯特莱克，灰蒙蒙的烟囱林立，矗立于钢铁环绕的庞大堡垒上方。城中有一排巨大的白色圆形平顶储罐，晚上灯光亮起时，仿佛一座宏伟的翡翠城①，有奇特的美感。但那里总弥漫着一股化学品的气味。"他们说，'啊，韦斯特莱克，大伙儿都知道那个味儿，'"哈代在演讲中继续说道，"我说，'伙计，**闻起来像是肉汁饭啊**。'"听众们心领神会地笑了，给他的掌声比给其他发言人的更加热烈。

我与哈代市长见面，是想从他的视角看看大悖论。根据坦普莱特博士的分析，石油业抑制了其他行业的发展，其三分之一收入流至州外，造成了污染，亦没有为解决路易斯安那州遭遇的诸多问题出一份力。我刚认识的人们会强烈反对这种看法。我想要理解这样一种心态：不应将批评的矛头指向对石油的过度依赖或水力压裂的不良影响，还有其他事情更为重要。我的

---

① 童话故事《绿野仙踪》中虚构王国奥兹国的首都。

茶党朋友们一提起萨索尔，通常会说到的另一个词便是"10亿"，比如投资 70 亿建造乙烷裂解装置，投资 140 亿建立天然气合成油工厂。这其中带有实力、价值和繁荣的意味。[3]

我想知道，这种大规模投资是否推翻了坦普莱特描绘的化石燃料行业暗淡的就业图景？还是说恰恰为该说法提供了佐证？或许水力压裂带来的淘金潮有助于解释为何人们急着摆脱联邦 87
政府。有如此机会在眼前，谁还需要政府？我想要探索迈克·沙夫、李·舍曼等右派人士世界观形成的**制度环境**。通过拜访哈代，我迈出了第一步。

近来，新一轮天然气开发热潮出人意料地到来，韦斯特莱克和莱克查尔斯成为浪潮中心。天然气被抽出地面，通过管道输送至工厂，加工成各种化学原料，再经由管道输送至其他工厂，制成飞盘、塑料发梳、花园软管、方向盘、电脑机箱、泡泡糖、后车厢保护壳、医用袍、喷气发动机燃料、杀虫喷雾剂、杂货袋和好时巧克力条塑料包装等产品。

我们聊完后，哈代市长驾车带着我在韦斯特莱克四处转转，让我看看萨索尔扩张意味着什么。这是个面积两平方英里的小镇，周围的土地被划为"重工业"区，那里也的确遍布工厂。镇上有一家周报报社、一所高中、一所初中、两所小学、四家银行和十八间教堂。我们路上经过了一处家多乐店、几家汽修店、一家肋眼牛排和汉堡酒吧，还有一家卡普里岛赌场酒店（Isle of Capri Casino Hotel）。这样的小镇生活景象看起来不怎么"重工业"，但这并不意味着不久后仍将如此。哈代已能预想到哪些建筑会被拆除，又有哪些会拔地而起。

"看到那个神召会教堂了吗？萨索尔花 250 万美元买下了，要把它拆了重建。他们还买下了第一浸礼会教堂，花了 400 万美元。就像花多少钱都无所谓似的。他们得扩路，以便把重型设备拉过来。”

“看到那个了吗?”哈代指向窗外。“那是个卫理公会教堂。执事要价太高，想要 130 万。萨索尔不谈了。现在州政府可能宣布征用土地，再把地给萨索尔，萨索尔会把教堂拆了。会众可能一分钱都拿不到。一个理事会成员正在我办公室等着呢，”哈代说，“他想要我说服萨索尔给钱让他们搬走。看看再说吧。”

我们路过一片墓地。一条道路将其分为两半，其中一侧的草坪刚刚修剪过，是哈代亲自打理的。(道路另一侧，款项来源
88 不同。那里埋葬的死者是黑人，距离上次修剪已有些时日。)从菲利普斯 66 公司退休后，鲍勃保留了修剪公共草坪的兼职工作。他姐姐说：“你现在是市长了，鲍勃，但别忘了自己是谁。”他便坚持了下来。修剪草坪的工作令他继续作为普通人与这个他深爱的地方相连。他的两个女儿和一个儿子也都生活在韦斯特莱克，距他不过几个街区，住在郊区宽敞的大房子里，屋前种着一排灌木。他的弟弟原来也住在附近，但最近拿着萨索尔的钱搬走了。哈代还曾帮父母在附近盖房子。他们已年至耄耋，不打算搬走了。现在萨索尔要搬来，将他们周围的土地划为重工业区。

哈代欣然接受了这些变化，还和我分享了他对新韦斯特莱克的想象——这里的人口将增加 25% ~30% 。“看到那个公园了吗？我想将它的面积扩增一倍。还有那个高尔夫球场？我们可以建些雅致的住房，供以后过来的公司高管和专业人士使用。”

但他的一些宏大愿景掩盖了眼下令本地居民烦恼的潜在问

题。他将自己的运动型多用途车（SUV）速度放慢，指向窗外的一英亩草地。“看到那里了吗？我们可以在那儿种一排树，然后在后面建‘工人营地’。”

“工人营地？”我问。

“会有 5000 个临时建筑工和 500 个正式技术工人来到这里。那些建筑工人会住在工人营地中。”他解释道，声音中不带任何感情色彩。据当地媒体《美国新闻》（*American Press*）报道，工业带来的新就业机会将包括电焊工、脚手架工人、管道工、操作员、钢铁工人、绝缘工人、仪器技术员和电工。路易斯安那州西南部经济发展联盟（Southwest Louisiana Economic Development Alliance）负责劳动力发展的副主席 R. B. 史密斯（R. B. Smith）敦促有望被雇用的当地人“对自己投资”，培养自己在某一行业的技能。但其他人说，本地求职者没有行动起来，是因为他们知道公司不会招自己，因为他们没有“经验”——没当过学徒，而公司也不提供学徒项目。反之，《美国新闻》说，“建筑公司和人力资源开发者将目光投向了爱尔兰——那里的失业率高达 14.6%——以及菲律宾，这些外国人填补了服务业和制造业的就业岗位。[4]因此，工人营地会在一排树背后被建起，供外国工人居住”。

居民不希望工人营地建在其附近，哈代说。他们问市长， 89
如果那些外来工人中有强奸犯或窃贼怎么办？“我不想告诉他们，他们附近的拖车停放场里本就住着几个登记在案的性罪犯，只是他们不知道而已。”

哈代说，他更担心的是另一个难题。“上任市长给我留下了预算赤字，所以说韦斯特莱克已经破产了。而萨索尔一个子儿都没给过我。他们正在扩建，但其实他们不太需要我们的地，除了一些重载高速公路。但我们需要用钱，例如在韦斯特莱克建造工人营地，或是在高尔夫球场建行政房。我一直在向萨索尔献殷勤，想等着看他们来不来。如果他们不来的话，我自有妙计。”

哈代停下 SUV，轻声笑了起来，指向一片不起眼的杂草带。“看见那片 300 英尺长的杂草带了吗？那块地是我的。无论地上地下，萨索尔都不能动工，但他们需要这块地。这就是我的妙计。我不想打电话给我的律师，用到这个办法，但我可以。我愿意用它将这个镇子变得更好。”

页岩气开采迅速发展的背后，有一段发现和发明的历史。肥沃的冲积土为种植棉花、水稻和甘蔗提供了条件——正如迈克·沙夫带我在昔日的阿默利斯种植园看到的那样。但 1901 年，一个农民在一片水稻田中发现了石油。[5]20 世纪二三十年代，技术得以改良，人们开始在路易斯安那州的海岸湿地钻探；到 40 年代，钻探范围延伸至外大陆架。[6]在此期间，州内铺设了大量地下、地上和水下管道。再后来，从 2003 年起，新技术令水平压裂页岩成为可能。现在，钻头可深入地下 1000 至 5000 英尺并转向。水、盐和化学物质——具体成分为专利信息——可在高压条件下通过管道被泵入页岩，将其压裂，其他泵则将释放的天然气抽出。

水力压裂的发展被许多人视为环境灾难，却给哈代市长等大多数与我交流过的人带来了财富和自豪感。路易斯安那州位
90 于南部——全国最穷困的地区，如今却似乎即将成为工业复兴的骄傲中心，美国能源带上闪亮的新扣子。[7]路易斯安那州不会再当倒数第一，而是会跃升为第一。大悖论将迎来喜人的结局。

在增长边缘

页岩气繁荣是件大事。与我交流过的人们扬扬得意地跟踪着最新动向。著名经济学家预计，路易斯安那州将成为全国经济增长最快的州之一——2014 年至 2018 年的五年间，增长率将达到 4.7%。[8]新工作岗位薪水丰厚。正式工的年薪会在 8 万美元上下，还有额外福利。在路易斯安那州当木匠，年薪大约为 3.3 万美元；卡车司机为 4.6 万美元；小学教师为 3.4 万美元。也许想在工厂找到一份操作员的工作需要接受培训，但不需要大学文凭。

不仅是工作，开采页岩气还能助力美国的外交政策。美国不用再从沙特阿拉伯、乌兹别克斯坦这样动荡或专制的国家进口石油，而可以从自己的土地上开采天然气。它甚至可以通过拓宽的巴拿马运河将天然气出口至能源匮乏的日本，或是依赖于俄罗斯的乌克兰。的确，路易斯安那州西南部的两家最大炼油厂（雪铁戈和菲利普斯 66）过去总是从墨西哥和委内瑞拉进口石油，现已进行了出口的重新配置。[9]

人们欢欣鼓舞，却无人公开提起在过去基础上新增的污染源。我与哈代市长聊了一个半小时，也没有聊到这一话题。莱克查尔斯不是也经历过这样一次投资热潮吗？印德河不是在那期间遭到了污染吗？1966 年，当匹兹堡平板玻璃公司刚搬到印德河上游时，人们也发出过类似的欢呼。当时，《美国新闻》曾写道，投资规模"令人难以想象"。一篇社论介绍了该公司生产的化学物质将如何提高橡胶的耐磨性，给橡胶着色，制造不会洇到报纸背面的油墨颜料。[10]20 世纪 60 年代，市民们惊叹于新投资、新产品、新就业机会——哈罗德和安妮特亦是如此——那兴奋的劲头与如今的哈代市长别无二致。

“仅萨索尔工厂一家，每年的苯排放量就高达州‘限值’的85倍，”丹尼斯·伯曼（Dennis Berman）在《华尔街日报》中写道，“工厂还将产生大量二氧化碳和处理水。”

在一次长达四个半小时的萨索尔扩建公众听证会[11]上，一名管道工说：“我不想晚上戴着防毒面具睡觉。”

萨索尔还请求使用公共水源，并获得了许可——每天从萨宾河取用1300万加仑的相对清洁水源。工厂会在使用和污染水后，将这些水排回卡尔克苏河中。[12]此外，州政府还允许萨索尔每年再多排放约1000万吨的温室气体。[13]萨索尔未提出进行碳捕集①。有此先例，如今更多公司正提交类似方案，希望也能获批。“用水问题呢?”我问哈代。“各公司都遵守了规定。”他答道。的确如此，州政府批准了它们使用水源。

与此同时，莱克查尔斯市政府启动了自己的臭氧先行项目（Ozone Advance Program），仅指导普通公民如何行动。他们可以减少开车路程或改为步行。他们可以避免发动机空转。他们可以降低修剪草坪的频率。该项目呼吁展开“学校旗帜计划”——绿色代表优，黄色代表良，红色代表高浓度——让“社区知道……对呼吸困难者而言，今天不适宜进行户外活动”。[14]

我努力攀爬着光滑的同理心之墙，却突然有了一个颠覆性的想法：我们需要美国化学协会允诺的这么多新塑料吗？我们是否在走入一个怪圈？与我交流过的许多人都随身携带塑料水瓶，既是图方便，也是因为不信任当地水源。有廉价的天然气

① 将工厂产生的二氧化碳收集起来，以避免其排放到大气中的一种技术。

在手，美国化学协会声称，可将制造塑料的原料增产至原来的
三倍。[15]但如果我们生产三倍的塑料，那么更多石化公司就会污
染更多公共水源，更多人就得购买更多塑料瓶，里面装着愈发
稀缺的清洁饮水。我们会丢弃更多塑料瓶，从而买得更多，进 92
一步扩大塑料市场，而生产塑料又会污染水源。但我偏离了目
标，逐渐深入问题的本质。

通向繁荣的两条道路：休伊·朗和鲍比·金达尔

当然，页岩气繁荣带来的兴奋掩盖了一些至关重要——却很少被讨论——的政治选择。1928 年至 1932 年，路易斯安那州经历了上一轮石油繁荣，那是在经济大萧条期间。当时的路易斯安那州州长是改革派煽动家休伊·朗（Huey Long）——人称“王鱼”（Kingfish）——宣称“人人都是国王”。他向石油公司征税，用那笔钱给“每个锅里添一只鸡”，向学童发放免费教材，为成人开办夜校读写课，还建造了道路、桥梁、医院和学校。朗阻止了无家可归和贫困的蔓延。在自己也拜倒于石油财富的诱惑前，他心怀一个积极政府的理想——帮助穷苦民众，促进公共利益。[16]

相比之下，如前文所述，2007 年至 2015 年，鲍比·金达尔州长从学校和医院**抽走**了 16 亿美元，**给**公司作为“激励”。当然，这一策略将一些鸡放进了一些锅里，同时间接将其从其他人的锅中取了出去。和与我交流过的几乎所有人一样，哈代市长及其家人也两度把票投给了金达尔州长。如果休伊·朗活到了今天，路易斯安那州也没什么人会给他投票。

我向哈代询问他的政治倾向——他是个温和派共和党人——他立即答道：“我受够了**可怜人**。”他解释说：“我不喜

欢政府给未婚妈妈钱，让她们养很多孩子，也不赞成平权行动[①]。我遇到过一个黑人小伙，抱怨自己找不到工作。后来发现他上的是**私立**学校。我读的是本地公立学校，我认识的所有人都是。没人应该因为种族配额强制规定得到一份工作，也不应因为没工作而拿州里的钱。”金达尔削减了州里给“可怜人”的资金。现在有了新的就业机会，我们“应该关了失业办公室”，哈代宣称，“一份举旗的工作（即在建筑工地附近举交通旗帜），（一小时）能挣 15 到 18 美元。”

93 哈代家中有五个孩子，他排行老二，知道如何在友好的竞争者中坚守阵地，博得父母的关注。他很少以“可怜人”作为借口。他已成为社区中备受爱戴的一员，有力维护着社区利益。但他感到，是工业令他得以发挥潜能，成就今天的自己。

“在小学和中学，”他严肃地告诉我，“我什么都不是。我理解不了那些东西。”他是否可能患有未确诊的学习障碍？我问。“没有，”他干脆地答道，“就是理解不了。我体育也不行，没有一技之长。”但他接着说：“进了工厂，我最开始在维修部工作，发现自己能做些事情。他们从那里提拔了我。退休时，我是仪器组组长，管理很多操作员，年薪 18 万美元。”菲利普斯 66 公司之于哈代的意义类似于大学和军队之于其他人：帮他发现了自己的天赋并给予他荣誉感，给了他一份丰厚的薪水来养家糊口而不用离开故土——实现了美国梦。

他想，为何黑人和合法移民不能这样呢？20 世纪 70 年代，年轻的哈代想在工厂找份工作，曾被告知：“我们得完成黑人招聘配额。”我想知道，事实当真如此吗？还是公司招聘专员拒绝

① 在教育、就业等领域给予少数群体或弱势群体关照的政策。

白人求职者时采用的借口？哈代告诉我，他不是种族主义者，但不赞成对黑人或外国人有特殊优待。在一个种族隔离的世界，也许在没有种族偏见的情况下也存在种族上的劣势。白人可以向在工厂中人脉关系较广的白人邻居寻求帮助。黑人的黑人邻居却没有这种关系。[17]也许没错，哈代想。但解决这一问题似乎无需联邦政府介入。哈代认为，**纵使**有联邦政府的干预，自己还是通过努力一步步地走到了今天。

其他与我交流过的人们也有同样想法，而且这种感觉更加强烈。政府支持的"重新分配"？不行！哈代家的人过得都不错。但在其他家庭，一些人发了财，另一些人酗酒、离婚，过得穷困潦倒。家庭本身似乎就是一个存在不确定性的重新分配体系。还有在 2008 年金融危机后，有些人变富了，有些人变穷了。你不希望政府**再额外**偏袒谁。将分配权留给自由市场、工 94
业以及像菲利普斯 66 和萨索尔这样的公司似乎更为妥当。

金达尔州长为吸引工业到来批准的 16 亿美元激励资金呢？"这是个好主意。"哈代说。[18]诚然，这些是世界上最有钱的公司，而路易斯安那州经济状况欠佳。[19]"但你得给这些公司一点甜头，它们才会来路易斯安那州**而不是得克萨斯州**，"他解释道，"如今我孙子在这里就能找到份好工作！"也许从国家角度来看，萨索尔在休斯敦还是莱克查尔斯并不重要。但对鲍勃·哈代和他的子孙而言，这很重要。

至于污染，市长认为这是个历史遗留问题。"我们以前排放过一些不好的东西，"他说，"但如今环保局对工厂燃烧物进行了限制。"至于癌症，他认为这主要是遗传的。"我父亲一辈子都在工厂工作，住在工厂附近，我也是，还有我的兄弟们和儿子，我们都没得癌症。但我婚礼上的伴郎跟我们一样，在工厂工作，住工厂附近。他就得了癌症。他哥哥因癌症去世了。他表弟也得了癌症。这是基因决定的。”但他补充道：“我告诉你哪里确实有问题，在**东边**，巴吞鲁日和新奥尔良之间。那里的问题是化学物质造成的。”

我们需要优质的学校和漂亮的公园吗？

韦斯特莱克或莱克查尔斯如何为吸引新工人前来做准备？一份长达 347 页的《区域影响研究》问道——该研究主要由萨索尔公司出资。“家庭招聘可能存在挑战，”研究就事论事地指出，“鉴于媒体中描绘的人们对路易斯安那州南部的普遍看法。”为了从外地招聘专业化学家、工程师和物理学家，这里需要“改善生活质量”。

为此，两地必须变得非常宜居，拥有高水准公立学校、新颖的艺术和音乐课程、漂亮的公园、新铺的人行道、可以游泳的清澈湖泊和定时开放的有趣博物馆。莱克查尔斯有个漂亮的历史街区，但市政官员最近批准在该街区中建立一座大型信号
95 塔。至于公共水域，2014 年夏初，路易斯安那州公共卫生办公室（Louisiana Office of Public Health）发布了“游泳危险，责任自负”的公告，警告居民，当地河流、湖泊、湿地可能出现污水溢流和雨水径流污染现象。当局建议市民，如果有裸露的伤口就不要将手放入当地水中。[20]

如前文所述，州长削减了学校、公园和治污资金。到 2015 年，在金达尔州长治下，州内 28 所公立高等院校的资金大幅减少。公共教育的人均学生支出方面，路易斯安那州在全美 50 个州中常年排第 46 位。路易斯安那州高等教育委员会（Louisiana Commission on Higher Education）的数据显示，自 2008 年起，

州长已削减了 8 亿美元的高等教育预算，致使学术项目减少，854 名教员和 4734 名其他员工流失。学生们陷入一片混乱。许多教员打算另谋高就。在全国范围内择优选才的可能性很快便不复存在。[21]直到引发公众的强烈抗议，州长才恢复了一些公共教育资金——并因此减少了公共卫生和环保方面的投入。

至于质量堪忧的公立学校，研究建议"重新规划入学区域，以适应学生数量增长的趋势"。研究还坦率地写道，州政府应"研究取消'废除种族隔离令'（Desegregation Order）的可能性及影响"。[22]现如今，一份私企出资编写的报告告诉萨索尔即将入驻的小镇，其公共部门发展水平低下。你的一流种族融合学校呢？平整的人行道在哪里？清澈湖泊呢？原来，为了从外地吸引私营部门所需人才，你得有个强大的公共部门，而受茶党支持的两任州长大幅削减了公共部门资金。

哈代市长为拿到萨索尔公司的钱费了很大力气，他想用这笔资金改善韦斯特莱克的环境，迎接新居民到来。结果证明，与萨索尔谈判实属不易。萨索尔的工厂需要用水，想让韦斯特莱克打口新井。但公司只愿支付 25% 的费用，而路易斯安那州政府需承担剩下的 75%。重铺重载公路一项——事实上，重载运输需求仅来自萨索尔——州政府、堂区和镇政府（有拨款） 96
付了 90%，萨索尔付了 10%。[23]《区域影响研究》建议在韦斯特莱克和莱克查尔斯打造高水平的公共部门，可金达尔州长大幅削减了州资金。哈代市长不得不努力摆脱韦斯特莱克就是"可怜人"这一恼人的念头。

怪事

与此同时，在动工仪式的讲话中，在几乎所有与我交流过的人们的记忆中，从未出现过一件就发生在附近的大事：美国历史上最严重的化学物质泄漏事件。泄漏于1994年被发现，出事的管道修建于40年前，长度一英里，连接康德亚－维斯塔（Condea Vista）公司[24]工厂与大陆石油公司码头，距离阿雷诺夫妇印德河河畔的房子仅数英里之遥。该管道被用来运输和储存二氯乙烷——这种物质能穿透高密度黏土在内的很多材料。在被发现前，泄漏已缓慢持续了数十年。事发时，已有1800万至4600万磅的二氯乙烷渗进了路易斯安那州南部的黑土地，科学家担心污染会到达奇科特储水层（Chicot Aquifer）——这是路易斯安那州西南部70万居民的唯一饮用水源。

1994年，康德亚－维斯塔公司雇用了清理工人，尽全力清除二氯乙烷，共清理了约160万磅。但公司向清洁工提供的防护装束并不齐备。“工人们干活时穿着自己的橡胶套鞋和牛仔裤，用铲子挖掘，还用上了排水泵，”有人告诉我，“没戴防毒面具。”没人警告他们，二氯乙烷会影响呼吸和生育能力，导致心律失常。很多清理工人病了。“他们呼吸困难，”一位介入此事的律师说，“可康德亚－维斯塔公司的管理人员告诉这些工人，他们的病是其他原因引起的。”[25]

最终，500名清理工人状告康德亚－维斯塔公司。一个由环保活动人士构成的小组参加了此案的公众听证会，成员中包括愈发精神抖擞的李·舍曼——李的妻子博比小姐是该小组的财务主管——还有迈克·特里蒂科及阿雷诺夫妇。

97 一桩桩怪事接连发生。文件从律师办公室不翼而飞。一位新人加入了小组，成为领袖，然后开始指责其他成员行为不当，以此为由破坏会议，最终，小组在困惑和气馁中解散，再也没碰过头。直到2008年，人们才知晓个中原因。即便真相大白，但人们对康德亚-维斯塔公司污迹斑斑的记忆已然消逝。工厂的新主人——与丑闻毫无关系——便是萨索尔公司。

哈代市长载我回市政厅的路上，我开始对右派的情况萌生出更深层的认识。如塞雷尔公司报告所言，企业可能会为了尽量避免受到挑战，搬至居民趋于保守、支持共和党、信仰天主教、仅有高中学历、无行动主义传统的社区。就韦斯特莱克来说，正是这样一个人当上了大公无私的市长。工厂让鲍勃·哈代发现了自己的天分所在，以及其领导才能和自我尊严，这些都是学校不曾给予他的。工厂令他得以将全家人留在自己身边，给了他一份主管的优厚收入，让家人都过上了好日子。不管萨索尔和其他即将到来的工厂高层家住何方，鲍勃·哈代相亲相爱的一大家子与他的教堂、邻居都在这里，就在韦斯特莱克。

哈代没有看到联邦政府如何帮了他，政府的平权行动政策还险些挡了他的路。但工业也未善待哈代。"哈代家四代人都住在韦斯特莱克。现在因为萨索尔要扩张，"他告诉我，"家里很多人不得不搬走。我弟弟已经搬走了。我儿子和儿媳梦寐以求的房子已经完工，他们现在也要搬走。"

他的语调变得柔和起来："我们有块家族墓地，位于萨索尔扩张地块的中间。墓地是三角形的，周围土地已经被划为'重工业'区。也就是说，我们的家族墓地会从四面八方被萨索尔围起来。但公司承诺给我们留下通行的路。我祖母就葬在那里，她过世时 86 岁。我们还有过一个小女儿，九个月大就夭折了，她也被葬在那里。我想被葬在那个墓中。"

第7章　州政府：管理4000英尺下的市场

99 这个拥有约350位居民的社区一直自豪于其所谓的“一片天堂”。他们整洁而朴素的房子一面朝向炖龙虾街（Crawfish Stew Street），另一面挨着一条水道，水道通往沼泽河，河上有阔翅水鸟优雅地掠过水面，飞向水紫树和落羽杉的绝佳景致。几乎人人都有船，知道钓鱼的好地方，与邻里相处和睦，爱吃鲜美的水煮小龙虾。迈克·沙夫曾如此形容自己的科恩河邻居：我们几乎都是“卡津人、天主教教徒、保守派、有茶党倾向”。但在他们当中，迈克·沙夫的支持最为热忱——他加入了茶党，参加会议并大胆发声。迈克在排房中长大，房子坐落在我们曾一同乘车穿过的甘蔗田中；他一辈子都在从事与石油相关的工作。他希望感到自己生活在一个几乎完全私有化的世界中，离政府税收和监管越远越好。但我想知道，如果一个由迈克这样的人组成的社区遭遇了突如其来的灾难，而如若人们尊重政府监管，灾难无疑本可避免，情况又会如何？他如何看待州政府？我能否厘清他为何有这种感觉？这些问题带着我去拜访迈克·沙夫，并参观科恩河天坑。

因为在2012年8月，的确发生了这样一场灾难。起初，街坊邻居们注意到水面上出现了一串串小气泡。是不是穿越河底
100 的燃气管道漏气了？一名当地燃气公司员工进行了检查，宣布管道没问题。然而，迈克回忆道：“我们闻到了很浓的石油

味。”接着，他和邻居们被地震般的震动和隆隆声响吓了一跳。由于路易斯安那州的这一地区从未发生过地震，一位女士猜想是有辆“垃圾车丢下了一个大垃圾桶”。一位有两个孩子的单亲妈妈住在距科恩河一英里处的活动房中，她以为自己的洗衣机没关，随后想起洗衣机几个月前就坏了。[1] 地面开始震动时[2]，一名男子正在享用电视餐①。迈克回忆道：“我当时在屋里走着，感到自己不是中风就是喝醉了，十秒后，我的平衡感全没了。”过了一会儿，他注意到，起居室地毯下的水泥地出现了一道锯齿状裂缝。草坪开始下陷，向奇怪的方向倾斜。

距迈克家不远处，河底的地面裂开了一道口子。如同拔掉了浴缸的塞子，河底裂缝像一张饥饿的大“口”，开始将灌木丛和松树从地面上往下吸。有上百年树龄、雄伟挺拔的落羽杉缓缓倒下了，倾斜着陷入冒泡的河水，落入天坑张开的大口。灌木丛、草地乃至一条船都沉了下去。水面上泛起一层油膜，为防止其扩大，两位清理工人被叫来在天坑附近的石油周围布设围油栏。两人将船拴在一棵树上，站在船里作业。然而，树身开始倾斜移动。工人们及时获救[3]，可他们的船消失在天坑中。

接下来的数日和数周，水面上泛起遭到污染的泥浆，出现一幅诡异而可怕的景象——原始沼泽森林被吞没，浸着石油的污泥漫出。石油渗出水面，天然气从地面和水中四处释出。“下雨时，小水坑闪着光，冒着泡，就像你往里丢了泡腾片似的。”迈克说。天坑越来越大。开始时是一座房子大小，接着变成橄榄球场那么大。到 2015 年，天坑面积已扩大至 37 英亩。后来，

① 速冻盒装便餐，稍经加热即可边吃边看电视。

充满气体的污泥还渗透了储水层，对饮用水安全产生威胁。

101 居民们发现，通往社区的主路开始下沉，他们担心路面会塌陷。本为防洪而建的河堤也开始下沉，污泥破堤的风险出现。

原因和责任

这起离奇事故的始作俑者是一家总部位于休斯敦的钻井公司，名叫得克萨斯卤水公司（Texas Brine）。如其名所示，该公司通过钻井开采高浓度盐，将其卖给氯制造商；水力压裂中也会用到这种物质。公司从河底向下深钻 5600 英尺，抵达一大片地下地质构造，叫作“盐丘”——虽目不能及，但在墨西哥湾地区很常见。[4]得克萨斯卤水公司冒了很大风险——未采纳本公司咨询工程师的意见，一名同样清楚危险所在的政府官员也批准了此举——在科恩河下展开了钻探工作。对明文监管规定，公司和州政府置若罔闻。

钻头无意中刺穿了拿破仑维尔丘（Napoleonville Dome）内部一个水滴形洞穴的侧壁。（拿破仑维尔丘是一块地下盐体，三英里宽，一英里高，周围裹着一层石油和天然气。当地人都知道其存在，外地人则鲜有耳闻。私营企业在盐丘内钻入深孔，挖出大大小小的空腔，有些是笔直的柱体，有些则是蘑菇形或圆锥形。企业用这些空腔存放化学物质。）

钻头穿透丘内一个洞穴的侧壁后，一场灾难缓缓降临了。洞穴一面外壁承重力变差，在周围页岩的压力下断裂。[5]河水连带着树木和灌木丛被吸了下去。盐丘周围包裹的石油浮上水面。大地震动起来。在一些地方，地面发生了倾斜和下陷。

这场灾难令公众将目光投向一个巨大的地下世界——我此前并不知晓其存在——并提出了一些重要问题：在一个对监管

深恶痛绝的文化中，自由市场经济如何处理盐丘中储存的有毒 102
化学物质？这样的盐丘，路易斯安那州约有 126 个[6]，海上的数量更多，它们深埋于 3000 至 18000 英尺的地下。

在拿破仑维尔盐丘，商业活动曾开展得如火如荼。多家石化企业**拥有** 53 个洞穴，另有约 7 家公司在其中**租用**场地。这些是珍贵的大型储存库，用以储存石油钻探、水力压裂和塑料制造时使用的诸多化学物质。得克萨斯卤水公司租用了 6 个洞穴。还有一些洞穴属于陶氏化学公司和联合碳化物公司（Union Carbide）[7]，它们向穴中注入了 5000 万加仑的二氯乙烷。自由企业深入地下的程度令我感到惊讶，但这种地下储存系统是墨西哥湾地区长期以来的常规做法；国家石油储备库也一直以类似方式存放。

可我仍想知道，如果一家公司在一个洞穴里钻一个洞就会造成天坑，令甲烷气体在雨水坑里冒泡，那么还有可能发生什么事——鉴于眼下地震频发，附近又有其他注满二氯乙烷的洞穴——而这一切都发生在一个极不尊重监管的文化中？[8]

我的锁孔问题带着我深入 4000 英尺的地下。随其一同进入洞中的是大悖论：茶党害怕、鄙视、想要削弱联邦政府。但他们也想要一个清洁而安全的环境——他们不希望地震令有毒物质进入储水层，亦不希望发生更糟的事。但问题在于：美国难道不需要一种尊重文化来保护人们的此类关切吗？我们难道不需要公务员——与此事没有利害关系的人员——来承担这份保护工作吗？我聪明、体贴的好朋友迈克·沙夫等人是如何协调这两种愿望的？

小州政府

鲍比·金达尔州长穿着整洁的蓝衬衫和卡其色的裤子走下

直升机，大步流星地走向等待的官员和躁动不安的难民，难民们经历的灾难如今被称为“科恩河天坑”。事件发生在七个月
103 前，很多居民却依然无家可归，与亲戚同住，或住在拖车、汽车旅馆和野营车中。一对夫妇在一家24小时营业的自助洗衣房过了感恩节，因为他们没有别处可去。短发、戴墨镜、身材健壮的保镖们呈扇形围绕在州长身边。金达尔伸出手，快步上前向官员们问候，歪着头、叉着腰听他们说话。他向一个讲台走去，讲台搭在天坑附近的一块绿地上。

2012年8月3日，地面不祥地出现一道裂口。2012年12月16日，即事发四个月后，一位居民在其脸书网页面上发了个帖子：

> 鲍比·金达尔，你在哪里?????
>
> 你被选为我们州的领袖……（2012年）8月3日，你的办公室宣布科恩河/大河河口（Grand Bayou）进入紧急状态……发生了小型地震，甲烷、苯和硫化氢被释放到社区中。这个社区从地狱走了一遭，现在仍生活在噩梦中。在我和许多其他人看来，你……对这个社区毫无帮助。[9]

灾难发生七个月后，2013年3月19日，金达尔州长首次对天坑进行视察。他从40英里外的巴吞鲁日——“只要飞五分钟”，一位居民不满地告诉我——乘直升机前来对人群发表讲话。[10]

金达尔州长身后站着一排穿白衬衫的官员，面前是稀稀拉拉、忧心忡忡的居民——他们抱着胳膊看着他。他语速很快，语气笃定，其讲稿中满篇事实。他的语速本身就传递出一些信

息：对情况的掌握、问题的紧迫性、公务的繁忙程度，或许还有逃避。州政府正尽最大努力帮忙，他对人们说。他将任命一个独立的蓝带委员会（Blue Ribbon Commission）①。他正在解决问题。

发表完事先准备的演讲，州长又请当地官员讲话，最后才接受焦躁不安的居民提问。一位居民问州长，为何这么短的路程，他却等了七个月才来。另一个居民指出，州长下午两点到达，却在当天早上九点才宣布了视察的消息，他问道，州长已经拖了七个月的时间，为何通知得如此匆忙？为何会面时间定 104
在了一个工作日的下午两点？大多数人这时都在工作。州长去天坑看过了吗？[11]

当时，350 个居民中大部分人的房子已成为官员所谓“牺牲区”的一部分。得克萨斯卤水公司聘请的一名地质学家此前向震惊的居民解释道：“世上没人面对过如此状况。”在附近的一个洞穴，钻探工作仍在进行，那里也有塌陷的危险吗？气体什么时候能排尽，地震何时能停止？州长说，蓝带委员会正在调查。

两听啤酒的修堤工作

我驱车前往迈克·沙夫家，在秋葵汤街（Gumbo Street）右转，什锦饭街（Jambalaya Street）左转，经过辣酱路（Sauce Piquant Lane），在炖龙虾街一栋黄色二层木屋对面停下车。街上空无一人，杂草长得很高。他的院子周围种着果树——温州蜜柑、葡萄柚、芒果和无花果——果实累累却无人采摘。

---

① 由一些专业人士组成的、目的在于对某项社会事务进行调查研究的组织。

“抱歉让你看到那些杂草。”迈克前来迎接我时说道。他穿着橙红相间的T恤、牛仔裤和靴子，举起健壮的手臂，指向一座疏于修剪的玫瑰花架：“就是没好好打理。”迈克摆好了咖啡、奶油、糖，还有一罐给我带走的桃罐头。

“这是我一生中最漫长的六个月。跟你说实话，我都抑郁了。”他说。“五年前我从巴吞鲁日搬来这里，跟新婚妻子一起生活，”他边给我们倒上咖啡边说，“但现在周围到处都有地下冒出来的甲烷气体，这里不安全。所以我妻子搬回了亚历山德里亚(Alexandria)[①]，从那里通勤。我只有周末才能见到她。孙子孙女们也不来了，因为如果有人点了火柴怎么办？房子可能会爆炸。”

迈克睡得不太安稳。他在车库里放了个气体检测仪，不时去看看。“公司在我车库里钻了个洞，检查下面有没有甲烷。结果是有的：比正常水平高20%。”他避免点燃火柴，日复一日
105 地住在纸箱中间，看守着邻居的财产，同时提防着流浪猫。

州长向科恩河所有居民发布了疏散令，但迈克无法说服自己离开。“我在这里守着，以防有人破门入室——已经发生不少这样的事件了——还可以跟其他留在这儿的人做伴。”他沉默良久，然后说：“其实，我是不想走。”

“不好意思，”他指了指水泥地上的一条锯齿状裂缝，裂缝旁放着一捆卷起的地毯，“这是地震造成的。出现天坑前，我们这里从没发生过地震，也没有甲烷气体从草坪里冒出来。”

喝完咖啡，迈克带我走到他后院边上，用现在时态说——仿佛他的生活仍在继续：“我们就在这里招待邻居吃水煮小龙虾。”我看到，在水道对面和临水而建的其他房子露台上也架着

---

① 路易斯安那州中部城市。

烧烤架，露台间近在咫尺。但现在，他告诉我："珍妮特和杰里搬走了。汤米搬走了。尼基夫妇搬走了。吉姆先生也搬走了。"他指了指四周。"这是得克萨斯卤水公司的房子，还有这里，这里，这里。到这周一就是 88 周了，"他接着说道，"眼下，只有我、汤米、维克托，还有布伦达，没别人了。"得克萨斯卤水公司在跟邻居们谈价钱，让他们搬走。

这里曾是个关系紧密的社区，居民对钓鱼、打猎、野生动物和保守政治有共同的爱好。迈克与漂亮的新一任妻子结婚已经五年了——这是他的第三段婚姻，他妻子的第二段——这是他能想到的最糟糕处境。"在我们社区，大家走得很近。"他指了指四周，仿佛要把我介绍给看不见的朋友。"我们有自己的狂欢节，在艾迪小姐的鸟舍办派对。"一位邻居的丈夫是个鸟类爱好者，修建了一个鸟屋，邻居们觉得太吵了。他去世后，他的遗孀将其改造成了一个有按摩浴缸和闪光灯的派对屋。"发生洪灾时，我们互相帮忙重修堤坝。有些工作的报酬是两听啤酒，有些是四听，"他大笑起来，"我们很喜欢这里。"

我后来对其他科恩河难民也进行了访谈，他们也说了同样的话。一个叫尼克（Nick）的男人向我展示了更多照片：孩子们骑着精心装扮过的自行车穿行在街头，街坊邻居们坐在经过
装饰的高尔夫球车中，狂欢节科恩河渔船游行使用的拖船架， 106
人们在街头跳舞庆祝节日——有几年还有现场乐队伴奏。"我们以前还会举办钓鱼比赛。捕到的鱼最重者获胜，最后我们会办一场炸鱼宴。"

迈克感到，即便政府帮了人们——况且他觉得没帮上大忙——它也绝不该破坏一个社区的精神。他在姨妈、舅舅、表兄弟和祖父母的紧密包围下长大，亲戚们都住在阿默利斯种植

园，彼此的住处步行可达。他现在已年过花甲，喜欢住在居民关系和睦、互帮互助的社区，就像少时的种植园一样。

迈克是那种会为组装一架两座齐尼斯 701（Zenith 701）飞机废寝忘食地在车库里待上好几个小时的人，自称“不爱交际”，但生活在这样一个社区令他身心愉悦。科恩河的社交生活让他开朗了起来。[12]迈克并非单纯地想摆脱政府，他渴望感到自己置身于一个温暖而互相帮助的集体。他感到政府取代了它。

他还爱着这个地方。就像哈代市长爱着韦斯特莱克一样，迈克·沙夫也热爱科恩河。萨索尔的扩张占用了哈代家的土地，同样，得克萨斯卤水公司也夺走了迈克的家园。但二者之间有个区别。哈代的家人得到了慷慨补偿，他自己的房子没有遭到损坏，他亦不介意与工业为邻。而迈克的房子显然被毁了，他深爱的社区随风消逝——散落至密西西比州、得克萨斯州和路易斯安那州的其他地方。

迈克消失在船库中，接着将自己的船倒入水道。我爬了进去。小船发出噼噼啪啪的声响，突突地驶出水道，进入更宽阔的沼泽河中。我们绕过落羽杉失去了生机的深色树桩，低头穿过一串串空气草——它们仿佛毛茸茸的旧皮草碎片，从落羽杉、水紫树和红枫上低垂下来。我们再次低下头，穿过一座低矮的桥洞，然后加速驶入一片更加宽广的水域。“在这附近你能钓到鲈鱼、鲶鱼、白鲈、小龙虾和莓鲈——至少过去可以。现在？它们在满是甲烷的河流中生活。”

我们从远处看见一个红、白、黑、黄色牌子，它被钉在一棵
107 水紫树的灰色树干上：“危险，禁止入内，高度易燃气体”。水面上泛起波纹，警告牌的倒影在水中摇摆不定。迈克指向气泡漾起的圈圈涟漪，它们像小虫子似的迅速向外扩散。“甲烷。”

谣言、恐慌、指责

天坑事件后，人们开始寻找罪魁祸首，不停调转矛头的方向。起初，得克萨斯卤水公司将责任推给大自然。公司管理人员称，地震在这一地区很正常。此言有误。然后，公司指责将拿破仑维尔盐丘洞穴空间租给它的西方化学公司（Occidental Chemical Company），并对后者提出控告。接着，保险公司将事故归咎于得克萨斯卤水公司，拒绝对其进行赔付。于是得克萨斯卤水又状告保险公司。法律纠纷进一步扩大。克罗斯泰克斯能源服务公司（Crosstex Energy Services）租出了盐丘塌陷处附近的一个地下洞穴——二者相隔仅 1600 英尺，并在其中注入了体积相当于 94 万桶①的丁烷气。该公司想要照常营业，就对得克萨斯卤水公司提起诉讼，理由是塌陷**令其无法拓展业务**，并令其丢掉了本可与潜在租赁客户签订的储存合同。2015 年，得克萨斯卤水公司又状告另一家公司——西方石油公司（Oxy Petroleum），要求对方赔偿 1 亿美元，因为该公司早在 1986 年进行钻探作业时的位置距离洞穴边缘太近[13]，破坏了洞穴墙壁的坚固性，导致了 2012 年灾难的发生。如此这般。

与此同时，震惊的难民仍住在亲戚家的空房间里、拖车里、汽车旅馆中，每天从临时住所通勤，通过彼此的电子邮件、互联网和电视新闻了解情况进展。令人担忧的谣言甚嚣尘上。储存的天然气会不会被点燃，引发大火？其他洞穴中储存了危险化学物质，地震会不会令这些洞穴的墙壁崩塌？总部位于丹佛的观察家网站（Examiner. com）的一名忧心忡忡的撰稿人担心

① 用来表示原油数量的单位，1 桶 =158. 98 升 =42 加仑（美）。

会发生爆炸，“其威力相当于逾 100 枚投向广岛和长崎的那种原
子弹①”。[14]也有人呼吁人们保持冷静和理性。一名留在科恩河家
中的男子显然想从这一令人心焦的话题中缓口气，他在脸书网
108 上写道：“给庭院家具上漆，休息了一个多小时，就在我的码头
捕到八条这样的小美人儿（鱼的照片）。”

在一个叫作“天坑号角”（The Sinkhole Bugle）的网站上，一些投稿人将矛头同时指向了公司和政府，但将最强烈的怒火对准了政府。科恩河卡津小屋的经营者丹尼斯·兰德里（Dennis Landry）正确指出，州自然资源局（Department of Natural Resources）“几个月前就知道”得克萨斯卤水公司存在很大的诚信问题，却没有告知地方当局。“这让我很难过……我感到被路易斯安那州自然资源局背叛了。”[15]一名男子甚至说，得克萨斯卤水公司是“替罪羊”。

道德脏活

能源难民对州政府如此愤怒的原因愈发容易理解了。首先，人们发现，曾于 2004 年到 2014 年任路易斯安那州自然资源局局长的斯科特·安热勒（Scott Angelle）事先就知道洞穴壁强度不够，但还是给得克萨斯卤水公司发放了钻探许可。事发后不久，他被调至另一个岗位，而令迈克震惊的是，他眼下正在参选州长。（安热勒后来未能赢得选举。）

的确，对洞穴的监管很松懈。类似事件也发生过，随后被遗忘了——抑或有人记得，但未得到重视——就像阿雷诺一家经历的结构性失忆一样。人们发现，能源公司申报的洞穴价值

① 原文为氢弹，有误。

和储量过低，且纳税不足。问题不在于州政府太庞大、干预和控制过多，在我看来，州政府根本没什么存在感。

此外，人们对企业和政府的期望也不尽相同。企业以营利为目的，对股东负责；人们告诉我，他们可以理解企业设法“自保”的行为。但人们向政府**付了钱**来寻求保护，因此对其期望要高得多。即便如此，得克萨斯卤水公司仍令受害者们深感受伤——他们对公司缺少人情味的善后工作感到失望。“天坑事件后，公司管理人员没来问过我们怎么样了。对我们进行赔 109
偿后，他们给我们一个月时间搬走，”一个愤愤不平的难民告诉我，“一个有病在身的 83 岁老人请求公司多给点搬家的时间，公司的人说，‘好吧，再给你一周。’”得克萨斯卤水公司不关心人。它们只在乎钱。迈克自己对该公司的感觉很复杂。一次社区会议开始时，他拿给公司经理一袋温州蜜柑，打趣道：“里面没有刀片。”随即他告诉我：“我笑了，但经理没笑。”受害者们对得克萨斯卤水公司的“冷漠无情”很生气，可并未对公司心怀蔑视。另一方面，州政府官员则被视为腐败高层唯唯诺诺的跟班，他们开着令人艳羡的崭新 SUV——那些车“是用我交的税钱买的”。

总体而言，路易斯安那州政府官员在保护民众方面的表现究竟如何？环保局监察长于 2003 年发布了一份令人瞠目结舌的报告，给出了答案。该报告旨在评估全国六大地区各州落实联邦政府政策的情况，将路易斯安那州排在了第六地区的最末位。州政府未要求企业提交报告。路易斯安那州的有毒废物设施数据库中满是错误。对于许多公司有没有“按规矩行事”，路易斯安那州环境质量局（该部门名称中缺少“保护”一词）并不清楚。由于政府办事拖拉，十六座设施得以在未获许可的情况下向路易斯安那州的水域排放废料。环境质量局疏于检查很多工厂。即便发现企业未遵守规定，该局也未向企业征收罚金，即便征了，也没能收上来。[16]监察长最后表示，他“无法向公众完全保证，路易斯安那州开展项目时有效保护了人类健康和环境”。[17]

为何分数如此之低？监察长总结道，原因有三：自然灾害、资金短缺，以及“一种预料州政府机构会保护工业的文化”。[18]经费短缺方面，2012 年环保资金遭到削减，在州政府每年资金总量中所占份额从原先的 3.5% 降至 2.2%。一位敏锐的审计员还发现，州政府将本应留作税款的 1300 万美元意外“还”给
110 了石油和天然气企业。[19]至于亲工业的“文化”，获得许可的确相对容易。州政府官网显示，1967 年到 2015 年 7 月，业界共提交了 89787 份有关废物处理及影响环境行为的许可申请。其中，仅有 60 份未获批——占比 0.07%。[20]

州政府一些报告颇有蹊跷。在对比不同地区的污染率时，某些地区的检出限设定较高，另一些地区则较低。[21]在一份 2005 年的卡尔克苏河口地区研究中，州立机构科学家得出一个令人费解的结论：在河口水域游泳对 6 至 17 岁儿童有危险，而对“6 岁及以下儿童”则是安全的。[22]此外，这种报告阅读起来相当困难。一份典型的报告写道：“对报告未检出的分析采取了方法检出限分析，而检出限高于被用作筛查工具的比较值。”[23]

有时，州政府不过是降低了保护标准。举个令人瞠目结舌的例子：路易斯安那州卫生和人文科学局（Louisiana State Department of Health and Human Science）曾就如何告诉公众哪些鱼可安全食用为其他州立机构官员出谋划策。2012 年 2 月，

一些州政府官员发布了一份为其他官员编写的报告[24]，该报告到 2016 年 5 月 5 日仍挂在网上。在对“致癌斜率因子”进行了一番令人不寒而栗的叙述后，报告继续以实事求是的口吻向休闲垂钓者提出一些建议，告诉他们如何处理受污染的鱼类以备食用。文件写道：“去掉有鳍鱼的脂肪和鱼皮，去掉螃蟹的肝胰腺，可减少鱼类和贝类动物的污染物含量。”用烤箱、明火、烧烤架烤制都不错，因为“鱼类和贝类动物体内的脂肪会流出”。不要食用“含有脂肪的汤汁……以进一步减少与污染物的接触”，[25]文件说。“然而，在可食用的鱼类组织里，一些污染物仍大量存在，比如汞和其他重金属，”报告接着以科技文章那种不带感情色彩、平铺直叙的语气写道，“即便烹饪后，这些物质仍残留在鱼类和贝类动物体内。”

这份报告令人震惊、严酷无情却有一定道理。若企业不出钱清理它们污染的水源，政府不强制其采取行动，而贫穷又仍然存在——总有人需要捕鱼为食——那么，就去掉脂肪和鱼 111
皮，烤一烤，把富含汞的鱼吃掉吧。至少该报告的作者诚实地给大悖论提供了一个糟糕的答案：“有问题吗？习惯就好了。”

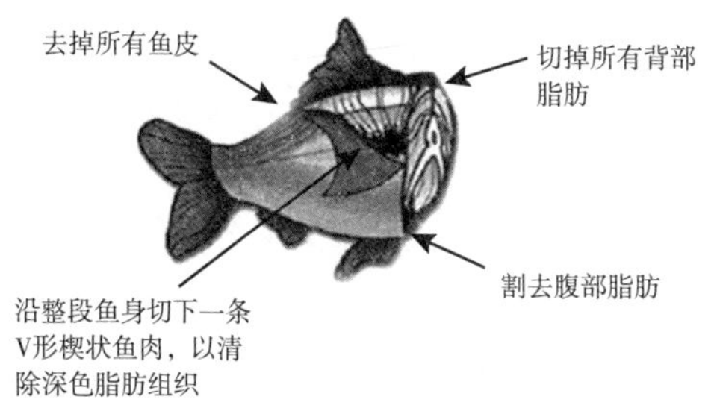

休闲垂钓鱼类和贝类体内化学污染物公共健康公告建议

迈克·沙夫对这则建议一无所知，但当我告诉他时，他摇了摇头。“又是这样，万恶的政府。为什么要加薪？就拿我们的自然资源局局长史蒂夫·舒尔茨（Steve Schultz）来说吧。刚开始为我和其他路易斯安那州纳税人工作时，他的年薪是 3 万美元，兴许买了套够家人居住的活动房或小公寓。后来他的工资涨了，搬去了高档住宅区。假设我们增加环保预算，他的年薪从 15 万美元涨到 19 万美元。那么我们给他的钱越多，他就越有理由对金达尔和石油业唯命是从。在我看来，挣钱不太多的公务员更有可能全心全意做自己该做的事。”

迈克对奉献精神的概念是以教会为模板的。另一次拜访时，他开着红卡车将我带去了他曾就读的天主教小学，学校
112 对面便是他领受坚信礼[①]的天主教教堂，隔壁是他父母和外祖父母长眠的墓地。迈克回想起修女让他在人行道上拍黑板擦的事情（这样做会受到上帝的奖赏）。但他随口说道：“修女是很好的老师，生活也很朴素。**我认为所有公务员都应该像那些修女一样。**”他们不需要太多税款。但他认识到，如此一来，人们就基本丧失了从事公共服务工作的动力，该领域便很难吸引到最好的人才。另一次拜访他时，他承认：“那样的日子我是过不下去的。”

回顾科恩河灾难，我仍然想不通。迈克支持自由市场的世界，是因为他想保护社区。但完全自由市场化的世界就一定有益于本地社区吗？而且从本质上说，路易斯安那州不已经像是个几乎完全建立在自由市场基础上的社会了吗？金达尔州长主

---

① 一种基督教仪式，象征着基督徒与教会的关系得到巩固。

张自由市场和小政府——迈克正是因此将票投给了他。州长缩减了公共服务，下调了环保资金，任命了亲工业的“保护者”。州政府在保护科恩河居民方面未起到作用，在一些人看来，州政府甚至要为天坑事件负主要责任，正如李承担了匹兹堡平板玻璃公司污染印德河的罪责一样。

在考察了大悖论将我带到的所有地方后——从 4000 英尺下的拿破仑维尔盐丘储存库，到州政府官员就如何食用含汞鱼向休闲垂钓者提出的建议——我以为**善**政的必要性一目了然。然而我的新朋友认为，政府的污染鱼备餐建议显然证明，我们需要**缩减**政府规模。

我自己对联邦政府也颇有微词——比如过度监控、在伊拉克宣战、放过 2008 年金融危机背后的华尔街投机者。但我的批评基于对善政理念的信念。

迈克将船驶回码头，我们回到他的餐桌前。他告诉我，我们不需要社会保险和医疗保险。“就拿社保来说吧。如果你我不用往里交钱，”他告诉我，“我们本可以自己用那笔钱投资——即便考虑到 2008 年的危机——我们现在都能成为**百万富翁**了。”

他认为，我们不需要联邦教育部（相关工作可下放至各 113
州），也不需要内政部（我们可将大部分公地私有化）。但得克萨斯卤水公司不正是将科恩河的公共水域**当作**公司私有财产使用了吗？迈克希望更多此类事件发生吗？我感到自己被困在了同理心之墙的我这一侧。因此我换了个问法。

“联邦政府做了什么让你心怀**感激**的事吗？”

他沉默了一会儿。

“飓风救济。”又顿了顿。

“10 号州际公路……”（一条联邦政府出资建造的高速公路）又沉默了好一会儿。

“好吧，失业保险。”他曾领了很短一段时间。

我提示他，食品和药物管理局（Food and Drug Administration）检查员为我们检查食物安全与否。

“对，还有那个。”

“给你送来齐尼斯 701 部件的邮局呢？你组装好以后，还从科恩河天坑上方飞过，录了视频发到了‘油管’网上。”

“那是联邦快递（FedEx）送来的。”

将他招入预备役军官训练营（ROTC）的军队呢？

“是啊，好吧。”他又不说话了。

如此这般。我们不需要这个，不需要那个。其他访谈也是这种情况，人们同样沉默良久。

州预算中有 44% 来自华盛顿特区，这又怎么说？迈克在脑中搜寻着答案。“大部分都给了医疗补助计划。至少半数领补助者都没在找工作，兴许比例还更高。”

“有你认识的人吗？”我问道。

“噢，当然，”他回答，“我不怪他们。我认识的大多数人都会使用现成的政府项目，因为他们为此付了钱。如果有项目可用，又为何不用呢？”另一次拜访时，迈克回忆起一次有惊无险的事故及其营救过程。他带着新婚妻子和她的两个女儿乘船出游时遭遇了强风暴，马达坏了，船身剧烈晃动。“刚开始姑娘们开心地尖叫。后来便不吱声了。船差点翻了。幸亏海岸警卫
114 队（Coast Guard）看到了我们，将我们拖到了岸边。看到警卫队的人我很高兴，”迈克说，“他倒是检查了我们有没有安全背心，我觉得这没关系。”

政府扮演了什么角色？是好管闲事的老大哥①（海岸警卫队检查了安全背心）？是远程操控的老大哥（教育部设在联邦而非州一级）？是偏心（平权行动）的不称职家长？还是门前纠缠不休的乞丐（征税）？以上都是，但不仅如此。正如20世纪60年代的伯克利嬉皮士"不屑于消费主义"并为之自豪，以此展现他们对爱与世界大同的更高理想——虽然他们常依赖于来自父母的、自己所"不屑"的钱财——迈克·沙夫和其他茶党拥护者似乎在说，"我不屑于政府及其所有服务"，以此向世界展示其更高的理想，即便他们享受着许多政府服务。除了其他所有角色外，政府还是个怪异的地位标示器。越不依赖于政府，你的地位便越高。诚如社会学家托尔斯坦·凡勃伦（Thorstein Veblen）多年前所言，我们与必需品的距离往往会带来荣誉。[26]

我历数了迈克蔑视政府的所有原因：政府取代了社区，它夺走了个人自由，它没有保护公民，政府官员活得不像修女。而联邦政府是比州政府更加大权在握、遥不可及、不可信赖的存在。此外，迈克还被一种忍耐、适应的地方文化包围着；如果鱼肉中含有汞，那就把深色肉切掉，食用白色部分。我们后文中会写到，迈克日后会挑战这种适应性的文化。

但还有其他因素加深了迈克对政府的厌恶，后来我发现，我所到之处无不如此。有时人们在谈及此事时直截了当、怒气冲冲；有时则是话里有话。他们认为联邦政府将劳动者的钱拿去给了游手好闲之人，这是将好人的钱交到坏人手中。无人提

---

① 指监控公众行为的政府或机构，出自英国作家乔治·奥威尔的《一九八四》一书。

及社会阶级，人们说起黑人来小心翼翼、措辞委婉，但说起穆斯林毫无忌惮。若要给这些群体的冲突点定位，那或许是在当地的福利办公室，即受助人领取联邦福利金的地方——路易斯
115 安那州开端计划（Head Start）[①]、路易斯安那州家庭独立临时救助计划、医疗补助计划、全国学校午餐和早餐计划，以及妇女、婴儿与儿童特别营养补充计划。自由派让美国人“同情”受资助者，但这是来自沿海地区城市的自由派人士试图将他们的情感规则强加于生活在南部和中西部地区、信仰基督教、年龄较长的白人身上。而他们似乎在另一边。因此我想知道，我所目睹的一些不满是否源于阶级冲突？这一冲突出现在最出人意料之处（政府领域），发生于自由派没有关注的群体间（中产/蓝领阶级和穷人）。这是不是引发右派怒火的主要起源？在他们看来，这场冲突中，是否整个联邦政府都站在了错误的、背叛的一边？后来，在说起2016年总统大选时，迈克曾半开玩笑地告诉我，他无法说服自己把票投给孟什维克（希拉里·克林顿[②]）或布尔什维克（伯尼·桑德斯），也许主要原因就在于**此**。

临行前，迈克将我来时就放在桌子上的那罐桃子递给了我。我将车开回炖龙虾街，经过东倒西歪的院落，驶上了可能在下陷的唯一一条离开的路。我想知道，关于科恩河、联邦监管、救济金等，迈克从教会和他最喜欢的电视台——福克斯新闻频道获取了什么消息。

---

① 由联邦政府创办、为低收入家庭儿童提供学前教育和健康保健服务的综合性计划。

② 希拉里·克林顿（Hillary Clinton），2016年美国总统大选民主党候选人。

第 8 章　讲道坛和媒体：“这一话题无人说起”

我与马多娜·马西约在莱克查尔斯的星巴克喝咖啡。不出 117
十分钟，我便注意到很多人似乎很高兴看到她。

“嗨，马多娜，你今天看起来真美。”

“哎呀，谢谢你，高德特先生，你看起来也不错。”

“嗨，马多娜，那天晚上唱得很棒。”

“谢谢你，乔伊。你女儿最近怎么样？”

她穿着一条飘逸的印花裙，浓密的金色卷发如瀑布般垂在蕾丝外套一侧。她举止从容而友善，笑声欢快，笑容灿烂，似乎令周围的空气都温暖了起来。

我第一次见到马多娜是在路易斯安那州西南部共和党女性的聚会上，她告诉我，自己是保守派广播脱口秀主持人拉什·林博的忠实拥护者。“噢，我信奉拉什主义，”她说，“特别是他关于女权纳粹的言论。”我想，跟她聊聊应该挺有意思，便问她能不能见面喝个咖啡。

一个社交领域支撑着我周遭的右倾文化。我已探索了工业
和州政府。但教堂和媒体又如何？迈克·沙夫曾捍卫自己钟爱
的社区免遭政府蚕食。其他人对教会也有同感吗？我的路易斯
安那新朋友们是否在捍卫一个他们引以为尊的**领域**？还有，除 118
此之外，教会倡导的**个人价值观**是否能解决我探索的悖论？

我在路易斯安那州见到的几乎所有人都去教堂。哈罗德和安妮特去的是五旬节会灯塔教堂。哈罗德·阿雷诺的侄女贾尼丝（Janice）每周日会与一小群无教派的基督教信徒碰面，他们正等待着在神的指引下选择下一位牧师。将沥青车推到印德河附近水边的李·舍曼去的是摩门教堂。韦斯特莱克市长鲍勃·哈代去的是天主教教堂。迈克·特里蒂科离开一所教堂，尝试了另一所，现在或与阿雷诺家一起，或独自在朗维尔乱糟糟的小屋中学习《圣经》；他还参加了附近一间浸礼会教堂的跟唱歌咏会，因为那里有欢快的手风琴福音音乐。还有一个经历过童年不幸的莱克查尔斯居民告诉我，周日是她“最喜欢的日子”。克劳利一位黑人浸礼会牧师温和地告诫虔诚的全黑人会众，不要总光顾发薪日贷款机构。作为一名离过两次婚的天主教教徒，迈克·沙夫不参加周日的礼拜活动，但从 20 多岁起，他每年都会参加一次耶稣会静修活动，在两天的活动期间保持完全静默，偶尔迅速地偷偷发送一条手机短信。一些人每周去两次教堂，还会参加《圣经》学习会。提到孩子，人们不说“去教堂”，而是说到教堂接受教化，言语间透着自豪，就像别人说“受过高等教育”或“有教养”一样。路易斯安那州的教堂——大部分是浸礼会、天主教、卫理公会或五旬节派教堂——是社交生活的一根支柱。

找教堂网站（Churchfinder. com）的数据显示，在人口 7000 的唐纳森维尔——距离迈克·沙夫出生地最近的大市镇——有十一间浸礼会教堂、四间卫理公会教堂、四间天主教教堂，还有一间所谓的“灵恩派”教堂。往西约 108 英里的莱克查尔斯拥有 7 万人口和 100 间教堂——大多是浸礼会和“灵恩派”教堂（57），但也有五旬节派（12）和天主教教堂

（13）。这意味着每 700 人便有一间教堂。一些教堂中礼拜者多达千人，有些则只有寥寥几十人。相较而言，我的家乡加州伯克利有 11.7 万人口、82 间教堂——每 1423 人一间。[1]伯克利有八间犹太教教堂，莱克查尔斯有一间，唐纳森维尔则一间都没有。

在莱克查尔斯周围，上帝似乎无处不在。私人场合用餐前、 119
公开会议向国旗敬礼前都要进行祷告。人们的童年中也有教堂的身影。"我小时候每周要去教堂两次，奋兴会①期间每天都去。"哈罗德·阿雷诺回忆起在印德河河畔度过的童年时说道。商业领域亦然。例如，在金砖赌场（Golden Nugget Casino）召开的莱克查尔斯商会（Lake Charles Chamber of Commerce）宴会上，理事会主席格伦·伯特兰（Glen Bertrand）发觉自己所处的环境无疑与宗教不沾边。但谈及该地区可观的 840 亿美元投资，他说道："希望我们认识到，我们的经济成功是拜上帝所赐。"[2]

作为情感世界的教堂

在一个周四的晚上，7 点 05 分，马多娜的丈夫格伦·马西（Glenn Massey）在生活之路五旬节教堂的过道上踱着步，与会众聊着天，等待男人们从工厂下班。我坐在前排右手边，挨着马多娜。她通常都坐在这里，她母亲坐在后面一排；两人都是颇有才华的福音歌手。教堂外，教区居民们正在停放他们的 SUV。他们塞好衬衫，梳理头发，从停车场走向教堂门厅，迎接他们的是一只伸出的手或一双张开的双臂。"很高兴见到

① 基督教内部为重振宗教热忱举办的活动。

你……很高兴你能来。”

到晚上 7 点 15 分，已有大约 700 位礼拜者落座。当格伦·马西牧师说到主如何“熏陶我的灵魂”时，轻柔的钢琴曲响起。他闭上眼睛，举起双臂，双手旋转挥舞，做出亲近上帝的姿势。在格伦牧师发表讲话并讲完方言（五旬节派相信，这是在与上帝直接交流）后，教区信徒走到助理牧师面前，而后者已准备好迎接他们。一位女士绝望地弯下腰。另一位摆动双手，仿佛要摆脱什么可怕的东西。一名身穿军装的男子在讲台边迈着缓慢而僵硬的步子走来走去，仿佛在保护不安的礼拜者，又好像在平抚自己内心的焦虑。人类的所有情绪都在此展露无遗。

助理牧师面对着礼拜者，将手在他们的头上、肩上、手臂
120 上静置一阵子，轻轻一摇，仿佛要放开一个灵魂。会众中的其他人走上前去，将手放在一人的背上或手臂上，又有人把手搭在这些人身上。人一层叠一层，一时间构成了一幅人人相连的静物画。礼拜结束前，格伦牧师让需要原谅或被原谅的人上前。过半会众走上前去。过了一阵，人群中传出叹息声、抽泣声和轻拍声，而后一片释然。工人们缓缓起身，握手拥抱，交谈片刻，然后回到其皮卡车和 SUV 中，启程回家。

生活之路五旬节教堂注重人的治愈。其满足的需求在宗教性较弱的文化中类似于心理疗法和冥想，以及家庭和友谊。其他教堂，例如莱克查尔斯的大型教堂——三一浸礼会教堂（Trinity Baptist），还关注对不幸者的援助。教区会众为当地一家名叫“亚伯拉罕帐篷”的食品分发处和赈济处[3]举办了食品募捐活动。

还有些教堂走廊的布告板中展示着一些大幅照片，照片中，非洲孩子们满面微笑，身着盛装在外国教堂布道站前站成一排。

三一浸礼会教堂在厄瓜多尔、秘鲁、洪都拉斯以及非洲均开展了事工[①]，每年向这些地方派遣二十多名医生、护士和牙医，还为儿童举办假期圣经学校。该教堂还有一个小组，在津巴布韦挨家挨户宣扬福音。一名女子通过其所在教堂组织了“一碰枕头”活动，给派驻伊拉克和阿富汗的美军士兵送去数百个软枕头。“他们年纪不大，远离家乡，提心吊胆，”她告诉我，“但只要士兵的脑袋碰到这个枕头，便知道自己与上帝相连。”还有些教堂组织了“祷告勇士”小队，小队成员会聚在一起为困境中的人们祈祷。

浸礼会、五旬节派、天主教等我去过的所有教堂也都满足了精神以外的需求，却没有像公共部门那样遭到我的茶党朋友蔑视。三一浸礼会教堂有个大型健身中心，配有动感单车和肌肉训练器械。一个莱克查尔斯教友的岳母在教堂健身中心减掉了 50 磅的体重。她的两个孩子小时候很喜欢在一个大滑梯上玩耍，滑梯从一层楼通往下面一层的娱乐室，娱乐室中有颜色鲜艳的软雕塑——章鱼、鲸鱼、鲨鱼、鳄鱼驾驶的飞机，还有巨 121
大的海鸥。对于年龄大一些的孩子，三一浸礼会教堂会在周日开放小吃店和社交休息室，并在夏天举办教会野营活动。教堂会为戒毒成功的瘾君子举办“庆祝康复”聚会，赞助其自己八至十二年级的体育队，为年长一些的信徒举办高尔夫球赛。教堂通常会向教区信徒收什一税——让他们交纳收入的 10% 。对许多人而言这不是小数，但交这笔钱被视为一种荣誉。他们**缴纳**税款，却将收入**赠予**了教堂。

三一浸礼会教堂的大滑梯让我想起了位于旧金山教会区、

---

① 基督教教会的成员执行教会所任命的工作。

设计颇具想象力的多洛雷斯公园（Dolores Park），以及旧金山公园与娱乐局（San Francisco Recreation and Parks Department）开展的公共项目。在同理心墙的我这一侧，“公共”服务和项目的形象几乎完全是积极正面的。我想到旧金山女童合唱队和青少年音乐剧团表演的《屋顶上的小提琴手》（*Fiddler on the Roof*），中学生可以借此获得免费的表演和发声指导。旧金山还给本地艺术家提供资金，让他们在被人遗忘的地下通道中创作壁画。还有训练班：飞行瑜伽[1]、呼啦圈、倒立、双人翻转。市体育联盟中有垒球、篮球、网球等项目。还有烹饪、远足、诗歌朗诵、广场舞和湖滨夏令营活动，你得提早报名登记。课程和露营活动需要收费，但市政府会根据个人的支付能力提供奖学金。市政府出资招募的志愿者会清除涂鸦、维护徒步小径、种植树木，并在植物园为儿童担任步行向导。移动娱乐项目（Mobile Rec）将一堵移动攀岩墙带到了市内各地。绿色少年项目（Greenagers）鼓励九年级和十年级学生改善绿地质量。这样的项目对所有种族和宗教的人敞开大门，我发现，它们与我在莱克查尔斯看到的教堂活动填补了同样的文化空间。

硅谷的谷歌、脸书、推特等许多国内企业为吸引员工提供了一些公司服务。谷歌为员工提供三餐，周末也不例外，公司内还有健身中心、按摩室、小憩舱、医疗护理和汽车美容。这些服务营造了一个令人艳羡的私营部门社会世界，该世界部分基于另一种崇拜：工作。

122 作为道德世界的教堂

马多娜·马西最近刚从密西西比州搬来莱克查尔斯，因此

---

① 一种融合瑜伽、杂技和泰式按摩治疗的练习运动。

不太了解阿雷诺家在印德河的遭遇以及他们想打赢的那场官司。她听说过科恩河天坑，对此摇了摇头。马多娜在当地的《美国新闻》上看到过关于 10 号州际公路桥"结构问题"的文章。"我吓坏了，"她说，"那座桥有些我不太喜欢的地方。"但无论在报纸上还是福克斯新闻中，她都未看到过关于二氯乙烷泄漏接近桥基的消息。

"我强烈支持资本主义和自由企业。"在一家自助餐厅喝甜茶时，马多娜告诉我。"我讨厌'监管'这个词。我不希望有人管我的可乐瓶多大，用哪种电灯泡。美国梦不是社会主义或环保局造就的。当然，我希望有清洁的空气和水，"马多娜接着说，"但我相信我们的体系会搞定此事。"这是政府员工的事——这一念头在我脑中浮现。然而，在马多娜的世界观中，似乎人们的财产由警察来保护，尊严靠拉什·林博来维护，而其余所有事情由上帝负责。

"环保人士想为保护濒危蟾蜍叫停美国梦，"她说，"但如果要我在美国梦和蟾蜍间做出选择，那我选美国梦。"与我交流过的其他人也做出了同样非此即彼的假设——保罗·坦普莱特曾对这种假设提出质疑。

马多娜出生在密西西比州莱克普罗维登斯（Lake Providence），这是个远离梦想的小镇，曾被《时代》（*Time*）杂志评为美国最穷的镇子。[4]后来，她却获得了自己做梦也不敢想的成功。她正帮助丈夫建设一个深受人们喜爱的大教堂；她自己是个颇有天赋的福音歌手，有两个孩子，制作的 CD 很受欢迎，在 iTunes 上被下载的次数多到数不清。她住在一栋漂亮的房子里，开一辆白色奔驰汽车。

教堂似乎帮马多娜实现了美国梦，对会众中的很多人而言

同样如此。然而，教堂也有贫富之分。马多娜高兴地说，生活之路五旬节教堂的会众中，约有 10% ~15% 是黑人；但莱克查
123 尔斯人口中黑人占到半数，因此这些数字表明，即使说不上不平等，这里至少也存在隔离情况。在莱克查尔斯，以白人会众为主的教堂较富裕，而以黑人为主的教堂则相对贫穷，几乎无一例外。那么我想，如果没有了政府，让教堂取而代之，教堂的世界岂非极不平等？但马多娜并不关注这一问题。她相信，如果一个人全心全意地让上帝坚定自己的决心，那么在上帝的帮助下，人人皆可与她一样，过得越来越好。

我得知，宗教团体热爱户外，可他们对保护户外环境有何看法？莱克查尔斯五旬节第一教堂（First Pentecostal Church）的杰弗里·罗尔斯顿（Jeffrey Ralston）牧师在他教堂网站的一段描述中写道："我在乡下长大。我和哥哥每天都会钓鱼，骑马数英里。"助理牧师杰罗德·格里索姆（Jerod Grissom）如此形容他的爱好："打猎……在路易斯安那州及周围钓鱼、捕蛙。"[5] 然而，他们未提及这些鱼、青蛙和猎物栖息地的环境状况。在莱克查尔斯 10 间主要教堂的网站上，我均未找到与它们周遭环境污染相关的活动内容。[6]

全国福音联合会（National Association of Evangelicals）是代表其 3000 万成员的声音——这些人占美国选民人数的四分之一——同时也是会在政治问题上发声的重要宗教权利组织。[7] 基督徒联盟（Christian Coalition）亦然，该组织支持约 36 名参议员和 243 名众议员，这些议员中有半数在环保选民联盟的环境计分卡上得分不超过 10%。[8]

2006 年，公共广播公司（PBS）播出了一档令人震惊的电视节目，名为《上帝是绿色的吗？》（*Is God Green*?）。比尔·莫

耶斯（Bill Moyers）想采访福音教会的最高领袖——包括帕特·罗伯逊（Pat Robertson）和杰里·福尔韦尔（Jerry Falwell）牧师，以及基督教活动家拉尔夫·里德（Ralph Reed）。他们都让莫耶斯去采访他们共同的发言人卡尔文·贝斯纳博士（Dr. Calvin Beisner），后者在密歇根州大急流城（Grand Rapids）的阿克顿宗教与自由研究所（Acton Institute for the Study of Religion and Liberty）担任客座研究员。贝斯纳则引用了《创世纪》第 1 章 28 节的内容："神就赐福给他们，又对他们说，'要生养众多，遍满地面，治理这地，也要管理海里的鱼、空中的鸟，和地上各样行动的活物。'"

贝斯纳博士说，《圣经》还认可削去山头，想必是指煤炭 124
公司所为。"如果你要开采贵金属、化石燃料等，用羽毛刷是不行的，"贝斯纳告诉莫耶斯，"我认为，《圣经》实际上告诉了我们可用金属做的美妙之物。它告诉了我们金银等物的存在。那些东西需要开采，而'力'只是一个科学词语，用于表示对物体施加能量，从而引起变化……简而言之，我对《创世纪》第 1 章 28 节的看法是，我们无法逃避希伯来语'治理'一词中所包含的力。"阿克顿研究所的网站称，该院的成立是为了"教导（及）支持一种自由市场视角"。研究所在财政上得到数家大企业支持，其中包括埃克森美孚。[9]

但在福音教会内部，一波小小的绿色声音正逐渐壮大，他们呼吁爱护环境——"创造关护"。[10]2006 年，约 86 位宗教领袖签署了一份题为《气候变化：福音派呼吁行动》的声明。一个西弗吉尼亚的反爆破采煤联盟成立了一个叫作"基督徒为山岭"（Christians for Mountains）的组织。因此从全国看来，一场关于环境的辩论已经展开，特别是在年轻人当中。

但在与福音派教徒的往来中，我并未看到此番辩论的迹象。莱克查尔斯教堂的布道似乎更关注个人**忍耐的道德力量**，而非对环境做出改变的意愿——这种改变恰恰令人需要力量。礼拜提供了一个援助性的集体场所，似乎在这里，感到无助、难过或迷茫是安全的。如同一小时的心理治疗一样，个人可以从支持中汲取力量，从而忍耐那些需要忍耐的遭遇。教堂宽慰了哈罗德和安妮特。另一位愁眉不展的教区居民——她住在污染严重的莫斯维尔，孩子患了病——告诉我："如果没有我的教堂，我真不知道如何挺得过来。"至于改变污染、贫穷、疾病等需要忍耐的情况，对很多人而言，这不在教堂的责任范围内。

与阿雷诺一家及许多其他人一样，马多娜也相信提送升天。
125 据《圣经》所言，"世界将叹息，"她告诉我，"必有地震、龙卷风、洪水、大雨、暴风雪、冲突，而地球正在叹息。"依《启示录》和《但以理书》所言，马多娜相信，在未来数千年内，重力会在信徒升至天堂时放开其腿脚，而非信徒则将留在地球上，地球将变得"如同地狱"（《启示录》第 20 章 4—20 节①；《但以理书》第 9 章 23—27 节）。被提后，世界将终结一段时间，而后基督会再次创造世界，由此开启和平的新千年，马多娜解释道。

我问马多娜，面对叹息的地球，我们应该怎么办？"我希望自己的 10 个重孙辈后代拥有一颗美好的星球，"她答道，"但地球可能已经不在了。"她提出一个我自己也想知道答案的问题："墨西哥湾发生的英国石油公司漏油事件？我不知道。有人

① 《启示录》第 20 章只有 15 节，有误。

会说，'随它去吧。'"她又道："我告诉你的是我的《圣经》答案。我受教育程度不高。"马多娜在密西西比州念了两年的圣经学院，她解释道："这与你们大学里所学不同，但我学的是真正的信仰。"这种信仰令她可以清楚地看到七天创世的场景。根据这种信仰，地球已存在了六千年。她告诉我，天堂之城是个长宽高各 1500 英里的立方体，被分为 12 层，镶满宝石，每层高 120 英里，12 座大门由巨大的珍珠制成。

全国各地，很多人与马多娜持相同的信念。[11]根据皮尤研究中心 2010 年的一份报告，在所有美国人中，有 41% 的人相信耶稣"可能"或"肯定"会在 2050 年前再临。[12]信徒在互联网上发布的被提图片显示，升入天堂与留在地球者间的差距不断扩大。在一张图片中，身材苗条、衣着光鲜的成年人升上蓝天。我想，也许被提表明人们对世间经济有共同而可以理解的焦虑。对许多会众而言，薪水丰厚、受工会保护、可让男人供养全职太太的工作已只属于一小部分精英。受自动化及企业外包影响，具有高中学历的美国男性的实际工资自 1970 年起已下降 40% 。对于底层 90% 的工人而言，从 1980 年起他们的平均工资就没什么变化。许多年长白人男性的生活了无希望。实际上，他们因酒精、毒品，甚至自杀所致的死亡率高于平均值。[13]虽然几乎所有群体的预期寿命都在增长，但 1990 年到 2008 年，126
无高中文凭的年长白人男性预期寿命缩短了三年——而且似乎是由于绝望。[14]对于一世艰辛的他们而言，生活或许感觉宛如"世界末日"。

但教堂的讲道似乎还转移了人们的注意力，令他们不再关心路易斯安那州的社会问题——贫穷、资金短缺的学校、与污染有关的疾病——不再关心政府帮助，不再关心大悖论。

制造焦虑的媒体

我们仍在自助餐厅喝甜茶，马多娜点着手机屏幕，向我展示她的推特信息，这反映了她依赖的消息来源列表：共和党全国委员会、杰布·布什（Jeb Bush）①、迈克尔·里根（Michael Reagan）②、米歇尔·马尔金（Michelle Malkin）③、《国家评论》杂志（*National Review*）④、德拉吉报道网站（Drudge Report）⑤、唐纳德·特朗普。还有励志语录、福克斯新闻、黛比·菲尔普斯（Debbie Phelps，奥运会游泳选手迈克尔·菲尔普斯的母亲）和多个基督教领袖。马多娜的汽车收音机调到了拉什·林博的节目——林博是她的“勇敢之心”。

与工业、州政府、教堂和常规媒体一样，福克斯新闻极大影响着我近来认识的人们看待问题的方式，其本身便是政治文化的一根额外支柱。马多娜通过收音机、电视和网络收听和收看福克斯新闻。在北边的朗维尔，订阅有线电视的人很少，迈克·特里蒂科告诉我，他从屋顶天线倾斜的角度就能辨认谁在看福克斯新闻。“几乎都是福克斯。”他说。福克斯给马多娜和其他人送去新闻。它指出问题所在。它告诉她要对什么感到害怕、愤怒和焦虑。

对一些人而言，福克斯就像家人一样。一位酷爱读书、很关心国际新闻的女士告诉我，她整日都在听福克斯新闻。她的

---

① 美国共和党人，美国前总统老布什之子、前总统小布什的弟弟。

② 美国政治评论员、共和党战略家、前电台主播，前总统罗纳德·里根的养子。

③ 美国保守派博客作者、政治评论员。

④ 美国保守派期刊。

⑤ 美国右倾新闻网站。

SUV 一启动就开始播放福克斯新闻。坐在家中书房电脑前时，她通过显示器右侧的一个小电视收看福克斯新闻。一天接近尾声时，她坐在丈夫身旁的软椅上，在电视的大屏幕前收看福克斯五点新闻。"福克斯就像我的家人一样，"她解释道。"比尔·奥莱利（Bill O'Reilly）像是可以依靠和信赖的父亲。肖恩·哈尼蒂（Sean Hannity）像个不好相处、脾气暴躁的叔叔。梅根·凯利（Megyn Kelly）像聪明的姐姐。还有葛莱塔·范· 127
苏斯泰瑞（Greta Van Susteren）。还有胡安·威廉姆斯（Juan Williams），从美国国家公共广播电台（NPR）过来的，那里对他来说太左了，他像个被领养的孩子。他们各不相同，就像一家人一样。"

当然，福克斯也提供政治新闻和评论，但它常常就与政治没什么直接关系的问题——疾病、股市大跌——发出警报。诚然，所有新闻节目都会迎合我们的情感报警系统。但福克斯新闻报道了世贸中心遗址的"伊斯兰元素"、将传统美国从地球表面抹去的"左派秘密移民计划"，还报道了奥巴马打算释放伊斯兰国（ISIS）领袖阿布·贝克尔·巴格达迪（Abu Bakral - Baghdadi）、策划胡德堡（Fort Hood）惨案[①]的传闻，借此助长了人们的恐惧。这种恐惧似乎反映了其最大观众群的担忧——中产阶级和工人阶级白人。警察杀死年轻黑人的一系列事件发生时，福克斯的记者倾向于为白人警察辩护，批评闹事的黑人。其报道维护持有枪支的权利，支持限制选民登记，频频嘲笑联邦政府。虽然许多人声称自己会收听不止一个电台——一名汽车修理工通过天狼星 XM 卫星广播（Sirius XM）收听杨百翰大

① 2009 年 11 月 5 日，美国陆军得克萨斯州胡德堡基地发生枪击事件，造成 13 人死亡，逾 30 人受伤。

学（Brigham Young University）① 电台——但晚上他们会看福克斯新闻，与晚餐一同消化的通常也是福克斯新闻。

迈克·沙夫坐在天坑附近的盒子中间，主要从比尔·奥莱利等福克斯家庭成员处获取新闻，但也会常常换台到美国有线电视新闻网（CNN）、MSNBC 和哥伦比亚广播公司（CBS），他很好奇雷切尔·玛多这样的自由派评论员会如何评价南方保守派白人。“很多自由派评论员瞧不起我这样的人。我们不能说那个‘N’打头的词②。我们不想如此称呼，这太侮辱人了。那么为何自由派评论员可以随随便便使用那个‘R’打头的词（红脖子③）？”

五年间，与我一对一、时不时交流过的人无一会使用我在福克斯听到的那种极端语言。福克斯新闻评论员乔治·拉塞尔（George Russell）曾谈到“绿色能源暴政”。[15]商业新闻主播埃里克·博林（Eric Bolling）将环保局称为正在“扼杀美国”的“就业恐怖分子”。2011 年，福克斯商业网（Fox News Business Network）评论员卢·多布斯（Lou Dobbs）曾说：“按照其目前的行事方式，（环保局）可能是苏联统治机器的一部分。”[16]
128 一位女士最喜欢的评论员查尔斯·克劳萨默将环保局空气质量标准提高比作“敌人”对美国的“攻击”。[17]福克斯报道的环境新闻不比 CNN 或消费者新闻与商业频道（CNBC）少，言辞却极具煽动性。[18]然而，我与路易斯安那州的茶党支持者聊天时，从未听到过**暴政、统治机器、恐怖分子、扼杀者**这样的字眼。

---

① 隶属于耶稣基督后期圣徒教会的美国私立大学。

② 指 Negro，对黑人带有种族歧视的称呼。

③ 指 Redneck，对美国南部保守派的蔑称。

我们都会凭直觉过滤新闻。一名博学的热心茶党成员主要收看福克斯新闻，网上看新闻的主要渠道是德拉吉报道网站。但她也会时不时地浏览自由派媒体，偶尔买上一份周日版《纽约时报》，“只是为了看看艺术版块”。至于报纸剩下的部分，她说：“我都扔了。自由派倾向太明显了。”她是福克斯新闻的拥护者，但作为一名空乘，有时会发现自己身处异国他乡，在酒店电视上换着频道：BBC、CNN、MSNBC。“CNN 一点都不客观，”她抱怨道，“我开电视是想看新闻，看到的却是观点。”

“你如何分辨纯新闻和观点？”我问。“通过他们的**语气**，”她解释道，“拿克里斯蒂娜·阿曼普尔（Christiane Amanpour）举例吧。她会跪在一个生病的非洲孩子或满身泥污的印度人面前，看着镜头，她的声音在说，‘出**问题**了。我们得**解决**它。’抑或更糟，**我们**就是问题发生的**原因**。她在利用那个孩子说，‘**行动**起来吧，美国。’但那个孩子的问题不是我们的错。”这个茶党观众感到，克里斯蒂娜·阿曼普尔在含蓄地斥责她，将自由派关于同情谁的情感规则强加于她身上。这位女士不想让别人告诉她，她应该为这个孩子的命运感到难过，或她应对此负责。阿曼普尔对观众的情感提出建议，此举逾越了她作为评论员的职责。这位女士提高了情感警戒线。“**不**，”她直截了当地告诉自己，“那是**政治正确**（PC）。那是自由派希望我这样的观众产生的情感。我不喜欢这样。更重要的是，我不希望有人告诉我，如果不同情那个孩子，我就是个坏人。”在周围社交领域——工业、政府、教堂、媒体——的影响下，她不关注这样一个孩子的需要[19]，也未注意到自己对这些需要的漠视。我再次于无意间发现了她的深层故事——通过探索这个故事屏蔽了什么。但所有深层故事都会如此，而我们都有深层故事。

129 秘密新闻

在李·舍曼污染印德河、生病并因“旷工”被开除很久后，他面对体育馆中一千名愤怒的渔民举起了那块写着“我就是那个……”的牌子。大约在那个时候，他加入了一个叫作“复原”（RESTORE）的小型环保组织。1994 年，一条修建于 40 年前、连接康德亚 - 维斯塔和大陆石油公司码头的管道被发现已泄漏多年——导致二氯乙烷缓缓渗透到土壤中。防护装备不足的清理工人患了病。500 名工人状告公司，1997 年他们打赢了官司，得到一笔数额不大的赔偿金。

此时，怪事开始发生。李·舍曼回忆道：“我们在博比小姐和我家的据点会面，大概 8 个人，包括阿雷诺夫妇和迈克·特里蒂科。但后来，一个老师和他的妻子也加入了。一开始他们看起来是在帮忙。但后来发生了一些小事。一天，组里让我和他买些东西。他写了份单子，自己拿着，单子上有两个 GPS。我们买好东西回家，人们问为什么我们要买这些。他摆出一副我用**组里**的钱给**自己**买东西的样子。我什么都没说，但他这样让我不太痛快。”李回忆道，还有一天，“那人早早就来了，要用博比小姐的电脑。那是她用来给组里记账的电脑。”博比小姐离开了房间一小会儿，注意到那个男人迅速切换了屏幕上的页面。后来她发现，他下载了一个间谍软件，把她的电子邮件复制到了自己的电脑中。再次开会时，博比小姐与那个男人对峙，会议不欢而散，随后小组解散了，再也没聚首。没人知道那个男人有何意图，或是在这个小小的环境组织里，情况怎会变得如此糟糕。

十年后，有关所谓“莱克查尔斯项目”的新闻浮出水面。

为了阻止麻烦制造者帮助工人提起更多诉讼，康德亚 - 维斯塔秘密雇用了一组人暗中监视"复原"小组。康德亚 - 维斯塔公司供应链业务时任经理彼得 · 马基（Peter Markey）在宣誓证词中承认，公司用 25 万美元雇用了间谍，渗透进"复原"小 130
组。[20]这些间谍是特种部队的退役军人，为马里兰州一家安全公司工作。[21]

该安全公司的一个投资者发现公司高管焚烧文件，怀疑公司从事了违法行为。他将未烧毁的部分带回家，在其中发现了"莱克查尔斯项目"的文件。

那是什么？[22]

作证时被问到雇用该小组的目的时，马基答道："这是个监视行动……"

佩里 · 桑德斯（Perry Sanders）律师问："监视什么？"

"环保组织，"马基回答。

桑德斯律师："你说他们遭到了监视，这是什么意思？"

马基："有人去参加会议，类似这种事。"

桑德斯律师："去参加会议的是什么人，你说的是卧底特工吗？"

马基："对……"

桑德斯律师："这事有谁知道？"

马基："总裁。首席法律顾问可能也知道。"

间谍收集了纳税记录，监听了电话，拍下了迈克 · 特里蒂科母亲在莱克查尔斯的家——他当时的住处。

2008 年，一个名叫詹姆斯 · 里奇韦（James Ridgeway）的记者在左倾杂志《琼斯夫人》（*Mother Jones*）上发表了一篇调查报道，"莱克查尔斯项目"的消息由此曝光，我的路易斯安那右倾朋友中，无人听说过这本杂志。2008 年夏天，隶属于美国全国广播公司（NBC）的当地电视台 KPLC 播出了四期节目，每期几分钟，系列节目第一期叫作《康德亚－维斯塔雇用间谍》。[23] 但在该地区主要报纸——莱克查尔斯的《美国新闻》——的档案中，却没有关于此事的内容。新奥尔良的《皮卡尤恩时报》（*Times-Picayune*）在 2011 年报道过绿色和平组织（Greenpeace）发起的一场诉讼，其中顺带提到了这起 2008 年被曝光的事件。[24]但到 2011 年我开始对市民进行访谈时，无人记得这起间谍案。涉事的环保组织已经解散，康德亚－维斯塔如今叫作萨索尔。

131 我回想起在此结识的右倾人士的社交领域——企业、州政府、教堂、福克斯新闻——思索着自己的锁孔问题。与我交流过的每个人都承受着严重污染，即便企业、政客和州政府官员保持沉默，其存在也众所周知。对一些人而言，如李·舍曼及阿雷诺夫妇，污染已成为其生活中的头等大事，而对其他人而言则只是过眼云烟。虽然很多人会像马多娜·马西一样，论及自己对资本主义的热爱，可是在他们经济中最重要的石油产业，局面显然并非一片明朗。石油行业高度自动化，仅贡献了全州 15% 的就业机会——就连这些岗位中，也有一部分流向了薪资较低的外国工人。为吸引企业，州政府大幅减少了当地的就业机会和社会服务，可石油资金没有向下渗透，三分之一都外流了出去。从某种程度上说，社区为本地生产提供了场所，却未给本地生产者提供立足之地。他们是受害者，却没有为自己鸣冤叫屈。

我感到自己正慢慢反推出一个解开大悖论的答案，每天一次次穿越同理心之墙，努力聚焦于我新朋友的视角。我从问题入手（这是大悖论的一方面）。很多当地人对这一焦点颇为抗拒。我没看到路易斯安那有多美吗？我参加过莱克查尔斯狂欢节吗？为何选择如此令人不快的焦点？但这些问题不是我凭空捏造的。它们确实存在——污染、健康、教育、贫穷。

退一步看，如果我们承认问题存在，就必须承认有解决问题的愿望。但谁可以解决污染问题？企业没有自告奋勇，教堂没有这个职责和资金。出人意料的是，所有人都同意，如果要解决问题，联邦政府必须介入。可一旦联邦政府介入，右翼的旗子便竖了起来。因为它太过庞大、无能、居心不良。

那么也许问题回到了结构性失忆：有什么好大惊小怪的？
有什么大问题吗？其他事情岂非更加重要——伊斯兰国、移民、
不配得到政府帮助的人？是谁让他们满怀希望，认为自己有资
格期待这一切——迈克·沙夫口中受益于政府项目的逾半数路 132
易斯安那州居民；李·舍曼想象中靠救济金度日却“彻夜狂欢
的姑娘”；鲍勃·哈代在镇上看到的那些“可怜人”？我想，的
确有人会骗取政府救助，这样做不对。但在对骗取救助的人的
厌恶与对联邦政府的方方面面的憎恨之间，实则相隔千里。为
何他们将两者联系起来？我想，通往根本答案的最佳路径就是
探索他们的深层故事。

第三部分
深层故事及其中的人们

第 9 章　深层故事

我来这里认识了一些人，了解了他们在沼泽河畔和工厂边度过的童年，以及他们更广泛的生活背景——工业、州政府、教堂、常规媒体、福克斯新闻。我意识到，这些背后有一个深层故事。 135

深层故事是个“**感觉仿佛**”（**feels-as-if**）的故事——这是一个情感讲述的故事，以象征为语言。它无关看法，无关事实。它告诉我们对事情的感受如何。这样一个故事令政治光谱两端的人们都可以退后一步，探索另一端人们看待世界的**主观棱镜**。我认为如果没有它，我们便无法理解任何人的政治观点，无论左派还是右派。[1]因为我们都有深层故事。

当然，深层故事分很多种。恋人通过了解彼此的童年来理解对方的感受，他们了解的是个体深层故事。外国领导人和外交官试着了解各国的深层故事，以便与世界领袖们更有效地构建联系。他们收集的是国际深层故事。在这里，茶党的深层故事聚焦国家边界内各社会群体间的关系。我构造了这个深层故事，以隐喻的形式描绘与我交流过的人们，其生活中的希望、恐惧、骄傲、耻辱、愤恨和焦虑。然后我在我的茶党朋友们身上做了测试，看看他们是否认为这符合自己的经历。答案是肯定的。

如同戏剧一般，它一幕幕展开。

136 排队等候

你耐心地排在一条长队中，宛如朝圣，队伍通往山上。你位于队伍中间，与你站在一起的也是信仰基督教的年长白人，绝大多数是男性，其中一些有大学学历，一些没有。[2]

一过山顶便是美国梦，这是队中每个人的目标。排在队伍后面的许多人是有色人种——贫穷，有的年轻，有的年长，大部分没有大学学历。回头看很吓人，你后面有很多人，原则上你希望他们一切顺利。即便如此，你已经等了很久，工作努力，队伍却几乎没有挪动。你理应前进得更快一点。你很耐心，却有些疲惫。你的注意力集中在前面，尤其是山顶的那些人。

美国梦是一个关于进步的梦想——它是一种信念，即你会比先辈过得更好，正如此前他们超越了自己的父辈一样——它超越了金钱和物质。你经历过加班、裁员、在工作中接触危险化学物质，收到的养老金也有所减少。你在艰难考验中展现了自己的道德品质，而繁荣、安全的美国梦则是这一切的奖赏，它将证明你的过去和现在——一个荣誉勋章。

美国梦的源头隐藏在山的另一面。经济是否出人意料地陷入了停滞？我的公司状况还好吗？我今年会加薪吗？我们都会有理想的工作吗？还是只有少数人会有？我们会一直排在这里吗？要看到山顶后的另一面好难。

骄阳似火，队伍没有动。抑或其实是在向后倒退？你已多年未涨过工资，也没听说未来有此可能。事实上，如果没有高中学历，哪怕文学学士学位，那么过去二十年，你的收入是下降的。对你的朋友们而言，情况亦是如此；实际上，他们中有些人已经停止了寻找理想工作的努力，因为他们感到对他们这样的人来说，好工作并不存在。

面对坏消息，你很从容，因为你是个积极向上的人。你不喜欢抱怨，总是心怀感恩。你希望自己能给予家人和教堂更多 137
帮助，因为那是你心之所在。你希望他们会感激你的付出。但队伍没有挪动。在付出极大努力、做出巨大牺牲后，你开始感到自己停滞不前。

你想起自己的骄傲——比如你的基督教道德。你一直坚持正派生活、一夫一妻、异性婚姻。这并非易事。你已经历过一次分居，差点——或真的——离了婚。自由派现在说你的想法过时了，是性别歧视、同性恋歧视，可**他们**的价值观不甚明了。在当下世俗宽容的环境中，你想起过去的好时光，当你还是个孩子时，在公立学校，要进行晨祷，向国旗致敬，然后说出“在上帝之下”这句誓词。

插队者

看！你看见有人**在你前面插队**！你遵守着规则，他们却没有。他们插队，你就像在向后退似的。他们怎么能这样？他们是谁？有些是黑人。由于联邦政府推动的平权行动计划，他们在高等院校入学、实习、就业、福利金、免费午餐方面获得了优待，在人们心中占据了一定的秘密位置，这一点我们将在下文中看到。女性、移民、难民、公共部门职员——哪里才是尽头？你的钱从一个自由派的同情滤网中漏了下去，你无法控制，也不赞同。这些是你年轻时也梦寐以求的机会——如果你年轻时不曾拥有，那么现在的年轻人也不应享有。这不公平。

还有奥巴马总统：**他**是如何爬到那么高的？一个低收入单亲母亲的混血儿子成了世界上最强大国家的总统；这令你始料

未及。倘若他都能有如此成就，你感到自己多么窝囊啊——你拥有的机会应该比他多得多。奥巴马走到今天的道路**公平**吗？他是怎么进入**哥伦比亚**大学这样费用高昂的学府的？米歇尔·奥巴马（Michelle Obama）上**普林斯顿**大学的钱是哪来的？她
138 后来还去了**哈佛大学**法学院，而她的父亲只是个城市水厂职员。这种事你前所未见——从未在你身边发生过。一定是联邦政府给了他们钱。对她拥有的一切，米歇尔**应心怀感激**，但有时候她看上去有些生气。她没有权利生气。

女性：如果你是个男人，那么在你前面插队的还有一个群体——要求与男性从事同样工作权利的女性。你的父亲过去可不用与女人竞争办公室里为数不多的职位。在你前面插队的还有工资高得过头的公共部门职员——其中大部分是女性和少数族裔。你还感到，他们的工时没你长，工作却更稳定、薪水更高，养老金也比你的更为丰厚。那个监管局的行政助理上班时间短，将来养老金颇丰，捧着可以干一辈子的铁饭碗——她兴许正坐在电脑屏幕前网购呢。为何她就能享受你没有的特殊待遇？

移民：现在拿着特殊签证或绿卡的菲律宾人、墨西哥人、阿拉伯人、印度人和中国人也都排到了你前面。或许他们是偷偷混进来的。你见到过墨西哥人长相的工人为萨索尔公司的菲律宾管道工建造工人营地。你看到这些墨西哥人工作很卖力——你很欣赏这点——但他们薪水较低，拉低了美国白人的收入。

难民：400 万叙利亚难民正逃离战乱，每天数千人的船只抵达希腊海岸。奥巴马总统接收了 1 万人，允许他们在美国定居，其中三分之二是妇女和儿童。但据说这些难民中 90% 都

是年轻男子，也许是伊斯兰国恐怖分子，他们即将插到你前面的队伍中，把手伸向你缴纳的税款。而你呢？你经历了洪灾、漏油和化学物质泄漏事件。有些时候，你感到自己都像个难民。

褐鹈鹕：难以置信，你前面的队伍中还站着一只褐鹈鹕，正扑扇着它沾满石油的长翅膀。这是路易斯安那州的州鸟，它的图案出现在州旗上，栖息于海边沙地地带的红树林中。褐鹈鹕曾一度因化学污染濒临灭绝，但于 2009 年被移出濒危物种名单——一年后，发生了 2010 年英国石油公司漏油事件。为继续 139
生存下去，它如今需要食用无污染的鱼，畅游在无污染的水中，生活在没有石油的湿地里，并避免受到海岸侵蚀的影响。这就是为何它站在你前面的队中。但说实话，它只是动物，而你是人类。

黑人、女性、移民、难民、褐鹈鹕——他们都插队站到了你前面。但让这个国家伟大的是你这样的人。你感到心里不是滋味。有句话不吐不快：这些插队的人令你恼怒。他们在违反公平规则。你对他们心生愤恨，而且感到自己这样做没什么不对。你的朋友们亦然。福克斯新闻的评论员将你的感受说了出来，因为你的深层故事也是福克斯新闻的深层故事。

你并非没有同情心。可现在你被要求同情所有插队到你前面的人。因此你对呼吁同情的声音充满戒备。人们说你有种族主义、歧视、性别偏见。你听说过一些故事：受压迫的黑人、被压制的女性、疲惫不堪的移民、不敢公开的同性恋者、绝望的难民。但某一刻，你告诉自己，必须对同情心关闭边界——尤其是当他们中有人可能有损你的利益时。你自己也受了不少苦，却没有抱怨。

背叛

后来你起了疑心。如果有人插队到你前面，那么一定有人在**帮**他们。是谁？有个人在队旁看守，他走来走去，以确保队伍井然有序，人们追求美国梦的机会公平公正。他的名字叫贝拉克·侯赛因·奥巴马总统。但是——嘿——你看见他在向插队的人**招手**。他在帮助他们。他对**他们**怀有特别的同情，对你则没有。他与他们站在一起。他告诉你，这些插队的人**理应**享受特殊待遇，他们过去的生活比你的更艰辛。生活中，你身边没有插队者，在大部分插队者群体里也没有好友，但从你在福克斯新闻看到、听到的消息可知，这些插队者的真实情况与奥
140 巴马所说不符——他对许多黑人、女性和移民都大加称赞。[3]管理员希望你同情那些插队的人，但你不愿意。这不公平。事实上，总统和他的妻子本身就是插队者。

你感到自己遭到了背叛。总统是**他们**的总统，不是**你**的总统。现在你的戒备心大大提高，要小心他们说谎。总统和其他官员常常佩戴一枚小胸针，上面有美国国旗的图案——国旗胸针。你看到他今天戴的国旗胸针多小了吗？也许那意味着他并不为美国感到骄傲。如此一来，你作为美国人的强烈自豪感便无法通过他来传达。作为荣誉感的一个来源，美国人的身份对你空前重要——鉴于通往美国梦的队伍前进缓慢，而人们对白人、男性和信奉《圣经》的基督徒又出言不逊。

奥巴马的说法似乎有些“可疑”。你并非生性多疑，但你觉得要不就是联邦政府给奥巴马提供了教育资金，要不更糟，有人进行了暗箱操作。一位朋友问你，有没有注意到斋月期间奥巴马摘下了腕表。（她指的是穆斯林斋月期间摘下饰品的习

俗。）“他是读着《古兰经》长大的。”一个邻居说。

你可能还未拥有最大的房子，但你依然可以为自己是个美国人而自豪。而任何批评美国的人——他们就是在批评你。如若你无法再通过美国总统对祖国感到自豪，便只能通过一种新的方式感受作为美国人的滋味——与其他感到自己身在故土却似异乡的人们站在一起。

中断

同时，对于我认识的年长、右倾、信仰基督教的路易斯安那州白人而言，深层故事是对他们真实存在的压力的一种反应。一方面，位于山顶的国家理想和承诺便是美国梦，亦即**进步**。另一方面，**进步**变得**更难**了。

作为一种理想，美国梦提出了一套正确的感觉方法。你应当感到充满希望、精力充沛、聚精会神、动力十足。其核心理 141
念——进步——与困惑或哀痛的感觉并不协调。而且作为一种理想，美国梦似乎不会教导人们，在达到某些而非全部目标时应作何感受——这种状态会催生一种冲动，令人更加谨慎，想保护自己眼下拥有之物。

进步也变得更难了——风险更大，只有一小部分精英能够获得成功。2008 年经济大衰退期间，人们失去了住房、积蓄和工作，衰退来了又去，人们的生活发生了翻天覆地的变化。同时，对美国底层 90% 的民众而言，由于自动化、工作外包以及跨国公司对其劳动力的影响越来越大，藏在山顶彼端的造梦机器停止运转。与此同时，对那 90% 的民众而言，在就业、认可和政府资金方面，白人男性与其他群体间的竞争日趋激烈。对那 90% 的美国人而言，梦想停止的时间是 1950 年。如果你出生于 1950 年以前，那么平均说来，年纪越大，你的收入就提升得越多。对 1950 年后出生的人而言则不然。实际上，经济学家菲利普·朗曼（Phillip Longman）曾指出，他们是美国历史上第一代经历了终身向下流动趋势的人，“在成年生活的每个阶段，他们的收入和净资产都不及十年前的同龄人”。[4]一些人彻底失去了希望，以至于不再寻找工作机会。20 世纪 60 年代以来，25 岁至 54 岁不工作男性的比例增长了两倍。[5]

美国梦陷入停滞时，很多右派人士正处于一段极其脆弱的人生阶段——五十多、六十多、七十多岁。在这个时期，人们通常会完成自己的遗愿清单，盘点人生，有时不得不放弃一些年少的梦想。在这一人生阶段，一个人会对自己说：“也就是这样了。”有人告诉我：“我想过自己有一天会遇到梦中的姑娘。我目前还没有遇到，现在觉得她是不会来到我的生命中了。”另一个人曾想自己开一家沼泽游公司，却未能实现。还有一个人本想去南方各地观看牛仔竞技赛，却得了病。希望落空能怨谁呢？当然是自己。[6]但这只会令你更加关注自己在队伍中的位置。

142 年龄还意味着年龄歧视。当下年过花甲的男性是亲历美国梦渐行渐远的第一代人——或是由于他们缺乏新技能训练，或是因为公司不愿支付与年龄挂钩的更高薪水。可那些联邦政府出资开设的训练中心去哪了？又有谁能解释为何找个好工作这么难？

我在莱克查尔斯认识了一位 63 岁的男士，就管他叫比尔·比提佛（Bill Beatifo）吧。他有一头茂密的灰色短发，笑起来一副天真无邪的模样。得知他如何一次次勇敢地振作起来后，我对他产生了深深的敬佩之情。

他热爱销售行业。“我从打推销电话起步，”他说，“通过赖德卡车租赁公司卖过卡车，还卖过柯比牌吸尘器、阿米什小屋、短期健康保险，你能想到的东西我都卖过。我在销售员和销售经理的岗位上兢兢业业干了 16 年。”1992 年，他的生活出现了分水岭。“我被要求炒掉手下的一些人。然后他们将矛头对准了我。我那时年薪 6 万美元。他们说得把我的工资降到 4 万，但减掉的 2 万我可以通过佣金赚回来。但那 2 万美元的降薪是实实在在的。所以我辞职了。他们当时在给老员工减薪，因为我们的工资高一些。我感觉遭到了背叛，尤其是一个同事，他知道会发生什么，却没有告诉我。”

后来，他试着再找一份工作：

“我打电话……

“发邮件……

“打电话……

“发邮件……

“等待……

“我几乎从未得到回应。他们可以从你的简历看出你多大年纪了。”在销售行业找不到工作的时间越久，比尔的处境便越艰难。他开始领取失业保险金。“我是个 99 周人。”他苦笑着说。这是领取失业保险的最长时限。“太漫长了，你不会真的每天都去找工作。”他申请了一份在杂货店整理货架的全职工作，但意识到，到他这个年纪，连续站立 8 个小时实在吃不消。

比尔在附近一家卡车修理厂找到一份簿记员的兼职工作，时薪 10 美元——与 40 年前他上大学期间做暑期工时挣的一样多，那份工作受工会保护，是在一家工厂。他申请了一份在封 143

闭社区做兼职保安的工作，但未被录用。他还在一个长期副业上投入了更多时间：销售未经食品和药物管理局批准的磁性鞋垫，该产品可以“去除疼痛”；他还买了一家公司的股票，该公司“即将生产”一款医疗仪器，他希望这款仪器可以销往医院。他向朋友和熟人兜售过欧金咖啡（未经政府认证的“有机”产品），他女儿担心这是个骗局（你得买下来后才能销售）。但比尔不是那种会放弃的人。他能吃苦。“我是个资本主义者，”他说，“等他们将那个医疗仪器生产出来并投入市场，我们两口子就要变成百万富翁了。”与其他人聊天时也是这样，“百万富翁”一词反复出现，如幽灵般萦绕在我们的对话中。[7]

另一方面，如果说自动化、企业外包以及跨国企业力量增长对比尔这样的男性构成了压力，那么压力还来自同其他群体日益激烈的竞争，争夺对象是愈发稀缺的文化荣誉。我们将看到，20 世纪六七十年代，原来面向黑人和女性紧闭的文化之门打开了，就连移民和难民似乎也正穿越自由女神像，触及越来越少的理想工作机会。

联邦政府也推波助澜。20 世纪 90 年代，比尔·克林顿宣称要“终结我们所知的福利制度”，此后，对穷人的财政援助有所减少。但面对经济大衰退，2008 年后，福利有所增加——主要通过医疗补助计划和补充营养援助计划——但这些福利在达到峰值后开始减少。（关于这方面内容，参见附录 C。）考虑到经济趋势及更开放的文化之门，增加“政府馈赠”的消息引发了警惕。那便是压力所在。

当然，并非所有承受这种压力的中产阶级和工人阶级白人男性都向右倾。但许多右倾者来自这样一个群体：他们白手起家，凭借一己之力过上了体面的生活；他们来自农村和南方右倾地区的福音派教堂，经历过情感磨砺；他们或是男性，或是有类似经历或依赖于这些男性的女性。

嘘声 144

“疯狂的红脖子。”“白人垃圾。”“无知的南方《圣经》崇拜者。”你意识到他们在说**你**。你在收音机、电视上听到这些词，在博客中读到这些词。太无礼了。你感到自己被冒犯了。你感到愤怒。你极为厌恶那些没完没了的抱怨者们，他们受 20 世纪 60 年代的文化鼓动，这种文化似乎已经在这片土地上扎下根来。

除此之外，好莱坞电影和大众电视节目或是无视你这样的人，或是以令人难堪的方式突出了你们这个群体——比如《野外狂欢》(*Buckwild*)。“少了两颗门牙，穿得破破烂烂，他们就是这样表现我们的。”一名男士抱怨道。记者芭芭拉·埃伦赖希（Barbara Ehrenreich）写道，20 世纪初“黑人”滑稽剧中常见的愚笨农村人的形象已经更新换代，变成了白人，在《鸭子王朝》(*Duck Dynasty*)、《甜心波波来啦》（*Here Comes Honey Boo Boo*）这样的电视节目中继续出现。“工人阶级白人现在常被描绘为傻子，而黑人则总是口齿伶俐，在大城市中如鱼得水……生活富足。”[8]

你是故土上的陌生人。从别人的目光中，你已认不出自己。为了得到关注和尊重，你苦苦挣扎。为了得到尊重，你必须感到自己在前进——同时感到在别人眼中亦是如此。可你步步后退，退得很隐蔽，而这并不是你自己的错。

你想通过工作获得尊重——但工资一成不变，工作也不稳定。你因而转向其他荣誉来源。种族没有给你加分。你转向性别，但如果你是个男人，则也得不到加分。如果你是异性恋，你为自己是个结了婚的异性恋男性而自豪，可如今那种自豪被视为歧视同性恋的潜在信号——一个不光彩之源。地域性荣誉？也没有。你称为家乡的地方常为你带来蔑视。至于教会，许多人看不起它，不属于任何教派的美国人的比例有所上升。你年纪大了，但在美国，人们的目光聚焦在年轻人身上。就连从人口角度看来，荣誉也离你这样的人——白人、基督徒、工人、中产阶级——越来越远，因为这一群体的人数有所下降。

你有种大喊的冲动：“我也是少数族裔啊！”但在别人以类
145 似理由要求得到同情时，你曾横加指责。你感到进退两难，一方面极希望人们看到真实的你和你真正的所作所为，另一方面又害怕加入“可怜人”的队伍。你希望反抗这些向下的力量。有一个政治运动，其成员与你有同样的深层故事。这个运动叫作茶党。

与我的朋友们核对情况

我回到自己在路易斯安那州新近结识的朋友和熟人那里，想看看他们是否对这个深层故事有共鸣。我向迈克·沙夫讲述了这个故事后，他在一封邮件中写道：“**你的类比正是我的经历**。我们将辛苦挣来的数亿美元以税款形式交给了环境质量局和环境保护局的那些官僚，让他们做好自己的工作，可他们毫无作为。更过分的是，这些懒鬼还插队，比给他们工资钱的工人还早退休。等到纳税人终于可以退休时，才发现那些华盛顿官僚已经将养老金洗劫一空。而我们剩下的人还在排队。”

向李·舍曼讲了这个故事后，他告诉我：“你看透了我的想法。”贾尼丝·阿雷诺告诉我：“你说的对，但遗漏了一个事实，就是被插队的人在**交税**，税款**给了**那些插队的人!”另有人评论道:“你没讲完这个故事。过了一阵子，那些在队中等待的人们受够了，便自己组了一队。”还有人说道:“没错，但美国梦不仅指有钱。它是身为美国人的自豪感，是每次向国旗致敬时说出‘在上帝之下’[9]，并为此感到**骄傲**的感觉。它关乎生活在一个崇尚家庭生活清白正常的社会中。但如果你把这些内容加上，那么是的，这就是我的故事。”

社会学家尼尔斯·库姆卡（Nils Kumkar）对纽约、泽西城、纽瓦克及新泽西其他地方的茶党成员进行了访谈，发现人们会自发谈起对插队者的恼怒之情。[10]社会学家西达·斯考切波和瓦妮莎·威廉森对马萨诸塞、弗吉尼亚、亚利桑那等州的茶党拥护者做了访谈，并在 2011 年查阅了近千个茶党网站，她们 146
笔下的茶党对黑人、移民、公共部门职员等群体的态度也与我在这里发现的情况相似。[11]

许多人谈到同情疲劳。“自由派想让我们对黑人、女性、穷人感到同情，当然，我在一定程度上是同情他们的，”一位和蔼的餐厅老板解释道，“我听闻了一些故事，心里很难过。可有些时候，我不知道自己是不是被骗了。我放出一个岗位来供人申请，给了他们一份工作，可他们不来上班。他们是不是只想获得一份申请记录，这样便可以继续领失业保险?在温迪快餐店（Wendy’s），一位女士走到我面前，说她有两个孩子，想要些住酒店的钱，因为她无家可归。我问她孩子们在哪。‘噢，他们在妈妈那里。’那么你不跟妈妈住在一起吗?一个红十字会的人来要一些食物，是为无家可归者准备的周日餐。我给了他，因为他要的是食物。但我连看也不想去看一眼。也许他们都没尝试过靠自己生活。我不想改变自己对付出食物的想法。我想要给予。”然而，他想要知道，接受他食物的人在努力改善自己的状况。他担心自由派忽视了这一诉求。

深层故事背后：种族

右派的深层故事，那个“**感觉仿佛**”的故事，符合切实存在的结构性压力。人们想实现美国梦，却因种种原因感到自己受阻了，这令右派人士感到灰心、愤怒、被政府背叛。种族是这个故事中不可缺失的一部分。

奇怪的是，我在此认识的右派人士在墨西哥人（2011 年，路易斯安那州 4% 的人口为拉美裔）和穆斯林（占人口比例的 1%）问题上畅所欲言，在黑人问题上却普遍保持沉默。黑人在该州人口中占比 26%，是该州最大的少数族裔。[12] 在提起黑人时，许多人解释道，他们感到自己被“北方人”指责为种族主义者——而以他们自己的定义看来，他们显然不是。根据他们的定义，种族主义者是那些使用那个“N”打头的词或“憎恨”黑人的人。迈克·沙夫两者皆不是。他出生在阿默利斯甘蔗园，
147 祖父是个监工。他称自己“曾经有偏见……我用过那个‘N’打头的词，当时与我一起玩耍的很多黑人孩子也会用。但 1968 年起我便不说了。记得 1968 年，我在大学橄榄球场的看台上为我们最好的球员加油，大喊，‘跑啊！黑人！快跑！’到第二年，也就是 1969 年，我喊的是，‘跑啊！乔！快跑！’从此，我再也没有用过那个词。我期待着有一天，肤色会变得毫无意义。我觉得我们已成功一半了”。

然而，在我和其他人的字典里，种族主义指的是一种观念，即存在一套自然等级制度，黑人处在其中的最底层，而白人会

以与这一底层的距离来判断自己的价值。根据这个定义，很多美国人都是种族主义者，不论在北方还是南方。而且种族主义似乎不只表现在个人态度上，还体现在体制安排中——例如污染行业更接近黑人社区而非白人社区。

对我认识的右翼年长白人而言，黑人不是以邻居或同事的身份走进他们的生活，而是通过电视屏幕和报纸，形象迥异地出现在他们眼前。一些黑人是富有的歌星、影星和体育明星——碧昂斯（Beyoncé）、杰米·福克斯（Jamie Foxx）[①]、迈克尔·乔丹（Michael Jordan）、塞雷娜·威廉姆斯（Serena Williams）[②]。他们知道，职业篮球传奇明星勒布朗·詹姆斯（LeBron James）仅商业产品代言收入就有9000万美元。那么问题出在哪？第二种黑人在罪犯群体中的比例高得出奇，还频频出现在歌颂罪犯的粗鄙说唱歌词中——字里行间充斥着枪支、“妓女”和“婊子”的字眼。第三种黑人依靠社会福利生活。（但参见附录C。）在我认识的大部分人眼中，都少了这样一种黑人形象：与他们一起耐心排队的男男女女，等待着自己应得的奖赏。

深层故事背后：性别

深层故事引发的无所适从、恐惧和愤恨背后，还有性别的踪影。与我交流过的所有女性或拥有一份工作，或有过一份工作，或即将回归职场。可她们的政治情感似乎基于自己作为妻子和母亲的角色——而且，她们希望自己的丈夫有丰厚的收入，这样她们就可以——（如一位女士所言）享受做家庭主妇的闲

① 美国影视演员、歌手。

② 美国网球运动员。

148 适生活。全国民调显示，共和党及茶党中男性数量超过女性，且男性（2012 年占 12%）茶党成员或茶党支持者也比女性（9%）更多。即便在这些保守派团体内部，女性也比男性更有可能认识到政府在帮助弱势群体、推广节育、实行同工同酬方面发挥的作用。[13] 如我在序言中所说，起初正是这一系列问题——尤其是产假的必要性——促使我踏上这趟旅程。与我交流过的女性似乎感觉到，如果我们削减大部分政府机构，那么女性的损失远大于男性，因为在政府工作及受益于政府项目的女性数量均多于男性。

我还发现，右派**内部**有个奇特的性别差异。当一个消息不可避免地流传开来——无业游民拿的“救济金”来自“队伍”后面的工人——性别分歧便浮出了水面。我问一对夫妇钻体制空子的人比例几何，妻子的判断是 30%，丈夫则是 80%。瞧，茶党内部也有性别差异。纵然有此分歧，但右派女性与男性的投票仍然类似，而且比起性别——平权行动令一些女性插到了队伍前面——他们一同将注意力放在了种族和阶级问题上。

深层故事背后：阶级、联邦政府及作为代理盟友的自由市场

你可以将被一个个群体“插队”的经历视为阶级冲突的一种体现。这一用词可能很奇怪。右派无疑不愿使用该词，而左派则将其用在了别处。但纵观美国历史，此类冲突曾出现在各种生活舞台，参与者各异，用到的道德词汇也各不相同。每场冲突都关乎对公平的深刻感受。在 19 世纪工业化时期，典型的阶级冲突发生在工厂车间，在工厂主与工人之间展开，问题焦点是公平合理的工作报酬。1892 年，新奥尔良发生大罢工。铁

路列车员罢工，向管理层要求 10 小时工作制、加班费和组织工会的权利。为表支持，其他工会也加入了罢工，白人工人与黑 149
人团结在一起，虽然管理层一度企图使其分裂。1910 年，芝加哥制衣工人举行罢工，反对管理层削减计件工资；还有 1934 年的西海岸码头工人罢工——这些事件都发生在管理层和工人之间，事发地是工作场所，冲突有关工资、工时或工作环境。

虽然这种罢工时至今日仍屡见不鲜——例如 2012 年的沃尔玛罢工——但许多工厂区已搬至海外，迁到了墨西哥、中国、越南等地。其他形态的社会冲突出现在不同舞台上。一个舞台给左派政治注入了活力——它聚焦私营部门冲突，冲突双方是 1% 的超级富豪和其余美国民众。占领华尔街运动的焦点便在于此。这场冲突并非发生在老板和工人之间，诉求并非提高工资或缩短工时。它发生在富人和穷人间，发生在越来越富有的 1% 和剩下 99% 的美国大众之间。[14] 在占领华尔街的活动人士看来，不公平的不仅是工作报酬（对冲基金经理的奖金高达数百万美元，而沃尔玛员工的时薪则仅有 8.25 美元），还有可帮助美国重新成为中产阶级社会的税收政策的缺失。

对今天的右翼而言，主要冲突舞台既非工厂车间，也非占领华尔街运动的抗议街头。冲突舞台——深层故事的中心——是地方福利办公室和邮箱，伤残金支票和补充营养援助计划的食品券便是在那里落入不当之人手中。政府把支票给了百无聊赖、无所事事的人——这似乎太不公平了。如果说在占领华尔街运动中，表现不公平的道德词汇是资源的“公平分配”和比例得当的社会，那么在右派的深层故事中，不公平则体现在“制造者”和“索取者”的称呼中。对左派而言，冲突的爆发点位于阶级阶梯的上端（最上层与其余人之间）；对右派而言，冲突的爆发点则是在阶梯下端的中产阶级和穷人之间。对左派而言，冲突集中在私营部门；对右派而言则在公共部门。讽刺的是，两派的要求均是以勤恳工作换取相应酬劳。

左右两派似乎还与社会的不同部门结成了同盟。与我交流过的人们看待政府和市场，几乎如同其他人看待不同国家一样。正如不同国家在一场外国战争中支持不同阵营，在一个“代
150 理”战场上作战，而在我访谈过的人们口中，联邦政府和自由市场亦是如此。自由市场是好公民的坚定盟友，他们排着队等待美国梦成真。联邦政府则与那些不公平的“插队者”站在了一边。

右派感觉遭到了联邦政府的背叛，全心全意地转向自由市场，而深层故事令他们难以看到或聚焦眼前的现实。大企业的规模急剧膨胀，自动化、全球化水平提高，力量也越发壮大。对它们而言，生产力更多来自海外工厂的廉价劳动力、进口的外国廉价劳动力及自动化，而非美国劳动力。企业越强大，面临工会和政府的阻力便越小。因此，它们便愈发随心所欲地将更多利润分配给高管和股东，分给工人的则更少了。[15]可这并非右派聚焦的冲突舞台——除非得克萨斯卤水公司这样的企业造成了科恩河那样的天坑。

这或许也解释了为何大部分右派没有为另一件事感到困扰——大小企业利益的不一致。许多茶党成员是小企业的老板或员工，就职于石油公司供应厂商、拖车停车场、餐馆、小银行和商店。大型垄断企业的增长可能有损小企业利益。罗伯特·莱希（Robert Reich）在《拯救资本主义》（*Saving Capitalism*）一书中指出，如今的情况是，大型垄断企业支持的政策有助于它们与小企业展开竞争，它们重写破产和合同法，使其更有利于大企

业而非小公司。根据最近修改的破产法，亿万富翁唐纳德·特朗普可随意宣布破产，却不必承担投资风险，这是小公司无法做到的。莱希认为，摆在我们面前的选择并非是否对市场加以管理，而是管理市场的法律有利于垄断企业还是小公司。具有讽刺意味的是，小企业是受大型垄断企业影响最为严重的经济部门，却有许多小企业主支持茶党。不夸张地说，夫妻店主欢迎1%的富豪有点像用天然种子的小农民欢迎孟山都，街角杂货店店主欢迎沃尔玛，地方书店老板欢迎亚马逊。在同一面 151
“自由市场”的旗帜下，大企业可随意支配小公司。

但要批评一个盟友绝非易事，而右派将自由市场视为盟友，认为后者会帮助其对抗联邦政府和索取者组成的强大联盟。即便在匹兹堡平板玻璃公司手上吃尽苦头，李·舍曼仍然持有该公司股份。当我问他对于被解雇感觉如何时，他自豪地对我说：“我很生气、很震惊，但是，你瞧，我并未失去一切。我还有5000美元的股票呢！”

这场不宣而战的阶级战争体现在等待实现美国梦的过程中——人们从疲惫不堪到恼羞成怒，最终怒火中烧。通过这场战争，我在路易斯安那州认识的人们对插队“敌人”的盟友——联邦政府——产生了本能的反感。他们恨其他人需要政府。他们不允许自己需要政府——即便政府帮忙清理自己后院的污染。

但拥有此等非凡决心的只有一类人——深层故事自我。

第10章　团队行动者：忠诚至上

153 “你看得出我是个共和党人。”贾尼丝·阿雷诺边说边邀请我在她的办公室落座。大象[①]占据了她书桌对面墙上的三层架子。一只是蓝白瓷的，一只是金色的，还有一只是红白蓝三色，旁边放着一张幼童画作，画上的大象是黄色的。有一只象被做成了茶壶。还有一只象举着一面美国国旗。象有大有小，有木头做的，有玻璃做的。有的站立着，有的大步走着。这些大象经她多年的活动收集而来——糕点义卖、午餐会抽奖、共和党会议——旁边放着她的社区杰出服务奖杯，还有家人的照片。“一看到大象，我就为这个国家感到自豪。”

在贾尼丝宽敞的办公室里，我在她对面坐下。多年来，她一直在莱克查尔斯一家叫拉卡桑（Lacassane）的土地管理公司从事会计工作。她是哈罗德·阿雷诺大哥的女儿，长大的地方离印德河不远。她个子不高，握手果断利索，表情活泼，穿着干练的灰色套装和休闲鞋。她既没戴首饰也没化妆；她说这样一来，自己便“穿得像个五旬节派教徒”。但她的衣着稍显男性化，一头棕发理得很短，发色已有些花白，她解释道：“某些方面来看，我又穿得不太像五旬节派教徒。”她行事直截了当，有魄力，平时温和开朗。我们见了很多次面。第一次会面时，她坐在桌子对面，对许多问题思路清晰地侃侃而谈，接着岔开

---

① 象代表共和党，驴则代表民主党。

话题，幽默地说道："你害得我说起这么多**不痛快的事**。"又打 154
趣道："说不定我会去伯克利找你，你可以介绍些裸体嬉皮士给我认识。"

雪片般的文件堆满了她的大木桌。"报税季，"她解释道，"我会免费为清洁女工和电脑修理工做纳税申报表，还刚给一个同事的女儿做完税务表。"她还在到处呼吁所有认识的人为一个朋友的亲戚捐赠食物和家具——那是个刚结束第二次伊拉克之行的士兵，回家后却发现妻子抛弃了他们三个年幼的孩子。老大在给弟弟妹妹们喂剩下的变质麦片。贾尼丝参加了她所在教堂的同情心行动，会众集体对他展开了支援。

我们会开玩笑。后来有次去莱克查尔斯时，我给她带了顶旧金山淘金者队（San Francisco 49ers）的帽子；而她是达拉斯牛仔队（Dallas Cowboys）的忠实球迷。她告诉我，她会戴着这顶帽子去猎鹿，但不能保证会给淘金者队加油。事实上，她的主队是大象——右翼共和党。对共和党的忠诚定义了她的世界。

她 61 岁，单身，全心全意为大家庭付出。她自豪地说："我把姐姐的孩子当成亲生的一样抚养。"一个现已成年的外甥住在拖车里，拖车停在她的地产上。他在帮忙给她新建一座大房子，供她的一个妹妹居住，兴许是两个，其他人想住也都可以。在公司，贾尼丝常常最晚离开办公室。作为公司的秘书和高级会计师，她监管着 21000 英亩的土地，这些土地很久以前是一个水稻和大豆种植园的一部分。过去，这片土地还作为打猎场和油气勘探田被出租。拉卡桑公司还经营着一座大型猎趣园，发放地下管道许可，并管理木材。

我问贾尼丝我们能不能去她的母校、教堂和家里看看，她家在莱克查尔斯西面的萨尔弗。我们离开她的办公室，走到停车场，坐进了她的银色 SUV。钓竿在车后部咯咯作响，还有一袋三磅重的山核桃，“敲开了但没剥壳”，她准备把这些分给朋友们。萨尔弗是个有 20000 人的工业镇，建于 19 世纪 70 年代。
155 车窗外，我看到了路易斯安那州其他各行业的广告牌：理查德血肠和海鲜市场、萨尔弗典当和折扣中心、比波普爵士酒吧、木材厂、理发店、家多乐店、沃尔格林药店、彭尼百货、萨尔弗发薪日贷款行，还有“容易现金贷”公司。

前往她母校的路上，贾尼丝开始介绍自己的童年。“我在家排行居中，是六个孩子里的第四个。我爸爸是十个孩子中的长子，妈妈是七个孩子中的老幺，他们所有人都结了婚，生了孩子。仅爸爸那边，我就有 46 个兄弟姐妹，妈妈那边情况也差不多。我妈妈有个姐妹生了 11 个孩子。”与很多跟我交流过的人一样，贾尼丝说自己的童年“穷苦却快乐”。“我母亲是个家庭主妇，但是，老天，她早上和晚上都要做一大堆吃的，还要在洗衣房洗八个人的衣服。”

“我这一辈子一直很努力。从八岁开始就没停下过。”贾尼丝娓娓道来。工作中，她学会了咬牙坚持和忍耐。忍耐不只是一种道德观，还是一种行为惯例。这是一种情感工作。出于对自由企业的忠诚，不自称受害者并适应宽松监管带来的负面影响——这是种无言的英雄主义，是那些漠不关心的自由派看不到的。贾尼丝感到，有时你得忍耐坏消息，那是为了大家的利益——比如石油业的就业机会。

在莱克查尔斯形形色色的人们身上，我渐渐发现忍耐的三种不同的表现方式——在我看来，分别是团队忠诚者、信徒和牛仔。每种人都表现出忍耐的价值观及能力。他们都将自我的一个方面与这种英雄行为联系了起来。团队忠诚者实现一个团队目标，即支持共和党。信徒牺牲一个强烈愿望。牛仔坚持无畏的自我。贾尼丝是团队忠诚者。

贾尼丝没有丢掉对乡野生活的热爱。“我六岁时就学会了使用猎枪，还会将船上的水蝮蛇和铜头蛇捡起扔出去，”她告诉我，“如今我会根据时令狩猎鹿、鸭子和野猪，周末还会钓鱼。我爸爸说过，如果你把它们打死了，就得把它们洗干净吃了。40 岁前，我的兄弟姐妹们都是这么做的。现在我会把那些肉切碎做成香肠。”

我们路过贾尼丝就读过的小学，学校以德国科学家赫尔曼·弗拉施（Herman Frasch）命名，此人发明了一种采硫矿的
方法。她高中的校徽是一顶矿工安全帽、交叉的镐和铲子；校 156
色是红、白、蓝。贾尼丝曾是荣誉生会和四健会[①]成员，还是辩论队领袖，后来在附近的麦克尼斯州立大学拿到文学学士学位，从事了会计工作。她父亲就没这么幸运了，她告诉我。作为十个孩子中的长子，他不得不早早退了学，帮助他的父亲料理菜园，养活家里的十二口人。

我们把车停在贾尼丝的教堂门口，下了车，打开行李箱，将装有杯、盘、湿纸巾的箱子搬了进去。这些是教堂晚餐要用的，办餐会是为了给驻伊拉克和阿富汗的军队筹款。“大家不给我们的小伙子们捐款了，但他们还在那里呢，”她说，“我们还得关心他们。”我们回到她的 SUV 中，又上路了。

谈到家庭，贾尼丝的话题主要围绕父亲。“他只上过三年

---

① 美国农业部农业合作推广体系所管理的一个非营利性青年组织，使命是“让年轻人在青春时期尽可能地发展潜力”。四健（4H）代表健全头脑（Head）、健全心胸（Heart）、健全双手（Hands）、健全身体（Health）。

学，供养了一家八口人。他会做很多事，例如修补渔网上的破洞，补得比谁都好。”她说。19 岁时，他学会了修理管道，加入了当地工会，然后在城市服务公司（现在的雪铁戈公司）工作了三十多年。“他从未领取过伤残或失业救济，”她自豪地说，“如果没有炼油厂的工作机会，他不可能养活我们一家子。”父亲退休后，父母开着露营车去旅游，父亲从事了建筑行业。“我很高兴在他去世以前，他们有机会去旅行。”

SUV 放慢了速度，我们经过一栋朴素的建筑，它与两边一道树篱之隔的房子相比毫不起眼。贾尼斯小时候去的纯福音教堂（指说方言、预言和医疗恩赐）便在这里，她会参加周日早上、周日晚上和周三晚上的礼拜——“从不缺席”。在这座现已迁址的教堂，她祖父曾是执事会创始成员，她父亲曾是出纳员。如今贾尼丝是执事会主席。

勤奋、工业、政党

贾尼丝说，她最早了解工作带来的荣誉便是在教堂。“八岁
157 时，我会在周日和周三的礼拜后独自清扫整个教堂，还会修剪草坪。我会打扫教堂后面的男女洗手间。我父母会开车把我送过去，晚些再去接我。”长大后，她仍保留着这份工作，但又在风味冰激凌（Tastee Freez）摊打了一份工。高中毕业后，“在麦克尼斯期间，我找了份话务员的工作，每周工作 40 小时。我从中午 1 点半工作到晚上 10 点，从下午 3 点到晚上 11 点，从下午 4 点到晚上 12 点。工时这么长，第二天早上我还要起床上学，其间还得抓紧时间完成学业，这并不容易。我每个月只有一个周末的休息时间，没有暑假。太难了。”大学毕业后，她便在现在这家公司找到了工作，一直工作至今。

令贾尼丝无比自豪的是，与她父亲一样，她从未“从政府那里拿过一毛钱……在电话公司工作 5 年，在这里工作 43 年……我没领过失业金，也没接受过政府救助，”她说，“上大学时，我拿过一笔小额学生贷款——那时政府还不直接给你——我每一分都还上了。”

不从联邦政府拿钱常被用来表示一种荣誉。而从政府拿钱则是耻辱——或者在贾尼丝看来当是如此。贾尼丝称，最“令我不痛快”的，是“拿了政府的钱却不工作的人”。

“我知道有些建筑工人辞去工作，这样就能拿着失业金在狩猎季去打猎。”残障金也一样，“一个朋友的女儿，她丈夫在工作足够长时间后受伤并申领了残障金。我自己的表亲、叔叔和兄弟也这么干了。有时没有就业机会，那么有福利就很好，”她承认，“但如果有就业机会，为何他们不能给教堂的院子修修草坪，或是在护理中心叠叠衣服，或是清理学校洗手间？我们付钱让他们无所事事——早先是通过贫困家庭临时救助计划（Temporary Assistance for Needy Families，TANF），现在变成了（为老年人和残疾人提供的）补充收入保障计划（Supplementary Security Income，SSI）。这样不对。他们应当有所贡献。”（关于这一问题，参见附录 C。）

对贾尼丝父亲在内的上一代人而言，工作曾经是摆脱恐惧、贫穷和耻辱的通行证。然而，在贾尼丝眼中，她自己及他人的 158
荣誉感并非仅基于金钱。这种荣誉感的基础不是她在工作中表现得多么天赋异禀，或是她的工作是否令世界变得更美好——至少，这些她都未曾提及。如果人们都像她一样**努力**工作，那么世界便更美好了。

她对工作的感受属于一套更广泛的道德准则，这套准则决定了她对美国梦队伍中排在她前面和后面的人做何感想。“努力”是其重点。**努力**工作带来的荣誉比天资、酬劳或结果更胜一筹。与之相伴的是清白正派的生活和教堂的教化。她感到，排在她前面的人们没有这些信念。她感到，自由派——与他们相关的社会运动导致了插队者的产生——的道德准则更为宽松，不甚明确。自由派**没有给予个人品德应有的重视**，也许是因为他们没有在教堂接受教化。贾尼丝反对非特定情况下的堕胎，但在她想象中，“每年有5000万次堕胎，大概都是民主党人吧”。（她顿了顿，无不黑色幽默地说：“也许我该重新考虑立场。”）最高法院批准同性恋婚姻；联邦政府向无所事事者发放福利；美国“受教化”的人越来越少；为南方而亡的小伙子们，其英雄事迹因政治正确被人们遗忘（无论邦联军多么误入歧途）。在这桩桩件件的事情面前，她的那一块美国仿佛是全国大潮中一支负隅顽抗的微小而勇敢的力量。美国梦本身已变得陌生、与《圣经》格格不入、过于物质化、不够光彩。即便她耐心地排队等候，也感到自己是故土的陌生人。唯一坚持昔日良好风气的便是共和党。

贾尼丝感到，如果拥有一份工作，你就应努力做好，即便面临一点风险。“我有两个兄弟是焊管工，跟他们一起工作的同事会因为一点小事就停工，”她抱怨道，“一次，他们在焊接铝材。喝牛奶有助于抵抗你吸入的烟雾，所以公司每天10点会给他们发牛奶。这是工会合同里明确写到的。如果公司没有在10点给他们送牛奶，就有30个人会罢工。这不是很愚蠢吗？又不会一天不喝就死掉。他们自己也可以带牛奶的。”贾
159 尼丝是站在企业角度看待此事的。有一段时间，她在湖区行业

联盟（Lake Area Industry Alliance）做事，走访学校，向学生解释工业的益处。这些学生在家或自由派媒体上听到的可能是另一个故事。

工作具有纪律性功效。“如果没有就业机会，那就让人们去修路，不要让他们用那些自卸卡车，用手推车和铁铲，”她说，“等人们晚上回到家就累了，就不会出去喝酒或吸毒了。”

贾尼丝甚至想象了一套将就业岗位带回美国的计划：“美国需要挖开每块石头和每座墓碑”，找到埋在法国的美国二战老兵——法国“对我们不太友好”——她讲道，然后“将他们带回国土，再让美国工人用美国制造的割草机修剪他们坟墓周围的草坪”。

如果说不能靠手推车代替自卸卡车或将墓地迁回美国来给闲散人员树立道德观念，她想到了战争。“我不是主张以战争促进就业，”她连忙补充道，“但战争也有积极的一面——制造导弹和悍马汽车、缝制制服——战争能带来工作。”[1]

萨尔弗并非一切都与工作有关，她告诉我。我们来到一个巨大的游乐场，这是萨尔弗新建的竞技场和活动中心的一部分，该设施内有个 14000 平方英尺的狂欢节舞厅，还有一个牛仔竞技场，用来举办银马刺牛仔竞技大赛绕桶赛（骑手驾驭马匹绕桶赛跑）和套牛赛。“举办牛仔竞技赛的日子，父母可不只是把孩子送过来、晚点再接走，”贾尼丝说道，“这些是家庭活动。”

贾尼丝了解那些闲散人员所处的困境——福利收入比工作能挣到的钱还多。“你能找到一份时薪 8 美元的工作，每周也许可以净挣 250 美元，”她说，“按照当前的福利水平，不值得找一份真正的工作。”然而，她和其他像她一样的人说，曾“亲眼”目睹有父母开着雷克萨斯汽车送孩子去参加政府出资实施的开端计划。贾尼丝感到，政府想让她可怜那些人。她不吃这一套。自己找工作去吧。

贾尼丝将视线移开了方向盘一会儿，她睁大眼睛盯着我，准备看我大吃一惊的样子。“有些人觉得我**心肠太硬**了，”她
160 说，“但我认为如果有人拒不工作，我们就应该让他们饿肚子。让他们无家可归。”路易斯安那州的预算中有44%来自联邦政府，其中很多是给穷人的福利，她宁愿把这些钱还回去。不劳而获？那不符合她的道德准则——以工作换取酬劳。因此对她而言，路易斯安那州的人类发展指数排第49位、整体健康排第50位与右翼抗拒联邦政府援助并不相悖。如果他们不工作，什么排名都无所谓。

我们在一家汉堡王得来速店停下车，买了两个小皇堡，坐了下来，边吃汉堡边喝大杯甜茶，接着便出发前往贾尼丝梦想的房子。贾尼斯长大的地方距离雪铁戈仅数街区之遥，她在萨尔弗北部买了块地，远离工厂——她称之为退休“马厩”。在外甥的帮助下，她正一间间地盖房子，外甥也准备携家带口住过来。车开到半路，贾尼丝的电话响了，铃声震耳欲聋——她的外甥来电询问洁具的事。

我的那些关于大悖论的问题也令贾尼丝不太痛快，但我仍然问出了终极问题：那生来就贫穷的**孩子**呢？游手好闲的家长令她愤怒到了不愿帮助他们的孩子的程度吗？她反对开端计划或午餐补贴吗？“我希望那个孩子会说，‘我会努力工作，好好上学，找份好工作，让自己离开这个环境。’”贾尼斯答道。除此之外，她提出的办法是让孩子们“接受教堂的教化”，并降低贫穷女性的生育率。“有些人说我心肠太硬了，”她再次说

道，“但在生过一两个孩子以后，我会让她们结扎输卵管。”那样一来，联邦政府不就成了老大哥吗？我提醒道。不，她回答：“她可以拒绝结扎，同时拒绝接受联邦政府的钱。”

贾尼丝对不公平本身的理解构成了她这套理论的基础。有些人可能就是命中注定留在美国梦队伍的最后面。正是因此，她反对通过税收将钱从富人处重新分配给穷人。这并非长久之计。“10% 的人掌握了 90% 的财富，对吧？”她说，“但如果你平均分配，一年内——甚至只需六个月——90% 的财富仍将掌
握在 10% 的人手中。许多中了 2.47 亿美元强力球彩票的人十年 161
后也破产了。他们避不开乞丐和骗子，也不知道如何投资。我们每个人都得找到自己合适的位置，然后安于现状。”

她感到，联邦政府不仅给予的太多，做的和拥有的也太多了。“我们只需要它管理军队和外交事宜，修路和疏浚水道。”她说。至于国有公共土地，“我们应当保留科罗拉多大峡谷、部分黄石公园等几个地方，把其他国家公园卖掉，以促进开发和就业。”政府管的也太多了——例如枪支。贾尼丝认为，在中东建立民主的最佳方式是发放枪支——她没想到这种观点会令我吃惊。“如果人人都有枪支弹药，他们便可以自己解决分歧。独裁者之所以存在，是因为独裁者掌握了所有枪支，人们却一把都没有。因此人们便无法捍卫自己的利益。一旦政府把我们的枪拿走，同样的事也会发生在这里。”她悲观地预测道。其他人也表达了相同看法，李·舍曼告诉我，奥巴马刚上台时，有谣言称他会收走人们的枪，于是德里德周围商店的弹药被抢购一空。还有人告诉我，一名牧师甚至带着他的会众去沃尔玛囤货。

贾尼丝觉得，联邦政府的员工数量也“很不对劲”。她没有猜测，但据我的许多访谈对象估计，美国所有劳动者中有三

分之一至半数受雇于联邦政府——常见的估值是40%。（我自己也不知道相关数据，便进行了查阅。2013年，联邦政府文职人员在美国劳动者中占比1.9%，这一比例在过去十年有所下降。详细信息参见附录C。）

贾尼丝感到，很多政府员工将纳税人的钱浪费在了无用功上。关于这一点，福克斯新闻给她提供了一大批“好得不能再好”的事例。首先是一家叫索林德拉（Solyndra）的太阳能公司，该公司浪费了5.35亿美元的联邦贷款。还有，一名环保局员工被发现在政府电脑上看了四个小时的色情片，片名为《美丽性虐狂》（*Sadism Is Beautiful*）。再有就是那幅美国全国艺术
162 基金会（National Endowment of the Arts）资助的绘画作品——艺术家克里斯·奥菲利（Chris Ofili）在圣母玛利亚的画像上粘牛粪。“那东西让我觉得恶心。”

我们回到了她的SUV上往回走，钓鱼用具仍在后面咯咯作响。“好吧，我们是个自由国家，”她说，“但没那么自由。如果你想的话，或许可以用牛粪拼出一幅耶稣的画像。或者如果你想的话，可以用粪做出佛陀的画像。但别用**我**交的税给你的画埋单。你自己铲粪去。”在贾尼丝看来，在破产的索林德拉公司、看《美丽性虐狂》的环保局员工及牛粪艺术家背后，有“另一队”人的身影。与她这一队人无关。绝无可能。

队中面孔

令贾尼丝愤怒的不仅是民主党人道德败坏，还有他们想将这一套标准强加**于她**。她感到，他们缠着她，让她展现同情，如果她不答应，他们就让她心里不痛快。以性取向和性别认同为例。“如果你是同性恋，就做你的同性恋。只是别把它强加于

我。”她说。我向她指出，同性恋没有将其生活方式强加于她或其他人，她反驳道“他们就是如此”，并举了查兹·波诺（Chaz Bono）的例子。查兹是流行歌手桑尼（Sonny）和雪儿（Cher）的孩子，出生时是个女孩，后来变性成为男人。贾尼丝很关注此事：“我小时候，他是电视节目里最可爱的小姑娘。当雪儿的儿子说，如果没有遭遇偏见，他/她的成长道路会顺利一些，我觉得查兹是在**强迫我**接受他的生活方式。他希望整个世界都做出改变，这样他的成长便可顺利一些。所以我说，‘想做男人就做吧。想做同性恋也没问题。’如果有人想做同性恋，我并不介意。你只要做个普通人就行，上班、修草坪、钓鱼。你不必从山顶大喊自己是同性恋。不要强迫**我**改变，如果我不做出改变，也别说**我**心存偏见。他们就是这样说我们的。雪儿·波诺在上杰·雷诺（Jay Leno）① 的节目时说，‘茶党人是该死的疯子，’那是自由派好莱坞的共识。”[2]

我回到一个离她家更近的话题：印德河的工业污染。那是
她叔叔哈罗德·阿雷诺和他妻子安妮特生活的地方。“我祖父 163
在那 40 英亩土地上定居时，还没人知道炼油厂是什么呢，”她若有所思地说，“现在所有东西都死了。所以我不想在印德河生活，这事让我很难过。”工业给萨尔弗带来了四个有毒废弃物填埋场，其中一个距离她现在的家仅一街区之遥。[3]但“它们制造了我们的必需品——塑料汽水瓶、胶底鞋、牙膏。我们**需要牙膏**”。

成为团队行动者意味着要勇敢面对问题。为此，贾尼丝完成了一项她自己都没当成工作的情感工作：接受住在有毒废弃

---

① 美国脱口秀主持人。

物填埋场附近这样的事。在内心深处，她绝不愿忍受此类事情发生。有时，团队行动者只能忍耐并想办法应对问题。

橡胶包裹的马

贾尼丝和我在她的一个姨妈家稍作停留，想见见她的外甥迪基（Dicky）。贾尼丝的姐姐也与我们一道前往。早先，贾尼丝曾告诉我一个惊人的故事，有关一个亲戚和他的马，我想跟他当面聊聊，听他再讲一遍这段经历。我与迪基、贾尼丝、她的姐姐及一个姨妈围坐在小餐桌旁，倾听一段已非首次听闻却仍令人悲伤而讶异的故事。

迪基从美国电话电报公司（AT&T）退休后，现在是一名代课教师，但在 20 世纪 50 年代，他还是个小伙子。“我骑着我的帕洛米诺马①特德，”他回忆道，“正常情况下特德完全可以跳过 5 英尺的水沟。但这次他摔到水里，沉了下去。他试着爬上来，但没有成功。我们试着拉他的缰绳，却没能把他拉上来。最后我舅舅用拖拉机把他拽了上来。但特德爬出来时，全身裹着一层奇怪的薄膜。我用水管帮他冲洗身子，反而让他身上的薄膜更硬了。那层膜就像是一层粘在身上的可怕潜水服，似乎是橡胶质地的。兽医尽了力，却还是没能救活他，特德两天后就死了。”那条水沟位于一家凡士通聚合物工厂的下游。

迪基当时伤心欲绝，从他说起这段经历时的表现仍可见一斑。但贾尼丝对此事的回忆略有不同。她也很难过，却不允许
164 自己的这种情绪影响她对工业的忠诚。她摇了摇头，仿佛在说，

① 马的一个品种，被毛呈奶油色、黄色或金色，鬃毛及尾毛呈银色。

我们过去确实受了很多苦，但我们别总往坏的方面想，那是环保人士的做法。她记得小时候，曾听到一声巨响，看到夜空变成了橙色。那次是城市服务公司（现在的雪铁戈）意外发生爆炸。“我们都以为世界末日到了。”她说。但那是过去了，她想。如今“工业是按照州里颁发的许可证要求行事的”，她认为不会有问题。

我们与迪基和贾尼丝的姐姐分开，又上路了。过了一会儿，贾尼丝调转车头，离开公路，将 SUV 开到一条弯弯曲曲的土路上，路两边各有一个大池塘。我们来到了“马厩”——她梦想的养老房，建在一块 40 英亩的土地上。这里原先属于一家木材公司，距离萨索尔扩张区 6 英里远。“我在左边的池塘里放了鲶鱼，右边的池塘现在还在挖。我们很喜欢钓鱼。”她自豪地说。她在一栋大房子前停下车，房子的屋顶是金属材质，长而平。房子还未完工，但屋前的岩石园里面已经有了一个小喷泉、一尊小小的孔雀雕像、两座大象雕像，一黑一白，其中一只象的鼻子高高翘起。两把折叠躺椅俯瞰着这片景致。“我妹妹收集的。”她轻声笑道。

贾尼丝单身，没有孩子，盖的房子里却有六间卧室、四间浴室，还有宽敞的家庭公用厨房兼客厅，可供整个家族聚会。冰箱中放满汽水。“马厩”可供她的两个姐妹居住——乔伊斯（Joyce）做了髋骨手术，正在恢复，已准备好搬进来，可能还有朱迪（Judy），她住在得克萨斯州，如果丈夫去世可能搬来住。帮她盖房子的外甥凯利（Kelly）将拖车停在了这块地上，他刚拿来一篮新鲜鸡蛋，还告诉贾尼丝有只鸡死了。总有一天，他会为自己和女儿玛蒂（Mattie）——他有一半监护权，大家都很喜欢这个孩子——在池塘边建一栋房子。屋后有一个休闲车棚、一个盆栽棚（“乔伊斯很喜欢植物”）、一个鸡舍、一个养了两只山羊的院子，还有一个小围场，里面养了 12 匹马。“我们还有狗。”贾尼丝又道。马厩后边有个巨大的“牛仔竞技场”，玛蒂长大一点后可以在那里练习套索和绕桶。“我对豪宅
165 不感兴趣，”贾尼丝解释道，“只要够用，我们大家都能来就好。”周末时，你会看见她在自己的 40 英亩地里开着乘坐式除草机，给其中的 8 英亩地除草。

漫步在贾尼丝的美国梦大宅，我开始明白她为何觉得深层故事说得通。她成功脱离了结构性压力——一边力争上游，一边面对着多年不变的工资、不确定的工作、竞争者和政府援助。也许她的工资没有迅速增长，但她已来到队伍最前面。而且老天啊，这一路走来太艰难了。你不能畏缩不前。其间，你忍受了意外爆炸、机器噪声和奇怪味道，这一切并不容易。为了忍受这些，贾尼丝几乎将焦虑藏了起来，这种焦虑现在就像是第二天性，让她保持沉着勇敢。焦虑令她将注意力集中在好消息上——她爸爸在雪铁戈的工作，她自己在拉卡桑的工作，“能源带的扣子”，自由市场。她忠于资本主义，因为资本主义在路易斯安那州萨尔弗市的石化工厂中发挥着作用，这套体系创造了她父亲和她自己工资的奇迹。她希望其他人也要忠于资本主义。这不是明摆着的吗？除了家庭和教堂外，还有什么值得人们为之忠诚？

她感到，自己的这种忠诚没有得到尊重。事实上，在自由派视角面前，她不得不为自己的忠诚**辩护**——她将自由派的视角与一种道德败坏的世俗海岸文化联系在一起。有几类人插队是一码事，而错误的是非观大行其道、取代她更正确的观念是另一码事。她的社区认为异性婚姻自然应当是家庭生活的中

心，国家却不同意这种观点，认为她的观点是性别歧视、同性恋歧视，是过时的、落后的，她现在不得不为自己辩护。她还需要为自己对队伍本身的看法辩护。她不想被批评为对穷人、移民和叙利亚难民铁石心肠。他们只不过不应排在她前面的队伍中。

不只她的价值观，就连她自豪地展现的那种自我——忍耐的自我——似乎都需要捍卫，因为它似乎与所有蓝领工作一道过时了。“过去他们在工厂里夸我爸爸，说他特别可靠踏实。” 166
贾尼丝自豪地告诉我。但如今这算什么呢？像她父亲和叔叔哈罗德·阿雷诺一样，贾尼丝为自己扎根于一个由亲戚、本堂教友和朋友组成的热闹、稳固、成员众多的社区感到自豪。一种新的**世界性**自我（cosmopolitan self）似乎开始流行起来——这种自我仿佛没有根基；它与邻近社区保持着松散的联系；它愿意广结人缘，却都是泛泛之交；它流动性强，甚至居无定所。这种自我以接触多种道德准则为傲，但拥有这种自我的人最后是否会觉得“怎么样都行”？[4]这太恐怖了。这样不对。贾尼丝不允许这种情况发生。

她做了更多情感工作，**不去想**在美国能源带扣子上生活不尽如人意的一面。她将注意力集中在好的方面。工业是她的忠实朋友，她对工业也是如此。至于污染问题，“公司有活要干，它要制造出人们想要、需要的东西。就像人得上厕所，工厂也需要。你**不能**简单地说，‘别做。’”贾尼丝与雪铁戈、萨索尔、孟山都等州里的公司站在一边，却感到自己不得不将一些问题抛诸脑后——她知晓这些问题的存在，却决定接受它们。

我们认识几年后，贾尼丝告诉我，她性情和善的姐姐乔伊斯正准备搬来与她在新家同住。乔伊斯过去在奥林化学公司

(Olin Chemical) 担任物流总管，会不戴面罩检查装满光气（用于制造杀虫剂，室温下是一种有毒气体）的火车车厢。她患上一种令人逐渐虚弱的自身免疫疾病，不得不减少工作时间，通过自然疗法和服用泼尼松[1]努力医治。贾尼丝自己也得了一种小病，她说这“可能与在工厂附近长大有关”。她正在考虑做血液检查。但她不让自己对此“太过担忧”。

贾尼丝已开始举办一月一次的阿雷诺家族野餐会。“耶稣受难日的野餐会有 67 人参加，”她自豪地说，“我们每月至少办一次大型野餐会，不怎么声张的话会有 25 个人参加，如果把消息散出去，来的人就更多。如果我们食物够多，你便可以享用；如果锅见底了，那就是你没及时赶到。”

167 纵使松林已让路给大型工业园，南方选民已经向右转，贾尼丝·阿雷诺却仍努力发扬着先辈的传统——相亲相爱的家庭、套索和绕桶、钓鲶鱼、猎鹿和“大家都来”的野餐会——文学学士学位和忍耐换来的回报。她将自己生活中的好运气都归功于团队——她的政党和她认为其所代表的工业。她是个团队忠诚者。她最初搬到萨尔弗北部是为了避开工厂。然而不久后，萨索尔便开始建设新的乙烷裂解装置，距她仅 6 英里。“如果萨索尔发生大火或爆炸，我们就遭殃了。”她泰然自若地说。此外，随着页岩气迅速发展，距她更近的地方未来可能还会出现其他新工厂。“但是你瞧，你在加州伯克利也可能遭遇地震。世事难料。”同时，人人都可以躺在贾尼丝新家门前的折叠躺椅上，挨着一个小喷泉，眼前是一个高度忠诚的象征——胖墩墩的、白色的脚悬在空中、长牙和鼻子高高翘起的大象。

---

① 一种肾上腺皮质激素类药物。

第 11 章　信徒：无形中的克己

“周日是我最喜欢的日子。”杰姬·塔伯（Jackie Tabor）告 169
诉我，仿佛递给我一把开启她整个人生的钥匙。我们刚刚在三一浸礼会教堂参加完周日礼拜，驱车回到家中。这是我第三次拜访她。她丈夫希思（Heath）将褐色 SUV 停在了车棚里，旁边是他们的北极猫高底盘全地形车，轮胎上有深深的花纹，沾满上次打猎留下的泥污。

杰姬 45 岁，身材娇小苗条，显得很年轻，黑发齐肩，戴金色耳钉，穿粉色棉质上衣、休闲裙和平底鞋，一双黑眼睛炯炯有神。她家的房子很宽敞，她带着我走过门厅，在经过儿童游戏室的仓鼠笼旁时喝止了兴奋的德国牧羊犬，又安抚了其他几只狗。我们走进一个高拱顶起居室，三个带角的鹿头挂在石砌大壁炉上面，目视前方。鹿头后的石膏板呢？“都是希思做的，鹿也是他打的。”她自豪地环视四周说道。这的确是她家——她仿佛觉得这是个奇迹。

希思烤了一条金枪鱼，用辣莎莎酱[①]调味，鱼是他在墨西哥湾捕到的。杰姬、希思、他们的两个孩子和我落座，祈祷后享用了美味的烤鱼。希思说，一次他去墨西哥湾进行深海捕鱼，远远看见了 2010 年英国石油公司“深水地平线”爆炸引起的大火。他想过石油和分散剂可能对那里捕获的海鲜有所影响，

---

① 烹调和佐餐酱料，一般用番茄、辣椒等制成。

但觉得影响微乎其微。杰姬从桌前起身，取来一本儿童体育杂志，他们 10 岁的儿子克里斯蒂安（Christian）出现在杂志上，
170 笑容满面地高举一条垂挂的大黄鳍金枪鱼。杰姬告诉我，他们一家都热爱钓鱼、打猎和户外活动。

用餐后，杰姬和我来到起居室，话题转向了她对耶稣的感激之情。她感到，自己珍惜的一切都是主给予的——挚爱的丈夫、两个漂亮的孩子、活泼的狗、与孩子一同待在已还清贷款的漂亮房子里的机会，即美国梦。她的房子位于莱克查尔斯市郊的高端住宅区考特兰广场（Courtland Place），小区门口有两根砖柱。房子是褐色的，周围种着杜鹃花和雏菊。工作日下午，附近只有主妇在家，偶尔会有个黑人园丁出现，拿着电动修枝机修剪树篱。

希思是个成功的承包商，在卡特里娜飓风、丽塔飓风、古斯塔夫飓风、伊万飓风后建造和修理房子。如果说路易斯安那州人的时间以暴风雨计算，那么希思的计量单位则是掀掉的房顶、破碎的窗户、淹水的地下室和有待完成的工作——只要他能找到足够多的好工人帮他在城里干活。

“我曾经一无所有”

初次见到杰姬是在莱克查尔斯的一次茶党焦点小组访谈会上，她对我说的第一句话是：“我曾经**一无所有!**”长大过程中，她想要得到的太多了，可以拥有的却太少——包括爱的关怀。一路走来，她得到一个微妙的教训，有关管理强烈愿望及其产生的反直觉效果。她感到，有时放弃对一些事情的极度渴求是明智之举。上帝也许会以不可思议的方式最终实现你的愿望。

同一些其他与我交流过的路易斯安那州人一样，杰姬感到自己实现了美国梦——但也许只是暂时的。她指着大起居室的四周说："这些明天就可能都消失了！"她曾努力奋斗，排队等候。她看到过其他人"插到前面"，这让她愤怒，令她与政府渐行渐远。与贾尼丝·阿雷诺一样，杰姬也形成了一个深层故事自我。她可以适应自由市场的缺点，不幸的是这包括工业污 171
染的坏消息，可她有自己的适应方式。

杰姬给我端来了咖啡，我们坐在她的起居室里聊天，屋里只有我们俩。她告诉我，她热爱大自然。贾尼丝·阿雷诺在大自然周边长大，她的注意力集中在自己捕获的鱼和猎到的鹿上，而杰姬在堪萨斯城长大，小时候从未钓过鱼、打过猎，甚至没怎么去过动物园。讽刺的是，当我与贾尼丝聊起环境污染的话题时，她承认污染的确存在，并很快换了话题。杰姬却主动说起此事，并表达了对此的担忧："我上周看到一个小男孩在查尔斯湖游泳。他们应该立上警告牌。如果那个孩子不小心把水吞进肚子里怎么办？他当时在潜水，很容易把水咽下去。这件事让我很难过。"她对空气和土壤中的化学物质也持同样看法，并希望在其他条件相同的情况下，为了家人的健康，他们能搬去别处。我不明白，一个人如此欣赏大自然，对自然遭破坏的情况直言不讳，怎么到头来却对工业大加赞赏，欣然接受工业所带来的一切毫无节制的消耗？她又是如何体现深层故事的？

像我们所有人一样，大部分答案始于童年。1990 年 3 月的一个雪天，杰姬 19 岁，没有工作，无家可归。她躺在妹妹公寓起居室的一个角落，旁边是妹妹养的狗，地上没有打扫，满是灰尘。"我无家可归。我在达拉斯一家酒店工作过，接下来的几个工作我也干得不错，但我感到迷茫、遭人遗弃，以及愤怒。一个箱子就能装下我的全部家当。在继父把我赶出来后，妹妹是我唯一可以投靠的人。她收留了我。我那时在她家已经待了六个星期，待她糟糕透顶，”杰姬回忆道，“我打了两份工，但不工作时就穿着睡衣，抽烟喝酒。妹妹上班时，我就任由盘子堆在水槽里，花她的电话费，家里乱七八糟却从不打扫。我还撒谎。每天我都会写一张单子——‘我不撒谎了。我会存钱。我要戒酒。’我走到哪都把这张单子装在口袋里，思索良久，然后等一天过半便放弃了。我感觉自己已经死了。我精疲力竭，心灰意冷。我过去一无所有，未来一片黯淡。”

172 杰姬在家里五个孩子中排行第四，母亲是个信仰天主教的爱尔兰裔家庭主妇，父亲是个有虐待倾向的酒鬼，在杰姬八岁时就离开了家。我母亲“不得不领取社会福利来供养我们”，她说道。（她为这种情况下的母亲领取福利辩护，但感到这类人仅占享受福利者的一小部分。）“我母亲找了份工作，后来加到两份，再到三份。我们从来不拿自己的问题去麻烦她。她自己手头的麻烦已经够多了。”最终，杰姬的母亲再婚了，跟着新丈夫来到路易斯安那州。母亲工作时，姑娘们发现继父是个“满嘴污言秽语”的性侵犯者。但杰姬勇敢地站了出来与他对抗。他们起了争执，继父宣布杰姬一旦离开家，就永远不能再回来。19 岁时，杰姬拿着高中文凭和行李箱跨出家门，进入了一个似乎冷漠无情的世界。后来，她得到妹妹的帮助，却仍然迷惘，接着经历了一件从此改变她一生的事情。

她妹妹去工作了。窗外是个“漂亮的蓝鸟日[①]”，杰姬回忆

① 指晴朗无云的天气，通常前晚刚下过雪。

道。她与妹妹的狗躺在地板上，经历了转变性的一刻。“我抬头看着天空说，‘如果你真的能救人，耶稣，你可以拯救我吗？我救不了自己。’然后我从地上站起来，完全不知道自己在干什么。我走进浴室，在镜子上看见一个截然不同的女孩。就是这样。”

“那个不同的女孩长什么样？”我问道。

“纯洁而美丽。我相信，我第一次在镜中看到了自己在他眼里的样子。他向我展示了**他眼中的我**。”

她感到，一切——她与希思的婚姻、她的孩子、她宽敞的大房子里有雅致石壁炉的起居室，都是那一刻的证明。在那之后，她逐渐远离了抽烟、喝酒，不再躺在地上。“亚伯拉罕·林肯（Abraham Lincoln）是个大好人。我很尊敬他，”她若有所思地说，“但如果林肯走在路上，他看不到我。耶稣却能**看见我**。”总统？你看不到他们，他们也看不到你。但她感到，耶稣一直都在。她从他那里学到了如何相信他，相信好事终会发生。愿望太强烈甚至可能起到反作用。

“我开始学习《圣经》，《圣经》里说，‘那**等候**耶和华的，必如鹰展翅上腾，他们奔跑却不困倦，’”她顿了顿，“那等候 173
的。这意味着事情会在合适的时间发生。我们不必**主动推动**事情发生。”

奇怪的是，杰姬非常敬佩她的母亲，而她母亲**是**个积极主动的人。在被抛弃后，她供养五个孩子，靠社会福利度日。起初，她在一家花店找到了一份薪水不高的工作。“但你知道我母亲是如何找到第一份**好**工作的吗？那是个医学文秘岗位。她申请了这份工作，夜以继日地去图书馆翻看讲授医学术语的书。然后她穿得漂漂亮亮的，撒谎说自己有大学学历，便得到了这份工作。她做得不错，多年后成了一家大型广告代理公司的客户经理。”杰姬开心地笑了起来，为母亲深深地感到骄傲；大学里他们可不会教你这样的进取心。虽然杰姬自己也很有进取心，但她走上了另一条道路，至少目前是如此。有时你得管理自己的强烈愿望；这样一来，便会有好事发生——你会得到一个关爱你的丈夫，住进已付清贷款的房子里。

克己的奖赏

说起此事，杰姬突然问道：“我可以带你展开一场探险吗?”我们坐进她的褐色 SUV，把孩子的夹克和网球鞋放到后座，经过考特兰广场的两根砖柱，又经过一片空地，驶上大路，路过一座临街购物中心，来到一片朴素的住宅区。她放慢了车速，在一栋整洁舒适的单层联排别墅前停了下来，附近也都是同类型的房子，周围的草坪面积不大，修剪得整整齐齐。这是他们的第一个家，杰姬说。孩子小时，她和希思在这里住了八年。他们的邻居有炼油厂操作员、酒保、机修工和莱克查尔斯三家大型赌场的收银员。许多人工时都很长，小区里冷冷清清。她指着旁边的一条死胡同说：“我们不认识邻居，但孩子们可以骑脚踏车。”

杰姬继续往前开，又经过了几个砖房住宅区，房子由小片灌木丛隔开。十分钟后，我们到了她的第二个家。“我们在松雾地产（Pine Mist Estates）建了第二栋房子，三年内还清了贷
174 款。”杰姬说。我拍了张车窗外的照片，那是栋漂亮的红砖牧场式平房，有白色边框，屋前种着三棵中等大小的棕榈树，枝叶划出优美的弧线。

我们已经看了两栋以前住过的房子，我想，探险在哪呢？

杰姬继续说道："住在松雾地产时，我**一直想**住到秋之行（Autumn Run）地产。"又绕过一个中档小区后，我们到了，这是第三栋房子：她住在松雾时**梦寐以求**的居所。这也是栋牧场式平房，位于一个没有树木的街角，比第一栋房子大，但没有她现在的房子大。3 号房比 2 号房大。可这是她曾经想都不敢想的房子。

杰姬学会了如何成为一名顺从的基督徒妻子，让自己的愿望服从于希思的愿望。她目睹了母亲的两段不幸婚姻，希望自己与希思的婚姻能美满幸福。在她看来，通往幸福婚姻的道路便是像夏娃对待亚当那样——她要做希思的一根"肋骨"，一个帮手。但她内心颇为矛盾。"我太想要那栋房子了，"她重复道，目不转睛地看着自己一度梦寐以求的对象，"但我从没跟希思提过一个字。我们没有那么多钱。他工作很努力。我不想给他压力。我想要这栋我们根本买不起的房子，这令我感到惭愧。他甚至从不知道我**那么想**住在秋之行。"

"但看看它**现在**的样子。"房顶被掀掉了，墙漆已经剥落，围栏松松垮垮——丽塔飓风的巨大破坏力仍挥之不去。她告诉我："现在孩子们管它叫秋不行。"我们看过了 1 号房（起步房），2 号房（稍大一些的房子）和 3 号房（她一度向往的房子），现在启程回到 4 号房（她自己的漂亮居所）。杰姬想让我了解她与 3 号房——她曾经的梦想之家——之间的关系。她那时"太过"想要那个房子了。她又一次说道："我**一直梦想着**可以住在秋之行。"杰姬想让我看看这个欲望的标志，它证明，太想达成某个愿望并不明智。她一度日思夜想的房子与现在的住处相比根本不值一提，这是"我做梦也想不到的，贷款三年就还清了，而我曾以为三十年都还不完”。

“我对女儿说，如果我当初争取搬去秋之行会如何？我们可
175 能最后住到了那里，可本应住在这里（我们现在的房子）的。
我向她讲了《圣经》里那段不必主动推动事情发生的话语。”

每栋房子都像是通往美国梦的一级阶梯。在某一级上，她太过于渴望下一级了：这就是教训。从某种意义上来说，杰姬的教训与深层故事背道而驰；有些事物可能看似通往美国梦的下一级阶梯，但人们不应对其太过向往。那是抢占。另一方面，为了让自己不要抢占，她在情感上苦苦挣扎。我们的探险便是来领会这个教训。

在返回她家的路上，杰姬指向窗外。“看到那里了吗？那是峰景（Crestview）。”她告诉我，这是另一个房地产项目，5、6、7号梦想之家或许就在这里。“这是‘超级富豪’住的地方，”她又说，“我都没开车去过那里。我不想去。我不愿自己幻想在那里置办房产。”其他求而不得的东西已然令她应接不暇了。

回家的路上，她反思道：“我曾是个贫穷的爱尔兰裔小女孩，曾为没有其他人那样的幸福家庭生活感到难过。我是说，我的一些朋友是有钱人家的孩子，后来去了常春藤名校。在芝加哥，我们住在艾略特路（Elliott Road）的另一侧。在我们这一侧，人人都不富裕。我们看起来很好，所以你不会发现我们一无所有。”她很嫉妒艾略特路对面的那些姑娘们，她们家庭幸福，住的房子漂亮温馨。她们得来这些东西不费吹灰之力，杰姬却要努力放下对它们的向往。但在耶稣的帮助下，她放下了。她自己漂亮的家便是来自耶稣的奖赏。

在她看来，克己的奖赏还以另一种形式出现。虽然杰姬是

个再生的基督徒[①]，但她起初不愿跟随丈夫加入浸礼会，更不愿把血汗的 10% 用于向教会缴纳什一税。“这还不包括交给政府的 33% 的税款。”她说道。他们还得付月供、孩子的基督教私立学校学费、飓风和医疗保险、车险、油费——另外的 10%。他们如何应付得过来？还有，三一教堂办了一次筹款活动，钱款用于整修和扩建建筑，教堂请求所有教区居民再捐出 3000 美元。一开始杰姬想：“我们不能捐。”希思当时 37 岁，在他父亲的建筑公司上班，时薪 18 美元，此外他父亲还会将利 176
润的三分之一分给他。但希思对三一浸礼会教堂做出过承诺。作为一个忠实的基督徒妻子，杰姬放弃了还清贷款的愿望。

她发现，如果放弃一个愿望，一个更大的愿望便成真了。丽塔飓风来袭，房屋树木尽毁，希思接的活多了，收入也增加了。住在五轮（拖挂式）拖车里的人们纷纷找他重建住房。三一教堂还让他去给儿童游戏房和健身室安装石膏板。“我们即便交了什一税，给教堂捐了 3000 美元，还是把所有贷款还清了。”杰姬如此说道。

杰姬解释道，她做每一份工作，“最后都会成为领袖。我对此很擅长”。但在接受耶稣为救主、加入三一教堂并成为基督徒妻子后，她放弃了成为领袖的愿望。“一名妻子是她丈夫的帮手。夏娃是作为帮手被创造出来的。我被创造出来是为了帮助希思。”放弃一个愿望后，杰姬实现了另一个愿望：她可以留在家中，与孩子们待在一起。

我们结束了周边社区巡游，现在调转了车头，慢慢驶回她在考特兰的家。路上，我们聊起了环境污染问题。“我们这里环

---

① 新近重申或进一步确定其信仰的基督徒。

境污染太严重了，”杰姬告诉我，“我儿子最好的朋友帕特里克（Patrick）最近去世了，他 9 岁，死于一种罕见的神经母细胞瘤。才 9 岁——**小小**年纪。他父母觉得是这里的某种化学物质导致的，但无法证明。”

在竞选活动、媒体、讲道坛和工业领域，我发现一种面对污染的沉默。这似乎是爱德华·埃文·埃文斯－普理查德曾谈到的那种失忆，正是这种失忆令阿雷诺一家在忆起印德河过往时颇为抗拒。这种沉默也延伸到了杰姬的私人世界。“污染？我不怎么跟朋友说起这个，”杰姬若有所思地说，“全市运转都依赖石油。因此，我的聊天对象可能是两个丈夫在工厂做事的妈妈。他们觉得政府监管会影响就业，或阻碍新工厂入驻。你不想**提醒**他们危险的存在，或让他们觉得你是因为他们的工作而**责怪他们**。此事戳到痛处了。”又是如此——沉默。很多工人左
177 右为难——作为卡尔克苏钓竿与枪俱乐部（Calcasieu Rod and Gun Club）的活跃会员和野生动物爱好者，他们对污染感到懊悔，可作为员工，他们感到自己不得不对此保持沉默。因此，出于尊重，杰姬和希思也保持了沉默。一名顾问告诉我，他看见埃克塞尔（亦即曾经的匹兹堡平板玻璃公司）的“男厕所里有一张告示——‘请勿饮水’……但你很少听人说起为何那里会有这么一张告示”。

杰姬是个信徒。她逐渐形成了虔诚的态度和有意克己的能力。杰姬没有试图克服对监管的厌恶，她说自己学着在没有监管的环境下生活。如此一来，她便与贾尼丝·阿雷诺这样的团队忠诚者达成了一致。你得去适应。清洁的空气和水是很好。她想拥有这些，正如想拥有一个漂亮的家一样。但世事不会尽如人意。她想，你不能同时拥有石油业和清洁的湖泊，如果一

定要选，你不得不选择石油。“石油对我们太好了，”她说，“我不想住在小房子里，开辆小车。”在石油工厂当操作员便是通往松雾小区的门票。为数不多的工程师岗位能让你住进秋之行，高管则可以住进考特兰。北极猫全地形车、SUV、房子——杰姬感到，这些都是间接拜石油所赐。而联邦政府则挡住了石油和美好生活的去路。

作为团队忠诚者，贾尼丝·阿雷诺不允许自己太为污染难过。印德河，被橡胶包裹的马。她是工业及共和党的拥护者，不让自己对污染、褐鹈鹕和人们的健康“过分”焦虑。而杰姬·塔伯则允许自己对这些事情感到难过。她感到，发生这种事万分遗憾。然而，她即便允许自己对环境破坏感到难过，却放弃了补救的愿望，因为那将招致更令人不快的政府。她们有各自的情感停顿时刻——贾尼丝是在承认损失并感到悲伤时，杰姬情感停顿的重要一刻是在放弃一个重大愿望时。绿水青山？可悲的是，我们无法拥有。

“我的名字来自杰奎琳·肯尼迪（Jacqueline Kennedy）[①]。”她说道，等着看我吃惊的样子。她至今仍钦佩肯尼迪家族。但她感到，依深层故事所言，如今“政府变得胡作非为、腐化堕 178
落、恶毒丑陋。它谁也帮不了”。与其他人一样，她感到奥巴马总统不是真正的基督徒，而且无论从成长环境还是忠诚方面来看，他都不是个真正的美国人。她对政府的不信任体现在方方面面：从总统本人到联邦政府的再分配职能，再到政府的几乎所有职能——包括环境治理。

此外，杰姬还特意解释说，自己并不欣赏那些心甘情愿交

---

① 美国第 35 任总统约翰·肯尼迪的夫人，民主党人。杰姬是杰奎琳的昵称。

税的人。她不感激政府对她所做之事，也不认为其他人应该心怀感激。她略带嘲讽地说起金融家沃伦·巴菲特（Warren Buffett）。“他是富人，说自己**想要**多交税，因为这样对穷人才公平。”（巴菲特曾说，他认为秘书比自己税率还高是不公平的。）“好啊，做个榜样吧，”杰姬调侃道，“伙计，为何不付诸行动呢？如果你觉得自己交的税不够多，就写张支票啊。去上电视，全世界都会报道的，做个彻彻底底的英雄。想做什么就放手做吧。你为何不写支票呢？”杰姬失望地说。巴菲特似乎想在一个她已不信任的体制下成为好公民，并希望以此获得人们的赞赏。他成了自由派感激公立学校、图书馆和公园的行为榜样。但那些是自由派的情感规则，不是她的。

“当然，我不反对制止污染。我支持监管污染者，”杰姬说道，但又很快修正了自己的说法，“要是政府没有用污染作为扩大其职能的借口，我**原本会**完全支持的。”环保主义者也不可信任。“他们推动政府加强监管，并且在太阳能和风力行业有自己的经济利益。”

她将这种背叛和追逐私利的行为与宪法和美国国旗分开看待。另一次拜访时，我跟杰姬去他儿子的小型基督教学校观看一场演出。杰姬和蔼的婆婆和她婆婆的母亲也坐在我们旁边的观众席中。克里斯蒂安走到家长们面前，请他们站起来，读了一段《圣经》，然后请他们坐下，随后，学生们一个个重复了这些步骤。作为演出的一部分，学校播放了一段视频和一曲
179 《美丽的亚美利加》（*America the Beautiful*）[①]。屏幕上出现了高高飘扬的美国国旗，庄重威严，背后是一轮绚丽的落日。“用你

① 美国著名爱国颂歌。

的手机拍张照吧！”杰姬轻声说道，“拍下这**国旗**！”她感到，美国政府背叛了她，但美国国旗忠诚依旧。

对杰姬而言，自由派似乎是个问题，因为他们有不同的信念，而且可能让她的孩子们也相信他们。看完演出开车回去的路上，孩子们坐在 SUV 的后排，她摇了摇头，回忆起一件事：“我的孩子们在看迪士尼频道一个叫作《胜利之歌》（*Victorious*）的节目，我原以为这个节目没问题。”然而，解说员却说起了全球变暖问题。“我们不相信全球变暖。”那一看法似乎也是政府扩大职能的借口，是背叛的一部分。“解说员说看福克斯新闻的人是白痴。还好我当时在和孩子们一起看电视，正好看到了。我想，‘孩子们信任我胜过他们的状态还能持续多久？’一年？六个月？”

杰姬的信仰也抚平了她想清理环境的冲动。“我没有成为积极的活动人士，或许也是如今的信仰所致，”她说，“小时候，我给每一位总统都写过信，告诉他们我认为他们应该做什么。但现在，我参与政治没那么积极了。我认为许多活动人士都很自私。你得容忍事物本来的样子。”她有一个深层故事自我：她通过奋斗走出了艰辛的童年，来到了美国梦队伍前列，然而担心自己的家庭可能无法维持领先。其间，我们经过邻居院子边石头上披挂的美国国旗，将车开进车棚，停在了北极猫全地形车旁。杰姬轻轻地、难过地摇了摇头，说：“污染便是我们为资本主义付出的代价。”

第 12 章　牛仔：坚毅

181 一颗维达利亚洋葱躺在餐桌上，距离卡皮弟兄（Brother Cappy）仅一臂之遥，这是个半开玩笑半认真的警告——不要打起来。十多个人围坐在桌旁，参加卡皮弟兄和费伊·布兰特利姊妹（Sister Fay Brantley）家举办的周日聚餐。卡皮和费伊是朗维尔五旬节教堂的两位德高望重的长者。朗维尔位于莱克查尔斯以北，与之相隔一小时车程。迈克·特里蒂科是他们的朋友，向他们问过我能否来参加。聚会者或来自那间五旬节教堂，或来自当地的浸礼会教堂，人人都知道那颗洋葱的含义。两个男人即将展开辩论，他们是友好的对手，都是餐会常客。这既是一场针锋相对的家庭好戏，大家的欢乐之源，又是对严肃政治分歧的公开论战。洋葱是卡皮常用的玩笑，意思是“文明点，小子们”。涉及环境、监管和政府的任何争论都可能演变为一场激烈交锋。

卡皮弟兄是个慈父般的男人，有半月形眼睛和稀疏的淡红色头发。他是个已经退休的电话修理工，颇受人们爱戴。到他们家之前，我与布兰特利夫妇一同在朗维尔五旬节教堂参加了礼拜。卡皮弟兄在教堂发了言，介绍了报告出席人数（38 名教友）和募捐总额（42.45 美元）。他的妻子费伊姊妹穿着一条碎花长裙，戴浅色边框眼镜，一头灰色卷发高高束起，在教堂投入地吟唱了几首福音歌曲。现在，她热情地欢迎我们来到他们温馨舒适的家。我们一个接一个地走过喂鸟器和花坛，沿大

门口的台阶步上前廊，经过邻居们早上一起喝咖啡的木秋千， 182
吓跑了一只圆滚滚的花斑猫。布兰特利夫妇家是家族大院的一部分。“我们一大家子都住在这儿，”费伊姊妹自豪地解释道，“我们女儿家在这里（她指向左边），儿子家在那里（她指向右边）。我 91 岁的母亲住在我们后面。”他们还邀请了布兰特利家的表亲和他们的女婿参加，前者正接受五旬节派牧师培训，后者是瑟登帝（Certain Teed）公司的一名检查员。“卡皮弟兄和费伊姊妹还收留了**我们**！”迈克·特里蒂科兴高采烈地补充道——“我们”指的是他和另一位周日聚餐常客，一名已经退休的铁轨及桥梁修理工。“所以他们有一大家子。”卡皮和迈克是多年老友，卡皮还和另一名五旬节教堂教友通过一次“信仰治疗”医好了迈克长达 12 年的剧烈背痛。迈克说，此事进一步加深了他们的感情。除了周日聚餐之外，朋友们还常在早晨坐在前廊，喝着咖啡闲聊或讨论政治问题。

三位年轻女士——布兰特利夫妇的女儿、儿媳和在麦克尼斯大学读大一的孙女——没有去教堂，她们准备了热腾腾的烤牛肉、肉汁、土豆、秋葵、青豆、玉米面包和甜冰茶。（她们会参加当天晚上的纯福音礼拜。）她们摆了两桌——较小的一桌在厨房，为女士们准备；较大的一桌在餐厅，为男士们准备。男女一般分开进餐，但迈克问布兰特利夫妇我能否坐在男宾桌，这样便可旁听他和多尼·麦科克代尔（Donny McCorquodale）的每周辩论。

那就是我想见的人——一个对监管者深恶痛绝的电话公司退休员工。多尼年过花甲，瘦瘦高高，一头金发，身强体健，穿着休闲裤和蓝衬衫，有点无精打采地坐在椅子上，少言寡语。特里蒂科告诉我，他妈妈是个忠实信徒，还是个有名的浸礼会祷告勇士，多尼是家中幼子。据说他小时候，他母亲像梅里维尔（Merryville）的一些其他忠实信徒一样，穿长裙，留长发，有时会训斥年轻姑娘行为不端。也许是对这种严格家规心存叛
183 逆，多尼从小就是操场上的淘气包和冒失鬼。他已是二婚，供养着一个年轻的家庭，家中有两个幼子，其中一个男孩是从洪都拉斯领养的。众所周知，他常自发行善举。一次，他在教堂举办的旧货交易会上看见特里蒂科目不转睛地盯着一架他买不起的木制管风琴——售价 25 美元。多尼将钱给了卖家，叫来一个有手推车的杂工，付钱让他把管风琴送到了特里蒂科的小屋中。管风琴少了一两个键，时而会发出嗡嗡声，在特里蒂科杂乱的小屋里搁了几十年，提醒他多尼有颗好心肠。

多尼过去是民主党人，但曾投票给共和党总统候选人乔治·W. 布什，因为“如果阿尔·戈尔（Al Gore）[①] 相信气候变化，那他就太蠢了，当不了总统”。从此以后，他便转向了右派的共和党。

一个关于多尼的故事在朗维尔流传已久，人们每每复述时总会难以置信地连连摇头。与卡皮一样，多尼多年来在电话公司工作，两人都驾驶修理卡车。一天，卡皮正驾车行驶在高速路上，时速 60 英里。他听到一声喇叭，向卡车窗外望去，大吃一惊地瞧见多尼的车正与他齐速行进，相传时速也是 60 英里——车是倒着开的。多尼还有个著名事迹——他曾悄悄用大头针在同事的泡沫塑料咖啡杯上扎孔，导致杯子莫名其妙地滴水。他曾在森林里伐木、参建阿拉斯加管道、在电话线杆顶上

---

① 美国政治家，民主党人，曾参加 2000 年总统选举，因在全球气候变化与环境问题上做出贡献，获得了 2007 年度诺贝尔和平奖。

操作电线——都是危险的工作。[1]他还超速驾车，对环保人士深恶痛绝："他们说起污染来没完没了。"如果说贾尼丝·阿雷诺的忍耐源自对其团队——共和党的忠诚，杰姬·塔伯的忍耐来自一种克己的宗教态度，多尼的忍耐则来源于对胆量的崇尚。他是个牛仔。

大家的盘中都已盛满食物，人人都落座并做了祷告。卡皮弟兄坐在首位；多尼和迈克·特里蒂科分坐在他两侧，隔桌相对。多尼和迈克都生活在朗维尔，都是常去教堂的白人，他们是邻居和好友，却在一个问题上分属对立阵营。他们俩都很看重荣誉和正直，却又在关键之处有所不同。迈克的母亲虽然精神状态不稳定，却是大学毕业生，迈克自己也读过三
年的医学学位，后来又读了两年海洋生物学硕士，继而退了学。 184
多尼的父母均未上过大学，而多尼自己攻读过林业学位，不久便放弃了。

两人开始聊起莱克查尔斯二氯乙烷泄漏事件，那是美国历史上最严重的有毒化学物质泄漏事件。泄漏发生于连接康德亚－维斯塔公司和大陆石油公司码头的管道，1994 年被发现。如前文所述，康德亚－维斯塔雇用了五百名清理工人，让他们从已使用 40 年的管道下清理含有二氯乙烷的泥土；这是污染物的一部分，而泄漏的化学物质总量预计在 1900 万到 4700 万磅之间。公司向工人们提供的防护装束并不齐备，到 20 世纪 90 年代末，很多人开始出现呼吸不畅的问题，他们将康德亚－维斯塔告上了法庭。[2]

但问题并未止于此。一些地下的二氯乙烷渗入泥土，缓缓流向 10 号州际公路大桥的桩基。这座桥连接莱克查尔斯和韦斯特莱克，日均车流量 50000 辆。马多娜·马西曾说这座桥"吓

人”。杰姬·塔伯不从桥上通过。其他人也说，这座桥有些“奇怪”——却没有提起二氯乙烷泄漏一事。

客人们纷纷起身，给自己的盘子里重新盛满食物，然后又满怀期待地坐了下来。多尼·麦科克代尔和迈克·特里蒂科即将就 10 号州际公路大桥下的二氯乙烷泄漏展开辩论。

10 号州际公路桥

“州里的公路部现在说，要关闭 10 号州际公路桥，不再另建新桥，这是头一遭，”特里蒂科开口道，“他们没法挖至基岩，因为二氯乙烷渗透过的泥土太松软了。此事说明，**他们**（莱克查尔斯的市长和城市工程师）知道危险的存在。我们害怕这座桥，但愿政府当初的监管更严格，这无可非议。”特里蒂科遵循的是**预防原则**，在与多尼的辩论中，他一次又一次地回归这一原则。“这是医生们遵循的原则：首先不要伤害。”他感到，在 10 号州际公路桥问题上，你需要得力的政府。

185 “不要迁怒于公司，”多尼反驳道，“他们不**知道**管道有泄漏。四十年前修建管道时，他们并不知道会发生这样的事。”

迈克：“他们不能说 20 世纪 70 年代时自己不知道二氯乙烷会对今天的土壤造成什么影响。康德亚－维斯塔和大陆石油公司知道二氯乙烷会破坏土壤，因为业界进行过两项不同的研究——把二氯乙烷放在了当地土壤里，而土壤遭到了破坏。”

多尼：“他们并不信服。为什么他们要相信这些‘专家’的话？仅仅因为有专家告诉你某事是真的，并不代表某事就是真的。你要知道，如果你做一件事每天能挣 100 万美元，有人想让你别做了，你便不会说那是真的，直到你**确信**那是真的。换作我也不信。”

迈克："公司故作无知。他们在说，'我要相信自己想要相信的东西，即便你给了我科学证据。'他们对自己的专家提供的信息都无动于衷。"

多尼："专家也会犯错。你记不记得 1963 年通过的安全带法？我那时有辆庞蒂克[①]，车上配有安全腰带，我坐车时会系上。雪佛兰和福特就没有这些东西。'吉姆西'（GMC）牌卡车配着安全带。所以有些人相信这是个好东西，有些人则不这么认为。后来，监管部门得出结论，安全腰带不行。**这么说来，我们都接受了一项愚蠢的监管措施**。"

迈克："如果康德亚－维斯塔和大陆石油想把头埋进沙子里，不承认二氯乙烷会破坏桥下的土壤，那么日后发现他们造成了这样的后果时，他们就应付出代价。"

多尼："你不能总将矛头指向公司，像那些律师似的。"

迈克："那如果**他们**犯了错，祸害的却是**你**的桥呢？假设你坐在车里，而桥塌了——因为泥土太松软。然后假设你死了，对吧？你家人会说，'等一等。'公司之前就知道土壤被他们破坏了。"

多尼："你希望事事完美，公司永远不犯错，可你——还有我们——不能那样生活。如果你力求完美，那就过于谨慎了，因为我们得敢于冒险。他们分裂原子靠的就是这个——冒险，制作疫苗也得靠这个——冒险。他们是有胆量之人。很多好事 186
之所以能发生，是**因为**人们**勇于**冒险。而在这些环境法规之下，我们过于谨慎了。我们是在避害而非趋利。

"生活在文明社会中，我们得勇于冒险。错误**在所难免**。仅

---

① 美国通用汽车公司旗下品牌之一。

靠事事追求完美是无法获得成功的。人们得从自己的错误中学习。如若不然，我们便无法取得今天的这些发现，生活在我们如今拥有的塑料世界中——汽车方向盘、电脑、我工作中打交道的电话线——其中很多是塑料制成的。如果都像你一样规避风险的话，我们便无法建成这个国家。我们想回到棚屋中，在煤油灯下看书吗？事故是不可避免的。从前他们还会把煤油撒了呢。那又如何？你会希望他们从没用过煤油吗？”

迈克：“没人说要回到煤油灯时代，或是从不犯错。”

多尼：“监管就像**水泥**，一旦铺开，它就会变硬，然后永远留在那里。”

人群中响起一阵笑声。女士们现在坐到了男宾桌周围。

多尼（继续说道）：“事物一旦遭到监管，便很难再摆脱。因此，年复一年——每次只有一点——但一段时间以后，情况便成了现在这样，像是变硬的水泥。**一切**都被监管了。我们都被困在了水泥里。”

话题转向了对操场打架过于严格的管理。“想占上风、想得到自己想要的东西，这是孩子们的天性，”多尼说道，“只有在一方害怕嘴唇被打破时，打斗才会结束。这是自然秩序。管理打破了这种秩序。我们没有看到过度管理的作用。”

迈克：“我没有说监管一切，或是避免所有错误。我只是不希望我们犯下**某些类型**的错误——在水中泄漏化学物质，致使人们患上罕见的脑肿瘤和子宫内膜异位症；或是让人们在即将坍塌的桥上开车，令包括孩子在内的无辜民众死亡。如果我们知道有办法可以预防，为何还要任由这些事发生呢？”

多尼：“我认为不幸的是，我们都得受些打击。我们都要独
187 立自主地做出决定。在监管过度的情况下，政府几乎是在替我

们生活。你不再是自己了；你就是政府。”

迈克：“那么如果你自愿行驶在 10 号州际公路桥上，结果受了伤，这是**你**自己的错吗？”

这时，多尼的养女——一个 16 岁的漂亮姑娘——在他大腿上坐了下来。他搂住她，继续辩论。“我会说在很大程度上是这样的。我不敢讲孩子们会怎么说。”

一个孙子绕着桌子，彬彬有礼地依次询问各位客人，冰激凌上是否需要草莓。

“你可能会生病的，”迈克·特里蒂科告诉多尼，“我就病过。印德河的自然环境现在就病了。事实上，它的病正是像你这样想的人造成的。如果重要领袖的决定基于蛮干心理，人们便很难拥有足够的安全感，过上富有创造力的生活。”

房间里安静了下来。两人即将开始真正的较量。

迈克继续说道：“试想一下，如果你像我一样，想要查明二氯乙烷泄漏的因果，可公司不说，州政府也不说。通过《信息自由法》（Freedom of Information Act），你拿到 3000 页被修改涂抹过的文件，结果还是不知道事件真相。我们为何不得不接受这种事？这样一来，受伤或死掉怎么能是我自己的错呢？”

多尼：“即便要降低风险，那也应该由普通人自己行动。我也冒过险，那时我在威利·鲍德温（Willie Baldwin）那里工作，是个伐木工，我们用原木搭桥，用链条把木头拴起来，然后载着一大车原木开车过桥。这是有风险的，确实有个人受伤了。你得接受风险。但告诉我们某件事是否太冒险的应当是**真人——而不是政府**。”

迈克：“但你需要一些对很复杂的事物有更多了解的专业人士，这样才能在复杂问题中用上所有可用的信息。”

多尼："可这事普通人就能做。有人抱怨一个沥青坑有臭味，它便被关闭了。"

188 迈克："那如果沥青坑的所有者不同意将其关闭呢？"

多尼："那就找个律师。"

辩论还在继续。现在所有人都拿着第二份草莓冰激凌回到了桌旁，女士们给大家端来咖啡。特里蒂科感到多尼不知不觉中成了化学公司的喉舌。他欣然接受了**它们**用**我们**生命冒险的权利。而多尼虽然承认迈克在此事上掌握的信息更多，却感到特里蒂科是在为**监管部门**说话，而监管部门会将社会变成一块巨大的水泥。这些年来，两人持续在互联网上争执。一次，迈克安排了一位教授在莱克查尔斯就全球变暖问题进行演讲，一篇网络新闻随后报道了此事。迈克看到一个诋毁性留言，指责教授传播"谎言"。留言是匿名的，但特里蒂科说："噢，那大概是多尼。"[3]

费伊姊妹和其他女士现在坐到了男宾桌的一端，她们将话题转向了政府福利、非婚生子、毒瘾以及不愿以工作谋生的行为。费伊说，领福利的女人常有六到七个孩子。桌边人们的共识是，政府可以供养一个非婚生子，剩下的"五六个"却不行，因为这个女人应该吸取教训了。[4]

迈克和多尼的辩论也反映在 1997 年一项更广泛的研究中，研究对象是路易斯安那州一家化学工厂的 400 名员工，该公司处理的材料易燃、致癌、可能致使生物体发生变异。来自布朗大学（Brown University）的研究人员约翰·鲍尔（John Baugher）和 J. 蒂蒙斯·罗伯茨（J. Timmons Roberts）询问工人们，"你工作中**接触**危险化学物质的频率如何？"以及，"你对接触这些危险化学物质感到**担心**吗？"[5]研究人员指出，对接触化学物质的担忧与实际接触程度关系不大。考虑到多尼·麦科克代尔这样的计时技工接触化学物质的频率，他们并没有你想象中那么担心。管理人员和文员的担心程度则更高。举例而言，50% 的计时技工说他们在工作中“总是或通常”接触危险化学物质，但只有 40% 的人说自己为此感到担心；感到自己接触化学物质的人比对此感到担心的更多。

在管理人员和专业人士中，自称接触过化学物质的人所占 189
比例较小（10%），但说自己对此担心的人比例则更高（20%）。相对于其实际接触程度而言，工人们的担忧程度较低，管理人员的则较高。[6]研究显示，与男性相比，女性更有可能听取并认真对待警告，提前采取预防措施；而与白人相比，少数族裔如此行事的可能性更大。[7]当被问及多种风险时，在所有群体中，白人男性认识到风险存在的可能性最低。[8]也许多尼更像是白人男性技工，而迈克·特里蒂科则更像公司管理人员。

在应如何解决接触化学物质的问题上，两人的看法亦有分歧。他们对**荣誉**有不同理解。多尼在一些工作中会面临危险，他倾向于勇敢应对，将勇敢视为一种荣誉。特里蒂科面对危险的情况较少，他想要减少人们对勇气的需求。本质上，多尼说的是：“我很强大。你很强大。大自然也很强大。我们受得了。”如此看来，他像是牛仔。特里蒂科重视预防原则，究其本质，他表达的意思是：“我们需要的真正力量是站起来反抗工业和万能的金钱。”

过去，迈克自己也冒过另一种风险。他曾听说，一位科学家在公共会议上作证，指出一个拟议的疏浚工程存在危险。愤怒的工人们感到他的证词会令他们丢掉工作，便在这场深夜会议结束后将他的车逼出了马路。几个星期后，迈克自己也去了那个会议厅，面对着同一群怒气冲冲的工人对该项目发出警告。最后，其他人提出护送他回家。即便不做牛仔，你也可以勇敢。

我想知道，工厂里情况如何？在那里，起决定性作用的是多尼的牛仔思维还是迈克·特里蒂科的预防原则？在埃克塞尔公司——该公司于 2013 年和 2014 年分别发生过一次大规模爆炸——有一名安全检查员，他的工作是设法降低事故发生的风险。为检查管道和阀门，这个年轻的小伙子时而爬梯登塔，时而挤进机器下的窄缝，在需要更换的管道或需要拧紧的阀门处贴上小红旗。他说，操作员们不喜欢他造访，因为每面红旗都
190 意味着额外的工作。一些人会挥手赶他走："不，今天不行。"他又说道："他们会联手对付我。我不得不找他们老板，他们很不喜欢这样。所以他们一看见我便会说，'老大哥来了。'这是份压力很大的工作。"

听闻这个故事，一位受雇在一家福特电池工厂的电池充电区做酸雾取样的企业工业卫生师讲了这样一件事："为安装空气检测器，我得佩戴一个防护面罩。员工让我把它摘下来，因为工人们看到我这样可能会担心空气对他们的身体不好。但他们根本没有必要这样担忧。一些工人们开始嘲笑我不能像他们（一样）坚持下来，说我是公司娘炮。但他们笑话我时，我看到他们的牙齿因接触硫酸雾出现了腐烂。"

当然，并非所有牛仔都是男性，他们的工作也各不相同。在与我交流过的人中，有一个是州政府行政人员，还有一个是会计，另有几个是持家者。如果路易斯安那州本身也坐在卡皮弟兄和费伊姊妹的餐桌边，它大概会支持多尼的立场。因为如前文所述，在路易斯安那州，你可以在得来速店里买

到一杯扣着盖子、吸管放在一边、盖孔上粘着胶带的冰镇得其利酒，这是合法的。赌博及携带上了膛的枪走进新奥尔良波旁街上的酒吧也是合法的。从这些方面看来，路易斯安那是个牛仔型州。

对多尼而言，牛仔象征着美德。他将创造力等同于胆量——那是伟大的探险家、发明家、将军、胜利者拥有的品质。多尼看重承担风险和面对恐惧的能力。他可以像个男人一样经受磨砺。他可以忍耐。贾尼丝·阿雷诺接受了环境污染，是因为她忠于带来就业的工业及与她立场一致的政党。杰姬·塔伯接受了环境污染，是因为这是“我们为资本主义做出的牺牲”。多尼则是出于对勇气的尊崇。他们都表达了一种深层故事自我。

和几乎所有与我交流过的人一样，多尼不认为自己是个受害者。那是“可怜人”向政府索要救济时使用的语言。“受害者”一词本身就令人不快。事实上，他们对自由派式的受害者论调持批判态度。但我开始怀疑，路易斯安那州西南部这些年长的保守派白人——团队行动者、信徒、牛仔——是否自己就 191
是受害者。他们接受了一个工业体系最糟糕的部分，而自由派则在他们监管严格、污染较少的蓝州中，远远地享受着这一体系的成果。

后来在卡皮弟兄和费伊姊妹的周日餐桌上，又出现了更多分歧。按照奥巴马总统的提议接收 20000 名叙利亚难民？“不行!”桌边众人异口同声地说。“同意。”迈克·特里蒂科道。谁当总统？“唐纳德·特朗普!”多尼道。“不行。”迈克说。一个个问题下来，如此这般。

同时，就在我们从盘中刮掉最后一口美味甜点时——没人对草莓说不，卡皮弟兄也没有伸手去拿那颗维达利亚洋葱——

特里蒂科为引诱自己的对手兼朋友上钩展开了最后一搏。

“那么，多尼，你对开车通过10号州际公路桥有何感想?”

“如果我的孩子们没跟我在一起，”多尼微笑着回答道，“那我会开得很快。”

第 13 章　反抗者：一个有了新目标的团队忠诚者

自制标语牌在稀稀拉拉的人群上方晃动——“巴吞鲁日清 193
洁水源”“佩纽尔湖之友”“清洁水源，洁净海鲜”“石油公司：自己破坏自己解决”。一位身材浑圆的艺术家穿着宽松的紫色裤子、条纹衬衫，头戴一顶白色软呢帽，带着他的洗衣板坐在那里，等着开始他的三人卡津乐队演出。一名抗议者扮成了一只大褐鹈鹕走来走去。活动组织者试图唤起人们的兴趣，但在一个拥有 23 万人口的城市，在这个阳光灿烂的星期六，只有大约 150 人现身。

这场集会的召开地点是巴吞鲁日州议会大厦前的阶梯上，正是在这里，我第一次见到迈克·沙夫。他穿着一件亮黄色的 T 恤衫，胸前印着“科恩河天坑”的字样。他伸出手臂，将一名受害者护送到麦克风前对集会者发言，然而，言语间热泪盈眶的是他自己。“这位女士失去家园已经 582 天了”，他对集会者说，还有“300 多个跟她一样的受害者”。那场灾难过后，迈克变成了一名活动人士。他不希望其他人也经历同样的苦难。迈克是热爱市场、痛恨政府的茶党的忠实拥护者。我想知道，成为活动人士如何改变了他对茶党的态度？

迈克自称是个水孩子。“在我大约三岁时，那时我们还住在
阿默利斯种植园，爸爸曾带我跟他去捕小龙虾。他已在附近的 194

沼泽中设下了网笼。然后他会把我放在一个塑料盆里，自己涉水过河，将网笼清空，一路拖着盆子。我很喜欢这样。”迈克现已 64 岁，住在一座朴素的房子中，房子面对一条水道，水道汇入一条壮丽的河流，这曾是他渴望退休后生活的天堂——一个水畔家园。灾难发生一年半、集会召开一段时间后，迈克独自坐在空荡荡的家中，屋内堆着打包好的纸箱，起居室地面上的缝隙提醒着人们最近发生的地震，车库里还放着个气体检测器。他坐在餐桌前，一面提防着野猫，一面开始就关键议案给路易斯安那州议会的议员们写信：

朋友们，支持者们，尊敬的参议员们：

我的名字叫迈克·沙夫……我曾希望在此度过余生，在临终遗嘱中将这一珍宝留给活着的家人……但现在……我能留下的遗产仅剩业已流下的无尽泪水，得克萨斯卤水公司和我们州政府官员的无礼对待，还有一个残酷现实——虽然我们希望此事不会持续很久，可事实是，这一悲剧永远无法真正得到弥补……

迈克·沙夫，被盗天堂居民，
科恩河，路易斯安那州
2014 年 4 月 24 日

他信中所指是参议院 209 号议案，议案要求各公司在事故发生后 180 天内向受害者支付失去家园的重置补偿。[1]议案的措辞枯燥无味。路易斯安那州的议会中，有很多石油业人士——

老板、前公司员工、投资者、接受竞选捐款的议员——结果议案被搁置了。

另外，得克萨斯卤水公司请求州政府允许其向自己造成的天坑中排放有毒废水，迈克·沙夫就此致信路易斯安那州环境质量局局长表示反对：“哈奇女士……将污染过的水排回天坑…… 195
就像是允许英国石油公司从墨西哥湾撇去浮油，再将其倒回海湾中一样。”[2]

如此这般，一个又一个议案，一场又一场演讲。现在他成了——他仍在抗拒这个词——一个环保活动人士。到 2015 年 8 月，他已经给州政府和联邦政府官员写了 50 封信。他出现在 20 个当地电视采访、15 个纸媒采访和 5 个全国及国际电视采访中。“这是我距离成为环保狂最近的时候。”他苦笑着告诉我。天坑灾难发生后，迈克帮忙将邻居们召集到了一起，他们形成了一个绝望的自助圈子。在那次会议上，有人提议邀请拉塞尔·奥诺雷将军。迈克回忆道，他以为将军不会为这样一小群人露面。但将军很快有所回应，一个新组织继而诞生了：绿军。在另一次采访中，将军告诉我：“第一次会议结束后，我开车回到家，想起迈克，马上意识到与他合作会很棒，我们需要大干一场。绿军后来成了‘巴吞鲁日蓄水层保护’‘立即行动修复路易斯安那’‘密西西比河下游河流保护者’等诸多小团体的伞状组织①——绿军的声音严肃而权威，它们需要以此对抗想要摧毁环保局的石油业和政客。”

“很多人认为环境是个温和的女性化问题，”将军沉思道，“我们需要迈克这样的人。”不要成为一个忍耐污染的牛仔，他

① 各种机构组成的团体，成员间互相协调行动、共享资源。

似乎说。要做一个向污染宣战的牛仔。

但每每在观众面前说起科恩河，迈克都会用手掩住嘴巴，声音不时沙哑。“那次我很不好受，因为所有情绪都涌了回来，最近总是这样，”他向我说起自己在一个茶党组织做的演讲，“伤口还没愈合。”迈克从小便被教导要崇拜牛仔。“南方男人不会哭，”他告诉我，“而且我一向不爱哭。”然而，他仍窘迫地发现，自己在向人们诉说起那场灾难时哽咽不已。他告诉我：“我祈祷有一天，说起此事时能不掉眼泪，只剩愤怒。”[3]

天坑事件发生前，迈克一辈子都在石油行业工作，是个忠
196 实的保守派共和党人，自 2009 年起便是不折不扣的茶党拥趸。他告诉我，自己是个“自由市场派”。但如果公司可以自由地让甲烷气体在你家前院冒泡，民众能拥有多少自由？茶党对此如何作答？这是摆在他面前的问题。

迈克感到自己为美国梦耐心“排队”太久了。他为自己喜欢的老板和公司努力工作，但像收入没有增长的 90% 美国人一样，他被困在了漫长而沉闷的等待中。在科恩河，住着一位埃克森石油公司退休工程师，他妻子是得克萨斯卤水公司的支持者，迈克听闻她说过一番话，这些言论令他很生气。迈克说道：“她住在公路另一侧的豪宅里，那边住着三四十户人家。”她“说漏了嘴，说我们的房子不达标①。我们这一侧的房主协会允许在房宇地段停放拖车，他们那一侧则不允许”。他感到自己过得还不错，可他受不了那样的冷嘲热讽。而且更多财富似乎近在咫尺。迈克曾两次说起当地的“百万富翁”。一个是电视真

① 达不到卫生和安全要求的住宅。

人秀《鸭子王朝》里的大胡子明星，他集保守派观点和卡津人的拓荒本领于一身。另一位是个蓄着胡须的男子，个子不高。我曾跟迈克一同去参加一个天坑受害者与得克萨斯卤水公司的会议，他站在后排，穿着 T 恤衫、蓝色牛仔裤和网球鞋。他说自己是个“穷”人，但在场的人们心知肚明，窃笑起来。不，他衣着寒酸，但是个有钱人。迈克说，周围还有其他像他一样的人，钱比他还多。从阿默利斯甘蔗种植园的排房到大学教育、职业生涯和科恩河河畔的家，迈克过得不错，但他似乎不太确定这些是否足够好。

迈克热爱钓鱼、划船，还喜欢观赏白鹭、白鹮和粉红琵鹭伸展的翅膀。他的电子邮箱名是“沼泽侠”。但这些年来，他白天没什么时间做这些事。“哎，我从 22 岁以来就没休过一个月的假。”他苦涩地说。作为一名“估算员”，他的工作是计算建造大型储油罐和钻井平台所需材料的尺寸、强度、耐热和耐压性能，以及成本。工作头五年，他每年只有一周假期——既包括病假，也包括休假。接下来五年，每年有两周假期，十年 197
后增至三周。整个职业生涯期间，迈克一直渴望白天可以在大自然中度过闲暇时光。因此到了快退休的年纪，他已经快等不及了。他盼望着与新一任妻子在一起的时间，钓鱼打猎的时间，与孙辈共享天伦之乐的时间。

后来便发生了天坑事件。

上次科恩河教堂礼拜活动时，居民们用法语唱了《奇异恩典》（*Amazing Grace*）。活动结束后，迈克的邻居和朋友们四散至露营车、汽车旅馆和亲戚家的客房中，科恩河变成一座鬼镇，被 32 英亩的有毒污泥包围蚕食。他们从前的那些快乐时光——水煮小龙虾和炸鱼、艾迪小姐的鸟屋派对、当地举办的狂欢节科恩河渔船游行——都已一去不复返。迈克曾试着将损失抛诸脑后。但三年过去了，他仍在说："科恩河将永远是我们的家园。"

作为一名新晋活动人士，迈克多年来在石油领域的工作背景成了一笔珍贵资产。他了解地质知识，了解经济情况，了解当地地形。他对危险化学物质有第一手认识。小时候，他曾蹲伏在甘蔗田中看着"派珀幼兽"撒药飞机从低空掠过，飞机的轮子几乎擦到甘蔗茎顶。飞行员喷洒完雾状滴滴涕，开始在一排甘蔗的尽头拉升。这时，迈克会猛地从茎间冒出头来，沐浴在杀虫剂喷雾中，看着飞机转向另一排作业。他了解认识不足。但对迈克而言，新鲜的是对政治的近距离审视——尤其是共和党州长鲍比·金达尔表现的对环境的态度。

在更切身的问题上，迈克发现自己被夹在两个群体之间，颇不自在。在政府和税务问题上，他百分之百站在路易斯安那州茶党一边。如深层故事所言，腐败的州政府官员似乎"插队在"他前面。他认为公务员应当像有献身精神的修女，可二者没有一点相近之处。他对大多数路易斯安那州监管官员没什么敬意，理论上对联邦政府监管官员亦是如此。但有一次，州政府官员声称在科恩河地区没有检测到石油，迈克对此表示质疑，要求更可靠的"联邦的人"进行复查。[4]

198 但如今，迈克的新环保战友中99%的人都是自由派——有他们自己不同的深层故事，这一问题我会在后文中有所涉及。"我可以接受七成。"他说。他们认为路易斯安那州"发放钻井许可就像发糖一样"，对此他很赞同。他也赞同他们在水力压裂问题上的看法，并同意应该让工业修复其行为摧毁的海岸。他同意应发展可替代能源。这一方面，路易斯安那州在 50 个州中排第 42 位。在为开端计划、佩尔大学助学金[①]、“奥巴马医改”[②] 或社保提供资金的问题上，他与自由派持不同意见。那没关系。但在迈克的脑海深处，他想将环境问题加入茶党的议程。这能有多难呢？他想找出答案。

天坑前的灾难

灾难会发生，被人们遗忘，然后再度发生。与哈罗德和安妮特一样，迈克现在也成了记忆者。他面临的挑战是如何让科恩河天坑成为最后一起此类事故，一桩人人都能记住的事件。

1980 年，在科恩河天坑以西约 50 英里处的佩纽尔湖，发生过一起更具灾难性的钻孔事故。德士古公司（Texaco）[③] 在湖底钻了一个洞，刺穿了湖下的一个盐丘。因此形成的漩涡吞没了两个钻井平台，十一艘驳船，四辆平板卡车，一艘拖船，大片的土地、树木、卡车，一个停车场和一整个 65 英亩大的植物园。神奇的是，无人死亡。几天后，九艘驳船又冒了出来，另两艘则消失无踪。在灾难发生的那天，一个男人在湖上钓鱼，将摩托艇拴在了一棵树上。但那棵树也开始向漩涡移动。发现这一状况后，男人迅速将船从移动的树上解开，以最快速度呼啸而逃。

然而数年后，出现了一部有关佩纽尔湖灾难的纪录片，抚平了关于此事的记忆。旁白言简意赅，称这些事发生在遥远的过去，影片则将重点放在了颇有些讽刺意味的趣事上。电影由

① 美国联邦政府为有需要的大学生提供的助学补贴。

② 即《平价医疗法案》。

③ 美国大型石油公司之一，又称得克萨斯石油公司。

当地商会拍摄，似乎放松了观众的神经。当然，旁白对无人死亡表示了感恩。但电影没有责怪德士古公司，而是将镜头聚焦在小小的钻头上，仿佛钻头是自己刺穿了盐丘。影片结尾处，
199 出现了鸟儿飞过平静湖面的画面，还有一个旅游局网站，邀请游客参观“事故发生”的地方。瑞普·凡·温克尔花园（Rip Van Winkle Gardens）的宣传册甚至用一段关于这场灾难的视频来招揽游客：“来杰弗逊岛（Jefferson Island）的瑞普·凡·温克尔花园观看盐矿吞没湖泊，然后游览瑞普栖息地（Rip's Rookery），粉红琵鹭每年春天在此筑巢。”[5]

还不止如此。科恩河天坑事件发生仅 8 个月后，州政府便再度颁发了钻探许可——那是佩纽尔湖的一个大型新项目。[6]政府准许国内最大天然气分销商 AGL 资源公司（AGL Resources）疏浚湖泊并打三口“废料井”，用来存放有毒废料。政府还批准公司另挖三口井，用于存放天然气，再挖一口用于开采卤水，所有井都位于佩纽尔湖下的盐丘中。[7]“感谢上帝，他们认定盐丘不能用来存放核废料！”迈克说道。[8]

记忆是短暂的。科恩河天坑事件（2012 年）的涉事钻探公司已经忘记了佩纽尔湖（1980 年）发生的灾难。现在，佩纽尔湖 AGL 资源公司正在忘却这两起灾难——或是对其充耳不闻。牛仔们掌管着监管部门。拯救佩纽尔湖（Save Lake Peigneur）和路易斯安那州环境行动网络（Louisiana Environmental Action Network，LEAN）联合起诉了州政府。一名州法官下令暂停钻探行动，到本书写作之时，情况仍无进展。

迈克独自待在被毁的家中，坐在餐桌旁奋笔疾书，恳请一名州参议员投票禁止政府于一年内颁发在地下盐丘洞穴中储存有毒废料和卤水的新许可，直至更严格的准则出炉。此举旨在

阻止佩纽尔湖地区的钻探活动。法案未获通过。[9]

迈克开始为另一个大目标而奋斗——路易斯安那州茶党本身。为何他们不能加入正义之战？长期以来，路易斯安那州海岸地区一直在缓缓沉入墨西哥湾。该州海岸贡献了全国 40% 的湿地，其商业性渔业为国家提供了四分之一到三分之一的海鲜。专家们一致认为，地面下沉的一个主要原因是石油开采和盐水入侵。多年来，石油公司疏浚了数百条水道并铺设了管道，在墨西哥湾开采的石油由此被输送至内陆地区。盐水沿水道渗入地里，造成了草类死亡，这些植物曾帮助路易斯安那州抵御频 200
繁侵袭的热带风暴。1930 年以来，该州失去的土地面积大小相当于特拉华州——平均每小时流失一块橄榄球场。[10]

国家海洋和大气管理局（National Oceanic and Atmospheric Administration，NOAA）面前摆着一项惊人的新任务：删除沿海地区邮政地址。[11]黄棉湾（Yellow Cotton Bay）不见了，那里曾经是普拉克明堂区的一个大渔村。码头小道（Little Pass de Wharf）和回跳湾（Skipback Bay）也不见了。大河教堂靠支柱支撑着；一座小型公墓仅可乘船前往。[12]现在，31 个社区仅存在于历史记录中。让·查尔斯岛（Isle de Jean Charles）居民是接受联邦政府帮助，迁往不受洪水威胁之处的第一批“气候难民”。[13]

卡特里娜飓风后，州议会成立了东南部防洪委员会，其任务是制订一份计划，保护路易斯安那州免遭洪水侵害。委员会得出结论称，最佳行动方案是填埋水道、修复海岸。鉴于这是石油企业在合同中同意却未能完成的任务，2014 年，委员会做了件破天荒的事：状告 97 家应对此负责的石油公司。金达尔州长迅速打击了这个来势汹汹的委员会。他开除委员会成员，并质疑其提起诉讼的权利。议会也做出前所未有之举，投票收回了相关人员起诉的权利，令官司——**依照溯及既往的原则**——失去了法律效力。一项议案（SB 553）要求修复海岸的费用由州里的纳税人而非石油公司承担。

迈克看到了机会。他仍在科恩河的餐桌前写信，收信人是路易斯安那州茶党的其他成员们——该组织的活动中心位于新奥尔良。降低**税收**！他想他们一定会支持此事，因此安排了与他们在巴吞鲁日的 TJ 肋排馆碰面。

然而，在迈克说明了自己的想法后，茶党成员们却面无表情。环境问题？那是自由派的事。一个人把绿军和绿党弄混了。令迈克惊讶的是，还有人提议将费用负担从路易斯安那州纳税人身上转嫁至全国纳税人身上。“计划彻底泡汤了，”他后来告诉我，“我还邀请了将军，不得不为浪费了他的宝贵时间而向他道歉。”

迈克没有气馁，他在另一个茶党聚会上又进行了一次尝试，
201 这次是在路易斯安那州中北部的拉斯顿（Ruston）。他再次邀请了奥诺雷将军，将军再度发言，这一次戴上了他饰有美国国旗和鹰的领带。本次的话题是盐水流入饮用水，这次茶党成员听了进去。“为何将环境问题留给左派？”迈克说道，“这也应当是我们的问题。”

但我不明白，这样如何行得通——将关心环境与茶党的呼声相结合？茶党要求切断环保局的资金——若非解散该机构——并对其他政府机构也采取相同办法。迈克的答案是自由市场。“跟着钱走，”他说，“让做正确的事符合各方经济利益。得克萨斯卤水公司冒了险，但它买保险了。相关保险公司又买了后备保险。确保不发生事故符合那些保险公司的**经济利益**。

让**它们**来监管。”他又说道：“保险公司需有担保（第三方担保者在发生问题时给予赔偿）。这就行了。我们需要联邦政府提供的就是监狱、法院、法律和担保。用不着联邦监管机构监管企业。”

有意思，我想。但等等。最初造成天坑灾难的不正是这样的安排吗？得克萨斯卤水公司由总部位于纽约的自由保险公司承保。这家保险公司有第三方担保，但它拒绝赔付并起诉了得克萨斯卤水公司。其他承保的公司亦是如此，而得克萨斯卤水公司则反告了这些公司。你有法院、法律、监狱和担保，得到的却是生态和法律的双重混乱。此外，资金雄厚的公司不是雇了很多律师来对付只有一个律师的受害者们吗？我问。“不，”迈克反驳道，“是资金雄厚的石油企业对抗资金雄厚的保险公司。”即便如此，你难道不需要另一方——一个联邦机构——作为平衡力量吗？

我又想到李·舍曼在匹兹堡平板玻璃公司的日子、被橡胶包裹的马、令年少的贾尼丝·阿雷诺以为世界末日将至的工业爆炸，想到印德河一带阿雷诺家逝去的亲人、死去的动物和失踪的青蛙，想到海鲜公告发布前发生的事。我想到环保局成立前的日子，而这一切都发生在一个山河壮美、亟需得到保护的州中。多尼·麦科克代尔说一些事故必会发生，此言不虚，我想。但如果没有一个基于共同利益的国家视野，我们没人能给 202
孩子们留下一份自然遗产，或者如将军所言，获得“自由”。自由市场没有让我们成为一个自由的民族，我想。但我又滑到了同理心之墙的我这一侧。

对于这些想法，迈克有一点点同意——或许可以在环保局维持最基本的人员配备吧。但他感到，环保局在为一项虚构任务——降低全球变暖的影响——攫取职权和税款。这只是扩大职能的又一个借口，政府一贯如此。总体而言，联邦政府正在侵蚀人们钟爱的社区，比如他热爱的那些地方。而且倘若联邦政府与路易斯安那州政府有相似之处——他认为答案是肯定的——那么联邦政府便不配得到信任，也不配得到人们的税款。[14]在迈克心中——还有我在此结识的所有右派人士心中——“联邦政府”占据的心理空间与一个财政天坑联系在一起。

事实上，2009 年政府对陷入困境的银行、企业和置业者伸出援手后，联邦政府似乎就与更多插队者站在了一起。现在，**债务人**也插到了队伍前面，而联邦政府还鼓励他们如此行事。这是社会冲突一种奇怪的新表现，这场斗争不宣而战，出现在一个新舞台上，不受阶级**本身**界定的各个群体——黑人、移民、难民——均混战其中。作为其代表，政府就成了敌人。

在私人层面上，还有一件事——联邦政府不支持男人有男子气概。关于这一问题，自由派的立场一定有问题。做男人不容易。这年头，男子气概似乎面临许多微妙的挑战。现在，女性不需要男人的财政支持，生孩子，甚至结婚也不需要男人。眼下人们又开始谈论变性人，那么男人究竟是什么？此事令人不安，大错特错。究其根本，作为一个男人，你得愿意在战场上失去生命，愿意用你的力量保护弱小。今天还有谁记得所有这些？迈克感到，婚姻完全是男女之间的事。他认为，人们明确自己的身份是件好事，而军队就起到了这一作用，还为有天赋但家境普通的人提供了一条通往荣誉的道路。同时，那些几
203 乎被男性包揽的生活领域——警局、消防部门、部分美军和石油钻塔——需要对抗这种对男子气概的文化侵蚀。联邦政府及

环保局保护了**生物**环境，却允许——有时似乎还导致了——一种**文化**侵蚀。在我的茶党朋友们看来，美国文化遭到了严重污染和破坏，会对人们产生不良影响。而面对这种污染，茶党仍傲然屹立。

迈克是个斗士，却不是牛仔；他心存信仰，却不是信徒；他是个团队忠诚者，却对自己的团队颇有微词。他想要的团队会撤销大部分联邦政府机构——他认为美国的许多问题都是政府之过。他仍然认为很多问题的解决不能依靠政府。但在最需要帮助的时刻，面对科恩河天坑，他曾呼吁环保局检查他家附近的甲烷气体浓度。迈克认为我们需要警察在街上维持治安，却不太确定是否应该让环保局保护水路——它可能会变得太过专横而庞大。

迈克说，在科恩河天坑事件的大多数受害者搬走后，晚上，“我会走出家门，仰望星空，而所有房子里都漆黑一片”。迈克搬走前的那年，还有零零散散几户居民也留在了自己被毁的家中。其中之一是迈克的邻居兼好友尼克。尼克的妻子正与乳腺癌进行第三轮较量。她当时在接受放射性治疗，因此尼克觉得带她搬家不是明智之举。

一天晚上，迈克向炖龙虾街对面望去，看到尼克只身一人站在自家草坪上。他正在吸烟，烟雾袅袅升起，飘向夜空。“他已经在天坑事故中失去了家园。他的妻子病了。他们的狗快死了。但我感觉他心情不好是为别的事，”迈克说，“所以我走到街对面去找他。他刚得知，儿子得了胰腺癌。”

迈克将手搭在尼克肩上，两人一起哭了很久。

第四部分
走向全国

第 14 章　历史的火焰：19 世纪 60 年代和 20 世纪 60 年代

回首过去，我路易斯安那州茶党朋友们的情感似乎受到三 207
股力量影响，其中之一常被提及，另外两股则不然。一来，茶党运动只是历史学家理查德·霍夫斯塔特（Richard Hofstadter）所谓的“美国政治文化独具的大众化冲动”的一长串周期性的夸张表现形式之一。[1]19 世纪及 20 世纪曾兴起针对世俗主义、现代性、种族融合和专家文化的运动。但在茶党之前，没有任何一场运动曾如此有力地担负起扭转进步改革和撤销联邦政府机构的双重事业——这一运动是对深层故事做出的反应。那么在这一长串此类运动中，为何是这一个？我认为，为回答这一问题，我们必须审视历史上的两个关键时刻。一是 19 世纪 60 年代，这一时代对南方来说有特殊意义。二是 20 世纪 60 年代，这一时代在全国右翼人士中引发共鸣。

美国当代向右转的倾向主要发生在南部，这也是吸引我前去那里的原因。当然，成为茶党成员不一定要是南方人，但南方白人是茶党的一个中心。我对南方历史的兴趣在于（我们不妨称之为）一系列情感凹槽（emotional grooves）。借由其祖先的生活，这些凹槽被深深刻进我在此结识之人的脑海和心
中——他们中许多人的祖先曾是小农场的白人农民。令我感到 208
好奇的，并非一些想法的历史渊源，而是过去如何将阶级认同

模式固定在我们的脑海中，而我们又将之投映于当下。它们会令人们想要有何感受？认为自己应该有何感受？有何实际感受？简而言之，来自祖父母、老师和历史书的故事会对我结识之人的想法产生何等影响？

19 世纪 60 年代

用 C. 范·伍德沃德（C. Vann Woodward）的话来说，种植园制度令南方成了“一块独特地区”。自然，该制度对富裕的白人种植园园主和黑人奴隶有深远影响。但我们常常忘记的是，它也给另一大群体留下了深刻烙印——贫穷的白人雇农、自耕农和佃农；我在路易斯安那州认识的一些人中，他们的祖先便来自这一群体。W. J. 卡什（W. J. Cash）在其经典著作《南方的精神》（*The Mind of the South*）中写道，种植园制度“筑起围墙……（这些墙）将白人围在其中，他们却看不见其存在”。[2]贫穷的白人看不到自己“被困在边缘化的生活中”，而认为“自己也可能成为种植园主或工厂大亨”。[3]

在围墙内，文化想象集中于两个群体——主宰者与被主宰者，极富与赤贫，自由人与被束缚者，羡慕对象与同情对象，鲜有中间状态。富裕的种植园园主坐在欧式椅子上品着外国红酒，他们的豪宅有白色立柱和水晶吊灯。他们认为自己不是邪恶的压迫者，而是慷慨的恩人，贫穷白人们也认为如此。[4]在另一个极端，贫穷的白人看见的是奴隶可怕而悲惨的生活——他们饱受创伤，早早离世。这在他们脑海中呈现了一幅最好和最糟人生命运的图景。与新英格兰农村的生活相比，在这里，向上令人艳羡的财富要多得多，向下令人生畏的苦难亦然。[5]这样的制度令人联想到一条自己的隐喻意义上的队伍——在这条等待实现美国梦的队伍中，前方幸运者的空间很小，身后被忘却者的空间则很大。[6]

在顶层和底部之间，卡什写道，贫穷白人住在没粉刷过的房子里，“栅栏松松垮垮……谷仓摇摇欲坠，里面却堆满了玉 209
米”。[7]然而，随着种植园制度的发展，情况变得越来越难以忍受。种植园园主买下了最理想的肥沃平原，将贫农赶到了贫瘠的高地上。如果贫穷的白人农民想要搬去更好的土地上，他们便会发现，种植园园主已“占下了那里最好的地”，甚至到了“密西西比河以外的地方”，在“阿肯色州和得克萨斯州，他们拥有充足的资金，还有大批可靠的奴隶”。[8]贫穷的白人们被赶回“红土山丘、沙地、松林泥炭地和湿地——南方所有贫瘠的土地上”。[9]为种植棉花和甘蔗，种植园园主破坏了森林，令“农民的餐桌上”失去了“原先多种多样丰富的食材”，其食物只剩下“玉米面包和尖背野猪肉”。[10]由于种植园园主依靠奴工，且他们的大部分干草、玉米、牛肉和木材都是从北方或中西部买来的，贫穷白人便成了剩余劳动力，只能靠自己生产的东西过活。[11]他们遭到边缘化，劳动不被人需要，还背上了粗鲁的绰号——白人佬（crackers）、白垃圾、穷白人（po buckra）。

将祖先的历史置于我们今天的深层故事中，19 世纪贫穷白人在美国梦队伍中的位置很靠后。没有大批其他族裔和异性的人“插队”。种植园制度对重新分配的概念深恶痛绝。也没有什么政府出资提供的公共资源，在公立图书馆、公园、学校、大学方面，南方均大大落后于北方。

后来内战爆发，北方踏平了南方。城市被焚毁，田地一片荒芜——部分是邦联军撤退时所为。内战后，北方人用自己挑选的州长替换了南方州政府。逐利政客来到了这里，在我的访谈对象们看来，他们是北方统治者的代理人。北方来的剥削者、本地愤怒而饱受创伤的黑人、来自各方的道德谴责——这就是一些人向我描述的场景。20 世纪 60 年代，当自由行示威者[1]和民权活动人士到来，要求出台新的联邦法律以废除《吉姆·克罗法》[2] 时，爱说教的北方人似乎又来了。

再来便是“奥巴马医改”、全球变暖、控枪、堕胎权——
210 我想知道，这些问题也落入了历史的情感凹槽吗？这是否令人感到像是来自北方和华盛顿的又一记重击——将褐鹈鹕放到了排队等待的茶党人士前面？与朗维尔的卡皮·布兰特利聊起 2016 年总统大选时，他温和地笑了笑说：“希拉里·克林顿、伯尼·桑德斯——他们是北方来的。”

换一套戏服

“从巴吞鲁日一直到新奥尔良，沿河两岸都有大甘蔗园……这些房屋紧密相连，很远都不间断，”马克·吐温在《密西西比河上》中写道，“因此这条宽阔的大河在这两排房屋之间，就好像是成了一条很宽的街道似的。”[3] 在这条延绵 70 英里的狭长地带上，矗立着约 400 栋雅致的宅邸，它们有两三层楼高的白色希腊式立柱、橡树成荫的步道、精心修葺的花园和池塘，是美国的古老城堡。这些宅子是用出售棉花的收入建成的。

石油是新的“棉花”，而种植园文化则仍在延续。事实上，一些有白色立柱的大种植园宅邸现在已被石油石化公司买了下

---

① 乘坐公共汽车等在美国南部各州为抗议种族隔离进行示威性旅行的民权工作者。

② 美国南方各州实行种族隔离制度的法律。

③ 该译文摘自《密西西比河上》，马克·吐温著，张友松译，人民文学出版社，2016 年。

来。陶氏化学公司买了四个种植园——包括澳大利亚种植园和阿布纳·杰克逊种植园（Abner Jackson Plantation），并在后者的大房子[①]中举办会议。“我们一直都是个种植园州，”杜兰大学法学教授奥利弗·霍克（Oliver Houck）说道，“石油和天然气只是把农业‘种植园文化’变成了石油‘种植园文化’。”[12]像棉花一样，石油也是需要巨额投资的单一商品，也与棉花和糖一样，主宰了经济。

当然，棉花和石油的相似之处也是有限的。如今，石油行业承诺给路易斯安那人带来繁荣，而棉花大王则未对贫穷农民或奴隶有过这样的保证。从好的方面来讲，石油带来了恢复旧日荣光的机会。因为如果说在全国人民眼中，种植园制度给南方带来了耻辱，那么石油则带来了骄傲。路易斯安那州化学协会对其在投资、利润和就业方面的贡献大加赞颂。但这个新种 211
植园给予的似乎更多——没有奴隶宿舍的大房子。

与此同时，正如自耕农被赶走，给糖和棉花种植园让路，石油也如保罗·坦普莱特所言，在一定程度上将海鲜产业和旅游业挤了出去。一次，我在夏天来到路易斯安那州，遇到一个健谈的男人，他也遭遇了这样的事。他头戴一顶羊毛邦联军帽，身穿一身制服，汗流浃背地在经过修缮的橡树巷种植园（Oak Alley Plantation）中扮演历史人物。这是滨河路一带最为宏伟的一栋宅邸，现在成了热门旅游景点。他被安排在大房子后面的一个小帐篷里工作。帐篷中陈列着一支内战时期的步枪，衣架上挂着一套邦联军制服、帽子和背包。他四十多岁，一头金发，为人友善，扮成了一名 19 世纪 60 年代的邦联军士兵，靠向人

---

① 种植园园主庄园中的主屋。

介绍这个虚构人物的生活细节赚取报酬。他做得有模有样。

当时，帐篷里没有别人。他邀我一同在小桌边坐下聊天。他没有念准备好的台词，而是告诉我说：“石油是新的‘棉花’。我出生的地方离这儿八英里。我妻子和我在一个占地八英亩的农场里养赛马。一家石油公司申请获准在离我们家半个橄榄球场远的地方建一个油库（一种巨大的储存设施，可储存多达4600万桶原油）。我们无计可施。没人能阻止的了。我们也没法把房子卖了，因为现在挨着油库，房子贬值了。”

接着，男人不经意地看了看四周，仿佛在确认有没有人偷听。“我在这里穿上戏服，扮演一名邦联军士兵。南部邦联想要摆脱联邦政府的控制——想要与联邦分离。但你无法与石油分离，也无法与一种心态分离。要拥有或摆脱某种心态靠的是你的觉悟。但要聊此事，他们应该让我换一套戏服。”[13]

20世纪60年代至70年代的回声

一个世纪后，另一个历史遗留问题将激化南方乃至全国的右派运动。20世纪60年代至70年代，一系列社会运动兴起，
212 在某种程度上打乱了“排队等候”者的顺序，并埋下了怨恨之火，多年后熊熊燃烧起来，催生了茶党。[14]这一时期，大批弱势人群涌现出来，大谈自己遭到的不公正待遇——逃离南方《吉姆·克罗法》的黑人、工钱过低的拉丁裔农场工人、日裔集中营受害者①、受到严酷对待的美洲原住民、来自各地的移民。接着女权运动开始了。女人们在家中负担重重，在职场上只能担任办公室文书和教师工作，还面临骚扰的威胁，她们再

① 珍珠港事件爆发后，美国对日本等国宣战，在美国的日本人以“战时敌人”的名义被关入集中营。

度要求在美国梦的队伍中拥有一席之地。再后来，同性恋者大声疾呼，反对他们遭遇的压迫。环保人士为没有森林的森林动物争取利益。现在濒临灭绝的褐鹈鹕扑扇着油乎乎的长翅膀，也在队伍中拥有了自己的位置。

从 60 年代向 70 年代过渡之际，一场以社会和法律制度为焦点的运动转变成以个人身份为焦点的运动。现在要想获得公众支持，做个美洲原住民、女人或同性恋者就够了。无论左派还是右派，许多人的耐心都经受了考验。所有这些社会运动令一个群体留在了队中：年长的白人男性，如果他的工作领域不特别有益于地球的话就更是如此了。他也成了——或即将成为——一个少数派。

倘若民权运动和女权运动将矛头指向享有权利的白人男性，也许就到了人们将白人男子也看作受害者的时候了。他们的声音将被听到，他们将获得尊重，被置于——或留在——队伍前列。然而，白人男性面对一个恼人的矛盾：你如何一面加入身份政治游行，一面让游行的队伍停下脚步？

20 世纪 60 年代的决定性时刻或许发生在南方，那里当时仍是全国最保守的地区，对 1964 年 6 月开始发生的巨变最没有准备：自由之夏。[15]一千名学生展开了密西西比之旅，其中很多人来自精英大学。他们展开选民登记活动，教授黑人历史，以自己力所能及的方式帮忙出力。（我丈夫亚当和我也在其中。）60 名民权工作者在路易斯安那州普拉克明接受了选民登记培训。虽然大多数黑人的选民申请遭到了拒绝，但仍有一千余人平生第一次成功登记。众所周知，黑人学生彼时试着打破午餐 213
柜台、餐馆、旅馆、住房、学校和大学的种族隔离。

这种行为很危险，对黑人而言尤其如此。1964 年夏天，三名选民登记活动义工在密西西比州费镇（Philadelphia）被 3K 党谋杀，包括一名黑人、两名白人——詹姆斯·钱尼（James Chaney）、安德鲁·古德曼（Andrew Goodman）和迈克尔·施沃纳（Michael Schwerner）。此事引发了全国抗议，催生了《1964 年民权法》（Civil Rights Act of 1964）和《1965 年选举权法》（Voting Rights Act of 1965）。1062 人被捕，37 座教堂遭到焚烧或炸毁，30 名黑人的家或公司也被炸毁或烧毁。也是在这一年，密西西比自由民主党（Mississippi Freedom Democratic Party）代表团在民主党全国代表大会（Democratic National Convention）上对通常完全由白人组成的代表团发起了挑战。[16]

南方的蓝领白人男性是最显而易见的一支抗拒民权的力量，这些事件将他们置于何地？在全国民众震惊的目光中，他们的道德地位尽失。许多与我交流过的年长男性在 20 世纪 60 年代还是孩子或青少年。无论他们家人或他们自己持什么观点，无论他们本人当时对黑人可能有何等同情，在公众叙述中，故事是这样的：北方人来到南方，就像 19 世纪 60 年代及 70 年代的重建时期带着军队南下，让南方白人改变自己的生活方式。历史站在了民权运动一边。运动领袖被国家赋予了荣誉。南方再次被附上耻辱的标签，虽然——有个男人如此告诉我——“**我们**没做那些坏事”。

纵然联邦政府曾经是造成种族隔离的重要因素，可现在它成了种族平等的象征。鼓声缓缓响起：1948 年，哈里·S. 杜鲁门总统在军队废除了种族隔离。1954 年，最高法院通过“布朗诉教育委员会案”，终结了学校种族隔离。1959 年，德怀特·D. 艾森豪威尔总统派遣联邦军队和国民警卫队在阿肯色州小石城强制推行学校种族融合。此事为后来十年的更多联邦行动奠定了基础。1962 年，约翰·F. 肯尼迪总统出动 5000 人的联邦军队保障詹姆斯·梅雷迪斯（James Meredith）在密西西比大学（University of Mississippi）入学的权利。林登·B. 约翰逊总统签署了《1964 年民权法》，这是重建时期以来最全面的民权法。 214
后来出台的行政命令要求政府承包商在雇用活动中对少数族裔展开反歧视平权行动。1968 年，约翰逊禁止了住房领域歧视。就这样，联邦政府对一场社会运动伸出了援手，帮助参与运动的人们在美国梦队伍中获得自己应有的位置。

民权运动后，女权运动兴起，该运动延续了此前的抗争，为女性争取投票、担任公职和在自己名下拥有财产的权利。一系列加强第十四条修正案平等保护条款的法律判决在所有接收联邦政府资金的工作场所得以执行。[17]后来，到 20 世纪 70 年代，争取同性恋者权利的运动也走过了相同的道路。

渐渐地，新群体加入了原有群体的行列，政治文化与治疗文化融合在一起。身份认同政治诞生了。建立在癌症幸存、强奸、童年性虐待、酗酒、毒瘾、性工作等经历基础上的身份得到了媒体关注。在《共同梦想的曙光：为何美国饱受文化战争摧残》（*The Twilight of Common Dreams*：*Why America Is Wracked by Culture Wars*）一书中，20 世纪 60 年代曾是活动人士的批评家托德·吉特林（Todd Gitlin）哀叹道，情况变成了对“荆棘王冠”的争夺。[18]这些社会变革运动过后，一种受害文化悄然而生。在这一过程中，年长白种男人被置于何地？作为一种理想，公平似乎还没到他们面前便停下了脚步。[19]

荣誉之争

面对 20 世纪 60 年代的火焰，我的茶党朋友们——现在许多人的确像是朋友了——吸收了其中一部分信息，对其他部分则颇为抗拒。一位女士告诉我，她很喜欢萨拉·佩林（Sarah Palin）[①]，因为她是个反堕胎的“女权主义者”，支持“女性力量”和“棕熊妈妈军团”[②]。还有人敬佩马丁·路德·金（Martin Luther King Jr.），将他视为理智领袖的典范，与城市里那些面对警察暴行而打砸商店橱窗的愤青形成鲜明对比。

然而，20 世纪 60 年代运动的一些成果也遭到了他们的强烈反对。只要你身体里流着一滴美洲原住民的血液，便符合某
215 些平权行动标准，上大学就可以拿助学金。可为何那样你就能在队伍中领先？他们不明白。如果有人以美洲原住民或黑人自我介绍的方式说自己是白人，就有可能被视为雅利安民族的种族主义战士。如果他们勇敢地站起来宣布自己因身为男人而骄傲——除非他们属于一个想摈弃旧习的男性群体——就可能被视为大男子主义者。如果他们要求自己的毕生经验和年龄得到认可，就有可能令自己在一个以年轻人为中心的文化中像个老傻瓜。

纵观 19 世纪 60 年代与 20 世纪 60 年代，南方白人男性似乎经历了一个被推向队伍后面的漫长深层故事。如果说在 19 世纪，大种植园园主压缩了贫穷白人农民的地盘，那么 21 世纪的企业则已走向全球并实现自动化，它们将工厂迁移到廉价工人所在地，或是将廉价工人带至工厂中，然后灵巧地躲在山顶背后、人们的视野之外。2011 年的一项研究显示，美国利润最丰厚的公司中，有大约 280 家公司的半数利润存在逃税情况，但

---

① 2008 年共和党副总统候选人。

② 佩林自称“棕熊妈妈”，后来她在 2010 年美国中期选举中支持的女性候选人被统称为“棕熊妈妈军团”。

在这个深受历史影响的深层故事中，你看不见这些。你只能依赖于想象，并感到自己对此无计可施。更糟的是，让你失望的正是你自己的部门——自由市场。[20]同时，白人的薪资一成不变抑或有所下降，福利支出却增加了。

荣誉的压力

因此对年长白人男性而言，20 世纪 60 年代带给他们一个微妙的困境。一方面，他们想要站起来，挺身而出，像许多其他人那样表明一种身份。为何我们不能这样？另一方面，作为右派人士，他们从原则上反对插队，不喜欢被过度使用的“受害者”一词。即便如此——这话有些难以启齿——他们已开始**感到**自己是受害者了。其他人已经向前走，他们却被留在了后面。他们不喜欢“遭受”一词，但他们**的确**遭受了减薪和梦想困境，还因所在群体被所有人认为有失公允地站在队伍前列而遭受了隐性耻辱。从文化上来讲，整个北方都“插队”了，似乎将南方赶到了队末，即便——这一点被遗忘了——联邦政府 216
的资金源源不断地从北方流到南方。

话又说回来，白人男性怎么能一面从原则上反对插队，一面自己想公然插队呢？他左右为难，因此通过其他方式寻求荣誉。首先，他会从工作中索取尊严。但工作变得越来越不稳定了，而且如前文所述，底层 90% 民众的工资一成不变。据说在玩具反斗城和迪士尼乐园，一些员工被要求培训未来必将代替自己的其他员工——因为后者工资较低。此外，联邦政府还给不工作的人发钱，削弱了工作本身带来的荣誉。（但参见附录 C。）

倘若不能从工作中获取尊严，男性茶党成员试着将目光转向其所在地区和州，却在那里也遇到了麻烦。与我交流过的大部分人都热爱南方，热爱路易斯安那州，热爱他们的镇子或沼泽河。可他们难过地意识到，家乡的地位并不高。“噢，我们是飞跃之州[①]。”一位身为茶党成员的教师告诉我。“在别人眼中，我们贫穷落后。”另一个人抱怨道。正如亲共和党的中西部农民对于被称为“乡巴佬”、阿巴拉契亚地区矿工因被视为“土包子”而感觉受到了侮辱一样，南方地区的人们在全国民众注视下遭遇了一记不应有的重击。

如果说所在地区和州无法成为他们荣誉的基础，那么强烈的家庭观一定可以。即便他们无法践行自己的道德准则——这套标准崇尚白头偕老的婚姻，支持异性恋和一夫一妻制，反对堕胎——但他们以准则本身为荣。按照这套准则生活并非易事。一位右派女士的兄弟是个同性恋，结过婚，有一个孩子，却“仅仅为了性”将二者都抛下了，此事在家中引起轩然大波。一位女士为避免自己父母带来的离婚之痛，步入了一场契约婚姻。（契约婚姻旨在巩固婚姻制度，1997 年在路易斯安那州获得法律承认，随后阿肯色州和亚利桑那州也就此立法。这种婚姻形式要求夫妇二人签订接受婚前咨询的宣誓书，还提高了对结婚和离婚的要求。）不久，她发现丈夫是同性恋，虽然两人后
217 来共同抚养了他们的两个孩子，可她很高兴自己曾试着维系婚姻“应有的样子”。另一位女士的 14 岁的女儿怀孕了，把孩子留了下来。“我有全职工作，她还得上学。说实话日子很不好过。”她感到，对她年纪轻轻的女儿来说，堕胎会轻松一些。但留下孩子、“做正确的事”是光荣之举——她们感到自由派没

① 大多数美国人仅在飞跃东西海岸城市时从飞机上见过的地区。

有看到这种荣誉。

还有教堂：贾尼丝·阿雷诺等许多人都谈到过“到教堂接受教化”以及缴纳什一税的重要性。但他们在教堂中获得的一些信仰——七日创世、天堂是个巨大的立方体、夏娃是用亚当肋骨创造的、人类并非进化而来——如果从字面意义上理解，广泛的世俗世界将其视为受教育程度不高的表现。

但对贾尼丝、杰姬、马多娜等人而言，信奉基督教及将耶稣视为救世主是一种表达方式，意思是：“我承诺做一个道德高尚的人。我每天都尽力做到安分守己、帮助他人、原谅他人，事实上，我会**努力**做个好人。”“如果我知道一个人是基督徒，”一位女士告诉我，“我便知道，我们有许多共同之处。相比非基督徒而言，我更有可能**相信他或她是个有道德的人**。”

所有这些其他的荣誉基础——工作、地区、州、家庭生活和教堂——背后，潜藏着对深层故事**自我**的骄傲。我在这里认识的人们做出过巨大牺牲，将牺牲视为一种荣誉。贾尼丝·阿雷诺的父亲辍学帮自己的爸爸养活了一家十口人[①]，这很不容易。与我交流过的人几乎都只有两个孩子，最多三个，有些人一个都没有，但有些人对自己的母亲或祖父表示了敬意，因为他们养活了一大家子。这绝非易事。他们因对本地社区有所贡献而骄傲——迈克·沙夫帮邻居们堆防洪沙袋，得来两听啤酒的慰劳；贾尼丝的朋友给美军送去“一碰枕头”；杰姬·塔伯参加了“亚伯拉罕帐篷”活动。

保守派人士将“向上”与 1%、种植园园主阶层画上了等号，这在自由派看来很成问题，可我认识的茶党人士将其视为

---

① 原文如此，前文中提到，阿雷诺父亲家有十二口人。

一个骄傲之源。它表明你积极乐观、满怀希望、干劲十足。不
218 常往队伍后面看并不是问题。他们不明白，如果有人一路奋斗到最顶端，你为何会想责怪他？即便希望看似很渺茫也依旧直视前方，这是勇敢的深层故事的一个特点。

但这样的自我似乎愈发不能成为一种荣誉来源了。另一种自我大行其道，一种属于更中上层阶级的世界性自我——它的友谊网络更加分散和松散；它准备好力争升入名校或踏上艰辛的职业生涯，即便可能因此远走他乡。这样的世界性自我将注意力放在跻身全球精英圈的任务上。它们勉为其难地漂在远离家乡的地方。机会来临时，它们整装待发。它们的骄傲来自自由主义事业——人权、种族平等、对抗全球变暖。许多中上层自由派人士——无论白人还是黑人——都未意识到从情感上而言，他们的这种自我正在取代什么。因为，一种蓝领生活方式正与蓝领工作一道变得过时，与之一同过气的，是植根家乡的自我所体现的荣誉和忍耐带来的骄傲，即深层故事自我。自由派中上层阶级没有将社区视为一种归属感和荣誉的来源，反倒认为其偏狭、思想封闭。他们没有看到，鉴于“山顶背后”的趋势，下一个被取代的也许就是他们。

对全国各地的茶党人士而言，美国梦道德标准的变化令他们成了故土的异乡人。他们害怕、愤恨、位置不保，而他们认为插了队的那些人还对他们置若罔闻。这场不宣而战的阶级战争在另一个舞台上打响，参战者和涉及的公平概念各不相同，参战者将错误归咎于骗子的“供应方”——联邦政府。

叙利亚难民

2015 年，叙利亚难民逃离家乡的战火来到美国，在我的茶

党朋友们口中，便又出现了一组在队伍中领先的面孔，而且他
们很危险。李·舍曼认为叙利亚人可能是伊斯兰国成员。“他们
中 90% 都是男人，我觉得我们应该把他们关进关塔那摩。”他 219
说。“但他们不是敌方战斗人员啊。”我提醒他道。“我知道，
但你可以把围栏撤掉，让那里看起来不那么像监狱，”他答道，
“如果你让他们进入美国，他们就会拥有我们的所有权利。”迈
克·沙夫——他自己就是个科恩河天坑难民——将叙利亚难民
和内战期间的南方人做了个比较，说道：“在李将军[①]的带领
下，勇敢的南方人虽然无论从人数上还是武器数量上都大不如
北方人，却仍不愿作为难民逃离祖国。他们留了下来，英勇奋
战，许多人死了。他们的妻子和孩子中也有许多人被强奸或被
杀害，却也为照顾家庭留了下来。战败后，他们仍然没有逃亡。
他们留在这里，最终重塑了我们的政府。叙利亚人应该留在他
们国内，坚定立场，为自己的信仰而战。如果你逃走了，那么
在我看来，你就是自己的叛徒。这话很刺耳，我知道，但有时
你得做些艰难的选择。”杰姬·塔伯说道：“我们在保护穆斯
林，迫害基督教教徒。你见过穆斯林为需要帮助的人举办慈善
活动，或是为无家可归者办赈济处吗？穆斯林感恩节呢？《独立
宣言》上的穆斯林名字在哪？”如果说迈克是以 19 世纪 60 年代
的视角看待叙利亚难民，那么在杰姬眼中，官方对他们的欢迎
则更接近于 20 世纪 60 年代式的多元化——这威胁了她珍视的
宗教文化的核心。

作为故土上的陌生人，李、迈克和杰姬想寻回自己的祖国，而茶党给了他们这样的承诺。茶党提出给予他们不交税的财务

① 罗伯特·爱德华·李（Robert Edward Lee），美国南北战争中南方邦联军的总司令。

自由，还有不受自由主义思维方式和情感规则束缚的情感自由。自由派要求他们对队伍后面受压迫的人们——那些社会的“奴隶”——感到同情。他们不愿如此；他们自己就感觉受到了压迫，只想“向上”仰望精英。志向远大何过之有？他们认为，那才是更重要的美德。自由派让他们将愤怒的矛头指向超级富翁的不义之财，指向那些“种植园园主”；而右派则想把自己的怒火发泄在下层贫穷的懒汉们身上——他们中有些人还插队了。

南方对当代全国右派的一个文化贡献大概是其经久不衰的
220 分离传统。19 世纪时，这种分离是地理性的：南方离开北方。1860 年到 1865 年，11 个邦联州建立了自己的独立领土和国家。我认识的当代茶党拥护者寻求的是另一种分离——贫富分离。在他们的理想世界中，政府不会劫富济贫。它会给军队和国民警卫队提供资金，修建州际高速公路，疏浚港口，其他时候则基本上不要出现。

因此，按照茶党的想法，南北方会统一，但一道新的鸿沟将显现；富人将与穷人分离——因为穷人中“插队”的人太多了。20 世纪 70 年代，理查德·尼克松总统的“南方战略”引发了很多讨论，该战略迎合了白人对黑人地位提高的担忧，使得白人从民主党转向了共和党。但在 21 世纪，一套“北方战略”展开了，北方保守派人士正跟随南方保守派展开一场富人及其支持者的运动，他们寻求卸去帮助穷人的负担。救济应该取消——这一想法遍及全国。全国各地的富人将摆脱穷人，与他们分离。

第15章　不再是陌生人：承诺的力量

做实地调查时，社会学家通常会来到一个场景，然后离开， 221
而场景本身不会发生变化。对我调查的核心群体——白人、中老年、基督徒、已婚、蓝领和白领的路易斯安那人——展开第十次访问时，我已经发现，与我交流过的几乎所有人都接受了同一个“感觉仿佛”的深层故事。但到我的研究结束时，一个深刻变化出现了。我驱车与一名茶党拥护者一同前往新奥尔良湖畔机场，参加在那里举行的一场集会[1]，集会的主角是一名冉冉升起的共和党总统候选人。回家后，我与新朋友和熟人联系，想听听他们对唐纳德·特朗普有何感受。

回顾我之前的研究，我发现特朗普崛起的舞台已经搭好，就像火柴点燃前的引火物。三个因素汇合在一起。1980年以来，与我交流过的几乎所有人都感到经济基础不稳定了，因此，他们对“重新分配”概念做好了准备。他们还感到在文化上被边缘化了：在全国媒体中，他们对于堕胎、同性婚姻、性别角色、种族、枪支、邦联旗帜问题的看法被嘲笑为落后。他们还感到自己成了人口减少的一部分。马多娜告诉我：“像我们这样信仰基督教的白人越来越少了。”他们已经开始感到像是四面楚歌的少数派了。在这些感觉之外，他们还有一种文化倾向——W. J. 卡什在《南方的精神》中对此有所论述，虽然该倾向在南方以外的地方也以较温和的形式存在——与社会阶梯“上 222
方”的种植园园主、石油大王惺惺相惜，而对阶梯下方的人们冷漠疏离。

这些都是“深层故事”的一部分。在那个故事中，陌生人排在了你前面，令你焦虑、愤恨、害怕。一位总统与插队者结成了联盟，令你感到怀疑和背叛。排在你前面的一个人侮辱你，说你是无知的红脖子，令你羞愧难当，气得发狂。从经济、文化、人口、政治等层面看来，你突然成了故土的陌生人。路易斯安那州的整个环境——其企业、政府、教堂和媒体——都强化了那个深层故事。因此，在点燃火柴之前，这个深层故事就已经就位。

新奥尔良湖畔机场的飞机库门于下午三时打开，前电视真人秀明星、共和党总统候选人唐纳德·特朗普计划于下午六时抵达，他晚到了大约半个小时。那天是路易斯安那州总统初选投票的前一天。热情的支持者搭大巴从四面八方的停车场而来，他们下了车，与步行者们一道通过安检。

巨大的飞机库内，红白蓝三色闪光灯缓缓滑向侧面向上，侧面再向上，似乎想将欣喜若狂的人群包围在一种支配感中。两三千名支持者在库里四处走动，他们或戴着“特朗普帽”，或穿着“特朗普 T 恤”，挥动着标语牌——“特朗普，让美国再次伟大”，或者“沉默的大多数与特朗普站在一起”。前方，一面巨大的美国国旗顺墙垂下。

几乎所有在场者都是白人；除了抗议者外，我看到的黑人就只有保安或飞机库外草坪上的小贩——他们在兜售“特朗普 T 恤”，20 美元一件，35 美元两件。人们戴着红白蓝色帽子。蓄着胡须及梳着马尾辫的男人们挥动着标语牌。一个穿着牛仔裤和格子衬衫的大块头男人走来走去，一头长长的花白头发垂在背上，一条胳膊上披挂着一面巨大的美国国旗。家长们将孩子扛在肩头。还有一名男子穿着红白条纹裤，头戴一顶高帽子，昂首挺胸地来回踱步。一个年轻男人将自己裹在一面巨大的美国国旗中。两个男人身穿印有 100 美元钞票图案的绿色 T 恤。 223
他们是在讽刺还是认真的？抑或二者皆是？很难说。两三千人四处走动着，视线投向舞台。音乐声响彻全场——滚石乐队的《你不可能总是要什么有什么》（*You Can't Always Get What Yow Want*）。

晃动的闪光灯停了下来。唐纳德·特朗普沿台阶走上国旗前的讲台，转过身来，微笑着向各个方向兴奋的人群挥手致意。人群中爆发出一阵欢呼："谁说他们会打败特朗普？是谁？"呼声改编自新奥尔良圣徒橄榄球队观众的口号。特朗普向人群致谢，然后先是介绍了自己的崛起之路。"刚开始我的支持率只有 7%，他们以为我完蛋了。接着我得了 15%，然后是 25%……"他话中的"我"变成了"我们"。"我们正在崛起……美国将主宰世界，将会变得自豪、富有。而我只是信使。"

人们高声呐喊。他们疯狂地上下挥动、左右晃动着标语牌。

"我们不会让其他国家敲竹杠！"特朗普高呼。

欢呼声。

"我们不会让此事发生！"

欢呼声。

"我们的国家正走向地狱。但我们会让它再次伟大！"

欢呼声。

"我们要建一堵高墙，墨西哥会为此埋单！"

欢呼声。

"我们要建一支强大的军队！"

呐喊声。

“我们要把伊斯兰国打得屁滚尿流!”

又一阵呐喊。

一位精瘦结实的老人身穿黑西服，系着红领带，举着块牌子——“3K党支持特朗普”，接着他将牌子翻了过来，露出这样的标语——“特朗普、杜克[1]征战2016”。起初我以为他是抗议者，但更仔细端详他的面孔后，我猜想他是3K党成员。他用胳膊拨开一名保安，但最终被带出了场。

“黑人的命也是命”运动抗议者也出现在现场，他们与其他抗议者一同入场，抗议牌上的标语有——“这个老兵不支持特朗普”“手小心眼小”“不要特朗普，不要3K党，不要法西斯美国”。

224 看到这些，特朗普叫来保安，指着一名男子：“把那个家伙弄出去。让他出去。”人群中的其他人指着反对者：“出去。”

“为什么要这么久？我不敢相信做这事要花这么长时间。”特朗普指着反对者再度说道。接着，人群爆发出一阵骚动，淹没了抗议者的声音。

“美利坚!”

“美利坚!”

“美利坚!”

后来在发生抗议之处，特朗普自己带头喊起“美利坚”的口号。言下之意在于，持异议者是一码事，身为美国人则是另一码事。

---

① 大卫·杜克（David Duke），3K党前头目，曾呼吁选民支持特朗普。

特朗普的演讲结束后，音乐再度响起——埃尔顿·约翰（Elton John）的《火箭人》（*Rocket Man*）。

特朗普留了下来，在海报、帽子、衬衫和靴子上签名。一个局促不安的小男孩被骄傲的父母送到候选人身边拍照，他的金发抹了摩丝，被梳成了特朗普头发的模样。一个戴着红帽子的小个子女人发疯似的努力从高个支持者身后探出头来，最终站到了一把椅子上，手臂扶在一个陌生人的肩膀上。我看到一个中年男人高举双臂，宛若被提，他对周围的人说着话，却没有特定的交流对象：“**与这样一个**男人**站在一起！**”

翌日，唐纳德·特朗普在路易斯安那州共和党初选中赢得了 41% 的选票，击败了福音派对手特德·克鲁兹（Ted Cruz）。

后来的日子里，在面对大批兴奋的观众发表演讲时，特朗普向支持者讲述了自己可以给他们带来什么。“我向来贪婪。我是个商人……索取、索取、索取。现在我要为美国贪婪。”（热烈欢呼声）他还划出一道清晰的界限，对于基督徒，他承诺恢复基督教公共文化，而穆斯林和举着“黑人的命也是命”标语牌的抗议者则在界限的另一边。他称一些抗议者为“很坏很坏的人……他们什么也不干……你们听到那边的微弱声音了吗？那是个抗议者……他们不是抗议者。我管他们叫破坏分子”。其他演讲中，特朗普在提及一名抗议者时说道：“我想一拳打在他脸上。”（2016 年 2 月 23 日）“在美好的过去，他们会立即把他从那个座位里拉出来。”（2016 年 2 月 27 日）“把他们打个稀巴烂，好吗？说真的……我向你们保证，我会付律师费。我保证。我保证。”（2016 年 2 月 1 日）“有些人很暴力……我们去毁 225
了……他们会毁了……他们的余生……如果他们想这么干，就给他们留下大大的拘留标记……他们的生活会被毁掉……我会

提起控告的。”（2016 年 3 月 13 日）[2]

后来，特朗普说起一个试图冲上台袭击他的男子：“那个人被拿下了。”他还揣测起如果那个男人真的冲到他面前，自己将如何应对，说道：“我会来个**嘭**、**嘭**、**嘭**（模仿挥拳重击此人的样子）。”[3]

对于严重困扰路易斯安那州民众生活的污染问题呢？特朗普会怎么做？提起环保局，他曾表示：“我们要去掉它的几乎所有形式。”[4]（欢呼声）

特朗普是个“情感候选人”。与数十年来的其他任何总统候选人相比，特朗普更加注重激发和称赞支持者的情绪反应，而非叙说详尽的政策计划。他的演讲——令人产生主宰、张狂、明晰的感觉，以及国家自豪感和个人振奋感——会激发一种情感转变。然后他会**指出**那种转变。“我们有激情，”他对路易斯安那州集会的群众说道，“我们不再沉默，我们是响亮而喧闹的大多数。”[5]他嘲笑两党对手无法激发热情。“他们缺乏活力。”特朗普不仅激发情感，还用其做文章，将其作为集体成功的象征回馈给支持者。

他的支持者们为一种生活方式的流逝哀痛不已。许多人变得灰心丧气，还有人意志消沉。他们渴望感到骄傲，可感受到的是耻辱。他们的土地似乎已不再属于他们自己。现在，他们同与自己相似的其他人站在了一起，感到满怀希望、欢欣鼓舞。那个大为惊异、高举双臂的男子——“与这样一个男人站在一起”——仿佛处于被提状态中。有如被施魔法般升至空中，**他们不再是故土上的陌生人**。

在《宗教生活的基本形式》（*The Elementary Forms of Religious Life*）一书中，法国社会学家埃米尔·杜尔凯姆（Emile Durkheim，

也译作涂尔干）描述了“集体欢腾”（collective effervescence），那是人们在与自己精神或生物部落相同的人聚在一起时感受到的情绪兴奋状态。他们聚集在一起以确认团结，而团结在一起又令他们感到安全及受人尊重。[6]虽然杜尔凯姆研究的是澳大利亚等地土著部落的宗教仪式，但他的许多观察亦适用于湖畔机场 226
的集会及许多其他类似场合。人们聚集在杜尔凯姆所谓的“图腾”周围——一个诸如十字架或旗帜的符号。领袖们将自己与图腾联系在一起，而富有魅力的领袖自己则成了图腾。图腾的作用在于**团结信徒**。按照杜尔凯姆的理论，人们兴奋地聚集在唐纳德·特朗普周围，这些集会的真正作用在于团结所有福音派白人拥护者——他们担心“插队”者将成立一个可怕而陌生的新美国。敬畏和兴奋的根源不仅是特朗普本身，而且是聚集在他身边的大批陌生人所呈现的团结。如果集会本身可以说话，它会说：“我们是大多数！”除此之外，还有一个强有力的承诺——摆脱苦痛、绝望和消沉。这场“运动”——特朗普越来越多地如此称呼他的竞选活动——成了一种极佳的抗抑郁剂。如同其他承诺拯救的领袖一样，特朗普唤起了一种精神觉悟。但从情感上而言，他给参与者带来的是一种欣喜若狂的快感。

那些衣服、帽子、标语牌和符号再次确认了这种新的团结感。对参加集会者而言，活动本身就象征着一种更广泛的上升势头。随着人群令飞机库陷入沸腾，支持者们告诉彼此：“看看我们有**多少**人。”他们感到，特朗普是旗帜的象征。

在团结的兄弟姐妹信徒间巩固这种“快感”的一个办法便是谩骂和驱逐外团体成员。特朗普在演讲中谈到“伊斯兰教中某些憎恨基督徒的元素”，还有自己禁止所有穆斯林入境美国的打算。他曾说要驱逐所有无证墨西哥裔。在拒绝臭名昭著的路易斯安那州 3K 党大巫师大卫·杜克的支持时，他不情不愿，怒气冲冲（“我拒绝，**好了吧**?”）。此举表示黑人也是外团体成员。几乎每场集会中，特朗普都会指出一个抗议者，有时将他们妖魔化，要求将他们赶出去。（一名抗议者甚至在他的竞选活动中被误称为伊斯兰国成员。）这种找替罪羊的行为进一步巩固了集会上人们其乐融融的团结氛围。逐出“坏分子”之举有助于团结支持者，令他们共同感到自己是“好人”，是大多数，不再是故土的陌生人。

227 情感上而言，特朗普集会期间，还发生了一件非常重要的事。这是火柴点燃干燥引火物的又一种方式。在特朗普集会中，参与者有一种从政治正确的言论和想法的束缚中解脱出来的感觉，这种感觉令他们更加欢欣鼓舞。特朗普高呼：“**让我们摆脱政治正确吧。**”他抛下的不仅是一套“政治正确”的态度，也是一系列**情感规则**——对黑人、女性、移民、同性恋者的一系列正确想法——一名新奥尔良女抗议者手中的牌子对此有所暗指，牌子上写着——“用你的心而非仇恨投票”。

我认识的极右派人士有两种感觉。第一，他们感到深层故事是真实存在的。第二，他们感到自由派在说，深层故事不是真的，他们自己**感觉到的感受不正确**。自由派说，在平权行动中受益的黑人及女性，还有移民、难民和公职人员并非**真的**在窃取他们在队中的位置，**所以不要心生怨恨**。奥巴马对这些群体的帮助并非真的背叛，自由派说。插队者的成功并非真的以白人及其妻子为代价。换句话说，极右派感到深层故事是他们**真实**的故事，而那个故事被一种错误的政治正确观掩盖了。他们感觉自己受到了蔑视。“人们认为如果我们不同情黑人、移民和叙利亚难民，我们就不是好人，”一个男人告诉我，“但我是个好人，也不同情他们。”

我的新朋友们向我解释道，由于那层掩盖，他们需要对真实情感的流露进行管控，甚至在某种程度上管理情感本身。与朋友、邻居和家人在一起时，他们不必如此。但他们意识到，其他美国人与他们意见不一。（一位女士告诉我：“我知道自由派希望我们同情黑人。我知道他们认为自己很理想主义，我们则不然。”）我的右派朋友们感到，他们不得不努力改变自己的感受，而他们不喜欢这样；他们感到自己处于“政治正确警察”的监视之下。在情感领域，右派感到他们被当成罪犯对待，自由派则拿着枪。

因此，在听到特朗普演讲时——他似乎无法无天、无所不能、魔法般地摆脱了所有政治正确的束缚——许多人有一种愉悦的释然感。他对所有穆斯林、所有墨西哥人、所有女性均一概而论——包括所有女性都会来月经，特朗普称这一事实“令 228
人恶心”。（众所周知，他曾说福克斯新闻主播梅根·凯利“哪里都冒血”。）特朗普曾兴高采烈地模仿一名残疾记者，摇晃自己的胳膊来模仿其肢体颤动——在批评者眼中，这些都是极其卑劣的行为，但对于感到自己被迫假装同情的人们而言，特朗普之举令他们得到了解脱。特朗普令他们感到自己既是正派的美国人，又比他们看作“其他”或不如他们的人高出一等。

这种得到认可的解脱感让人高兴地忘乎所以，产生了一种令人愉悦的“快感”。而人们当然希望感到愉悦。人们渴望保持这种欢欣鼓舞的状态，这成了一种**情感私利**。许多自由派分析人士——包括我自己——往往聚焦于**经济利益**。正是这一焦点令我跟随托马斯·弗兰克的《堪萨斯州怎么了?》一书踏上了路易斯安那州之旅，将大悖论像手提箱般带在身旁。我一再地问，为何存在这么多问题，人们却对解决问题的联邦资金如此不屑一顾？这些疑问在很大程度上针对的是经济私利。虽然经济私利从未彻底消失，我却发现了情感私利的深远意义——他们不再感到自己是故土的陌生人，这种解脱感令其高兴地忘乎所以。

一旦加入过这样强大而志同道合的大多数人，从政治正确的情感规则中摆脱出来，体验过由此而来的欢欣——那种“快感”，许多人便想要**留住那种欢欣鼓舞的感觉**。为此，他们抵抗住了非议。他们寻求得到肯定。一名女子在我与她待在一起的六个小时中不停地谈论特朗普，反驳潜在的批评，不给任何可能出现的怀疑留下空隙。我意识到，这种言语庇护是为了捍卫她欢欣鼓舞的感觉。[7]

最后一次回来拜访我的右派新朋友时，我了解到他们对特朗普的各种反应，大约半数人支持，半数则不然。团队忠诚者贾尼丝·阿雷诺成了特朗普的坚定拥护者，她家和公司的其他人同样如此。对于他引发的争议，她不为所动，只是说：“国家
229 的状况正急转直下，为重回正轨，我们需要一位强大的领袖。”在朗维尔的卡皮和费伊家周日聚会上，不少人对特朗普颇为敬佩。在多尼·麦科克代尔看来，特朗普或可成为首席牛仔。至于茶党成员和天坑活动人士迈克·沙夫，他的首选是得州参议员特德·克鲁兹，虽然克鲁兹自 2011 年起从油气行业获得了 100 万美元的竞选资金，曾说环保局“腐败得难以置信”。对迈克而言，重要议题是小政府、低税收、枪支及禁止堕胎。但如果克鲁兹输了初选，迈克就会像他的妻子和六个兄弟姐妹中的五个那样，把票投给唐纳德·特朗普。

并非所有人都打算如此。信徒杰姬·塔伯在一封电邮中写道："特朗普令我感到害怕，这太遗憾了，因为他显然是个了不起的商人，考虑到当前国家的财政状况，这点挺不错的。"特朗普嘲笑残疾人之举令生活在印德河河畔的虔诚五旬节派教徒阿雷诺夫妇却步。曾任路易斯安那州西南部共和党女性主席并有望在州共和党中任职的莎伦·加利西亚告诉我："我觉得他很刻薄，但买我保险的工厂工人们都觉得他很棒。"如果特朗普获得了共和党提名，她也会勉为其难地把票投给他。一个被重新安置的科恩河难民持相同意见："我喜欢特朗普的言论，但害怕他会做的事情。"他不确定自己会如何投票。

很多人钦佩特朗普是因为他是个成功的商人，他们感到，他是私营企业的捍卫者，这一点很有吸引力。20 世纪 30 年代的大萧条期间，一些美国人将信仰转向了社会主义和共产主义，他们将中央政府理想化，并把信任交付给了代表他们信仰的领袖——欢欣感振奋了这份信仰。在当前的经济低迷期，一些极右派人士将类似的信仰交付给了资本主义。

特朗普还间接承诺让男人"再次伟大"，其中既包括那些击拳持枪的男子汉，也包括雄心勃勃的企业家。对土生土长的异性恋白人男性而言，当 20 世纪 60 年代和 70 年代其他群体庆 230
祝自己的身份时，他们成了"落后者"，而特朗普为他们长期面临的这一困境提供了答案。特朗普是白人男性的身份认同政治候选人。而且他并不积极反对为需要帮助者提供医疗关怀。如若他当选，你可以登记参加"特朗普医改"法案，同时仍感到自己是个男子汉。

21 世纪初，在世界各地，随着足迹遍布全球的跨国公司变得比争夺其青睐的政治国家更加强大，右翼行动了起来。右翼政权——它们注重民族情感、强有力的中央统治，无法容忍少数派和异见分子——在各国上台。在俄罗斯，普京总统宣称持不同政见的声音是软弱和“受西方影响”的表现；在印度，人民党宣布印度是个“印度教”国家；在匈牙利，反苏纪念碑正被反德纪念碑取代；在波兰，自由媒体遭到打压。在法国（国民阵线）、德国（国家民主党）和英国（独立党），右翼的声音都变得越来越响亮。

各种版本的深层故事似乎已走向全球。

第 16 章　“他们说那里有美丽的树”

鲍比·金达尔担任路易斯安那州州长的八年间，解雇了 231
30000 名州政府雇员，还给许多其他人放了无薪假。社工的工作量有所增加。虐童事件受害者破天荒地在政府办公室过夜。2007 年至 2008 年，在这个全国经济状况排倒数第二的州，金达尔州长削减了 44% 的高等教育经费。历史上曾是全黑人学校的南方大学，是拉塞尔·奥诺雷将军的母校，霉斑在建筑墙体上蔓延，老鼠在宿舍间乱窜。学校大部分办公室每周只开放两到三天。由于州司法部门的资金遭到削减，在这个八成被告依赖于公共辩护人的州中，律师下岗了，被告则身陷囹圄——仅新奥尔良就有 60 人——他们的名字与其余数千人一同被列入等候名单，没有律师为其辩护。[1]与此同时，州的资金缺口预计将达 16 亿美元。眼下，公共预算可能还将遭到进一步削减。2016 年 3 月，金达尔的继任者、民主党州长约翰·贝尔·爱德华兹（John Bel Edwards）无奈地宣布，为了应对这场“历史性财政危机”，仅在未来 16 个月内维持正常服务，州政府就需要近 30 亿美元——平均每位居民约 650 美元。金达尔同时削减了公司税和个人税，还为吸引工业到来在财政“激励”上花了 16 亿美元，向企业提供十年免税。金达尔卖掉了州属停车场和农田，这些都是潜在收入源，他将州立医院交给了“有利营商”者之
手，因此费用开始上涨。他把赌注压在石油价格上涨上，希望 232
企业能收获可征税的利润，结果输了赌局。整个路易斯安那州

都被置于一个天坑中。

与我交流过的几乎所有茶党支持者都两次把票投给了金达尔，因为他承诺践行他们的价值观。但在他当政八年后，他们对结果并不满意。他履行了承诺——削减税收及公共部门——却在州中留下一片狼藉。尽管如此，金达尔似乎已经被遗忘了。谈及试图收拾残局的爱德华兹，许多人表达了与迈克·沙夫同样的意见："如今我们有了位民主党州长，他做的第一件事就是加税。"

到 2016 年，路易斯安那州的财政天坑加剧了大悖论。总体幸福感方面，他们热爱的路易斯安那州仍排在 50 个州中第 49 位，州预算仍有 44% 来自令人生厌的联邦政府。路易斯安那州本身便是个"可怜人"，不得不"插队"到其他州前面——金达尔的政策使该局面变得更糟。但人们闭口不谈金达尔或依然如故的大悖论。他们知道它就在那儿。他们不喜欢它。但他们对此事并不上心。令他们牵挂的是深层故事。

"受害者"是我的路易斯安那州茶党朋友们最不愿形容自己的一个词。他们不想成为"可怜人"。作为团队忠诚者、信徒和牛仔，他们为忍耐自己面对的困难而骄傲。然而在失去家园、饮用水，甚至丢掉了非石油经济部门的工作后，没有其他词语可以形容：他们就是受害者。的确，路易斯安那人成了全美国工业体系的代罪羔羊。无论左派还是右派，我们都乐于使用塑料梳、牙刷、手机和汽车，但我们并非所有人都需要为此付出高度污染的代价。为本书所做的调研显示，红州付出的代价更高——一方面是由于他们自己投票支持放松监管，另一方面是受到其所处社交领域的影响：政治、工业、电视台和讲道坛。从某种意义上说，蓝州民众鱼与熊掌二者兼得，而许多红州居民则两手空空。矛盾的是，右派政客迎合了这种受害者心态，尽管前州长金达尔推行的政策使得问题更为严重。

与此同时，左派和右派需要彼此，就像倾向于民主党的沿海及内陆城市需要红州的能源和富裕的社区。中西部和南部农 233
村地区需要接触更广阔的多元化世界。诚如社会学家理查德·佛罗里达（Richard Florida）所言：“蓝州的知识经济需要红州的能源来维系。而红州的能源经济也依赖于人口稠密的沿海城市和都市区，因为这些地方不仅是市场和移民来源，还提供了技术和人才。”[2]

旅程中，面对错综复杂、高高耸立的同理心之墙，我深感自己的渺小。但我在路易斯安那州遇到的人们在调侃间好心地接纳了一个来自伯克利的陌生人，他们向我表明，从人类角度而言，要推倒这堵墙并非难事。一个个问题都存在务实合作的可能。当前在国会中，左右两派已就减少监狱服刑人数的目标达成一致。与年长的保守派相比，他们年轻的后辈更有可能关心环境问题。[3]上次见到迈克·沙夫时，他在另一个跨党派问题上的见解令我大吃一惊。“大笔政治资金加剧了我们的分歧。让我们把它逐出政治吧——两派一起行动！”

现在，我回到了加州的书桌前，通讯录中添上了新朋友的名字，期盼与他们保持联系。我将目光投向书房窗外。在北边很远处，黑烟正袅袅升起——那是位于旧金山湾东岸的雪佛龙公司（Chevron）里士满炼油厂。它提醒我，印德河提出的问题并不那么遥远。1969 年，加州圣巴巴拉附近海域发生联合石油公司（Union Oil）漏油事件[4]，这是美国当时最大的此类事故，其他地方亦有同类事件发生。蓝州的环境优于红州，但挑战是全国性的——而且与日俱增。因为数十年来，污染情况有所改善，但自2009年起，全国各地的空气、水和土地的污染率再度升高。[5]本书聚焦的锁孔问题——环境污染——有力地提醒着我们，除了深层故事和政治，还有什么问题与我们所有人都利害攸关。

如果要致信一位自由主义左派的朋友，我会这样写：

> 为何不去认识些你政治圈子以外的人呢？别管安·兰
> 234 德；她是他们的精神领袖，她的作品让你以为他们自私透顶，但你不会碰到这样的人。你或许会遇到一些很好的人，关于邻里关系密切的社区、毅力和韧性，他们会教给你很多。
>
> 你可能以为，有权有势的右翼组织者在追求自己经济利益的过程中，为吸引右翼草根追随者“上钩”，迎合了他们本性中的**坏天使**——他们的贪婪、自私、狭隘的种族观、同性恋歧视、摆脱为穷人交税的愿望。如我在新奥尔良的特朗普集会所见，其中一些因素的吸引力犹在。但它掩盖了另一种吸引力——针对的是右翼的**好天使**——在经济不景气时，他们耐心地站在队中等候；他们忠诚、甘于牺牲、坚韧不拔——这些是深层故事自我的优良品德。
>
> 想一想，也许你处在他们的位置时，会与他们的看法更相近。

如果要给我的路易斯安那州右派朋友们写信，我也许会这样写：

许多进步自由派人士对我国的政治选择并不比你们更满意。而且许多人在你们的部分深层故事中看到了他们自己。一个六十岁的白人女性——她住在旧金山，是个小学老师——这样说道：“我是个自由主义者，但是，嘿，我赞同排队的那部分。”我明白你们脑海中的目标——生机勃勃的社区生活，充分就业，劳动的尊严、自由——但你们接受的政策会实现那些目标吗？当然，你们想有好工作和高收入。你可能不想听到这个消息，但在收入和就业方面，民主党人的历史表现优于共和党人。比如，在《牛市、熊市和投票箱》（*Bulls, Bears, and the Ballot Box*）一书中，鲍勃·戴特里克（Bob Deitrick）和卢·戈德法布（Lew Goldfarb）指出，过去八十年，在 12 项经济指标中，有 11 项在民主党总统任期内的表现优于共和党人治下。（参见附录 C。）话虽如此，从其他方面看来，党派间的区别并不明显。民主党人比尔·克林顿开启了一个放松监管的时代，此举通常受到右翼支持，而共和党人理查德·尼克松则推 235
行了如今一般为左派青睐的环境监管政策。

还有，路易斯安那人，看看挪威吧。那是个资本主义民主小国，人口 500 万，与路易斯安那州相当。这个国家有长长的海岸线，其人民与你们一样，将目光投向了海洋、船只和捕鱼。和你们一样，挪威也有石油。但路易斯安那州和挪威的一个不同之处在于，它们的治理哲学和自由观。挪威人对民选官员的期待值很高，得到的也很多。挪威有世界上最大的主权财富基金——8000 亿美元——而且绝大多数挪威人都过着中上层阶级生活。[6]他们享受着这种富裕带来的卫生、教育和总体幸福感方面的高分，享受着不虞匮乏的自由。[7]我们美国人有我们自己的文化，但我们最为擅长的是借鉴世界各地的好点子。从长远来看，我们也许能把自己从石油中解放出来，但与此同时，作为鲍比·金达尔路线之外的另一种选择，怎样将路易斯安那州从其悖论中“解放”出来也值得我们探究。

等你们逐渐了解进步派后会发现，他们也有自己的深层故事，与你们的类似，他们感到你们可能会对其产生误解。在这个深层故事中，人们站在一个大型公共广场周围，广场里有创造力十足的儿童科技博物馆、公共艺术与戏剧演出、图书馆、学校——最先进的公共基础设施，可供所有人使用。他们对此充满自豪。其中一些人是其建造者。外人可以加入广场周围站立的人群，因为许多现在的圈内人也曾是局外人；吸收及接纳异己似乎是自由女神像所象征的美国价值观。但在自由派的深层故事中，一件可怕的事发生了。强盗闯进了公共广场，对其大肆破坏，自私地偷走了广场中心公共建筑的砖头和混凝土块。雪上加霜的是，守卫公共广场的人们眼睁睁看着破坏分子用那些砖头
236 和混凝土块建起私人高楼大厦，将公共领域私有化了。那便是自由派深层故事的核心要点，而右派无法理解自由派对他们设计新颖、来之不易的公共领域深深的自豪感——自由派将其视为美国生活中一支强大的融合性力量。讽刺的是，你与左派的共同点可能比你想象中更多，因为**左派中的许多人也感到自己像故土的陌生人**。

考虑到我们不同的深层故事，左派和右派聚焦于不同冲突

及与之相关的各自的不公平观。左派将目光投向私营部门中 1% 的上层社会及 99%——在这群人中，一个下层社会正逐渐诞生。对自由派而言，这是冲突爆发点所在。右派将目光投向公共部门，将其视为一个服务台，服务对象是日益壮大的闲散“索取者”阶层。罗伯特·莱希曾指出，一个更基本的冲突点在第三个地方——在平民资本主义与全球资本主义之间，竞争资本主义与垄断资本主义之间。“美国政治中的重大分歧，”莱希预言道，“将从民主党对共和党转向反建制对建制。”分歧在于“是否认为游戏被操纵”。[8]

讽刺的是，政治分歧两端的人们均在努力应对同一副吓人的新面孔——全球资本主义。在自动化与全球化高度发达的年代，工资一成不变或有所下降的 90% 民众要怎么办？对茶党而言，答案是团结在家庭和教堂周围，对跨国公司卑躬屈膝，吸引它们从其所在地来到你面前。这是南方州长们所用的策略：他们借此从新英格兰引来了纺织工厂，从新泽西州和加州引来了汽车制造商，向其提供低工资、反工会法律、低公司税和大规模资金激励。对自由主义左派而言，最好的办法是用世界级公共基础设施和优质学校培育新行业。一个例子便是被很多人称为新工业时代中心的硅谷——那里孕育了谷歌、推特、苹果和脸书等公司——及其周边地区，以及电动汽车和太阳能行业。 237
红州可能是路易斯安那州模式，而在一定程度上，蓝州便是加州模式。[9]

有趣的是，**两派均**要求以积极政府应对全球资本主义的新挑战，但积极内容不尽相同。鲍比·金达尔把来自路易斯安那州纳税人的 16 亿美元作为“激励”给了私营企业，他是个政府积极分子。自由派政客呼吁修复我们日益破败的基础设施，这是另一种积极分子。还有些两党均未想到的办法，至今尚未出现。[10]

漫步在伯克利的沙特克大街（Shattuk Avenue），我路过感恩餐厅（Café Gratitude），这是间素食餐馆（后来关门了），每月有一天顾客自愿付费。我很久之前去过一次，不太喜欢那道枫糖浆椰子培根，但被这家店的理念深深吸引。现在，我发现自己在想：贾尼丝·阿雷诺会觉得这家店异想天开还是有点教堂风范？我车库旁那些绿色、黑色和灰色的回收垃圾桶又如何呢？多尼·麦科克代尔会认为它们是监管"水泥"还是个好主意？带着我去向工厂工人推销医疗保险的单身母亲莎伦·加利西亚正打算在共和党地方办事处任职，可她 15 岁的儿子支持的是民主党总统候选人伯尼·桑德斯。她令两个孩子拥有了自己从未有过的童年，带他们去过加州、冰岛、芬兰、瑞典、丹麦、英国和俄罗斯，还鼓励他们考虑多所大学，包括加州大学伯克利分校。我邀请她来暂住并带她儿子参观了伯克利——谁知道他会怎么想呢？当然，我们的深层故事各异，因为它们根植于个人经历、阶级、文化和地域中。但我对自己在同理心之墙另一侧遇到的人们深感敬佩。虽然我的投票一定与他们不同，但我祝愿他们一切都好。

告别

238 哈罗德和安妮特为他们的朋友迈克·特里蒂科打开门，他们的独木舟倒扣在印德河岸边已有多日，见证了他们遭遇的落羽杉树桩了无生机地静立在一旁。那是 2014 年 10 月。他们已许久未听到傍晚的蛙鸣、鱼儿跳跃的声音，对自己土地和河流的信任感也不复存在。迈克与他们在客厅里坐下，严肃地道出他带来的坏消息：法院拒绝受理他们的有害物质污染河流官司。阿雷诺夫妇从未因患病或房产贬值得到赔偿，更别提精神上的痛苦——忍受着对其困境的广泛文化失忆。在迈克·特里蒂科的帮助下，哈罗德和另外 21 个人——包括李·舍曼——于 1996 年向若干公司提出了集体诉讼，其中包括匹兹堡平板玻璃公司。如今，在 18 年后，法院以“证据不足”为由拒绝受理这起案件。法院称，没有证据显示污染与蓄意伤人有关。就这样，阿雷诺夫妇成了他们失乐园的囚犯，成了记忆者。[11]

与此同时，像这起官司一样，清理印德河一事也拖拖拉拉地说了几十年。最终，在 2015 年 2 月，一支清理队开始行动。[12] 他们要在七百英亩的河底挖出有污染的沉积物，将其抽到一个露天污水池中。在沼泽河底部，工人们会铺上钢筋混凝土垫，再在上面铺一层六英寸厚、没有污染的沉积物。[13]“他们说其实不必是个完全密封的无污染层，”一名当地官员在谈及清理行动时表示，“只要降低表面的化学物质浓度就可以了。”[14] 但迈克·特里蒂科看到了隐患。“将有毒物质抽走后，那个大型露天污水池怎么办？2015 年 6 月，热带风暴‘比尔’大大抬升了水位，几乎造成了池水外溢。”他如此告诉我。

在阿雷诺家的另一边，一家韩国公司与埃克塞尔公司——曾经的匹兹堡平板玻璃公司——签订了合同，要建造一座大型乙烷裂解装置及一家乙二醇工厂。在一次小型公众集会上，居民们对新工厂各抒己见，哈罗德说：“对你们大家伙儿来说，这是个好事。”但是不是好事“取决于你的立场”。一天晚上，由于工厂噪声太大，他起床读起了《圣经》，直至夜里两点半，
噪声才终于消失。最后一次与安妮特通电话时，她告诉我，某 239
些天的某些时候，工厂传来的气味熏得他们出不了门。

一天，我正想着李·舍曼并写到他时，他给我打来了电话。李曾经高举一块标牌，上面写着“我就是那个向河里倒毒废料的人”。他已经83岁了，成日忙着调试他的赛车。在他车库的一面墙边，靠着一摞塑料草坪牌，共30块，他准备帮支持撤销环保局的茶党候选人约翰·弗莱明把牌子插到当地的草坪中去。“我现在瘸了，所以困难一点，但我会倚着螺丝刀和锤子坐下来，”李告诉我，“牌子立得还不错。”

我听说在朗维尔，迈克·特里蒂科和多尼·麦科克代尔时常去卡皮弟兄和费伊姊妹家就特朗普展开争论。迈克反对他，多尼则支持。卡皮和费伊的表弟迈克尔弟兄（Brother Michael）正在接受牧师培训，他正考虑在旧金山的海港区开设一间五旬节派教堂。“那里有许多单身人士，他们没有家人，”迈克尔说，“我觉得我可以派上些用场。”

将拉什·林博视为“勇敢的心”的活泼福音歌手马多娜·马西惊讶地发现，她十几岁的女儿查普尔（Chapel）在iPad上下载了《巨蟒》（*Anaconda*）——视频中，衣着暴露的当红黑人歌后妮琪·米娜（Nicki Minaj）晃动着臀部大跳“电臀舞”。待查普尔放学回家，马多娜打了她的屁股，没收了她的iPad，将她的卧室门拆下，在车库中放了一个月。“米娜在公告牌（Billboard）百强榜[①]中排名居高不下。**看看**我们得防止孩子接触些什么文化。”最后一次见到她时，她如此对我说。

曾说“周日是我最喜欢的日子”的杰姬·塔伯与家人一起飞去以色列参观了圣地。她说：“旅途中，我们是最年轻的夫妇。”她还在莱克查尔斯市中心开了一间名为“好运连连”（On

① 美国乐坛的权威性单曲排行榜。

a Roll）的健身房，店里有健身脚踏车、动感十足的音乐和蔬菜汁健康饮料。杰姬又活成了她母亲的样子，成了组织者和领导者。在一段宣传视频中，三十多人伴着音乐的律动蹬着自行车，对面是一块巨大的电视屏幕，屏幕上是郁郁葱葱的田园风光。

我最后一次拜访了贾尼丝·阿雷诺，辞行前，我们走过她
千姿百态、五彩缤纷的大象陈列品。一同出门时，贾尼丝调节 240
了恒温器，这样一来空调就会关闭了。“瞧，”她露出顽皮的笑容，“我是个**环保**人士！”

最后一次路易斯安那州西南部共和党女性会议上，一支伯奈利超级黑鹰 2 号霰弹枪以抽奖形式被售出。抽奖收入将被用来推动“‘给战士们的枕头’活动、大学奖学金和对军人家庭的援助”。心甘情愿要给特朗普投票的人们和勉强为之者间出现了紧张分歧。（有几个人不知道要怎么办。）

那对来自红蓝不同阵营的终身挚友——萨莉·卡佩尔和雪莉·斯莱克——现居住在不同城市，萨莉在莱克查尔斯，雪莉在奥珀卢瑟斯。她们每周会通两至三次电话，只字不提唐纳德·特朗普或伯尼·桑德斯。萨莉对“转基因怪物孟山都”感到忧心忡忡。雪莉为飙升的国家债务而烦恼。她们最近一同飞去克利夫兰（Cleveland）观看了雪莉女儿的表演，后者已成为俄亥俄州芭蕾舞团的一名专业芭蕾舞演员。

至于生活在莱克查尔斯附近的朋友们，我最后一次拜访他们时，大多数人仍驱车行驶在“吓人”的 10 号州际公路桥上，往来于莱克查尔斯和韦斯特莱克之间，但大多数人不会将自己对桥的不信任与二氯乙烷泄漏事件联系在一起。

从前的科恩河居民四散至各地，一些人搬去了密西西比州和得克萨斯州。科恩河旁的社区被遗弃了——基本如此。一个

汽车维修工——他曾两度成为工业事故难民，一次是2003年的陶氏化学公司甲烷泄漏事件，一次是得克萨斯卤水公司钻探活动造成的天坑——与妻子生活在拖车中，拖车停在他们荒废的旧宅院中，离天坑不远。两对夫妇搬去了北边100多英里处巴吞鲁日无序扩张的郊区。“我们讨厌这个地方，来这里只是为了离儿子近点。”一名退休的应急响应工作者告诉我，她丈夫——退休前是十二轮卡车司机——点头同意。另一对难民夫妇现在住的地方离老邻居们有几个小时的路程，他们温情脉脉地说起旧日的好时光。退休邮政员工尼克向我展示了一张大幅彩照，画面上，他身穿白西装，系着宽腰带，头戴草帽，面带微笑，
241 站在十几个打扮得花花绿绿的邻居们中间——小丑、印第安人、牛仔、国王和皇后，他们高举酒杯，在科恩河庆祝狂欢节，那是灾难发生前的事情了。“以前我会沿着科恩河河岸拣些浮木，供我妻子作画后出售，”他指了指画着图案的浮木块道，“但现在不行了。”

最后一次与迈克·沙夫一同前往贝勒罗斯（Belle Rose）社区炖龙虾街上他废弃的房子时，玫瑰丛已经枯萎，几片瓦板从屋顶上掉了下来，还有些闯入未遂的痕迹。38只流浪猫（现在被称为科恩河卡津猫咪）四处游荡。迈克和妻子搬出了天坑附近这栋被损毁的房子，迁到了一座漂亮、宽敞而有待修缮的房中，新居位于一条通往弗雷特湖（Lake Verret）的水道旁。他所在的街上，一些邮箱被做成了开口鱼形状。多年前，他三岁时，父亲曾将他放在小塑料盆中，在查看小龙虾网笼时拖着他一起走，新家就离那个地方不远。迈克又回到了水边。

他用千斤顶撑起了起居室地面，重做了卧室装饰线，新建了个露天平台，在车库中架起了自制飞机套材，以备日后组装。

最近，一场龙卷风来袭，扯掉了他车库顶部旗杆上悬挂的美国国旗，但隔壁邻居门廊上垂挂的邦联旗则完好无损。

迈克的新家位于阿查法拉亚盆地（Atchafalaya Basin）的溢洪道入口附近。壮丽的阿查法拉亚盆地是个占地 80 万英亩的国家野生动植物保护区——国内最大的滩地硬木沼泽——其部分管理工作由路易斯安那州野生动物和鱼类局（Louisiana Department of Wildlife and Fisheries）负责。迈克带我坐上了他的平底船，前往这片壮观的盆地钓鲈鱼。他指给我看：一只秃鹰站在高大落羽杉光秃秃的树枝上，一只白鹭展翅高飞，一只长腿琵鹭在找鱼吃。

但是，他解释道：“我才出油锅又入火坑。他们就在盆地中处理数百万加仑水力压裂产生的废液——业内称之为采出水。水中可能包含甲醇、氯化物、硫酸盐、镭。他们还从宾夕法尼亚州及其他生产页岩气的地方进口废液，排入这附近的一口注入井。盐会腐蚀注入井的套管，而这口井离我们的蓄水层不远。”2015 年，得克萨斯州议会事实上阻止了地方政府对水力 242
压裂和废水处理出台禁令——使其无法执行。[15]

我问迈克他准备支持谁当美国总统。他的第一选择是茶党宠儿、得州参议员特德·克鲁兹，此人收获了法里斯·威尔克斯（Farris Wilks）和丹·威尔克斯（Dan Wilks）向超级政治行动委员会（PAC）① 捐赠的 1500 万美元——威尔克斯兄弟靠水力压裂成了亿万富翁。克鲁兹称水力压裂是“天赐幸事”，坚决反对禁止该技术。[16]他还呼吁取消清洁水源保护，限制公民诉诸法庭的权利，免除发电厂遵守空气标准的义务。和迈克一样，

① 美国政治选举中的一种外围团体，可在不与候选人或党派协调行动的前提下不受限制地接受民间捐助，通过独立宣传支持或反对候选人。

他不相信人类在气候变化中发挥了作用，还呼吁减少对气候变化影响的研究。事实上，在 2015 年全国环保选民联盟就 25 项环保问题记录的投票得分中，特德·克鲁兹得了 0 分，满分为 100 分。他的终身得分为 5 分。即便如此，迈克不得不在对联邦政府的强烈厌恶与保护阿查法拉亚盆地的壮丽美景、防止大批环境难民再现之间寻找平衡。他不想把票投给孟什维克或布尔什维克。如此一来剩下的就是特德·克鲁兹。如果克鲁兹未能赢得共和党提名呢？我问道。“我会投给唐纳德·特朗普。”

最后一次拜访住在印德河的哈罗德和安妮特时，哈罗德告诉我，他不太确定，但这些日子，河水看起来似乎变清澈了一些。然后，他好心地陪我穿过车道，帮我打开车门。我钻进车里，打开驾驶位车窗。哈罗德已是耄耋之年。他望着自己深爱的河口，在那里，旧日威严矗立的落羽杉伸展着苔藓披肩，仿佛要沿河而上。我想起他给我看的那些落羽杉照片。接着，哈罗德倚在窗边，缓缓地对我说：“我不知道何时才会再见到你。只有加百列天使知道我们每个人何时大限将至。但等那一天到来时，当我们不再受重力束缚，升到天上，我知道我会在上面见到你。他们说，天堂里有美丽的树。”

平装本后记

本书精装本于2016年9月初出版。两个月后，发生了一件令 243
美国绝大多数民意调查机构、记者和政客始料未及之事：唐纳德·特朗普当选美国总统。此后一年里，为了解我五年来认识的人们感受如何，我三度重访路易斯安那州。他们欣喜若狂。我在书中介绍的所有人物以及他们的大多数亲朋好友和教友们都把票投给了特朗普。“早上我得掐自己一下，”迈克·沙夫在大选数月后的一封电子邮件中写道，“才能确定此事真的发生了。”

2017年9月我造访莱克查尔斯时，数百人手持气球、挥舞旗帜，兴奋地聚集在停放的皮卡车和长长的橙色安全警示带之间，想一睹总统从黑色豪华轿车后窗招手的场面。特朗普总统刚结束对2017年休斯敦大洪灾受害者的视察，归程途中在莱克查尔斯稍做停留，向救灾人员致谢。“他没有计划公开露面，”一位身材魁梧的女士告诉我，“但我想可能有机会，他总有出人意料之举。”高中生们相互与带来的特朗普人形立牌拍照。随着两排摩托车护卫庄严驶来，人群中的中年人开始窃窃私语，他们中大约三分之一是非裔美国人。“说实话，我希望奥巴马能干第三个任期，”一名黑人女性悄悄向我解释道，“我就是想**看看**总统。”

相较之下，大选后的加州伯克利市则一片消沉。人们忧心忡忡地谈论特朗普冲动的领导风格，说起他炮轰与自己观点不
同的法官和报纸之举。伯克利的人们问道，爱国右派怎能对俄 244
罗斯干预美国大选视而不见？基督教右派怎能把票投给一个吹

嘘自己揩油女性的男人？但在路易斯安那州，欢天喜地的支持者在问：自由派担心特朗普行为不端时怎么忘了比尔·克林顿？主流媒体为何反对一个承诺改善国家贸易平衡问题、阻止非法移民、带回好工作、重塑民族自豪感的人？

而我自己则想知道，特朗普会不会想将路易斯安那州的政治模式套用于全国。曾连任两届的路易斯安那州茶党式州长鲍比·金达尔，其竞选政纲支持减税和全盘信任市场，路易斯安那州因此沦为全国经济倒数第二的州，州内赤字达到史上之最。石油市场价格出现下跌，能源化学公司萨索尔在莱克查尔斯的大规模扩张计划因而取消大半。[1]因此，本应用于吸引萨索尔落户莱克查尔斯的16亿美元“激励”资金中，一部分被返还给了州政府，但一些则仍由萨索尔持有，用于资助其新建的乙烷裂解装置。（纳税人向州政府交纳的资金可谓被萨索尔循环利用了，成为其付给新工人薪水的一部分，而后者可能还以为其工资完全来自“市场”而非“臃肿庞大”的政府。）与此同时，特朗普选择了路易斯安那州官员斯科特·安热勒[2]担任联邦安全和环境执法局新任局长——迈克·沙夫认为，科恩河天坑事件的发生正是此人疏于监管所致，那场灾难摧毁了他的家园和社区。至于环保局局长一职，特朗普任用了斯科特·普鲁伊特（Scott Pruitt），后者上任后削减了该局三分之一的预算，然而，至少在路易斯安那州，污染环境者常常逍遥法外。韦斯特莱克的埃克塞尔工厂在2012年及2013年均发生了爆炸[3]，在2013年的事件中，城里升起滚滚黑烟，其成分包含盐酸、氯乙烯单体和氯气，18人因此被送往急诊室①。时至今日，州政府仍未

① 正文中作者提到“27人因呼吸困难被送往当地医院急诊室”。

做出处罚。因此，纵使特朗普信誓旦旦，他宏大的治国愿景是否正如我在本书中描述的路易斯安那州一般？我有我的担忧。

我在本书出版后收到的电子邮件和信件中，大约四分之三
似乎来自特朗普的反对者，他们处于不同程度的震惊中。一些 245
人对向右派产生同理心丧失了信心；还有一些人对此表示怀疑——难道我不知道这是场**战争**吗？——这一问题我将在后文中谈到。为何保守派不与**我们**积极沟通，一些读者写道，像我们对待**他们**那样？有个人写道：“贾尼丝·阿雷诺感到她靠自己的钱完成了学业。我同她一样，并曾为此感到骄傲，但后来我算了算，我的学费并不足以支付自己受教育的总费用，出这些钱的是政府。”

大约四分之一的反馈来自保守派人士，其中大多数人感到本书的叙述是客观公正的。一位自称“非常右倾，或许算是另类右翼”的男士写道：“我本人以及其他许许多多异性恋白人男性怒火中烧，你清晰地阐述了我/我们的痛苦，我自己都无法解释得这么明了。”有少数人感到我表现得高人一等，但大多数人认为深层故事描述了他们的现实，感到我没有这种体会是误入歧途。一位男士用粉色记号笔在“深层故事”一章对面页上用加粗的大写字母写着“的确”，但他告诉我，在读到第 4 章关于路易斯安那州枪支法律宽松的内容时，他“差点把书扔到房间那头去”。他解释道：“我妻子和我都公开持枪，我还参加了我们教堂的安全委员会。”他的妻子接着说道：“如果我想买把枪当作礼物，就会让我儿子去买，因为填文件太费工夫了。”其他读者好心指出了一些小错误，我在这本平装本中进行了修正。

许多人绝望地告诉我，大选后他们与至亲之人僵持不下。

一位来自莱克查尔斯的单身母亲是个自由派，有心理学硕士学位，在一家戒毒诊所从事顾问工作，与父母感情深厚，而父母是特朗普的忠实拥趸。她眼神闪烁，嘴唇紧抿，强颜欢笑地说："情况从未**这么**糟过。我与父母很亲近，很遗憾不能跟他们住得更近一些。我们每年会探望两次，哈维飓风来袭时，爸爸告诉我，他'用祷告庇护着'我，我感觉到了。但大选后，我醒来并哭了一个半小时。我**很喜欢**希拉里，需要保护我的混血儿子免受特朗普影响。我不能给父母写信或打电话，与教堂中我爱的人们疏远了。现在我转而向诊所同事和学校里的朋友寻求慰
246 藉。"另一个人写道："我在得克萨斯的亲戚们与你笔下的人们一模一样。他们把票投给了特朗普，我们无法谈论此事。我甚至不能回家。你看起来比我感觉到的更乐观。"

与 2011 年我开始这段旅程时相比，美国似乎更加分裂了。因此我想知道，本书中出现的那些路易斯安那人怎么样了，他们对特朗普感受如何？

莎伦·加利西亚

大选后重访路易斯安那州时，我与年轻的单身母亲莎伦·加利西亚吃了几次饭，她是个茶党拥护者，曾在向莱克查尔斯郊区工厂的工人们推销医疗保险时好心带上我。莎伦回忆起自己如何成为特朗普的支持者："他不是我的第一选择。（她的第一选择是特德·克鲁兹。）起初我觉得他就是个笑话。但他说要把好工作带回美国，建墙防止非法移民入境，用商人思维治国，这时我便成了他的支持者。"

莎伦感到她是故土的陌生人，特朗普的话激起了她的共鸣，而全国数百万把票投给他的人们都有同样的感受。大选后的民

意测验中，一些人说“情况发生了翻天覆地的变化，我常感到自己是故土的陌生人”，[4]“美国需要得到保护，以免受到外国影响”，这些人支持特朗普的概率是其他人的 3.5 倍。

此前与莎伦交流时，她曾表示自己对国家债台高筑深感担忧，如今她却对此只字不提。她脑中的头等大事是主流媒体对特朗普的反对及假新闻。“我们保守派中很多人有时希望特朗普别再发推特了，”她解释道，“但我们也很为社交媒体高兴，因为我们感到如果没有社交媒体，我们就没法选出一位总统。登记过的共和党人无一认为媒体待特朗普公平公正……说实话福克斯在和他们对着干，但福克斯支持特朗普的程度远不及主流媒体对他的敌对程度。”在其他访谈中，我也注意到人们的担忧从债务转向了新闻。

与此同时，莎伦与 18 岁的儿子贝利（Bailey）展开了一次 247
热烈、活跃而深入的交流，将自己的观点告诉了他。贝利支持的是民主党初选参选人伯尼·桑德斯。“贝利正在选大学。”莎伦告诉我，那天我们正在莱克查尔斯共进晚餐。“他有兴趣考虑加州大学伯克利分校吗?”我问道。五个月后，莎伦、贝利和他的妹妹艾莉森（Alyson）风尘仆仆地步上台阶，造访了我在伯克利的家。我的丈夫亚当与我带他们参观了加州大学伯克利分校的校园，还借此机会安排了一场供左右派人士会面的“起居室对话”，该活动是调解律师、前进（MoveOn. org）组织共同创始人琼·布莱兹（Joan Blades）发起项目的一部分。通常，一个由八至十人组成的小组碰面交流，其中半数是共和党人，半数是民主党人，他们先分别描述自己对美国的憧憬，然后试着在一个双方共同关心的具体问题上寻找共同立场。小组通常会面六次，我们因时间关系只见了一次，讨论了如何控制污染，虽然没有达成决定性协议，但很高兴我们进行了尝试。即便如此，一段时间后，当马萨诸塞州一座圣公会教堂的一名成员致信请我帮忙与莱克查尔斯会众取得联系时，我问莎伦能否帮忙，她马上答道："没问题！"

迈克·沙夫

迈克不知疲倦地修整着新房子，新家与他此前居住的科恩河天坑附近被损毁的社区相隔 7 英里。但有时他仍会回老房子收摘温州蜜柑，在脸书页面上，他仍将科恩河列为"家"。他很喜欢乘船穿行于阿查法拉亚盆地的水路迷宫间，任清风拂过自己的脸颊，但眼下无暇于此，因为他把全部精力放在了照顾继女的两个幼子上。

工作日里，他全天照顾两个孩子中的一个新生儿，因此有时间收看新闻，大部分时候看福克斯，有时也会换台到"自由派"频道。"有人好奇像我这样受环境灾害直接影响的人为何会支持撤销环保局。"他在脸书上如此写道，并解释道，他又发
248 现了一个联邦政府背叛纳税平民的例子。他发现有一次在阿肯色州，联邦政府环保局向工业律师做出了让步。那些"**该死的**环保局科学家发现佐治亚-太平洋公司提交的污染报告有误。其（公司）律师提出诉讼，**没用的环保局就和解了**"。"为什么要把我们上交国家的亿万血汗钱，"迈克愤愤地说，"浪费在一帮肚子里塞满甜甜圈、工资高得过头的废物官僚身上！"

那么，好啊，削减环保局的预算吧，迈克想。但他脑中另有一套计划。"我希望科学家们确定环境中的有毒物质可允许排放量，就像他们现在做的这样。"他说。联邦机构还可以用最先进的检测设备实时报告泄漏情况，既通知华盛顿，也通过手机

应用程序告知住在工厂附近的居民。另外，他希望有“一个单独的环境执法机构，可以暂时关闭不遵守规定的工厂”，同时摆脱“二者之间所有多余的腐败（联邦）官僚”。他还想废除州一级的环境机构，认为它们“被工业控制了，毫不在乎你我有没有得癌症、我们的孩子是否会因其允许排入空气和水中的有毒物质而出现先天缺陷”。在排除了他对路易斯安那州监管机构极度而可以理解的不信任因素后，我认为迈克支持的是诚信的、运转良好的联邦政府。

最后一次拜访他时，我带上了我的儿子大卫（David）。他们二人几乎在各方面都截然不同。迈克是茶党共和党人，大卫是进步派民主党人。迈克把票投给了特朗普，大卫投给了希拉里。迈克出生于南部，大卫生于加利福尼亚，祖籍在东北部。据迈克所知，他没有祖先曾为南方而战，但他对参战者满怀敬意；大卫的曾曾祖父是隶属于缅因州第十七志愿步兵团的联邦军士兵。迈克有六个兄弟姐妹，大卫仅有一个。迈克的父母是水管工和家庭主妇，大卫的父母都是作家兼教授。迈克在私营部门工作，大卫在公共部门。迈克整个职业生涯都在与石油打交道，大卫是加州能源委员会（California State Energy Commission）成员，负责可再生能源。迈克曾与一个运转不良 249
的监管机构展开较量，大卫在一个运转良好的大型监管机构担任高级官员。两人之前见过一面，关系不错，彼此尊重。“看看你们俩能不能就如何清理环境达成一致，”我说，“我会拿着磁带录音机的。”

那天雾蒙蒙的，时间已近黄昏，我们外出钓鱼，两人的对话平和从容。“反正我们的石油也快用完了，”迈克对大卫说，“所以我愿意依赖于清洁能源。”他们同意，风力和太阳能发电的成本已基本与化石燃料同样低廉，美军是使用清洁能源电力的领导者，以及到 2030 年，预计加州一半电力都将来自清洁能源。

“加州也开采石油，像路易斯安那州一样，”大卫说，“但我们的监管执法更严格，因此开采更加清洁。”

“这不**公平**。”迈克答道。

“你说的没错！”大卫说。如同与莎伦·加利西亚的起居室对话一样，双方仍有很大分歧，但共同道德立场明显扩大了。拜访接近尾声之际，迈克宣布：“我很愿意在我的屋顶、船上和摩托车上使用太阳能。”两人将船停回码头时，大卫又说：“太阳能还有助于阻止气候变化呢。”

迈克反驳道：“噢，**没**那回事。”接着，他以一种慈祥的口吻说：“你瞧，大卫，如果你想把太阳能面板卖给我这样的人，就告诉他们，你可以让他们获得能源**独立**。清洁能源产生的电力可以输回电网，你可以让他们成为自由**企业家**。只是别提气候变化。”

李·舍曼

李·舍曼——他曾悄悄将有毒废弃物倒进公共水域，后来面对愤怒的渔民举起那块写着“我就是那个向河里倒毒废料的人”的牌子——与我通过电话保持着密切联系。（“你住在伯克利，离奥克兰的造船厂不远。我爸爸过去在西雅图的造船厂工作。”）他现年 83 岁，两腿均发生了神经病变。即便如此，他仍坐着电动轮椅，出现在家乡德里德一座公园外围举行的乳腺
250 癌宣传游行队末，美国国旗飘扬在轮椅后方。“我让三个小女孩也和我一起坐在轮椅上。”他高兴地补充道。我们通电话时，李向我讲述了自己的过去——他曾是个 298 磅重的健美运动员、

四风切罗基族（Four Winds Cherokee）舞者（他有部分美国原住民血统），小时候还是个天不怕地不怕的游泳健将。

最近一次到访莱克查尔斯时，李给了我一张错综复杂的韦斯特莱克工业园区手绘地图，其中包括所有地下管道的位置。然后，他开车带我在那片地方转了转，频频转弯、刹车和兜圈子，起初似乎令人摸不着头脑。渐渐地我明白了原因，他在地面上向我展示了地下的场景：那根一英里长、曾发生有毒二氯乙烷泄漏的管道——那是美国最严重的化学物质泄漏事件之一，“吓人的”10号州际公路桥下的土壤因此变松软了。

李**非常喜欢**特朗普总统，程度几乎胜过我认识的任何人。他“每天有十四个小时”用来收看福克斯新闻频道，“直到看腻了，才瞟一眼CNN”。他补充道，“《纽约时报》会说谎”，但承认自己不读该报。他感到，总统“有权表达自己的意见，因为这是受宪法第一修正案保护的”。环保局削减预算是否令他担心？我问。“**有点**。”

最后一次造访路易斯安那州时，我驱车前往德里德，带去一份礼物。李向公共水域倾倒有毒废弃物的不光彩之举令一位男士感到不安，但他救起被烟雾熏倒、“好像被击中”的鸟儿一事又令之动容，他向我寄来一首自己据此创作的诗。那鸟儿有“弯弯脚爪，恐龙的眼睛”。李“向她吹气……她扑闪双眸，发出低鸣”，直到他“帮她恢复呼吸”。“我要把这首诗裱起来，”我辞行时，李说，“挂在起居室的墙上。”

哈罗德·阿雷诺和安妮特·阿雷诺

“你是那本书里的安妮特·阿雷诺吗?”安妮特打开前门时，一位年过花甲、身材精瘦的男士友好地问道。阿雷诺家住在印德河河畔，长期以来，李遵公司之命悄悄向河中倾倒有毒废弃物，令河水遭到了污染。

“我是。”安妮特答道。

251 “你可以在我的书上签名吗？”

“这书不是我写的。”安妮特澄清道。

“我知道，但我目睹了你们经历的这条河里鱼群死亡的事。”他说。安妮特将这位名叫雷·鲍曼（Ray Bowman）的男子请进屋。他是特朗普的狂热支持者，退休前曾在工厂担任操作员，作为本地工会主席代表着来自六个工厂的1500名工人。后来，我在他位于拉格利（Ragley）的马场见到了他。“我当时20多岁，是雪铁戈的临时工，想成为正式工。我的老板让我乘船出去捞死鱼。他们没有告诉我原因，但我知道。”

与此同时，对阿雷诺夫妇而言，生活变得更艰难了。在他们有蓝色百叶窗的整洁白色屋子[①]一侧，是遭到污染的沼泽河，河上到处是了无生机的落羽杉树干。在另一侧的马路对面，韦斯特莱克化学公司（Westlake Chemical）正在建造一座将乙烷加工为乙烯的大型乙烷裂解厂。透过一层稀疏的树木，依稀可见一片大空地和大量管罐。阿雷诺家在一条公共道路旁，公司的举旗人员却可令交通停滞数小时之久。李·舍曼与我驱车前去探访时，就有人把我们拦了下来，但李没有理会，呼啸而过。阿雷诺夫妇曾邀一个侄子来吃午餐，可他的车被要求折返，他的秋葵汤被从炉子上端了下来。哈罗德曾就卡车改道之事与一位公司经理沟通，却毫无效果。

一个星期天，我与阿雷诺夫妇一同参加了五旬节会灯塔教

① 原文如此，正文中阿雷诺家的“棕色木屋干净整洁，有绿色的百叶窗”。

堂的早晚礼拜。束着头发、身穿碎花长裙的女士们唱了歌；孩子们在耐心的妈妈们大腿上扭来扭去。哈罗德和安妮特孝顺的孙女参加了合唱，她是个西班牙语老师。牧师忧心忡忡地警告，世俗主义者在学校中教授《共产党宣言》（*The Communist Manifesto*），大家得小心外来影响。但本地社区互相帮助，他说。面对百年不遇的休斯敦洪灾，本地教友捐出了食物、水和衣物，所有物资都由一辆卡车运到了休斯敦一间五旬节派教堂，教堂向受害者发放了救济品。“黑人帮助白人，白人帮助黑人。”牧师自豪地说道，教友们轻声应和。

与其他和我交流过的人一样，安妮特对特朗普也颇有微词（“我希望他行动前先过过脑子”），但她解释道，特朗普“想要做的事很好，例如建边境墙，只可惜媒体和国会不让他建”。城 252
里新涌现的建筑工作吸引了很多墨西哥工人，他们告诉我。“你在商店里能看到他们，杂货店货架上出现了墨西哥玉米薄饼。”安妮特又说道：“墨西哥人工作很卖力；关于工作，他们可以给我们上一两课。”我后来常听到类似的话。但训练有素的管道工哈罗德猜测道：“我觉得，这些公司雇用未经训练的墨西哥人来做技术性工作。工头对他们进行培训，公司给他们发低廉的薪水，然后墨西哥人把钱寄回家。我们没有得到好处。”

吃午餐时，安妮特隔着桌子伸过手，问道：“阿莉，你读《圣经》吗？”“我读过《圣经》。”我回答。“我觉得我们正在看到征兆，”她说的是被提，“先是说要把以色列首都从特拉维夫迁至耶路撒冷，然后是洪水，或许还有与朝鲜的核战争。没人事先知道。这些可能是征兆。”

贾尼丝·阿雷诺

阿雷诺的侄女贾尼丝，那个在办公室架子上收藏了很多大象玩具的会计，出席了本书出版后不久我在莱克查尔斯为帮助过我的人们举办的晚宴。她带着顽皮的笑容来到我面前，拉开外套，露出一件鲜红色的运动衫，上面写着“可爱的可悲之人”——显然是针对希拉里·克林顿称半数特朗普支持者是“一箩筐可悲之人”的言论。几个月后，贾尼丝寄给我一件同样的运动衫。（“敢不敢在**伯克利**穿上它！”“不做保证。”我回答道。）

与李一样，贾尼丝是特朗普最忠实的拥趸。她对无穷无尽的“插队者”领取税款支撑的救济失去了耐心，而特朗普把她的感受表达了出来。如果说特朗普是一头闯进瓷器店的公牛，那么店里有许多她不介意打碎的东西，例如，她对裁减“过分夸大的”环保局拍手称快。“我在我们这里的计划委员会工作过，知道联邦应急管理署是怎么干的。如果我们豁免一位私房屋主，他本应把谷仓抬高 14 英尺，以防洪水来袭，并购买洪水保险，若是他少做了一分半毫——若是我们放过他了，那么联
253 邦应急管理署就会拿援助做文章，或者就说我们堂区（县）不符合他们的救助标准。不，我们被管得死死的。”而对于特朗普在美国和墨西哥之间建墙的承诺，贾尼丝希望将其延长，将太自由的加州也排除出去，如此一来，若是“加州人想进美国来，他们就得问我同不同意”。南部将留在美国，让加州分离出去。

《故土的陌生人》面世约一年后，数千名手持火把、举邦联旗的白人民族主义者和行纳粹礼、高喊“血与土”及“犹太人取代不了我们”的新纳粹分子在弗吉尼亚州夏洛茨维尔（Charlottesville）举行了一次“团结右翼”集会，以抗议移除一座罗伯特·E. 李将军雕像的计划。一名参加集会者驾车撞向反

对者人群，造成一名女子死亡，多人受伤。

一些集会者来自雅利安民族（Aryan Nation）、3K 党（前大巫师大卫·杜克也在其中）等老牌组织[5]，还有一些人来自新兴的另类右翼组织，一位集会领袖称之为“白人民族主义的新卫士”。集会主要组织者杰森·凯斯勒（Jason Kessler）称游行是为了抗议移除邦联象征，也是为了“争取白人利益”。另一位重要组织者理查德·斯宾塞（Richard Spencer）呼吁建立一个白人“种族国家”及进行“和平种族清洗”。特朗普总统公然称“双方”均有责任[6]，后来表示自己支持“双方的好人”。前 3K 党大巫师大卫·杜克感谢特朗普的支持。多年来涌动于美国生活表面之下的种族主义暗流突然毫无遮掩地出现在人们的视野中。

大众和媒体自然审视了总统的反应，大多数指出（福克斯新闻频道是个显著的特例）他在点名谴责这些组织前沉默了 48 小时[7]——就任总统 207 天以来，这仅是特朗普第四次一整天没有在推特上发布任何信息——许多人感到，这是他不愿对其加以谴责的迹象。《华盛顿邮报》（*The Washington Post*）和美国广播公司（ABC）联合进行了一份民调，人们被问道：“根据你掌握的信息，你是否赞成特朗普对这些事件（夏洛茨维尔）的反应？”[8]赞成者仅有 28%，其中 6% 是民主党人，62% 是共和党人。他们还被问及一个更有针对性的问题：“在你看来，特朗普关于这些事 254
件的言论是否将新纳粹分子、白人至上主义者与其反对者放在了同等位置上？”42% 的受访者答了“是”，35% 答了“否”。

那么，手持火把的夏洛茨维尔白人民族主义者是否在重燃全国各地从未绝迹的民族主义？是的，而且并非第一次。3K 党诞生于内战刚刚结束之时，在 20 世纪 20 年代猖獗一时，当时其成员占州内总人口比重最大的地方是印第安纳州和俄勒冈州；

半个世纪后，白人抵抗学校废除种族隔离制度最强烈的地方之一是波士顿。

白人种族主义是不是特朗普最重要的后援？[9]它是否也如一些人所言，构成了茶党的支持基础？我们说的“种族主义”一词含义相同吗？在本书中，我将种族主义描述为“认为存在一套自然等级制度，黑人处在其中的最底层，而白人往往以与这一底层的距离来判断自己的价值”。在我访谈的 60 人中，许多人默认了这种说法。其他人认为，抑或似乎想要认为，不存在这样一种等级制度或价值判断方式，我们生活在一个无视种族的社会。但也有不少人认为，许多美国同胞仍有这种等级观念，但这既非正常也非好事。

与我的路易斯安那州访谈对象提起夏洛茨维尔之事时，许多人面带忧容。“大家都应该待在家里，”安妮特·阿雷诺摇着头说，“我不喜欢暴力。”一些人对左翼“反法西斯”（Antifa）团体表现出同样的恐惧。“他们像 3K 党一样。他们也戴面具。他们也崇尚暴力。如果他们不想伤了人后逃之夭夭，为什么要戴面具？”但否定暴力不太可能让问题得到解决。

与我交流过的大多数路易斯安那白人都对持火把的 3K 党颇为反感，作为南方白人，他们还担心被看成一丘之貉。“因为我们是南方人，人们就认为我们是种族主义者，可我们不是！”一位女士告诉我。还有个人在网上发了张图片，画面上，山姆大叔愤怒地转过身，面对着一个小小的纳粹标志，“不会吧，又
255 是你！”题字如此写道。说到“纳粹”一词，曾在河里打捞死鱼并敲开阿雷诺家大门的雷·鲍曼在我后来拜访时说：“你看到那把匕首上的纳粹符号了吗？”匕首挂在他家起居室的墙上，在我的座位背后。“我叔叔曾是个二战士兵，那是他从一个死去的

纳粹士兵身上取下来的。我们**打过**纳粹。”

然而——雷等人感到在这里陷入了困境——他们发现，自己还有一些人在自由派世界中有无处容身的感觉。一来，他们并未感到作为白人有何特殊优势，一些人因为这种感觉将其界定为种族主义者或白人民族主义者，这令他们感到不快。在2017年9月的一份民调中，56%的美国人同意这样一句话——“在社会上，白人得益于黑人没有的优势”。[10]但三分之二的共和党人不同意这种说法，包括本书中写到的大多数人。（民主党人中，78%的人同意白人享有优势。）这种党派分歧背后，白人面对的薪资下降、工作不稳定、家庭破裂的情况大有不同——矛盾的是，蓝领白人遭遇了更多黑人经历的困难。

雷有两个观点，他认为二者并行不悖。一方面，他毫不含糊地对夏洛茨维尔的3K党行为予以谴责：“那些举着旗子——无论是美国国旗、邦联旗还是纳粹旗——的**白痴**，叫嚣着白人至上……一个人能**蠢**到什么地步？”另一方面，他也感到白人至上主义者令美国国旗**和**邦联旗“坏了名声”，因为后者代表着一种荣誉，他认为保卫南方“故土”免遭北方“侵略”的年轻小伙子们应当获得这份荣誉。他眼中的故土很像他自己的祖先——贫穷的肯塔基州白人农民和牧马人——长大的地方，那里没有奴隶。

我本以为存在一个统一连贯的叙述，却发现它被分解成了多个独立的小叙述。矛盾的是，如果说纽约出生的特朗普似乎对是否谴责3K党犹豫不决，与我交谈过的大部分路易斯安那人都毫不迟疑。“噢，我会毫不犹豫地谴责3K党。”迈克·沙夫如此告诉我。“3K党可耻，”雷·鲍曼又说道，“顺便说一句，我是**南方**人。”

256 然而仿佛美国文化血液中被注入了抗凝剂，小叙述不断出现，每个都暗含一则情感标签。一个叙述是，邦联旗是个地域自豪问题（“不要羞辱我们”）。一个叙述是，“我的祖先很穷，没有奴隶”（“别让我们感到内疚”）。一个叙述是，白人在平权行动中成了受害者（“要理解我们的怨恨、愿望和需求”），还有一个叙述关乎道德力量（“拒绝在宣誓效忠时起立的黑人运动员对美国人的身份不似我们这般感激。我们是真正的爱国者，因此应该得到尊重”）。除此之外，往往还有个更常见的假定——大多数黑人不如白人工作努力或遵守法律。我感到，这些次叙述的共同之处在于历史背景的缺失。我在此认识的人们仿佛强烈否定符合我种族主义最初定义的任一前提。但在此情况下，他们采纳了一些彼此独立的小叙述：一位男士对黑人运动员在宣誓效忠时下跪感到愤怒，却对邦联旗没有特殊感情；另一个人抱怨称朋友的儿子因平权行动与一个大学入学名额失之交臂，却不接受“奴隶制不是我的责任”这种叙述。这些分解出来的小叙述彼此独立，或许会以某种新方式在下游汇聚。而在所有这些的背后还有一个强大的事实——对他们而言，生活并不容易，还有可能更加艰难。

我认识的路易斯安那人还认为，**自由派**的种族意识太强，而种族意识本身就是一种种族主义。“自由派总是以种族识人，”一个人说，“要不他们就说，‘你是种族主义者。我不是种族主义者。’”另一个人说道：“你瞧，我是白人。为什么我得到处去说‘我不是种族主义者’。我不是种族主义者，但是个白人，可以吗？”雷进一步解释道，他也不希望别人以白肤色定义自己：“我希望你以我的兴趣和能力定义我，而不是我的种族。”但他感到，总提起种族的是自由派。“我在雪铁戈工作时，”雷回忆道，“一位平权行动官员召集我们开会，给我们看了张饼图，图上列出了公司目标。新工作岗位中，约有一半应面向女性，四分之一面向非裔美国人，25% 给白人男性。这意
味着我儿子能找到一份像我这样在雪铁戈工作的机会渺茫。他 257
该怎么办呢？”他补充道：“我觉得这么说不算是种族主义者。”

我认为，不能因为雷·鲍曼关心儿子是否有望在工厂找到工作或忌惮招工饼图就将他归为“种族主义者”。同时，在一小块经济馅饼上，这张饼图将种族、性别同与白人的竞争联系起来，而更为强大的力量本就在压缩那块馅饼的面积，这一点我将在后文中有所解释。从路易斯安那州归来，我漫步在北伯克利山，开始思考雷对于被塞在窗框里或钉在前门上的手绘“黑人的命也是命”标牌会做何反应。但自网络革命以来，房价有所上涨，若是你没有早早买房、住进租金管制公寓或挣到硅谷水平的薪水，那么如今便不可能住得起那里的房子，这意味着那里几乎人人都相信种族融合，他们发现自己置身于以白人和亚裔为主的社区中。他们还几乎都受过高等教育，如此一来——由于他们的社会阶级——感受不到深层故事的情感吸引力。很多因素可悲而有力地分裂了特朗普的白人选民与希拉里或桑德斯的支持者，包括家族史、历史书、教堂布道和地区文化，但我认为，越来越重要的是每个人的运气——社会阶级。

本书中出现的路易斯安那人对罗伯特·E. 李雕像的态度各不相同。有些人为其辩护，称之为宝贵的“历史”。还有些人，比如手边放着维达利亚洋葱、主持迈克·特里蒂科和多尼·麦科克代尔周日聚餐辩论的卡皮弟兄说道：“我认为他们应该把李的雕像放在博物馆，这样便不会冒犯任何人。”我的好友兼社会

学同事特洛伊·达斯特（Troy Duster）想到一个办法——放**两尊**雕像，一尊是李将军，与之相对的是非裔美国人、废奴主义者弗雷德里克·道格拉斯（Frederick Douglass）。我把这个想法提了出来。许多人，例如迈克·沙夫，对此颇有兴趣："哎呀，为何不试试?"雷·鲍曼答道："我对此没意见。"另一个人心存疑虑："如果你在这尊雕像上做了让步，他们就会争取下一尊和再下一尊。你永远满足不了他们。"贾尼丝·阿雷诺极为慎重地考虑了这个想法，然后得出结论："好吧，如果第二尊雕像的钱由**他们来付**的话。"

258 与全国各地一样，在路易斯安那州，种族问题根深蒂固且日益凸显。但即使在我认识的南方白人中，经济方面的担忧也加剧了纯粹的种族问题——有时比后者更为深切。文化问题也有爆炸性力量，其中以反堕胎观念最为突出。传统家庭观及因感到基督教重要性下降而产生的普遍担忧也举足轻重，在这些问题上许多黑人持相同看法。事实上，我惊讶地发现，在对路易斯安那白人和黑人而言都至关重要的一个生活领域上——宗教——种族融合程度高得惊人，即便没有法律强制要求如此。我在两间最大的教堂参加了礼拜活动，其中约五分之一教友是非裔美国人。

与黑人和移民一样，女性也是"插队者"，但在男人们心中，女性通常被分成了不同心理类型：女儿（"你想做什么都可以"）、妻子或伴侣（"多挣点钱，但不要把我比下去"），还有潜在的工作对手（"请不要画什么饼图"）。另类右翼领袖杰森·凯斯勒在成为夏洛茨维尔游行主要组织者之前，曾因一名他觉得不如自己够格的**女性**求职者却得到他所心仪的工作而气愤不已。[11]特朗普在夏洛茨维尔事件上称"双方都有好人"并迟迟不表态，对黑人运动员大发雷霆，这些行为令公众将注意力聚焦于黑人，令极端组织有了新的可乘之机。但我访谈的人们心里还想着其他事情。由于墨西哥人的到来，哈罗德·阿雷诺和安妮特·阿雷诺感到自己像是故土上的陌生人。还有些人担心穆斯林在当地建的清真寺会传授伊斯兰教教法。在其他地方，住在乡下的白人对住在城市的白人“精英”满腹怨言。特朗普赢得大选也并非有赖于对极端种族主义组织的新吸引力。2012 年投票给米特·罗姆尼的白人与 2016 年投给特朗普的比例相当。

从本书收到的反馈中，我得以一窥这一系列复杂的问题。一位南方小伙子写道：“我家住格雷特纳（Gretna），离一个只有 2500 人和一个红绿灯的小镇 15 英里，在弗吉尼亚州的乡下。除了在弗吉尼亚大学读书的四年，我出生 23 年来一直住在这里……我家房子后面是片树林，往里走半英里有座荒坟，埋的是个 19 岁的邦联军列兵。一天我打猎时发现了这座坟墓。当时 259
我自己也是 19 岁，手中拿着一支步枪，不禁陷入思考。彼时彼刻，除了命运将我们带到了不同时代，我和他究竟有什么区别？”接着，他开始描述自己周遭经济衰退的迹象：“我祖父工作过的家具厂关门了，祖母工作过的纺织厂被推土机夷为平地，这些岗位都被外包到了海外。”他试图给自己不断变化的世界理出头绪，最后问我是否认为他应该申请加州大学伯克利分校社会学系研究生院的课程，是否可能在那里找到好工作。

一名年长女性从她位于堪萨斯州费尔维尤（Fairview）的农舍中来信：“这些年来这附近的乳品公司数量锐减。规模较大的乳品公司会雇一两个高中男孩每天早晚工作；孩子们凌晨 3 点上班，下班后去凯西商店（Casey's）买上肉汁松饼带到学校去吃，这时早上 8 点的上课铃还没响。”一本名为《怨恨政治》(*The Politics of Resentment*) 的书基于在威斯康星州小镇和农村的咖啡店及小餐馆与人们交谈的内容，作者凯瑟琳·克莱默 (Katherine Cramer) 写道，人们对于“被麦迪逊的大城市精英瞧不起”有强烈感受。一名学生——“我们家第一个大学生”——从宾夕法尼亚州西部来信，她的父亲和叔叔们经营着一个废金属回收场和一条泥地赛车道，还有一笔来自在其土地中开采天然气的收入——“这就是我为何没有大学贷款”。她解释道，对贫穷的恐惧给他们的童年留下了烙印，她则不然，而这次大选引发了他们之间的强烈分歧。因此种族、阶级、国家认同感、宗教、地域、性别和性取向观——所有这些因素汇聚在一起，加强了一种感觉，即如同国家本身一样，一种珍贵的生活方式也被抛在了身后，在路易斯安那州以外同样如此。

当然，右派的力量在美国以外的地方也愈发壮大了。在英国、奥地利、法国、匈牙利、波兰、俄罗斯、印度、印度尼西亚、日本等多个国家，甚至丹麦和瑞典，右翼政治势力都在抬头。各国领导人口中的损失不尽相同——农场、工厂、一种语
260 言或宗教的流行——他们的矛头指向也各不相同，但通常是移民。他们以不同方式表达出一个感受：他们是故土上的陌生人。

我在本书中介绍的人们感受到一个深层故事，在这个故事中，疲惫不堪地排队等待实现美国梦的工人看到，联邦政府向一些人提供了特别帮助，但他认为这些人是插队者。在受益对象中，有的是公民（黑人、女性、公共部门员工），其余则不是（移民、难民、美国对外援助对象）。队中之人的耐心被消磨殆尽，对此我们颇能理解，因为的确，对大多数中低收入的

美国人而言，队伍停滞不前，甚至有所倒退。

然而，是什么**导致**了队伍停滞不前？黑人在教育和收入方面超越白人了吗？每天出现在我们视野中的非裔美国人形象，是电视新闻主播、电影明星、橄榄球和篮球明星，据此判断，人们可能很容易形成这样的印象：黑人群体仅占人口的13%，却获得了巨大成功，将白人甩在了身后；人们可能会假设，之所以会出现这种情况，是因为有雷・鲍曼的平权行动饼图这样的事。

但表象可能会误导我们，因为过去三十年来，在教育、就业及财富领域，黑人的平均水平并没有较白人获得提高。令人震惊的是，在全国最顶尖的100所大学，2015年黑人新生代表性仍然不足，程度比1980年时更甚。[12]2015年，美国18岁的青少年中有15%是黑人，但在精英大学的（本国）新生中，黑人仅占6%。家庭收入方面，二者如今的差距与30年前也大致相当——黑人家庭收入大约为白人家庭的55%。[13]2008年金融危机对非裔美国人造成的打击比白人严重得多。[14]2004年，白人家庭财产中位数是黑人家庭的11倍；2009年则达到19倍。

此外，当然，美国的历史是一段白人插队到黑人前面的历史，首先通过奴隶制，后来是《吉姆・克罗法》，再然后是新政法律和二战后的《退伍军人权利法案》（GI Bill），这些法律为数百万美国人提供了帮助，却落下了从事农业和家务活动者，261
而从事这些工作的黑人比例较高。时至今日，种族歧视仍在持续。社会学家德瓦・佩吉尔（Devah Pager）于2003年进行了一项经典研究，对任职资格完全相同的黑人和白人求职者进行了比较，其中一些人有入狱记录，一些没有。[15]佩吉尔发现，没有入狱记录的黑人接到第二轮面试电话的概率（14%）小于有入狱记录的白人（17%）。同时，没有入狱记录的白人中有 34% 接到了第二轮面试电话。

与黑人相比，女性则缩小了与男性的教育和收入差距。[16]如今，她们中有学士学位的人数略多于男性[17]，在收入方面也取得了不小进展，1980 年，其时薪为男性的 62%，到 2016 年已升至 83%。两性收入差距缩小的部分原因是女性收入增加，还有部分原因则是男性薪资降低——这主要是男性从业者比例较高的制造业衰落所致。

那么，如果说相对而言黑人收入没有增加；如果说尽管女性教育水平有所提高，工资也尚未与男性持平；如果 2009 年到 2014 年离开美国的墨西哥人超过了入境者[18]，且如果在一个像路易斯安那这样的州，墨西哥人本来就相对较少——那么到底是谁在插队？

在很大程度上，真正的插队者不是人们可以指责、政客们可以大肆抨击的人。那是因为他们不是人，而是机器人。美国工业的面貌日新月异，最大的原因是自动化，而变化最大的地方便是路易斯安那州工业财富的基石——石油业。2017 年，彭博社一篇题为《机器人正在接管石油钻塔》的报道称，全球最大陆上钻井公司纳伯斯工业（Nabors Industries）将把每口油井的平均员工数量从 20 人减至 5 人。[19]英国石油公司上游技术负责人艾哈迈德·哈什米（Ahmed Hashmi）说："在我看来，自动化的不只是钻塔，而是钻塔上游的一切。"[20]2013 年，来自牛津大学工程科学系（Department of Engineering Science at Oxford University）的学者对 70 种职业涉及的任务和技能进行了重点研究，对每个职业的"自动化能力"做出了粗略估计。[21]在石油行业，当前各职业易受自动化影响的概率[22]如下：

化学工程师——不到1% 262

石油工程师——16%

化学技术员——57%

油泵系统操作员——71%

井架操作员——80%

化学工厂和系统操作员——85%

石油技术员——91%

石油钻塔的情况也在美国各地的工作场所上演。优步（Uber）刚开始取代出租车，其司机就预计将让路于自动驾驶汽车。自动行驶卡车正处在测试阶段。收费站员工正在被自动识别仪器取而代之，杂货店收银员正在被自动化结账系统代替，机票预订员则让位于自动化值机机器。而这只是个开始。麦肯锡全球研究所（McKinsey Global Institute）对800种职业的2000项工作活动展开研究，结果显示，“到2055年，现有的工作活动可能有一半将实现自动化”。[23]诚然，随着旧有职业退出历史舞台，将有一些新职业出现。然而，正如罗伯特·莱希在《拯救资本主义》中所阐述的那样，自动化以及大企业合并对小企业构成的压力仍影响深远。[24]

研究表明，制造业中失业的主因是自动化。[25]但失业还不是故事的全部。如果一个男性工人失去了一份薪水不错的工厂技术员工作，他可能会找到一份新工作，但也许是在服务业——做家庭护理或给货架上货。机器人不仅在取代男性白人，它们还将其挤去了薪水较低、传统上由女性和黑人从事的工作。

机器人自然有利于商业[26]，因为它们可提高生产率和利润，且增加的利润不用与工人分享。卡乐星（Carl’s Jr.）和哈迪斯

（Hardee's）快餐店前首席执行官、唐纳德·特朗普的首个劳工部部长人选安德鲁·普兹德（Andrew Puzder）在接受商业内幕网站（Business Insider）采访时解释道，机器人“总是彬彬有礼，总是追加销售，从不休假，上班从不迟到，永远不会有滑倒摔伤或是年龄、性别或种族歧视官司”。[27]因此对数百万人来说，向美国梦缓缓前进的队伍更慢、更长了。

263 如果说自动化才是深藏不露的主要插队者，那它为何没有出现在我们对中产阶级和工人阶级愤恨情绪的理解中，没有出现在将这种情绪具体化的深层故事中？一来，我们被鼓励对机器人大加称颂，将其视为进步、发展和卓越的标志。它们是技术奇迹。它们减少了错误发生。它们提高了生产效率。而无论我们的政治立场如何，这都令我们走入了情感的死胡同，因为这些接连插进队中的机器人不会说话、没有种族、没有性别、美国本土制造，我们怎么能对它们生气呢？

《故土的陌生人》面世约一年后，被指定为巴吞鲁日路易斯安那州立大学奥格登荣誉学院（Ogden Honors College）所有入校新生的暑期阅读书目，该院是路易斯安那州大学系统中的旗舰机构。那两位好心帮我启动了这一课题的挚友——一位左派人士，一位右派人士——均毕业于该大学。我被邀请在这些新生入学首周给他们做演讲。虽然我曾十余次带着问题造访路易斯安那州，但这次我知道学生们将向我寻求答案。

直面这些孩子令我感触良多，因为许多年轻的读者来自我笔下的社区。很多人的父亲在癌症带沿线的石化工厂辛勤工作，是保守派共和党人，大选中将票投给了特朗普，这些聪明而求知若渴的孩子带着大问题而来。这些学生位于我努力想理解的问题的正中心。我能说什么呢?

我决定告诉他们，我如果是那天坐在台下的一名 18 岁的路易斯安那青年，会想对《故土的陌生人》做出何等反应。我告诉他们，如果我对政府感兴趣，会想知道为何美国民调反映出对政府信心下降，我想找出全世界“做法最优”的国家，搞清楚它们的正确做法。同是盛产石油的地方，为何与路易斯安那州人口规模相当的挪威拥有世界上最大的主权财富基金，资产高达 8000 亿美元，而路易斯安那州是我国经济第二落后的州，面对着史上最大预算赤字?

我说，我如果准备从商，会想要钻研工业增长与清洁环境 264
的关系。二者必须相互妥协吗?我会调查清洁能源领域的就业前景，探索为何在西弗吉尼亚州，现在太阳能行业的岗位数量是煤炭行业的三倍。我如果对机器人和就业感兴趣，会想对德国加深了解，该国制造业高度自动化，却保持着高就业率。

我如果对治理环境感兴趣，就会想研究当前环境保护局执行的削减 30% 预算的影响。一些 2016 年可供公众获取环境信息的网站现已中断了服务。[28]我在附录 B 中记述的研究使用了有害废弃物接触率（RSEI 值）数据，公众日后还能看到这些数据吗?

我建议，我如果对心理学感兴趣，就会调查为何与我交流过的许多石油工人拒绝接受气候变化的科学证据，而他们所在石油公司——例如英国石油公司、雪佛龙、壳牌、康菲、雪铁戈——的大多数首席执行官却在官方演讲中和公司网站上申明公司承认并接受气候变化的存在?[29]

我如果想学法律，可能会申请为一位路易斯安那州的法官担任助理，此人叫停了州政府颁发的佩纽尔湖湖底钻探许可。

1980 年，德士古公司造成一起钻孔事故，致使漩涡吞没了两个钻井平台、十一艘驳船、四辆平板卡车和一个 65 英亩大的植物园。但如我在书中所述，2016 年，州政府向国内最大天然气分销商 AGL 资源公司颁发了钻探许可，允许其再在千疮百孔的湖底另钻多口井。一名法官阻止了此事。他是如何做到的？原因何在？他的判决会被驳回吗？

面对国内其他地方的听众，我会用到不同的例子，但演讲的实质始终未变。我建议我们以行动主义的四根支柱应对眼下的政治僵局。其一是全力维护我们珍贵却可能有些脆弱的民主体系：三权分立、司法独立、自由媒体。其二是认识到，如果民主党想成为唐纳德·特朗普之外的另一个切实可行、有吸引
265 力的选项，就必须面对书中这类人的不满、生活经历及挫败感。

其三，面对与自己成长于不同地理区域、阶级或宗教组织的人们，自称自由派的我们不重视了解他们的机会并不明智，而轻率地对其加以贬低更是蠢上加蠢。在路易斯安那州的日子令我深刻意识到，有时电影和电视节目对于南方红脖子形象是如何嘲笑奚落的。如今，这种做法就像种族主义的符号一样令我感到不安。

最后，要建立行动主义的第四根支柱，我会跨越恼人的党派界限，在种族、机器人、政府等领域展开对话。民主党人可能会惊讶地发现，与共和党人相比，他们在自己的政治圈子中更加孤立。[30]2017 年的一项皮尤民调显示，希拉里的支持者中近半——47%——没有好友是特朗普的支持者，而特朗普的支持者中则仅有 31% 的人没有好友支持希拉里。

雪上加霜的是，大选后，弗兰克·里奇（Frank Rich）等数位自由派专家站了出来，明确反对跨越党派界限进行沟通。[31]

“民主党人无需再尽力体会每个人的痛苦，不要忘记自己的愤怒。”为避免最后陷入“单方面裁军的温和状态”，他建议，“要心怀愤怒”。我认为此言差矣；里奇把交流沟通当成了投降屈服，把同理心当成了软弱。数百万选民 2012 年时将票投给了贝拉克·奥巴马，而在 2016 年则投给了唐纳德·特朗普。福克斯新闻的一项民调显示，特朗普的选民中有四分之一对伯尼·桑德斯持正面态度，而桑德斯的支持者中有 6% ~12% 的人后来把票投给了特朗普。[32]一些人的思想很开放，而即便在那些起初看起来思想闭塞的人那里，我也发现了潜在的交叉话题[33]——将金钱逐出政治、重建我们的基础设施、避免核战争、减少非暴力监狱人口、限制儿童暴力电子游戏、拓展可再生能源，双方甚至可在城镇广场雕像问题上达成妥协。

全国已涌现出 70 余个草根团体[34]，我本人参加了其中一个名为“起居室对话”（http：//livingroomconversations. org）的组织。在“桥梁联盟”（Bridge Alliance）网站上，人们可以找到 266
有“共同利益”“善良天使”“美国公共广场”“各方”这样名字的其他跨党派团体。到 2017 年 10 月，“桥梁联盟”有 300 万支持者。

过去，我们有些将来自不同阶级、种族和地区的美国人融合起来的办法——如今我们的投票正是依照这些不同来划分的。四十多年前，强制征兵融合了男性，工会融合了许多工人，而公立学校则融合了许多孩子。今天，我们需要找到跨越分歧了解彼此的新办法。我们可以设立一个全国性服务项目，让来自不同种族、不同地区和拥有不同宗教信仰的美国年轻人前往远离家乡的地方参与为期一年的服务项目。我们可以设立一个全国范围的国内高中交流项目——来自南部的高中毕业班学生可以去北方学生家里待一个月，而来自北部的学生则同样可以在南部住上一个月。家住沿海地区的学生们可以到内陆，内陆地区的孩子前往沿海地区。在弗吉尼亚州格雷特纳、堪萨斯州费尔维尤和路易斯安那州拉格利，为此行做准备的学生们可以学习积极聆听和认识论——我们如何知道我们所知之事——还有历史和公民学。学生们可以在学校屋顶铺设太阳能面板、修建公园、栽种蔬菜。也许我只是在做梦。但在这个梦中，学生们洗盘子、钉钉子、播下种子时，也在解决那些我们存在严重分歧的问题。我们在与民主渐行渐远吗？插队的是谁或什么？我们如何公平分配实现美国梦的机会？我们如何将关怀他人纳入其概念？当然，单纯的跨越党派分歧之举本身无法解决我们的危机。但它可以帮助我们开始慢慢重建一个国家，在这里，没有美国人——无论右派还是左派——感到自己是故土的陌生人。

阿莉·拉塞尔·霍赫希尔德

2017 年 12 月

鸣 谢

我要感谢很多人。

首先非常感谢萨莉·卡佩尔。在一个周日，我以前的研究生曼努埃尔·瓦利（Manuel Vallee）携妻子爱丽丝·卡佩尔（Alise Cappel）来到伯克利，曼努埃尔问我在研究什么课题。我告诉他：“美国的政治分歧——我觉得自己应该走出伯克利，也许去南方。”爱丽丝立即说：“我母亲是个进步派，她的终身挚友是茶党成员，你应该去拜访**她们**！”不久后，萨莉·卡佩尔便向我发来了赴路易斯安那州莱克查尔斯做客的邀请，我的冒险由此拉开序幕。我开始在莱克查尔斯周边及州里其他地方展开访谈，2011 年到 2016 年共十次前往路易斯安那州，在此期间，卡佩尔家成了我的另一个家。萨莉和弗雷德（Fred）家的厨房温暖舒适，墙上挂满色彩明快的油画，篮中堆满食物，窗口挂着块写有“吃”字的牌子，大铁炉上的锅里阵阵飘香。正是在这里，我第一次将磁带录音机放在桌上，进行了四个焦点小组访谈。（附录 A 介绍了我的完整研究设计。）萨莉的茶党朋友雪莉·斯莱克也邀请我与她在奥珀卢瑟斯同住，我们翻阅了她的路易斯安那州立大学年鉴和家庭相册，走访了她的教堂、她母亲住过的养老院、她孙女的学校，还去她的家族墓地转了转。她的丈夫布蒂（Booty）开卡车带我们去了他最喜欢的钓鱼点，路上经过了一些绿树掩映下的抽油机。如果没有萨莉、雪莉和她们的家人，我便不可能完成这本书。

衷心感谢那些允许我走进他们生活的茶党支持者。你们给了我你们的信任、时间和见解，还以你们南方著名的热情好客款待了我。最重要的是，你们与我一同希望研究能有所收获。你们也许不会赞同我在这本书中写的所有观点，但我希望你们感到，我如实呈现了你们的经历和视角。

270 非常感谢好心帮我与许多专家取得联系的苏珊·里德（Susan Reed）。感谢佩姬·弗兰克兰，她撰写的《路易斯安那州环境运动的女性先锋》是一本关于早期厨房水槽环保活动人士的佳作；她还与迈克·特里蒂科一道好心校读了本书的一份早期草稿。感谢来自路易斯安那州辛格地区的保罗·林戈与我分享他关于路易斯安那河流，尤其是萨宾河工业污染的知识。感谢吉米·考克斯（Jimmy Cox）和玛里琳·考克斯（Marilyn Cox）与我分享他们对路易斯安那州政治的丰富知识，还有他们的盛情款待。吉米还在“工人营地”的研究方面向我提供了帮助。在莱克查尔斯期间，我下榻于鲁比阿姨旅馆，那里也成了我的另一个家，感谢在那里工作的丹·沙德（Dan Schaad）和谢丽·琼斯·米勒（Sherry Jones Miller）。非常感谢巴吞鲁日的威利·方特诺特，他曾是路易斯安那州的一名地区助理检察官，与妻子玛丽一起好心招待了我和我的儿子，为我了解路易斯安那州的环境史提供了极大指导。

我将这本书献给六位发人深省的环保人士：威利·方特诺特、威尔马·苏夫拉、玛丽莉·奥尔（Marylee Orr）、迈克·特里蒂科、克拉拉·鲍德温（Clara Baudoin）和拉塞尔·奥诺雷将军。谢谢你们做的一切。

理查德·米斯拉克（Richard Misrach）和凯特·奥尔夫（Kate Orff）的惊人之作《石化美国》（*Petrochemical America*）

中出现的图片和文字令我大开眼界——我郑重地收下这份礼物。那本书中的一张图片出现在本书封面上。

特别感谢罗恩·阿尔菲里（Ron Alfieri）和琳达·阿尔菲里（Linda Alfieri）。罗恩提出一个慷慨而有启发性的建议——我应该看一个他选择的节目（福克斯新闻的比尔·奥莱利），而他会看一个我选择的节目（MSNBC 的雷切尔·玛多），然后我们各自做笔记，再比对对他们留下的印象。我们将此付诸实施，并在这一过程中成了好友。同时感谢马里·哈里斯·阿尔菲里（Mari Harris Alfieri）。

来自许多政治派别的其他路易斯安那人大大加深了我对右派的认识，包括温迪·阿圭勒（Wendy Aguilar）、米歇尔·阿姆斯特朗（Michele Armstrong）、威廉·巴格特（William Baggett）、约翰·巴里（John Barry）、已故的大卫·康纳（David Conner）、埃里克·科米尔（Eric Cormier）、劳拉·考克斯（Laura Cox）、贾尼丝·克拉多（Janice Crador）和鲍勃·克拉多（Bob Crador）、德布拉·吉洛里（Debra Gillory）、迈克尔·霍尔（Michael Hall）、路易斯安那州的前国会议员"巴迪"·利奇（"Buddy" Leach）、丹尼尔·莱韦斯克（Daniel Lévesque）、亨利·马努斯科（Henry Manusco）神父、基思·马修斯（Keith Matthews）牧师、罗伯特·麦考尔（Robert McCall）、安·波拉克（Ann Polak）、德博拉·拉米雷斯（Deborah Ramirez）、斯泰茜·瑞安（Stacey Ryan）、蕾切尔·温德姆（Rachel Windham）和埃迪·温德姆（Eddie Windham）、卡罗琳·伍斯利（Carolyn Woosley）、贝丝·齐尔伯特（Beth Zilbert）。

在伯克利，我得到两名才华横溢的研究助理的帮助。课题 271

启动后的第一年，萨拉·加勒特（Sarah Garrett）从社会学、心理学、政治科学和历史领域的大量文献中查阅了与政治观点有关的内容。后来，丽贝卡·埃利奥特重点研究了工业的历史及其对环境的影响。她们飞速穿梭于从科学和政府原始资料中提取的数据集之间，仿佛穿上了魔术溜冰鞋。丽贝卡现已是伦敦政治经济学院（London School of Economics）的教授，承担了附录 B 和 C 背后的艰巨研究，并完成了一项非常复杂的分析——将一份全国调查（全国民意研究中心的《综合社会调查》）的数据与接触有毒废弃物风险的信息（来自环境保护局的风险筛选环境指标）进行了关联。感谢邦妮·关（Bonnie Kwan），因为她英雄般地整理了逾 4000 页的访谈记录，校对了大量手稿，还一直为我加油鼓劲。还要感谢泰勒·利兹（Tyler Leeds），他为后记所进行的调查展示了他的关心和思考。

我还很感谢才华横溢的康妮·黑尔（Connie Hale），她为我提供了早期编辑帮助，设立了高标准，并在塑造本书叙事结构方面给了我很大帮助。非常感谢为我校读草稿的朋友们，感谢芭芭拉·埃伦赖希一直以来的鼓励，感谢她帮我找回“伯克利的自己”，也感谢安·斯威德勒（Ann Swidler）让我更加感同身受。她们二人都令我受益匪浅。很久之前，安是我的学生，我对她进行了指导。但现在局势扭转了——她在索尔（Saul）的多次早餐上，亲切地给予了我指导。非常感谢你，安。还要感谢艾莉森·皮尤（Allison Pugh），她是我的好友，也是名出色的编辑，总能切中要害。感谢迈克·豪特（Mike Hout）和芙洛·豪特（Flo Hout），他们的校读帮了大忙，还要感谢迈克专业地指导丽贝卡和我完成了对上述《综合社会调查》的分析，多谢特洛伊·达斯特和拉里·罗森塔尔在课题各阶段提供的帮助。非常感谢哈丽雅特·巴洛（Harriet Barlow），她对当下这一政治时刻的深切关注为许多人带来了灵感和动力；感谢戴尔德丽·英格利希（Deirdre English）长期以来的支持和令人叹服的深刻见解；感谢韦恩·哈克尼斯（Wayne Herkness）在英国石油公司漏油事件的细节方面给出的意见。感谢查克·柯林斯（Chuck Collins）帮我了解哪些公共政策有益于大企业、哪些有益于小企业，感谢露丝·科利尔（Ruth Collier）和伊丽莎白· 272
法恩斯沃斯（Elizabeth Fransworth），与她们的交流对我大有帮助。感谢古斯塔夫·威克斯特罗姆（Gustav Wickstrom）就一份早期内容简介给出的有用批判性反馈，感谢拉里·罗森塔尔和马丁·佩利（Martin Paley）对一份早期草稿提出的意见。非常感谢琼·科尔（Joan Cole），她在整个过程中如天使般鼓励着我。在我最担心成为所有朋友眼中的无趣工作狂、钻入为完成此类课题挖出的情感隧道时，琼热情地向隧道里的我打招呼，几乎每天都亲切问道："情况怎么样？"

我想向我多年来的文学经纪人乔治斯·博查特（Georges Borchardt）致以最诚挚的谢意——为他的鼎力支持、广阔视野和始终如一的幽默感。我还要感谢新出版社（The New Press）的两位出色编辑——埃伦·阿德勒（Ellen Adler）和杰德·比克曼（Jed Bickman），感谢他们睿智而一针见血的编辑工作。特别要谢谢埃伦在压力下的沉着冷静、杰德的侧边栏理论（sidebar theory）交流，与他们二人合作都十分愉快。还要感谢埃米莉·阿尔巴里洛（Emily Albarillo）在负责本书出版期间的好性子和一流的专业水准。

我对家人的感激之情无以言表。我的儿子大卫与我一同前往巴吞鲁日，参加了在路易斯安那州议会大厦门前台阶上举行的一次环保集会。是他先发现了讲台前的迈克·沙夫（我在本书中介绍了他的情况）。他还精读了本书的一份草稿，并给了我极大鼓励。非常感谢我的儿子加布里埃尔（Gabriel）对政治和人类精神的真知灼见，感谢我的侄子本·拉塞尔（Ben Russell），他与我一起造访了得克萨斯州的阿瑟港（Port Arthur）和路易斯安那州的朗维尔、辛格及莱克查尔斯，还用一天时间与我一道拜访了一位生活在拖车里的男人——拖车所在的地方因萨索尔公司的新开发项目被划为“重工业”区，车里没有电和自来水。非常感谢我的儿媳辛西娅·李（Cynthia Li），她是个有天赋的作家，校读了本书的一份草稿，并帮我透过她颇有见地的眼睛审视了本书内容。

最后，是亚当。他两度带着自己的书稿在鲁比阿姨旅馆安营扎寨，拜访了我的一些新朋友，参加教堂活动，考察书店，接莱克查尔斯狂欢节花车上洒下的彩珠。他还修改了多份草稿，为我做饭、听我倾诉、提出疑问、开导我、鼓励我、支持我，与我分享了创作本书的经历，正如在我们五十年的婚姻中分享的其他许许多多的事情。他是我的生命之光，为此我对他感激不尽。

附录A 研究

本书基于一种社会学家所谓“探索性”及“假设生成”的 273
研究。研究目标并非观察某事物的常见或罕见程度、何处可见或不可见，或研究该事物如何随时间流逝而变化——尽管我吸收了别人解答此类问题的研究成果。我的目标是探索那个事物究竟是什么。我一直对右翼政治的情感吸引力颇感兴趣；那便是我的那个“事物”。研究它需要接近它，这决定了我选择的研究方法。

与我其他基于这种方法的作品一样——《第二轮班：职业父母与家庭变革》《时间困扰：工作家庭一锅粥》《被管理的心：人类情感的商品化》——我根据手头研究对象调整了自己的方法。在样本选择、访谈方法、参与式观察的剖析对象选择、数据分析等方面，我做出的决定都是自己能想到的接近该“事物”的最佳方案。

我做的第一件事是进行了四个焦点小组访谈，两个小组由茶党支持者组成，还有两个由民主党人组成，成员均为路易斯安那州莱克查尔斯市的中产阶级白人女性。然后，我与几乎所有保守派女性做了后续访谈，还以被社会科学家称为“滚雪球抽样”的方法与其中一些人的丈夫、父母和邻居进行了访谈。一位右翼焦点小组成员邀请我参加路易斯安那州西南部共和党女性月度午餐会，令我有机会与同桌的人们进行交流并展开后
续访谈。其中之一是你们在第8章中见到的五旬节派牧师的妻 274

子。她进而介绍我认识了她教堂中的很多成员，邀我参加了一次教友联谊会，为我审视该群体打开了一扇窗。

跟随另一条路线，我跟着两名互为竞争对手的国会议员候选人踏上了他们的竞选之旅。在来自伯克利的我的眼中，他们二人立场的差别微乎其微，但在许多路易斯安那人看来则大不相同。每次竞选活动中，我都试着与身边的人聊天，有时此人会将我介绍给其他人。比如一次在雷恩参加一名茶党候选人的工会礼堂见面会时，有个好心男子自告奋勇地将我介绍给围坐在大野餐桌前的人们认识——其中大多数是白人男性、退休工人：“大家伙儿，这位女士是加州来的，她在写书。”

环保活动人士迈克·特里蒂科的身影贯穿全书，他出生于莱克查尔斯，有许多极其保守的反环保主义茶党朋友，他与他们保持着密切接触。我请求跟着他去拜访他们，通过这种办法参加了多次在卡皮弟兄和费伊·布兰特利姊妹（第 12 章）家举行的周日礼拜后午餐会，旁听了迈克与多尼·麦科克代尔之间的一些争论。

认识到两人辩论对本书的重要意义后，我开始参加有关环境问题的公众集会。正是在这样一次集会中，我遇到了两个人——茶党拥护者迈克·沙夫和拉塞尔·奥诺雷将军。为进一步了解奥诺雷与通常对环保分子观点怀敌意者有效沟通的能力，我跟随了他一天，听他与商人和严重污染受害者交谈。他还带我走访了巴吞鲁日与新奥尔良之间的密西西比河沿岸石油石化工厂带，这里被称为“癌症带”，我在第 4 章中对此有所着墨。

我共与 60 个人进行了交流，积累了逾 4000 页的访谈记录。其中 40 人赞同茶党的理念。还有 20 人对我了解核心小组有所帮助；他们中有科学家、学者、两名路易斯安那州议会前议员、

牧师、一名报社记者、一名参加河流守望者志愿活动的图书管理员、两名教授、一名路易斯安那州环境质量局前负责人、一 275
名路易斯安那州前助理检察长、一名环境化学家、一名海洋生物学家及一位市长。后一个小组中，有八名黑人。例如，我曾用一天时间拜访了一个身患残疾的黑人男性，他是个工厂操作员，住在拖车里，拖车周围的土地经重新分区，被划为了“重工业”区，其所有者是大型石化公司萨索尔。他的水电供应都被切断了，邮差也不再给他送信，但我见到他时，他决心永不离开家园。

与访谈对象见面时，我会将知情同意书交给他们，调整好磁带录音机，告诉他们随时可以要求将录音机关掉。有几次他们的确提出了这样的要求，那些讨论或是以人事彻底分离的形式被写了出来，或是根本没被写进书里。

我从 40 名核心访谈对象中选出了六人进行介绍，因为他们最清晰饱满地体现了我在许多其他核心对象那里注意到的思维模式和情感模式。对这六人，我还运用了被社会学家称为参与观察的方法——拜访出生地、教堂、墓地，与他们一同用餐、四处走访、参加活动，等等。

核心小组中，大约一半为女性，一半为男性。所有成员均是白人，年龄在 40 至 85 岁之间。其职业决定了他们身处中产阶级、中产阶级下层及工人阶级。大约三分之一成员从事或曾经从事石油行业工作，或直接（例如管道工）或间接（例如供应商）；三分之二成员的工作与石油无关——例如教师、秘书、空乘人员、拖车停车场经营者。有趣的是，这些群体想法上几乎没有差别。

回到伯克利，在两名研究助理的大力帮助下——两人均是加州大学伯克利分校社会学系的博士候选人——我开始着手研究盖洛普（Gallup）、《综合社会调查》及皮尤研究中心的民调。我特别留意了我的调查对象在何种程度上似乎反映、夸大或背离了全国模式。

研究进行到一半时，我带着一个重要的新问题再度审视了
276 《综合社会调查》。我想知道，一个美国人自称“坚定的共和党人”或“坚定的民主党人”与其对污染监管的态度及事实上接触污染的程度之间有何关联。关于这项研究及其结果，参见附录 B。

最后，我探索了路易斯安那州。我拜访了美国最大的最高戒备监狱——安哥拉监狱，与一名模范囚犯聊了聊，他因谋杀罪被判处无期徒刑。我观看了一场内战民兵小规模冲突的历史重现表演，与演员们聊了聊。我观看了黑人荣耀妙龄少女比赛，对优胜者的父亲——一名石化工人进行了访谈。我听取了橡树巷种植园导游的讲解（“奴隶们展现了勤奋和技巧”）。我逛了书店和图书馆，足迹遍布莱克查尔斯，注意到湖边的公共广场上，白天出现的大多数是白人，傍晚则以黑人居多。我察看了以种植园为背景的婚纱照及旅游宣传册。我在餐馆与一位无家可归的白人男子共进午餐，他是个共和党人。我甚至在布罗布里奇的一个全天跳舞餐馆里与一个陌生人共舞，自由派和茶党二人组——萨莉·卡佩尔和雪莉·斯莱克恶作剧地把我带去了那里，让我感受“延续美好时光”的卡津人精神。

我是白人、女性、头发花白，而书中写到的分歧同样困扰着我在这里认识的人们——我想，这些帮了我。但对我帮助最大的是他们的温暖人情和南方人著名的好客传统，对此我无比感激。

附录 B　政治和污染：有毒物质释放地图中的全国性发现

来此之前我曾以为，人们居住的地方污染越严重，他们便 277
会对污染越担忧，也越赞成治污。在路易斯安那州，我发现情况恰恰相反，这里污染非常严重，但与我交流过的人们普遍反对出台更多环境监管措施——事实上，他们反对一切监管。是路易斯安那州在此方面不同寻常，还是情况普遍如此？

根据此前的研究，一个州污染越严重，投票支持共和党的可能性就越大（第 5 章）。因此路易斯安那州远非个例，而是代表了全国的情况。可是，每个红州**内部**发生了什么事？是否如记者亚历克·麦吉利斯在《纽约时报》中所言——在红州内部，面对贫穷、学校质量低下、家庭支离破碎等问题的人们不会在政治选举中露面，因为他们根本不投票；而与此同时，生活在同一州中、阶层高两等的民众则以共和党人的身份投票？[1] 以麦吉利斯的逻辑来看，我们或可认为生活在污染工业附近的人们希望污染者能受到监管，却不愿费心投票；而经济条件和居住环境较好的共和党人则不认为存在污染问题，因而拒绝接受监管污染工业的理念。也许如此。

然而，另一个可能性则更令人困惑：**同一个人**会不会既面对污染问题，**又**投票反对监管污染者？为寻找答案，丽贝卡·

埃利奥特和我结合了两组关键数据。一组数据来自《综合社会
278 调查》(GSS)。该调查由芝加哥大学（University of Chicago）的全国民意研究中心（National Opinion Research Center）负责进行，被社会科学家公认为国内社会趋势方面的最佳数据集之一。调查要求人们对一系列表述做出评价，从“强烈赞同”到“强烈反对”，例如，“人们过于担忧发展会破坏环境”“工业空气污染对环境有害”“美国在保护环境方面做得已经足够多”“有些人认为华盛顿政府想做的事情太多，这些事应该留给个人或私企”。我们经过全国民意研究中心的许可，分析了 2010 年调查中针对这些问题的 3000 份匿名答案。

第二个信息来源是环境保护局的《有毒物质排放清单》(Toxics Release Inventory，TRI)。《有毒物质排放清单》计算了接触有毒化学排放物和废物处理的各项数据。基于工业和联邦设施的报告，最具综合性的 TRI 数据被称为风险筛选环境指标(Risk-Screening Environmental Indicators，RSEI)。[2]对于国内任意一组邮政编码，指标都为我们列出了该地区居民接触污染的程度，基于三方面考量——化学排放物**量**、那些化学物质的毒性**程度**、接触化学物质的人口**规模**。我们使用了相匹配的 2010 年风险筛选信息。

然后，我们将两方面信息进行了关联，一方面是政治选择和对环境的态度，另一方面是此人所在县面临的有毒物排放实际风险。在得到加州大学伯克利分校数据实验室主任乔恩·斯泰尔斯（Jon Stiles）博士的帮助，并咨询了纽约大学社会学系(Sociology Department at New York University）教授迈克·豪特后，我们使用了“桥接软件”来进行此项工作。

我们用回归分析法测试了一个人居住地的风险水平（RSEI

数值）能否“预测”其对各种环境相关问题的答案（来自GSS）。我们还调转了分析方向，观察各种社会人口变量和政治变量能否预测一个人居住地的风险水平。我们还研究了一个人的居住地风险与其政治倾向之间大体上有何等关系。[3] 279

最有趣的发现如下：一个人所在县的相对风险**越大**，其赞同“人们**过分担忧**人类发展会破坏环境”这种说法的可能性就越大。因此，一个人接触环境污染越多，对此的担忧便越少——他或她将自己定义为“坚定的共和党人”的可能性也越大。

自称男性、高收入、保守派、共和党人、基督徒、“宗教信仰坚定”的群体认为空气和水污染不构成危险的可能性也更大。此外，一个人所在县风险越高，就越有可能同意一种说法——“美国在保护环境方面做得已经太多了”。还有，奇怪的是，从一个人的居住地判断，其接触的污染越多，就**越**有可能认为美国总体而言对污染问题**反应过度**。

这是个悖论，但并非无知所致。因为人们接触污染的风险越大，便越有可能对“工业空气污染对环境有害”的说法回答“赞同”。他们中经济条件较好、受教育程度较高者还表达了人类可以改善环境的想法。他们不赞同“整治环境太过困难”的说法。

最后，红州的污染程度比蓝州的更高。无论一个人是否投票，保守派和共和党人都倾向于对环境问题置若罔闻，并承担这样做的后果——忍受更严重的污染。路易斯安那州的故事是全国各地政治和环境悖论的一个极端例子。

附录 C　核实普遍印象

281 我常感到，我与我的新朋友们不仅住在不同地区，还生活在不同的事实中。结束一个访谈时，我自己都对事实究竟如何感到困惑。因此，我在下文中列出了自己常常听到的说法，还有经丽贝卡·埃利奥特研究挖掘的事实，这些事实基于最新可用数据，数据来源列在了尾注中。

“政府在社会福利项目上花了很多钱。”[1]

2015 年的联邦预算中，约有 10% 旨在帮助来自中低收入工薪家庭的约 3800 万人摆脱贫困。相关资金包括失业保险及老年人和残障低收入人士的社会安全生活补助金（Supplemental Security Income）。这笔钱还被用于 SNAP（食品券）、校餐、低收入住房援助、儿童保育援助、家庭能源补助及对遭虐待和被忽视儿童的援助。2014 年，贫困率为 15%；如果没有社会福利项目，专家预计贫困率将上升至 27%。

“福利救济人员名单越来越长，且领取福利者不工作。”

自 1996 年比尔·克林顿总统宣布“终结我们所知的福利制度”起，抚养未成年儿童家庭援助计划（Aid for Families with Dependent Children，AFDC）便终止了，贫困家庭临时救助计划（该计划有工作要求和时间限制）开始实行。贫困家庭临时救助计划的援助对象是美国最贫困的有子女家庭，目前，其在 35

个州和哥伦比亚特区的水平比1996年低20%。[2]然而，自2008年经济危机起，领取食品券（补充营养援助计划）的美国人数量已增至1995年的水平以上，但这一数据在2013年达到顶峰，282
此后大幅下降。[3]医疗补助开支也有所上升，但凯泽家庭基金会（Kaiser Family Foundation）的一份研究预计，这笔开支到2016年将回落至1999年的水平。[4]

政府援助对象大部分是儿童或老人。例如，在2013年领取医疗补助的人中，51%是18岁以下儿童，5%是65岁以上的老年公民。至于年龄在18岁到64岁之间的人，2010年到2012年的数据显示，领取各类经收入调查确定的援助者——“福利”者——大多数都有工作。[5]在医疗补助或儿童健康保险计划（Children’s Health Insurance Program）的申领人中——这是目前为止最长的领取人名单——有工作者的比例达到了61%。[6]在领取食品券者及接受贫困家庭临时救助的家庭中，有工作者的比例分别为36%和32%。所有获劳动所得税扣抵者都有工作[7]，但他们的工作收入很低，没有全职工作可做。反过来看，2013年，有52%的快餐店员工依赖于某种形式的福利，用来贴补他们全职工作得到的微薄薪水。保育员中，有46%的人依赖于福利，而在家庭护理人员中，这一比例达到48%。[8]在这些情况下，可以说公共纳税人是在弥补一些公司提供的低薪——有人将之称为一种“企业福利”①。

“领取福利者完全依赖于我们纳税人的钱生活。”

美国最贫穷20%人口的2011年总收入中，来自政府的部分

---

① 政府对企业的支持或补贴。

仅占 37%，其余收入来自工资。[9]

“所有穷人都拿救济。”

并非所有穷人都获得了政府帮助。美国人口普查局 2012 年度的收入与项目参与调查（最新可用版）显示，在贫困家庭中，26.2% 未参与任何经收入调查确定的主要福利项目（如医疗补助、食品券、贫困家庭临时救助/一般援助计划、住房援助、补充收入保障计划等）。[10]每州的情况也各不相同。在佛蒙特州，每 100 个穷人中有 78 人获得了贫困家庭临时救助。在路
283 易斯安那州，每 100 个穷人中有 4 个接受该项救助者。[11]此外，政府还在帮助最富裕人口，其程度超乎人们想象。根据一项估计，半数赋税优惠流向了美国最富裕的 20% 人口。

“黑人女性生的孩子比白人女性多得多。”

近年来，美国白人和黑人女性的生育率几乎接近了。2013 年，黑人女性的终身总生育率为 1.88；白人女性则为 1.75。[12]

“很多人——大概 40%——为联邦政府及州政府工作。”

劳工统计局的数据显示，2014 年年底，美国 1.43 亿非农业就业人口中，有 1.9% 受雇于联邦政府的文职部门。[13]还有 1% 为现役军人。[14]大约 3.5% 的就业人口受雇于州政府，包括学校和医院员工。此外，9.8% 的就业人员——包括公立学校教师——受雇于地方政府。[15]2014 年，预备役人员为 826848 人——占美国总人口的 0.58%。因此，算上联邦、州和地方层面的所有军人和公务员，2014 年，为政府工作的美国人不到 17%。

“公共部门员工的报酬过高。”

参考《当前人口调查》（Current Population Survey）的 2006 年及 2007 年度社会经济附录（Annual Social and Economic Supplement），并对比了教育、经历、性别、种族、民族、婚姻状态、全/兼职状态、工作时长及其他变量类似的公共部门和私营部门员工情况后，研究人员指出，**私营部门**员工比公共部门员工的工资**高出 12%**。[16]

在私营部门，拥有硕士及以上学位的女性的工资比同等条 284
件男性少 21%，而在公共部门，则仅少 12%。因此，虽然女性在两个部门收入都更低，但在公共部门的情况要好一些。黑人也一样：在各个教育水平，就业于公共部门的黑人都比白人挣得少——但程度**不及**私营部门。在公共部门，他们挣得比白人少 2%；在私营部门则少 13%。[17]

然而，如果我们把薪水、福利和退休金都算上，公共部门员工就实现了反超。[18]例如，国会预算办公室 2017 年的一项研究显示，联邦政府雇员挣得较多，主要是因为福利较好。员工受教育程度越低，公私部门薪酬差距越大，这也是因为私营部门员工拿到退休金的可能性较小、在职时间较短，因而升职升薪也较少。各市各州薪酬水平各异，且如前所述，联邦政府雇员仅占美国就业人口的约 1.5%。

“环境监管越多，就业岗位越少。”

我访谈过的几乎所有茶党支持者都提到一种就业和环保间的取舍。该说法的逻辑是，环境监管越严，对企业而言成本就越高，而企业会以提高产品价格的方式将成本传递下去，如此便致使销量降低，就业岗位减少。

但这种非此即彼的逻辑成立吗？实际上，答案是否定的。[19] 1993 年的一项研究比较了各州二十年来的环保严格程度得分与经济健康指标（整体增长、就业增长、建筑业增长），发现更高的环境标准并未限制经济增长的相对速度。[20] 2001 年，研究人员调查了对洛杉矶地区制造工厂出台的空气质量新规，没有发现当地空气质量监管大幅影响就业的证据，而该地区的此类监管严格程度在全国范围内位居前列。[21] 此外，一项 2002 年的研究
285 分析了环境监管对四个重污染行业的影响——人们或许因而认为环境监管会令其蒙受损失。在研究人员调查的四个行业中，环境监管对两个行业（塑料及石油）的净就业产生了不大但积极的影响，而从统计学来看，对另两个行业（纸浆和造纸、钢铁）无重大影响。[22] 最后，2008 年的一项研究发现，环保领域的投资创造了一些就业机会，同时取代了一些其他就业机会，但对就业的净效应是积极的。实际上，环保本身就是个促进销售、创造就业的大产业。在比较了佛罗里达州、密歇根州、明尼苏达州、北卡罗来纳州、俄亥俄州和威斯康星州的情况后，两名研究人员指出，更严格的环境政策并未阻碍就业增长。[23]

环境监管机构提出过多要求会导致大规模裁员吗？根据劳工统计局发布的大规模裁员统计（Mass Layoff Statistics）[24]，在 1987 年至 1990 年的所有裁员中，“与环境及安全相关”的占 0.1%。[25] 最近的数据来自 2012 年，覆盖了 6500 例私营非农业部门裁员事件。数据显示，有 45 起事件与“灾难或安全”有关，占总裁员数的 0.69%，其中包括了归因于“危险工作环境”或“自然灾害”的事件。仅有 18 起事件被归咎于“政府监管/干预”[26]，占总数的 0.28%。

“为吸引可能且将会流向别处的石油和天然气产业，需要出台经济激励措施并放松监管。”

2004 年，研究人员调查了 1993 年至 1995 年在缅因州开业的 3763 家公司，考察其选址如何受该州财政政策影响。调查发现，企业更青睐那些在公共产品和服务上花大钱的城市，即便这些开销的经费来自当地税收的增加。这表明，与高开支高税收的政策相比，以低开支来平衡低税收的地方财政政策吸引的新企业可能较少。[27]最近还有证据显示，依赖于激励措施可能对 286
政府产生负面影响，无论这些措施在吸引产业方面是否“管用”。2010 年的一项研究分析了一批全国性调查，范围涵盖 1994 年、1999 年和 2004 年的 700 至 1000 个地方政府，跟踪了其多年间利用企业激励措施的情况。研究显示，对激励措施依赖最严重的政府可能面对政府间竞争加剧、经济停滞或陷入衰退、计税基础降低的局面。对此类政府而言，企业激励措施可能导致一种破坏性竞争循环。[28]

“州政府对工业的补贴有助于增加就业。”

2014 年，路易斯安那州最大日报《鼓动报》（*The Advocate*）刊登了一系列特别调查报道，共 8 篇，题为《送出路易斯安那州》。[29]这群记者想知道，如果路易斯安那州每年将来自纳税人的约 11 亿美元作为“激励”送给了企业，民众们得到相应的就业回报了吗？他们的答案是“没有”。

为工业带来的每个就业机会，路易斯安那州纳税人可能都要付一大笔钱。戈登·拉塞尔写道：“瓦莱罗（Valero）公司宣布扩大其在诺科的业务，创造 43 个新就业岗位，路易斯安那州对此承诺负担 1000 万美元的费用，相当于每个岗位近

25 万美元。”而当工作机会真的来到路易斯安那州时，也不一定是为了补贴。2013 年，路易斯安那州给水力压裂企业免除了 2.4 亿美元的税款，但拉塞尔指出：“几乎没有证据显示税赋减免刺激了钻探活动……”他说，钻探活动是否活跃取决于石油和天然气有多少及价格如何，而非政府补贴金额怎样变化。此外，州政府的企业补贴增速还大于路易斯安那州的经济增速。

研究政府对企业的补贴与就业间联系的监督组织“好工作优先”（Good Jobs First）表示，其调查的 50 个州的信息公开程度各异。但在此前提下，该组织指出，以人均水平计算，路易斯安那州送出的纳税人钱比全国任何其他州都多。

287 **“石油刺激经济的其他部分。”**

石油产生的财富是留在了州里，还是以高管薪酬和外州股东收益的形式最终离开了路易斯安那州？为回答这一问题，我们比较了路易斯安那州的州内生产总值（GSP）与个人收入总和（TPI）。“外流”到州外的财富越多，州内生产总值和个人收入总和之间的差额就越大。换句话来说，如果所有个人收入的总和高于州内生产总值，那财富就一定流向了别处，因为它没有被加到州内生产总值里。根据经济分析局（Bureau of Economic Analysis）的数据，调整至 2012 年的美元价值后，我们给出一份从 1997 年到 2012 年“外流”占收入百分比的测量结果。大多数年份中，流出路易斯安那州的资金在 20% 到 35% 之间。[30]（每年流出的比例也不同，例如 2003 年较低，2005 年较高。）本地企业倾向于将利润留在州内，而在别处有业务及总部设在州外的大型跨国企业则往往将利润外流到其他州。

“共和党总统治下的经济表现总是更好。”

从 1949 年到 2009 年，民主党总统在位期间，失业率更低，国内生产总值（GDP）更高。[31]政治科学家拉里·巴特尔斯（Larry Bartels）还指出，在共和党总统治下，不平等情况大幅增加，而在民主党人治下则略有好转。[32]最近，普林斯顿大学经济学家证实，美国经济在民主党总统治下增长更快，民主党人还创造了更多就业机会，降低了失业率，提振了企业利润和投资，其在位期间的股市收益也更高。然而，他们将此归因于石油危机的时机，以及对经济有积极影响的重要技术登场时间（比如克林顿总统任期内的互联网）——换句话说，两者间的一些关联是总统控制之外的因素所致。[33]与民主党人相比，共和党总统对联邦债务水平——联邦债务占 GDP 的比重——上升的贡献也大得多；1945 年以来，债务水平上涨最快的是里根在任时期，联邦债务占 GDP 比重增长了约 60%。杜鲁门、肯尼迪、约翰逊、卡特、克林顿几位总统都成功降低了债务占 GDP 的比重。[34]

尾　注

289 这些注释向读者说明了我文中所用信息的出处。要查阅消息源，先查看文中内容右上角的引用标记，再在尾注页面找到对应的标识序号。注释标明了参考文献——纸质或来自网络的书籍或文章。一些注释中包含补充信息或进一步解释，参考书目中提供了一些延伸阅读建议。

第 1 章　内心之旅

1. 进步派人士和茶党拥护者各有一套我所谓的隐性“同理心规则”。右派人士倾向于与富人产生共情；左派人士则与贫穷工人产生共情（唐纳德·特朗普和伯尼·桑德斯分别是深受两派喜欢的人物）。2015 年夏天，我发现我右翼访谈对象的脸书页面上充斥着有关白人警官的正面报道，而旧金山湾区朋友们的页面中在讨论“黑人的命也是命”（Black Lives Matter）运动。双方均有自己的同理心地图。关于“同理心地图”，参见我的作品 *So How's the Family? and Other Essays*（Berkeley and Los Angeles：University of California Press，2012［1983］）。

2. Shanto Iyengar and Sean Westwood，“Fear and Loathing Across Party Lines：New Evidence on Group Polarization，” *American Journal of Political Science* 59，no. 3（2014）：45；Shanto Iyengar，Gaurav Sood，and Yphtach Lelkes，“Affect，Not Ideology：A Social Identity Perspective on Polarization，” *Public Opinion Quarterly* 76，no. 3：405 - 31.

3. Cass R. Sunstein，“‘Partyism’ Now Trumps Racism，” *BloombergView*，September 22，2014，http：//www.bloombergview.com/articles/2014 - 09 - 22/partyism - now - trumps - racism；Jonathan Chait，“Confessions of a ‘Partyist’：Yes，I Judge Your Politics，” *New York Magazine*，October 30，2014，http：//nymag.com/

daily/intelligencer/2014/10/im – a – partyist – and – yes – i – judge – your – politics. html. 该分歧的一个原因是，民主党人和共和党人的内部一致性增强，那些不支持单一党派观点的人们成了无党派者。

4. Bill Bishop and Robert G. Cushing, *The Big Sort: Why the Clustering of* 290
Like – Minded America Is Tearing Us Apart (New York: Houghton Mifflin Company, 2008).

5. Charles Babington, "A Polarized America Lives as It Votes," Pew Research Center, summer 2014, http://magazine. pewtrusts. org/en/archive/summer – 2014/a – polarized – america – lives – as – it – votes.

6. Christopher S. Parker and Matt Barreto, *Change They Can't Believe In: The Tea Party and Reactionary Politics in America* (Princeton, NJ: Princeton University Press, 2013), 14. 调查发现18% ~30%的美国人赞同茶党的主张。Steve Coll, "Dangerous Gamesmanship," *New Yorker*, April 27, 2015.

7. "Not All Republicans Think Alike About Global Warming," Yale Project on Climate Change Communication, http://environment. yale. edu/climate – communication/article/not – all – republicans – think – alike – about – global – warming. 另参见 "Three out of Four Believe Climate Change Is Occurring: Views of Key Energy Issues Are Shaped by Partisan Politics," *University of Texas News*, October 20, 2015, http://news. utexas. edu/2015/10/20/views – of – key – energy – issues – are – shaped – by – partisan – politics; Sheril Kirshenbaum, "Political Ideology Continues to Be the Single Greatest Determinant of Americans' Views on Climate Change," http://news. utexas. edu/2015/10/20/views – of – key – energy – issues – are – shaped – by – partisan – politics。

8. Amanda Terkel, "GOP Platform in Years Past Supported Equal Rights, Higher Wages, Funding for the Arts," *Huffington Post*, September 24, 2012, http://www. huffingtonpost. com/2012/09/04/gop – platform_ n_ 1852733. html; Christina Wolbrecht, *The Politics of Women's Rights: Parties, Positions, and Change* (Princeton, NJ: Princeton University Press, 2000).

9. Joshua Gillin, "Income Tax Rates Were 90 Percent Under Eisenhower, Sanders Says," *PolitiFact*, November 15, 2015, http://www. politifact. com/truth – o – meter/statements/2015/nov/15/bernie – s/income – tax – rates –

were – 90 – percent – under – eisenhower – .

10. "South Dakota House: Abolish U. S. Department of Education," Tea Party. org, January 29, 2015, http://www.teaparty.org/south – dakota – house – abolish – u – s – dept – education – 80153; Pete Kasperowicz, "Who
291 Wants to Abolish the IRS? So Far, 58 House Republicans," *The Blaze* (accessed August 16, 2015), http://www.theblaze.com/blog/2015/01/07/who – wants – to – abolish – the – irs – so – far – 58 – house – republicans.

11. Nick Bauman, "Tea Party Frontrunner: Abolish Public Schools," *Mother Jones*, October 13, 2010.

12. Will Rogers, "Our Land, Up for Grabs," *New York Times*, Editorial, April 2, 2015 (accessed August 16, 2015), http://www.nytimes.com/2015/04/02/opinion/our – land – up – for – grabs.html.

13. Jaime Fuller, "Environmental Policy Is Partisan. It Wasn't Always," *Washington Post*, June 2, 2014, https://www.washingtonpost.com/news/the – fix/wp/2014/06/02/support – for – the – clean – air – act – has – changed – a – lot – since – 1970.

14. Clem Brooks and Jeff Manza, "A Broken Public? Americans' Responses to the Great Recession," *American Sociological Review* 78, no. 5 (2013): 727 – 48.

15. 美国的平均预期寿命为78.9岁，尼加拉瓜为74岁。预期寿命最短的九个州均为红州，从75.0岁（密西西比州）到76.3岁（田纳西州）。预期寿命最长的州均为蓝州，从80.3岁（新泽西州）到81.3岁（夏威夷州）。World Health Organization, *Global Health Observatory Data Repository* [2013 *data*] (accessed August 12, 2015), http://apps.who.int/gho/data/node.main.688. 另参见 Social Science Research Council, *The Measure of America: HD Index and Supplemental Indicators by State*, 2013 – 2014 Dataset (Brooklyn, NY: Measure of America, 2014); Annie E. Casey Foundation, *2009 Kids Count Data Book: State Profiles of Child Well – Being*, http://www.aecf.org/resources/the – 2009 – kids – count – data – book。另参见 Gallup – Healthways, "State of American Well – Being," 2014，该报告将路易斯安那州的总体幸福感排在第40位。

16. United Health Foundation, *America's Health Rankings*, 2015 *Annual*

Report, 8, http: //www. americashealthrankings. org.

17. Social Science Research Council, *The Measure of America: American Human Development Report* 2008 – 2009 (Brooklyn, NY: Measure of America, 2009).

18. 路易斯安那州是除密西西比州之外对联邦政府资金最为依赖的州。David Freddoso, "State Government Dependence on Federal Funding Growing at Alarming Rate," *State Budget Solutions*, April 14, 2015, http: // 292
www. statebudgetsolutions. org/publications/detail/state – government – dependence – on – federal – funding – growing – at – alarming – rate.

19. Katherine Kramer Walsh, "Putting Inequality in Its Place: Rural Consciousness and the Power of Perspective," *American Political Science Review* 106, no. 3 (2012): 517 – 32.

20. Alec MacGillis, "Who Turned My Blue State Red?" *New York Times*, November 20, 2015.

21. Larry Bartels, "What's the Matter with *What's the Matter with Kansas*?" *Quarterly Journal of Political Science* 1 (2006): 211. 就全国而言，1972 年到 2014 年，更多白人自称无党派人士。但这些年间，在认同两党中任一政党的美国白人选民里，民主党人的比例从 41% 骤降至 24%，而共和党人则从 24% 微升至 27%。在南部，民主党人的降幅更大，共和党人的增幅也更大。如果我们聚焦于人们如何**自报家门**，而非他们如何**投票**，数据指向也相同。《综合社会调查》（General Social Survey）显示，1972 年至 2014 年，在南方白人中，共和党人的比例从 19%（1972 年）上升至 34%（2014 年）。就全国而言，其比例从 24%（1972 年）上升至 27%（2014 年）。

2015 年，佛罗里达州、佐治亚州、南北卡罗来纳州和弗吉尼亚州还涌现了大量总统竞选人——特德·科鲁兹（Ted Cruz）和里克·佩里（Rick Perry）（均来自得克萨斯州）、杰布·布什（Jeb Bush）和马尔科·鲁比奥（Marco Rubio）（均来自佛罗里达州）、林赛·格雷厄姆（Lindsay Graham）（南卡罗来纳州）、迈克·赫卡比（Mike Huckabee）（阿肯色州）和鲍比·金达尔（Bobby Jindal）（路易斯安那州）。

22. Tom W. Smith, Peter Marsden, Michael Hout, and Jibum Kim, General Social Surveys, 1972 – 2014 (machine – readable date file), sponsored by

National Science Foundation, NORC ed, Chicago: NORC at the University of Chicago [producer]; Storrs, CT: The Roper Center for Public Opinion Research, University of Connecticut [distributor], 2015.

23. 在高中及以下学历的白人中，36% 投给共和党，26% 投给民主党；有学士学位的白人中，投给两党的票数大致相当。只有在研究生学历的白人中，民主党支持率才更高。A. D. Floser, "A Closer Look at the Parties in 2012," Pew Research Center, August 23, 2012, http://www.people-press.org/2012/08/23/a-closer-look-at-the-parties-in-2012.

293 24. Henry Wolff, "Race and the 2012 Election," *American Renaissance*, November 9, 2012, http://www.amren.com/features/2012/11/race-and-the-2012-election. 2012 年，仅有一个州支持奥巴马的白人选民比例更低——密西西比州，其支持率为 10%。

25. 克拉洛斯调研公司对 602 名可能投票的路易斯安那州选民展开民调，结果显示，46% 的人支持茶党。Associated Press, "Obama Approval Ratings Low in Louisiana," *New Orleans City Business*, October 13, 2011, http://neworleanscitybusiness.com/blog/2011/10/13/obama-approval-ratings-low-in-louisiana.

26. 包括两名候选人在内，路易斯安那州有七名美国众议员——现在减为六人，其中三人——约翰·弗莱明（John Fleming）、史蒂夫·斯卡利斯（Steve Scalise）和杰夫·兰德里（Jeff Landry）——在 2014 年时是众议院茶党党团成员。

27. Isaac William Martin, *Rich People's Movements: Grassroots Campaigns to Untax the One Percent* (New York: Oxford University Press, 2013).

28. Taki Oldham, *The Billionaires' Tea Party*, https://www.youtube.com/watch? v=-zBOQL5lZuU.

29. Jane Mayer, *Dark Money: The Hidden History of the Billionaires Behind the Rise of the Radical Right* (New York: Random House, 2016). 敏感政治问题研究中心的数据显示，2014 年的选举中，石油和天然气产业的政治捐款有 87%、煤炭企业有 96% 给了共和党候选人。可替代能源产业的捐款有 56% 流向了民主党人。Paul Krugman, "Enemies of the Sun," *New York Times*, Op-Ed, October 5, 2015. 另参见 Miriam Diemer, "Energy and

Natural Resources: Industry Influence in the Climate Change Debate," OpenSecrets. org，最后更新时间为 2015 年 1 月 29 日，https: //www. opensecrets. org/news/issues/energy。

30. Fredreka Schouten, "Koch Brothers Set $889 Million Budget for 2016," *USA Today*, January 27, 2015, http: //www. usatoday. com/story/news/politics/2015/01/26/koch – brothers – network – announces – 889 – million – budget – for – next – two – years/22363809. 在《无形的手》一书中，金·菲利普斯 – 费恩追踪了大卫·科赫和查尔斯·科赫及鲁伯特·默多克（Rupert Murdoch）向茶党的捐款。参见 Kim Phillips – Fein, *Invisible Hands: The Businessmen's Crusade Against the New Deal* (New York: W. W. Norton & Company, 2007)。

31. Jane Mayer, "Covert Operations," *New Yorker*, August 30, 2010. 另 294
参见 Kenneth P. Vogel, *Big Money: 2.5 Billion Dollars, One Suspicious Vehicle, and a Pimp—on the Trail of the Ultra – Rich Hijacking American Politics* (New York: Public Affairs/Perseus Group, 2014); Daniel Schulman, *Sons of Wichita: How the Koch Brothers Became America's Most Powerful and Private Dynasty* (New York: Grand Central Publishing, 2015)。

32. Nicholas Confessore, Sarah Cohen, and Karen Yourish, "Buying Power," *New York Times*, October 10, 2015. 当然，富人也会为民主党事业捐款，但《福布斯》杂志的一项调查显示，在 50 个最富有的家庭中，28 个主要向共和党人捐款，而只有 7 个主要向民主党人捐款。Katia Savchuck, "Are America's Richest Families Republican or Democrat?" *Forbes*, July 9, 2014.

33. Thomas Frank, *What's the Matter with Kansas? How Conservatives Won the Heart of America* (New York: Metropolitan Press, 2004), 7.

34. Colin Woodard, *American Nations: A History of the Eleven Rival Regional Cultures of North America* (New York: Penguin Books, 2011).

35. Robin L. Einhorn, *American Taxation, American Slavery* (Chicago: University of Chicago Press, 2008).

36. Brian Montopoli, "Tea Party Supporters: Who They Are and What They Believe," CBS News, December 14, 2012, CBS/*New York Times* poll of 1, 580 respondents.

37. 西达·斯考切波和瓦妮莎·威廉森（*The Tea Party and the Remaking of Republican Conservatism*, New York: Oxford University Press, 2012）较早对茶党做出了精彩概述，其中提到了“同理心之跃”（empathetic leap, 47），虽然她们未说明其访谈的性质及数量。她们的关注焦点是被动员的草根群体与更宏观政治局势间的关系。她们还聚焦于催生茶党的几个因素的结合——贝拉克·奥巴马的出现、福克斯新闻及2008年的金融危机。其他学者的关注重点包括茶党运动的历史根源，以及该运动与占领华尔街运动的对立关系。参见 Lawrence Rosenthal and Christine Trost (eds.), *Steep: The Precipitous Rise of the Tea Party* (Berkeley: University of California Press, 2012)。

295 38. 在《茶党和共和党保守主义的重建》（*The Tea Party and the Remaking of Republican Conservatism*）一书中，西达·斯考切波和瓦妮莎·威廉森令人信服地指出，奥巴马成为总统以来，美国三股长久以来的保守主义趋势开始汇合。年长的中产阶级保守派白人感到奥巴马无法代表他们，因此另寻他人。他们与自由市场游说组织——主要是“美国人争取繁荣”组织及“繁荣事业”（Freedom Works）组织——以及他们认为传播了自己声音的福克斯新闻联合起来。在《异军突起：茶党的迅猛发展》（*Steep: The Precipitous Rise of the Tea Party*）一书中，（编者）劳伦斯·罗森塔尔和克里斯汀·特罗斯特还将该运动放入了更广泛的历史背景。

39. 我受到加州大学伯克利分校语言学家乔治·莱考夫（George Lakoff）和马克·约翰逊（Mark Johnson）的《我们赖以生存的隐喻》（*Metaphors We Live By*, Chicago: University of Chicago Press, 2003）一书启发。他们指出，隐喻塑造了我们思考和行动的方式。我认为，它们还塑造了我们感受的方式。如果政府是“老大哥”——专横、霸道、令人生畏——那便会催生恐惧和怨恨。如果州政府是个大“保姆”，我们便会感到像是大婴儿，并因而心生羞惭和反感。隐喻不是对日常语言的一种额外修饰；作者们正确地指出，他们嵌入在日常言论中，并因此始终引导着我们的感受。在莱考夫和约翰逊看来，隐喻都是静态的，是对我们如何看待生活提出的一个个建议。在本书第9章，我将一个排队等候的隐喻拓展为一个故事，然后与我的右翼朋友们确认他们是否感到事实如此——答案是肯定的。

40. 我访谈过的人中，有三分之一是卡津移民的后裔，其法国天主教祖先于17世纪逃离法国，在新法兰西的殖民地阿卡迪亚定居下来，即今天的加拿大新斯科舍省。他们渐渐成为富裕的农民和商人。到了18世纪40年代，英国人要求他们对英国国王宣誓效忠并向其征税。他们对此表示拒绝，大动荡——悲剧性的1755年大驱逐事件——由此拉开序幕，亨利·沃兹沃斯·朗费罗（Henry Wadsworth Longfellow）的诗歌《伊凡吉林：阿卡迪亚故事》（*Evangeline*：*The Tale of Acadia*）就讲述了这段历史。英国人烧毁了他们的家园，将他们押送上船，沿美国海岸流放各地。半数人死于风寒或天花。

抵达路易斯安那后，等待着卡津人（这一称呼来自法语的les Cadiens或les Acadiens）的是又一场更缓慢的驱逐。1803年路易斯安那购地后，其他更富裕的群体，包括克里奥尔人（法国、西班牙和非洲移民后裔），将其逐出密西西比河河岸的良田，赶往西部。一名历史学家 296 指出，除了想获得其农田之外，许多甘蔗园园主还希望卡津人不要出现在附近，这样奴隶就不会看到卡津人自由自立的样子，以其为典范。少数卡津人与一些自由黑人一样成了奴隶主，定居在种植园遍布的密西西比河沿岸，但大多数阿卡迪亚人被赶至路易斯安那西南部（他们在那里养牛，种植水稻、玉米和棉花），还有一些向南抵达沼泽地区，在那里以捕鱼为生。在茶党政治问题上，与我交流过的卡津人与非卡津人区别不大。

41. 2015年12月7日，我在大学学生生活（College Student Life）“特别兴趣”（Special Interests）一栏下进行了检索。http：//www. southwestern. edu/offices/studentactivities.（链接中的大学为位于得州的西南大学，与正文中似乎不是同一所大学。——译者注）

42. 博雷加德堂区得名于一位帮助设计邦联旗的邦联将军；杰弗逊·戴维斯堂区得名于邦联总统。艾伦堂区以前邦联州军队将领亨利·沃特金斯·艾伦（Henry Watkins Allen）命名。关于纪念碑，参见“Louisiana Confederate Monuments and Markers，” http：//www. scvtaylorcamp. com/monuments. html。

43. Associated Press，“Cross Burning Defendant Speaks Out，” KPLC - TV，December 12，2001，http：//www. kplctv. com/story/317803/cross - burning - defendant - speaks - out.

44. Rachael Cernansky, "Natural Gas Boom Brings Major Growth for U. S. Chemical Plants," *Environment 360*, January 29, 2015 (accessed August 16, 2015), http://e360. yale. edu/feature/natural_ gas_ boom_ brings_ major_ growth_ for_ us_ chemical_ plants/2842.

45. 截至目前，规模最大的工厂扩建项目来自南非石化巨头萨索尔。该公司计划的扩建项目需要黑人社区莫斯维尔的土地，该社区多年来处境艰难，公司正对社区成员的资产进行买断。我参加了数次莫斯维尔居民会议，并用一天时间拜访了一个住在拖车里的男人，他拖车周围的土地现已被划为"重工业"区，有很多重型机械来来往往。他的水电供应都已被切断，邮差也不再给他的地址送信。如果我能弄清那些受到大范围污染影响的人们为何反对加强污染监管及治污资金，或许就能理解为何他们还反对政府帮忙解决所有其他大问题。

297 第2章 "一件好事"

1. "Cancer Facts and Figures 2015," American Cancer Society, http://www. cancer. org/acs/groups/content/@ editorial/documents/document/acspc - 044552. pdf.

2. 李一生中大部分时间都在与危险化学物质打交道，这些物质在他工作的地方被生产出来后流向别处，最后却会绕个圈子再回到他身边。其中之一是二氯乙烷，该物质被添加到其他化学物质中，成为"橙剂"。李说，越南战争期间，"橙剂"被装在55加仑桶中，通过轨道车送往加州的阿拉梅达海军航空站（Alameda Naval Air Station），从那里被装上飞机，运至东南亚，喷洒在广袤的丛林中。李的妻子在与他结婚前，曾经嫁给一个随机工程师，负责在飞行期间修补发生泄漏的化学物质盛放桶。他意外接触到"橙剂"，在痛苦中死去。他的遗孀嫁给了李。李解释道，在清洗第一任丈夫的制服时，她也因"橙剂"患病，她的儿子同样如此。"橙剂"兜了一圈后又回到了起点。

3. 李倾倒的有毒废弃物不是导致鱼类死亡的唯一原因。在一次市民大会上，萨宾河的"河流保卫者"保罗·林戈对行业官员展开问询，使后者承认有毒废弃物还有其他来源。林戈回忆道，他郑重其事地拿起一张纸，装作在念一些事实。"我们知道鱼死了。有人告诉我一个消息，说一个装二氯乙烷的大罐子空了。所以我装出律师的样子。'那个罐子有没有什么不正常的地方？’然后一个人承认‘有些二氯乙烷泄漏了’，但说他不知道泄漏了多少。因此我问，‘大概多少？’‘我们不太确定。’他们答道。‘大桶一般能装多少？’答案是数万加仑。‘那么下落不明的二氯乙烷大概这么多对吗？’我装装样子，结果成功了！”由于这次问询，相关人员展开了一次实地考察，其间，官员承认在一段时间内还发生了另外几次泄漏。

4. The Louisiana Seafood Marketing and Promotion Board, “By the Numbers: Louisiana’s Ecology,” accessed April 8, 2015, http://www.louisianaseafood.com/ecology.

5. 1970 年 1 月 1 日，尼克松总统在当年首个正式声明中说：“20 世纪 70 年代，美国定要替过去还债，我们要恢复清洁的空气、水和生活环境， 298
刻不容缓。” Jonathan Schell, *The Time of Illusion* (New York: Vintage Books, 1975), 74.（可悲的是，在迈出这积极一步的同时，美国秘密入侵了老挝。）

6. Jim Schwab, *Front Porch Politics: The Forgotten Heyday of American Activism in the 1970s and 1980s* (New York: Farrar Strauss, 2013).

第 3 章　记忆者

1. 关于一些词语的说明：bayou 是沼泽河流，swamp 是森林湿地，marsh 是草本湿地或湿软草原。

2. Sean Cockerham, “Louisiana French: L’heritage at Risk,” *Seattle Times*, July 6, 2012. 1921 年，路易斯安那州宪法禁止在公立学校使用英语以外的任何语言。

3. 早在 1971 年，路易斯安那州溪流控制委员会——路易斯安那州环境质量局的前身——的文件显示，在卡尔克苏湖湖畔的一处海鲜加工厂，蓝蟹中的汞污染物含量达百万分之一点五。2014 年，威利·方特诺特（Willie Fontenot）访谈。

4. 该公司合成各种基础化学元素，从另一家公司处买下第一种基础元素（碳氢化合物乙烯），之后注入卤水（第二种基础化学元素），生成氢氧化钠，即烧碱，这种物质可以出售。公司还将氯与碳氢化合物结合——由此产生各种形态的物质，比如二氯乙烷、全氯乙烯和氯乙烯。这一过程中产生的废料囤积在李·舍曼倾倒的“渣油”中，李将其倒入一条水道，该水道与印德河相连。

5. James Ridgeway, "Environmental Espionage: Inside a Chemical Company's Louisiana Spy Op," *Mother Jones*, May 20, 2008, http://www.motherjones.com/environment/2008/05/environmental-espionage-inside-chemical-companys-louisiana-spy-op.

6. Chris Pedersen, "Sasol Clears Major Hurdle to Build America's First GTP Plant," OilPrice.com, September 4, 2014, http://oilprice.com/Energy/Natural-Gas/Sasol-Clears-Major-Hurdle-to-Build-Americas-First-GTL-Plant.html. 另见威尔马·苏夫拉（Wilma Subra），电子邮件通讯，2014 年 2 月 20 日，附件：萨索尔许可证。

7. 另参见 "Hazardous, Toxic and Radioactive Waste Reconnaissance Report (HTRW) Calcasieu River and Pass," Louisiana Dredged Material
299 Management Plan, U.S. Army Corps of Engineers, New Orleans District, Prepared by Gulf Engineers and Consultants, Appendix G, maps。

8. 《纽约时报》1970 年刊登凯文·菲利普斯（Kevin Phillips）访谈。James Boyd, "Nixon's Southern Strategy: 'It's All in the Charts,'" *New York Times*, May 17, 1970, http://www.nytimes.com/packages/html/books/phillips-southern.pdf. 另参见 "Governor Bobby Jindal Says Americans Want a 'Hostile Takeover' of Washington," TeaParty.org, September 16, 2014, http://www.teaparty.org/gov-bobby-jindal-says-americans-want-hostile-takeover-washington-55848。

9. 2007 年，350 名菲律宾教师通过全球安置计划（Universal Placement International）被引进，他们持 H-1B 签证，根据"客工"（Guest Worker）计划在公立学校任教。但他们被迫缴纳了一笔 1.6 万美元的初始费用。大部分人不得不为此借钱，每月须缴纳利息。全球安置计划收走了其护照和签证，直至贷款还完方才归还。后来，这些合同被裁定为非法，机构官员因贩卖人口入狱。Claire Gordon, "Filipino Workers Kept as Slaves in Louisiana, Lawsuit Charges," *AOL Jobs*, November 15, 2011, http://jobs.aol.com/article/2011/11/15/filipino-workers-kept-as-slaves-in-louisiana-according-to-lawsu/20106284; "Lawsuit: Filipino Teachers Defrauded in International Labor Trafficking Scheme," LA.AFT.org, http://la.aft.org/news/lawsuit-filipino-teachers-defrauded-international-labor-trafficking-scheme.

10. "David Vitter on Environment," On the Issues（该网站记录了国会议案及候选人在一系列问题上的投票），http：//www. ontheissues. org/Domestic/David_ Vitter_ Environment. htm。

11. Svetlana Boym, *The Future of Nostalgia* (New York: Basic Books, 2001). 另参见 Svetlana Boym, "Nostalgia and Its Discontents," *Hedgehog Review* (Summer 2007): 13, http: //www. iasc - culture. org/eNews/2007_10/9. 2CBoym. pdf。

12. E. E. Evans - Pritchard, *The Nuer: A Description of the Modes of Livelihood and Political Institutions of a Nilotic People* (Oxford, UK: Clarendon Press, 1940); Laura Ann Stoler, "Imperial Debris: Reflections on Ruins and Ruination," *Cultural Anthropology* 23, no. 2 (2008): 191 - 219; Laura Ann Stoler, "Colonial Aphasia: Race and Disabled Histories in France," *Public Culture* 23, no. 1 (2011): 121 - 56.

13. http: //www. bayousandbyways. com/festivals2. htm.

14. Evans - Pritchard, *The Nuer*, 199 - 200.

15. 正如有信仰之人以宗教语言谈论环境问题，工业发言人也可以。 300
在2013年的埃克塞尔公司爆炸后，首席执行官闪烁其词地告诉公司股东，这是"不可抗力"（Force Majeure）——上帝或超出人类控制的力量所为。Pavel Pavlov, "US' Axiall Declares Force Majeure on VCM from PHH Monomers Plant," *Platts*, December 23, 2013, http: //www. platts. com/latest - news/petrochemicals/houston/us - axiall - declares - force - majeure - on - vcm - from - 21990566.

16. Javier Auyero and Debora Alejandra Swistun, *Flammable: Environmental Suffering in an Argentine Shantytown* (Oxford: Oxford University Press, 2009), 128 - 29. 居民们等待了很久，时间"面向他人，由他人主导"。

第4章　候选人

1. WWL - TV Staff, "Poll: Obama Loses Support in La.; Perry, Romney, Cain Close on GOP Side," WWL - TV, October 13, 2011, http: //www. wwltv. com/story/news/politics/2014/08/29/14408560. WWL - TV 对602名可能投票的路易斯安那州选民进行了民调。

2. 同上。

3. Scott Lewis, "Boustany and Landry Fight over Obamacare, Medicare, Negative Campaigns and Oilfield Jobs [Audio]," Cajun Radio, October 31, 2012, http://cajunradio.com/boustany-and-landry-fight-over-obamacare-medicare-negative-campaigns-and-oilfield-jobs-audio/?trackback=tsmclip.

4. 2015年1月24日用环保局的"我的环境"(My Environment)工具搜索路易斯安那州拉斐特(Lafayette, LA),得到了这些结果。参见 http://www.epa.gov/myenvironment。

5. 该数据来自环保局的 ECHO 数据库,该数据库跟踪了各项环境监管措施的遵守情况。我们用环保局的"执行情况与历史在线"(Enforcement Compliance and History Online)工具得到了这些结果。我们于2015年9月29日以"路易斯安那州拉斐特教区"(Lafayette Parish, Louisiana)为关键词进行了检索。参见 https://echo.epa.gov。

6. Stacy Mitchell and Fred Clements, "How Washington Punishes Small Business," *Wall Street Journal*, May 7, 2015. 许多来自路易斯安那州的茶党候选人——包括查尔斯·布斯塔尼、约翰·弗莱明、史蒂夫·斯卡利斯和比尔·卡西迪在114届国会 HR37 议案上投了"赞成"票,这项众议院
301 议案要求减少对华尔街企业的多德-弗兰克(即《多德-弗兰克法案》,是一项金融监管改革法案——译者注)的限制。议案有个反直觉的标题——《促进就业及减轻小企业负担法案》,但事实上,米切尔(Mitchell)和克莱门茨(Clements)指出,该法案加强了大企业的力量,令其在排挤小企业方面处于更有利位置。

7. 参见 League of Conservation Voters, *Public Health Basis of the Clean Air Act, House Roll Call Vote 395* (Washington, D.C.: League of Conservation Voters, 2012), http://scorecard.lcv.org/roll-call-vote/2012-395-public-health-basis-clean-air-act。2011年,16名共和党参议员投票要求撤销环保局,路易斯安那州参议员大卫·维特是该议案发起人之一。

8. Brad Johnson, "Senate Republicans Introduce Bill to Abolish the EPA," *Think Progress*, May 6, 2011, http://thinkprogress.org/politics/2011/05/06/164077/senate-republicans-introduce-bill-to-abolish-the-epa.

9. 2012年,路易斯安那州的人均有毒物质排放量(就地及异地,排

向空气、水及土地中，所有工业）为 31.14 磅（即 2012 年排放的 143289289 磅有毒物质除以 460.2 万人）。相较之下，2012 年美国全国的人均有毒物质排放量为 11.57 磅。只有五个州的人均排放量高于此值。阿拉斯加州为 1198.6 磅，蒙大拿州为 58.9 磅，内华达州为 103.6 磅，北达科他州为 49.3 磅，犹他州为 67.2 磅。路易斯安那州的环境卫生中心（该机构属于卫生与医院局）在其网站中写道："在人均有毒废弃物产量及向水、空气和土壤排放化学物质方面，路易斯安那州在全国各州中位居前列。"

10. 密西西比河流域面积约占美国大陆的 40%，为 1800 万人提供了饮用水。然而，在饮用水供应依赖于密西西比河的 13 个堂区，河水却因管道渗漏、石油泄漏、化学物质倾倒及农田地表径流等问题遭到了污染。一个堂区的饮用水被发现含有 75 种有毒物质，包括四氯化碳、滴滴涕及莠去津。Richard Misrach and Kate Orff, *Petrochemical America* (New York: Aperture Foundation, 2012), 143.

11. "Gonzales," LouisianaTravel.com, http://www.louisianatravel.com/cities/gonzales.

12. 在密西西比河沿岸的路易斯安那州诺科（Norco），波浪般起伏的美丽白色云朵被昵称为"诺科积云"，因为其中含有不稳定的碳氢化合物。Misrach and Orff, *Petrochemical America*, 4.

13. 参见环保局的有毒物质排放清单管理器（Toxics Release Inventory 302
Explorer）。环保局《有毒物质排放清单》的最新数据显示，2013 年，卡尔克苏堂区——韦斯特莱克、莱克查尔斯和印德河所在地——在全国污染最严重县中排前 2%（在提交报告的 2428 个县中排第 34 位）。1990 年的《有毒物质排放清单》中，卡尔克苏在美国 2315 个提交报告的县中排第 24 位（因此几乎是全国各县的前 1%）。Environmental Protection Agency, *TRI Explorer* [*Data file*], *1990 and 2013* (Washington, D.C.: Environmental Protection Agency, 2015), http://iaspub.epa.gov/triexplorer/tri_release.chemical. 关于有毒排放物的信息源自一些受监管行业的设施报告，而非来自独立的监督部门——国会 1986 年通过《应急计划与社区知情权法案》，确定了这种做法。

14. 2000 年，罗伯特·D. 布拉德（Robert D. Bullard）发现，全国近 60% 的有害废弃物填埋场位于五个南部州（亚拉巴马州、路易斯安那州、俄克拉何马州、南卡罗来纳州和得克萨斯州），而四个位于少数族裔邮编地区的垃圾填埋场又占了南方有害废弃物填埋总量的63%，虽然黑人仅占南方总人口的约20%。参见 Robert D. Bullard, *Dumping in Dixie: Race, Class, and Environmental Quality* (New York: Westview Press, 2000)。知情权（Right to Know）数据库的最新可见信息显示，2011 年，路易斯安那州在有害废弃物处理量（从别处接收的垃圾）方面排全国各州第三。这其中不包括石油产业 14 种废弃物中的 10 种。Right to Know Network, *Biennial Reporting System Quantities by State for 2011: Waste Received and Managed* (Washington, D. C.: Center for Effective Government, 2015), http://www.rtknet.org/db/brs/tables.php?tabtype = t3&year = 2011&subtype = a&sorttype = rcv.

15. Abrahm Lustgarten, "Injection Wells: The Poison Beneath Us," *ProPublica*, June 21, 2012, https://www.propublica.org/article/injection – wells – the – poison – beneath – us.

16. Ken Silverstein, "Dirty South: Letter from Baton Rouge," *Harpers*, November 2013, 45 –56.

17. "Remarks by the President to the Nation on the BP Oil Spill," White House Press Release, June 15, 2010, https://www.whitehouse.gov/the – press – office/remarks – president – nation – bp – oil – spill.

303 18. Mark Hertsgaard, "What BP Doesn't Want You to Know About the Gulf Spill," *Newsweek*, April 22, 2013. 英国石油公司在水面上喷洒了 Corexit 9527 和 Corexit 9500 分散剂，其生产商纳尔科（Nalco）公司提供的使用手册中列出了过度接触该物质的影响（恶心、呕吐、肾脏或肝脏损伤）。与数十个清理工人的访谈显示，英国石油公司没有分发该手册，也没有警告工人潜在危险或给他们提供安全培训和防护装备。公司给他们发了连体衣和手套，但没有发放防毒面罩或空气检测器。分散剂从飞机上洒下，落在船上及岸上的工人们身上，工人们被告知，这种有毒分散剂"像洗洁精一样安全"。Kate Sheppard, "BP's Bad Breakup: How Toxic Is Corexit?" *Mother Jones*, September/October 2010; http://www.motherjones.com/environment/2010/09/bp – ocean – dispersant – corexit. 另参见"Deep Water: The Gulf Oil Disaster and the Future of Offshore Drilling," Report to the President, National Commission on the BP Deepwater Horizon Oil Spill and Offshore Drilling, January

2011, https: //www. gpo. gov/fdsys/pkg/GPO - OILCOMMISSION/pdf/GPO - OILCOMMISSION. pdf; Hertsgaard, “What BP Doesn’t Want You to Know About the Gulf Spill”。

19. 科学家估计，自然环境中死亡的海洋哺乳动物数量是找到尸体总数的 16 至 50 倍。Rob Williams, Shane Gero, Lars Bejder, John Calambokidis, Scott D. Krauss, David Lusseau, Andrew J. Read, and Jooke Robbins, “Underestimating the Damage: Interpreting Cetacean Carcass Recoveries in the Context of the Deepwater Horizon/BP Incident,” *Conservation Letters* 4, no. 3 (2011): 228 - 33; Natural Resources Defense Council, “The BP Oil Disaster at One Year” (Washington, D. C.: Natural Resources Defense Council, 2011).

20. Michael Wines, “Fish Embryos Exposed to Oil from BP Spill Develop Deformities, a Study Finds,” *New York Times*, March 25, 2014.

21. Joseph Goodman, “Gulf Oil Spill Threatens Louisiana Native Americans’ Way of Life,” *Miami Herald*, June 1, 2010.

22. Antonia Juhasz, “Investigation: Two Years After the BP Spill, a Hidden Health Crisis Festers,” *The Nation*, April 18, 2012, http: //www. thenation. com/article/investigation - two - years - after - bp - spill - hidden - health - crisis - festers.

23. 英国石油公司的工程师未遵循标准操作程序，在五个通常遵循的预防步骤中跳过了四个，完全依赖于最后一步，最终酿成大祸。埃克森美 304
孚公司官员十分罕见地公开宣称，事故本不该发生。

24. Lawrence C. Hamilton, Thomas G. Safford, and Jessica D. Ulrich, “In the Wake of the Spill: Environmental Views Along the Gulf Coast,” *Social Science Quarterly* 93, no. 4 (2012), 1053 - 64. 受访居民几乎都是共和党人，来自两个堂区，其中一个堂区有 17% 的工人就职于石油和天然气企业——另一个则有 26%。其他人就职于本地区服务行业。讽刺的是，在受漏油事件影响较小的佛罗里达州，居民们则对禁令持更为支持的态度。彭博社（Bloomberg）的民调显示，全国范围内，仅有三分之一的受访者支持禁令。Kim Chipman, “Americans in 73% Majority Oppose Ban on Deepwater Oil Drilling,” *Bloomberg*, July 14, 2010, http: //www. bloomberg. com/news/articles/2010 - 07 - 14/americans - in - 73 - majority - oppose -

ban – on – deepwater – drilling – after – oil – spill.

25. Oliver A. Houck, "The Reckoning: Oil and Gas Development in the Louisiana Coastal Zone," *Tulane Environmental Law Journal* 28, no. 2 (2015), 185 – 296.

26. 在《被管理的心：人类情感的商品化》(*The Managed Heart: Commercialization of Human Feeling*, Berkeley: University of California Press, 1983) 一书中，我用“情感劳动”(emotional labor) 一词形容一种需要从业者设法产生或表现工作所需情感的有偿工作，我将空乘员、护工、护士、销售员等有偿服务业工作归为此类。我用“情感工作”(emotional work) 一词形容我们在家或有偿工作以外的任何地方无偿进行的同类情感管理。

27. 路易斯安那州没有对售酒店铺做出“店内营业时间”(即最晚点单) 的规定 (虽然各堂区可自行出台规定)。*Louisiana Law Regarding the Unlawful Sale, Purchase and Possession of Alcoholic Beverages*, Louisiana R. S. 14: 93. 10 – 14.

28. Michael Mizell – Nelson, "Nurturing the Drive – Through Daiquiri," *Louisiana Cultural Vistas*, March 12, 2015.

29. 参见全国步枪协会 (National Rifle Association) 网站上的“路易斯安那州概况”(Louisiana State Profile) (accessed July 3, 2015), https: //www. nraila. org/gun – laws/state – gun – laws/louisiana。在预防枪支暴力法律中心 (Law Center to Prevent Gun Violence) 和布雷迪控枪运动
305 (Brady Campaign) 2013 年制作的计分卡中，路易斯安那州的枪支法律排名第 40，得分为“F”。参见 Law Center to Prevent Gun Violence and the Brady Campaign, *2013 State Scorecard: Why Gun Laws Matter* (San Francisco: Law Center to Prevent Gun Violence, 2013), http: //www. bradycampaign. org/sites/default/files/SCGLM – Final10 – spreads – points. pdf。

30. "State Firearm Death Rates, Ranked by Rate, 2011," Violence Policy Center: Research, Investigation, Analysis & Advocacy for a Safer America, http: //www. vpc. org/fact – sheets/state – firearm – death – rates – ranked – by – rate – 2011. 这份报告采用联邦疾病控制与预防中心下属国家伤害预防与控制中心 (Centers for Disease Control and Prevention's National Center for Injury Control and Prevention) 的数据进行了分析，结果显示路易斯安那州

枪击死亡率为每 10 万人中 18.91 人。全国枪击死亡率则为每 10 万人中 10.38 人。

31. Adam Liptak, “Supreme Court Blocks Louisiana Abortion Law,” *New York Times*, March 4, 2016, http://www.nytimes.com/2016/03/05/us/politics/supreme-court-blocks-louisiana-abortion-law.html.

32. “Baggy Pants Law Will Fine Offenders in Louisiana Parish,” *Huffington Post*, April 14, 2013 (accessed November 3, 2015), http://www.huffingtonpost.com/2013/04/14/baggy-pants-law-fine-louisiana_n_3080851.html.

33. Sarah Childress, “Has the Justice Department Found a New Town That Preys on Its Poor?” *Frontline*, April 27, 2015, http://www.pbs.org/wgbh/pages/frontline/criminal-justice/has-the-justice-department-found-a-new-town-that-preys-on-its-poor.

34. Institute for Criminal Policy Research, *World Prison Brief*, http://www.prisonstudies.org/highest-to-lowest/prison_population_rate.

35. 她解释道，事故常发生于计划排放（法律允许的气液体排放）期间或“周转期”（在此期间，工人关闭车间，对其进行清扫或换新产品，然后恢复车间运作）。

36. 据《匹兹堡商业时报》（*Pittsburgh Business Times*）报道，第一次爆炸发生于 2012 年 12 月 24 日。Malia Spencer, “Fire Damages PPG Industries Plant in Louisiana,” December 27, 2012, http://www.bizjournals.com/pittsburgh/news/2012/12/27/plant-fire-causes-force-majeure-for-ppg.html. 另一次爆炸发生于 2013 年 12 月 20 日。Associated Press, “Number of Injured from Axiall Chemical Plant Fire in Westlake Rises to 18,” 306
Times-Picayune, December 25, 2013, http://www.nola.com/environment/index.ssf/2013/12/number_of_injured_from_axiall.html.

第 5 章　“阻力最小型人格”

1. Loren C. Scott, *The Energy Sector: Still a Giant Economic Engine for the Louisiana Economy—an Update*, Louisiana Mid-Continent Oil and Gas Association and Grow Louisiana Coalition report, 2014, http://www.growlouisianacoalition.com/blog/wp-content/uploads/2014/07/Loren-Scott-

Study. pdf. 能源行业“支持”了287008个就业岗位，因此估算总量为15%。

美国人口普查局（U. S. Census Bureau）的数据显示，在路易斯安那州的1535407个就业人员中，9637人就职于“油气开采业”，20823人就职于“化工制造业”，12163人就职于“石油及煤产品制造业”，2734人就职于“塑料和橡胶产品制造业”。参见 Loren C. Scott, *The Energy Sector: A Giant Economic Engine for the Louisiana Economy*, Baton Rouge: Mid – Continent Oil and Gas Association（accessed June 18, 2015），http://www. scribd. com/doc/233387193/The – Energy – Sector – A – Giant – Economic – Engine – for – the – Louisiana – Economy。

2. 石油业工人数量可能还更少。美国劳工统计局未经季节调整的2014年估算数据显示，“石油和天然气”行业就业总量占路易斯安那州所有就业人员的3.32%。这其中包括了油气开采、矿业、石油和煤炭产品生产的支持活动，以及管道运输业。Bureau of Labor Statistics, “Quarterly Census of Employment and Wages [December 2014 estimates]”（accessed June 18, 2015），http://data. bls. gov/cgi – bin/dsrv? en.

3. 萨索尔为路易斯安那州西南部区域影响研究提供了资金，研究团队中包括私营部门顾问及来自麦克尼斯州立大学的学者。此研究发布于2014年10月。CSRS, *Southwest Louisiana Regional Impact Study*, 2014, 1, 3, http://www. gogroupswla. com/Content/Uploads/gogroupswla. com/files/SWLA%20Regional%20Impact%20Study_Final. pdf. 在新招聘的18000人中，预计将有13000人来自路易斯安那州西南部以外的地区。报告指出：“SWLA（路易斯安那州西南部）的工人数量不足以满足新增劳动力需求。预计显示，逾13000个工作岗位将聘用来自SWLA以外地区的移民（3）。”

4. CSRS, 同上。菲律宾工人在路易斯安那州的存在一般通过石油钻
307 井平台事故新闻进入人们的视野。Jennifer A. Dlouhy, “Dangers Face Immigrant Contract Workforce in Gulf,” *FuelFix*, November 3, 2013, http://fuelfix. com/blog/2013/11/03/dangers – face – immigrant – contractor – workforce – in – gulf. 当地电视台也报道了一则关于菲律宾工人在墨西哥湾石油钻井平台受伤的新闻。Associate Press, “Gulf Platform Owner Sued Over Deadly 2012 Blast,” KPLC – TV, http://www. kplctv. com/story/23832004/gulf – platform –

owner - sued - over - deadly - 2012 - blast.

5. Curt Eysink, *Louisiana Workforce Information Review*, 2010, Statewide Report, https://www.doleta.gov/performance/results/AnnualReports/2010_economic_reports/la_economic_report_py2010_workforce.pdf.

6. Ballotpedia, "Louisiana State Budget and Finances," 2013, https://ballotpedia.org/Louisiana_state_budget_and_finances. 另参见 "Bureau of Economic Analysis [Regional Datafile]": Louisiana, 2013 (Washington, D.C.: Bureau of Economic Analysis), retrieved September 22, 2015。

7. 总体有效税率（基于所有州及地方税收，包括所得税、特许经营税、销售税和地产税）不到1%。"如今，根据税务基金会（Tax Foundation）的排名，路易斯安那州的新制造业务综合税务竞争力为全美第一——无论该业务主要依赖于人力投资还是资本投资。此外，在新研发机构及成熟研发机构的综合税务竞争力方面，路易斯安那州也均位列全国之首。"参见 "New Tax Foundation Ranking Indicates Dramatic Improvement in Louisiana's Business Tax Competitiveness," Louisiana Economic Development (accessed January 5, 2014), http://www.opportunitylouisiana.com/index.cfm/newsroom/detail/175。参见 Gordon Russell, "Giving Away Louisiana: An Overview," *The Advocate*, Special Reports, November 26, 2014, http://blogs.theadvocate.com/specialreports/2014/11/26/giving - away - louisiana/。

8. "Governing, the State and Localities," Governing.com (accessed Sept 21, 2015), http://www.governing.com/gov - data/state - tax - revenue - data.html.

9. Louisiana Economic Development, "Louisiana: At the Epicenter of the U.S. Industrial Rebirth," 2012, http://www.opportunitylouisiana.com/index.cfm/newsroom/detail/265.

10. Institute for Southern Studies, "Looting Louisiana: How the Jindal 308
Administration Is Helping Big Oil Rip Off a Cash - Strapped State," http://www.southernstudies.org/2015/05/looting - louisiana - how - the - jindal - administration - is.html. 报告援引了路易斯安那州税务局（Louisiana Department of Revenue）的《2011—2012年度免税预算》（Tax Exemption Budget, 2011 - 2012）及《2014—2015年度免税预算》（Tax Exemption Budget, 2014 - 2015）。另参见 Chico Harlan, "Battered by Drop in Oil Prices

and Jindal's Fiscal Policies, Louisiana Falls into Budget Crisis," *Washington Post*, March 4, 2016, https: //www. washingtonpost. com/news/wonk/wp/2016/03/04/the – debilitating – economic – disaster – louisianas – governor – left – behind。

11. Paul H. Templet, "Defending the Public Domain: Pollution, Subsidies and Poverty," PERI Working Paper No. 12 (January 2001), http: //ssrn. com/abstract = 333280 or http: //dx. doi. org/10. 2139/ssrn. 333280.

12. 坦普莱特举了个假设性的例子。埃克森美孚从路易斯安那州开采了价值10亿美元的石油，向供应商、承包商和工人支付的薪金以及向路易斯安那州缴纳的税款却只有5亿美元。剩下5亿美元流向了埃克森美孚总部，成了管理层收入及公司股东红利——这些人通常来自其他州。他解释道，这就是为何在20世纪90年代，路易斯安那州每年创造的财富（州内生产总值）中有大约三分之一流向了其他州。电子邮件通讯，2015年11月5日。

13. P. H. Templet, "Grazing the Commons; Externalities, Subsidies and Economic Development," *Ecological Economics* 12 (February 1995): 141 – 59; P. H. Templet, "Defending the Public Domain, Pollution, Subsidies and Poverty," in *Natural Assets: Democratizing Environmental Ownership*, edited by James K. Boyce and Barry G. Shelley (Washington, D. C.: Island Press, 2003).

14. 石油未能改善贫困状况的一个原因是，石油部门未能真正提振路易斯安那州经济的非石油部门，二者的兴衰并不相关。比如，2003到2013年，石油业就业保持平稳，但州内总体就业情况出现大幅波动——2004年和2007年达到峰值，2003年、2005年到2006年则陷入低谷。

15. Caroline Hanley and Michael T. Douglass, "High Road, Low Road or Off Road: Economic Development Strategies in the American States," *Economic Development Quarterly* 28: 3 (2014): 1 – 10.

16. 石油在路易斯安那州和得克萨斯州占据重要位置。但在美国其他
309 地方，也存在类似的经济策略关联吗？烟草业在东南部经济中占比很大，
该行业一直反对向香烟征消费税。Amanda Fallin, Rachel Grana, and Stanton A. Glantz, " 'To Quarterback Behind the Scenes, Third – Party Efforts': The

Tobacco Industry and the Tea Party," *Tobacco Control*, February 8, 2013, http://tobaccocontrol.bmj.com/content/early/2013/02/07/tobaccocontrol-2012-050815. 缅因州的茶党州长保罗·勒佩治（Paul LePage）受伐木业支持，通过了削弱木材认证的法律。企业支持的认证体系虽使用了“可持续”一词（比如“可持续林业倡议”），却同意对90个橄榄球场大小的地块进行皆伐。参见 Jackie Wei, "Governor LePage Undermines Maine's Green-Building Economy, Sets Back Sustainable Forestry," NRDC.org, December 12, 2011, https://www.nrdc.org/media/2011/111212。加州南部的茶党州议员考虑到杀虫剂“过度监管”中的农商业利益了吗？Heath Brown, *The Tea Party Divided: The Hidden Diversity of a Maturing Movement* (New York: Praeger, 2015), 78.

17. Catherine L. Mann, "Environment and Trade: Do Stricter Environmental Policies Hurt Expert Competitiveness?" Organisation for Economic Co-operation and Development, http://www.oecd.org/economy/greeneco/do-stricter-environmental-policies-hurt-export-competitiveness.htm. 另参见 Silvia Albrizio, Enrico Botta, Tomasz Kozluk, and Vera Zipperer, "Do Environmental Policies Matter for Productivity Growth? Insights from New Cross-County Measures of Environmental Policies," Working Paper Number 1176, December 3, 2014, http://www.oecd-ilibrary.org/economics/do-environmental-policies-matter-for-productivity-growth_5jxrjncjrcxp-en。

18. Stephen M. Meyer, "Environmentalism and Economic Prosperity: Testing the Environmental Impact Hypothesis," MIT Project on Environmental Politics and Policy (1992); Stephen M. Meyer, "Environmentalism and Economic Prosperity: An Update," MIT Project on Environmental Politics and Policy (1993); Stephen M. Meyer, "Endangered Species Listings and State Economic Performance," MIT Project on Environmental Politics and Policy (1995); John R. E. Bliese, *The Great "Environment Versus Economy" Myth* (New York: Brownstone Policy Institute, 1999); Roger H. Bezdek, Robert M. Wendling, and Paula DiPerna, "Environmental Protection, the Economy, and Jobs: National and Regional Analyses," *Journal of Environmental Management* 86, no. 1 (2008): 63-79.

19. Barbara Koeppel, "Cancer Alley, Louisiana," *The Nation*, November 310

8, 1999, 16 – 24.

20. Arthur O'Connor, "Political Polarization and Environmental Inequality: A Pilot Study of Pollution Release Amounts and Practices in 'Red' Versus 'Blue' States," *International Environmental Review* 13, no. 4: 308 – 22. 剩下的7个州（50个州加上哥伦比亚特区）是摇摆州，或称"紫"州，在它们的投票历史中，没有特定政党拥有很大或稳定的优势：内华达州、西弗吉尼亚州、阿肯色州、科罗拉多州、佛罗里达州、密苏里州和俄亥俄州。奥康纳用这些州2010年的环保局《有毒物质排放清单》数据，将污染率与联邦各州的投票历史关联起来。

21. 在《管控社区接纳大型工业项目》(Managing Community Acceptance of Major Industrial Projects）一文中，罗纳德·卢克（Ronald Luke）——他曾是共和党州长里克·佩里在任期间的得州卫生和公众服务委员会（Texas Health and Human Services Council）成员及得州商业协会（Texas Association of Business）理事——指出，一州经济情况越好，对有害废弃物的监管力度越大。他还指出："在国内大部分地区，大型设施的选址主要是个政治问题。" Ronald Luke, "Managing Community Acceptance of Major Industrial Projects," *Coastal Zone Management Journal* 7 (1980): 292; James Lester, James Franke, Ann Bowman, and Kenneth Kramer, "Hazardous Wastes, Politics, and Public Policy: A Comparative State Analysis," *Western Political Quarterly* 36 (1983): 255 – 85.

22. Cerrell Associates, Inc., *Political Difficulties Facing Waste – to – Energy Conversion Plant Siting* (Los Angeles, CA: Cerrell Associates, 1984).

第6章　工业："美国能源带的扣子"

1. Michael Kurth, "On the Brink of the Boom," *Lagniappe*, May 6, 2014, http://www.bestofswla.com/2014/05/06/brink – boom.（*Lagniappe* 是一份本地刊物，主要刊登商业新闻。）安永会计师事务所（Ernst & Young LLP）编写的《2014年美国投资监测》显示，2013年，路易斯安那州与得克萨斯州和宾夕法尼亚州一同占到美国1450亿美元资本投资的逾64%。（该数据有误，报告原文为："吸引投资最多的10个州共占到2013年总商业投资的逾64%，得克萨斯州、路易斯安那州和宾夕法尼亚州连续第二年领先。"——译者注）这些投资中，三分之一来自海外，外国投资过半来自化学制造业，受廉价天然气的前景驱动（在规模最大的 20 笔资本投资中占 11 席）。最大的两笔资本投资是对现有液体天然气（LNG）出口港 311
的扩建——一个在得州阿瑟港，一个在莱克查尔斯。参见 Ernst & Young LLP, *2014 US Investment Monitor: Tracking Mobile Capital Investments During 2013* (accessed August 4, 2015), http://www.ey.com/Publication/vwLUAssets/EY-the-us-investment-monitor/$FILE/EY-the-us-investment-monitor.pdf。

2. Dennis K. Berman, "Are You Underestimating America's Fracking Boom?" *Wall Street Journal*, May 27, 2014.

3. 这套乙烷裂解装置即将成为美国最大此类装置，其设计用途是通过管道输入廉价天然气，在超高温下分离其各个部分，并生产比正常情况下更清洁的柴油燃料。这座天然气合成油工厂还将在天然气中加入氧气，制取合成气，再加工为石蜡，用于制作蜡烛、唇膏等产品。

4. Eric Cornier, "Construction Boom: Labor Shortage Among Area Concerns," *American Press*, February 10, 2013.

5. 最早发现石油是在 1901 年，那是在詹宁斯（Jennings）一片冒泡的水稻田中。盲目的勘探者及随后到来的较大企业进行了更深入的挖掘，还将勘探范围延伸至更远的海中。后来，石化企业在附近设厂，对石油进行加工并生产出各种原料，再将这些原料运送至用其从事生产的企业。

6. Ruth Seydlitz and Shirley Laska, "Social and Economic Impacts of Petroleum 'Boom and Bust' Cycles," prepared by the Environmental Social Science Research Institute, University of New Orleans, OCS Study MMS 94-0016, U.S. Dept. of the Interior, Minerals Mgmt. Service, Gulf of Mexico OCS Regional Office (New Orleans, LA, 1993).

7. 美国化学理事会（American Chemistry Council）2012 年的一份分析指出，低成本天然气可直接为美国石油石化行业带来 1210 亿美元的增产，吸引更多投资和建设。"Lake Charles: A Case Study: With Massive New Industrial Investments and up to 25000 New Workers Headed to Town, the Landscape of Lake Charles Is Changing Dramatically," *Business Report*, September 25, 2014, https://www.businessreport.com/article/lake-charles-a-case-study-with-massive-new-industrial-investments-and-up-to-

25000 – new – workers – headed – to – town – the – landscape – of – lake – charles – is – changing – dramatically.

312 8. Louisiana Economic Development, "Louisiana: At the Epicenter of the U. S. Industrial Rebirth" (accessed January 4, 2014), http: //www. opportunity louisiana. com/index. cfm/newsroom/detail/265.

截至 2013 年，路易斯安那州化学协会的数据显示，有 63 家公司在路易斯安那州内的逾 100 处地点进行作业。路易斯安那州海岸面朝美国最大产油区——墨西哥湾大陆架，州的水下面积比得克萨斯州或墨西哥都大。路易斯安那州还拥有世界上唯一的离岸超级港——可供巨型油轮通过管道向岸上和近岸油库卸载原油（墨西哥湾 80% 的海上油井都在路易斯安那州水域）。

9. Kurth, "On the Brink of the Boom," 13.

10. "我们赞扬匹兹堡平板玻璃公司将新颜料工厂建在这里的决定，还想向公司保证，这一地区所有民众都心怀感激"，《美国新闻》在 1966 年的一篇社论中写道，该文章称赞了匹兹堡平板玻璃公司宣布扩建在莱克查尔斯的颜料生产工厂一事。作者写道，这是"迈向美好未来的又一步……卡尔克苏堂区的石化投资规模让人难以想象。毫无疑问，莱克查尔斯地区着实很幸运——过去 10 年间在两块石化开发区取得了如此了不起的增长。但更重要的是，我们知道前方的道路会更加光明"。*The American Press*, June 22, 1966 (archive).

11. Berman, "Are You Underestimating."

12. 这 1300 万加仑的水建立在此前批准的 500 万加仑的基础上。

13. Frank DiCesare, "All Water, Air Permits for Sasol Approved," *American Press*, June 2, 2014.

14. Justin Phillips, "Calcasieu, Cameron Areas 'on Bubble' with EPA for Air Quality," *American Press*, July 11, 2014, http: //www. americanpress. com/news/local/Air – quality. 大笔资金、大批工人、欢欣鼓舞——这些均以天然气价格**比石油低廉**为中心而成立。如果天然气价格上涨，而石油价格大幅下跌，那么整个泡沫就会破碎。2007 年，世界市场上的石油价格是天然气的七倍。2014 年，石油价格约为天然气的 24 倍。萨索尔需要石油价格维持在天然气的 16 倍以上。对石化企业而言，天然气是其从事生
313 产的主要原料，如果它们可以低价买进，提高产品价格，便可获利。但谁

能预测石油与天然气的相对价格呢？“他们一定知道自己在做什么。”一名男子信心满满地告诉我。Berman, “Are You Underestimating.” 另参见 Kurth, “On the Brink of the Boom”。

15. 桑德拉·斯坦格雷伯（Sandra Steingraber）在《生活在下游：一个科学家对癌症与环境的个人调查》（*Living Downstream: A Scientist's Personal Investigation of Cancer and the Environment*）一书中指出，在越来越多的证据面前，我们应当花点时间考虑健康功效，提高对绿色商会的兴趣。Sandra Steingraber, *Living Downstream: A Scientist's Personal Investigation of Cancer and the Environment* (New York: Vintage, 1998).

16. Clem Brooks and Jeff Manza, “A Broken Public? Americans' Responses to the Great Recession,” *American Sociological Review* 78, no. 5 (2013): 727 –48.

17. 南希·迪托马索（Nancy DiTomaso）在《美国非困境：没有种族主义的种族不平等》（*The American Non – Dilemma: Racial Inequality Without Racism*, New York: Russell Sage Foundation, 2013）一书中就这一论点进行了阐述。另参见 Deirdre Roysler, *Race and the Invisible Hand: How White Networks Exclude Black Men from Blue Collar Jobs* (Berkeley: University of California Press, 2003)。另参见附录 C。

18. 激励形式为直接提供资金、税务减免及政府出资提供服务。

19. Richard Thompson, “Giving Away Louisiana: Industrial Tax Incentives,” *The Advocate*, December 11, 2014, http://blogs.theadvocate.com/specialreports/2014/12/03/giving - away - louisiana - industrial - tax - incentives.

20. 公告写道：“州中自然水道——比如河流、湖泊、湿地及墨西哥湾中含有的病菌、细菌和寄生虫可能致病，有时甚至造成死亡。一些微生物是自然产生的，还有一些来自人类和动物粪便。这些物质可能由于污水溢流、雨水径流污染、污水处理厂故障、降雨后的城市和农村径流、船只垃圾、个人污水处理系统故障及农业径流进入水源。”

“大部分人可以毫无问题或毫无顾虑地在水中游泳嬉戏，”州卫生官员吉米·吉德里（Jimmy Guidry）医生表示，“但污染物会进入所有水道， 314
因此始终存在感染的轻微风险。”公告还写道：“吉德里医生还指出，不宜将水咽下或在有切口或裸露创口的情况下游泳。”Louisiana Department

of Health and Hospitals, "Health Department Advises 'Take Precautions While Swimming,'" May 21, 2014, http://new.dhh.louisiana.gov/index.cfm/communication/viewcampaign/896? uid = gE&nowrap = 1.

21. 2015年年末，金达尔州长提议再削减5.33亿美元的教育资金。Kaitlin Mulhere, "In the Face of Colossal Cuts," *Inside Higher Ed*, April 27, 2015, https://www.insidehighered.com/news/2015/04/27/anxiety - over - massive - proposed - cuts - louisianas - colleges - felt - across - state.

22. 参见CSRS, *Southwest Louisiana Regional Impact Study* (accessed August 4, 2015), 121, http://www.gogroupswla.com/Content/Uploads/gogroupswla.com/files/SWLA% 20Regional% 20Impact% 20Study_ Final.pdf. 美国司法部（Department of Justice）在其民权司（Civil Rights Division）的"尚未解决的废除种族隔离案例表"（Open Desegregation Case List）中列出了25所未废除种族隔离的学校，还为强制废除种族隔离叫停了一个教育券项目——批评者称此举将孩子们困在了质量堪忧的学校中。自1954年的"布朗诉教育委员会案"（Brown v. Broad of Education）以来，法律便强制规定公立学校废除种族隔离。但时至今日，学校的隔离和不平等现象仍很严重。超过200万黑人学生就读于90%的生源为少数族裔的学校。美国进步中心（Center for American Progress）的一份报告显示，与90%及以上生源为白人学生的学校相比，此类学校在每位学生身上的年均花费少了733美元。综观所有学校，有色学生人数每增加10个百分点，学校在每位学生身上的平均花费便减少75美元。Ary Spatig - Amerikaner, *Unequal Education: Federal Loophole Enables Lower Spending on Students of Color* (Washington, D.C.: Center for American Progress, 2012), https://www.americanprogress.org/wp - content/uploads/2012/08/UnequalEduation.pdf.

23. Heather Regan - White, "Westlake City Council Reaches Agreement with Sasol on Expansion Costs," *Sulphur Daily News*, November 25, 2015, http://www.sulphurdailynews.com/article/20151125/NEWS/151129875.

24. 康德亚 - 维斯塔是德国石化公司RWE - DEA的子公司。

25. 2015年5月29日，与罗伯特·麦考尔（Robert McCall）访谈；2015年6月5日，与威廉·B. 巴格特（William B. Baggett）访谈。两人均来自莱克查尔斯的巴格特 - 麦考尔人身伤害律师事务所。

第 7 章　州政府：管理 4000 英尺下的市场 315

1. Deborah Dupre, "State Blames One Company for Gassy Sinkhole, Orders More Seismic Monitors," Examiner. com, October 12, 2012, http: //www. examiner. com/article/state – blames – one – company – for – gassy – sinkhole – orders – more – seismic – monitors.

2. Xerxes A. Wilson, " Mysterious Tremors Raise Questions," DailyComet. com, October 4, 2012 (accessed November 19, 2015), http: //www. dailycomet. com/article/20121004/ARTICLES/121009798. 美国地质调查局（U. S. Geological Survey, http: //earthquake. usgs. gov/earthquakes/states/louisiana/history. php）的统计显示，当地上一次地震发生在巴吞鲁日附近，时间为 1958 年，"震得窗户嘎嘎作响"。

3. Christina Ng, " Louisiana Boat Disappears into Sinkhole, Workers Rescued," ABC News, August 16, 2012, http: //abcnews. go. com/US/louisiana – sinkhole – engulfs – boat – workers – rescued/story? id = 17021557.

4. 该公司使用一种叫"注水开采"的工艺，将一系列注水井打入盐丘深处，用高压淡水水流对其进行冲击，并将此过程中产生的盐水抽出地面。卤水由此经管道和卡车被运至密西西比河沿岸的精炼厂，被分解为氢氧化钠和氯，用于制造从纸张到医疗用品的各种产品。其他卤水矿商将这种超级盐卖给水力压裂公司，后者将其加在化学物质和水中，用于从页岩挤压出天然气。

5. Charles Q. Choi, " Gas – Charged Earthquakes Linked to Mysterious Louisiana Sinkhole," *Live Science*, http: //www. livescience. com/46692 – louisiana – sinkhole – explained. html.

6. Vicki Wolf, " Salt Dome Instability Caused by Bayou Corne Sinkhole Tragedy and Others," *Clean* (Citizen's League for Environmental Action Now, based in Houston, Texas), http: //www. cleanhouston. org/misc/salt _ dome. htm.

7. 还有一些其他公司在盐丘中拥有场地并将其出租给了想要储存化学物质的企业，储存的化学物质有的有毒，有的无毒。这些公司包括西方化学公司（Oxy Chem）、阿卡迪亚公司（Acadian）及克罗斯泰克斯能源服务公司等。

8. Jeffery D. Beckman and Alex K. Williamson, "Salt – Dome Locations in the Gulf Coastal Plain, South – Central United States," U. S. Geological Survey, 316 Water – Resources Investigations Report 90 – 4060, 1990, http: //pubs. usgs. gov/wri/1990/4060/report. pdf. 在美国中南部的墨西哥湾地区及附近大陆架，有624 座盐丘，其中许多位于路易斯安那州近海，有“美好愿望”这样的名字。

9. Robert Mann, "Residents of Bayou Corne Ask, Where Are You, Bobby Jindal?" December 16, 2012, http: //bobmannblog. com/2012/12/16/residents – of – bayou – corne – ask – where – are – you – bobby – jindal.

10. Sheila V. Kumar, "Jindal Meets with Bayou Corne Residents, Promises to Fight Texas Brine for Fair Buyouts," *Times – Picayune*, March 19, 2013, http: //www. nola. com/politics/index. ssf/2013/03/jindal_ to_ visit_ assumption_ par_ 1. html. 2013 年 5 月 21 日，他再次进行视察。

11. 同上。

12. 2007 年的一项研究发现，紧密的家庭关系、参加教堂活动、相信个人而非政府是解决社会痼疾的最佳方案——这些因素都与向慈善事业捐款有关。研究还发现，保守派当家的家庭比自由派当家的家庭对慈善事业的贡献多 30%。保守派献血频率更高，参与志愿活动的可能性也更大。《慈善纪事报》（*The Chronicle of Philanthropy*）对国内收入署的数据进行分析后发现，按照向慈善事业捐款占收入**比重**来算，最慷慨的 17 个州于 2012 年将票投给了共和党候选人米特·罗姆尼。Arthur C. Brooks, *Who Really Cares: The Surprising Truth About Compassionate Conservatism* (New York: Basic Books, 2007).

两名麻省理工学院的政治科学家对该研究进行了驳斥，指出保守派比自由派富裕，并倾向于将钱捐给他们自己的教堂。参见 Michele F. Margolis and Michael W. Sances, "Who Really Gives? Partisanship and Charitable Giving in the United States," Working paper, Social Science Research Network (2013): 1 – 17, http: //papers. ssrn. com/sol3/papers. cfm? abstract_ id = 2148033; "How States Compare and How They Voted in the 2012 Election," *Chronicle of Philanthropy*, updated January 13, 2015 (accessed August 5, 2015), https: //philanthropy. com/article/How – States – CompareHow/152501。

13. David J. Mitchell, "Texas Brine Shifts Blame to Occidental Petroleum, Others for Causing Bayou Corne Sinkhole," *The Advocate*, July 9, 2015, http: //theadvocate. com/news/ascension/12870889 – 123/texas – brine – shifts – blame – to.

14. Deborah Dupre, "Sinkhole: H – Bomb Explosion Equivalent in Bayou Corne Possible," Examiner. com, August 12, 2012, http: //www. examiner. 317
com/article/sinkhole – h – bomb – explosion – equivalent – bayou – corne – possible.

15. Melissa Gray, "Louisiana Probes Cause of Massive Bayou Sinkhole," CNN, August 10, 2012, http: //www. cnn. com/2012/08/09/us/louisiana – bayou – sinkhole.

16. Office of the Inspector General, *Audit Report*: *EPA Region 6 Needs to Improve Oversight of Louisiana's Environmental Programs* (Washington, D. C.: Environmental Protection Agency, 2003), http: //www. epa. gov/oig/reports/2003/2003 – p – 0005. pdf. 发布这份报告是为了回应路易斯安那州数个公民组织于2001年10月至2002年3月递交的请愿书，它们要求环保局从州中撤走三个项目：国家污染物排放削减制度（National Pollutant Discharge Elimination System, NPDES）的水项目；《资源保护与回收法》（Resource Conservation and Recovery Act, RCRA）的有害废弃物项目；以及第五章（Title V）的空气许可证项目。请愿者声称，路易斯安那州未妥善落实这些环保局委托的项目。

17. 同上，1。报告还批评环保局第六地区负责人对路易斯安那州监督不力。报告称，监察长无法保证路易斯安那州在保护环境，因为第六地区领导层"（1）没有规划并明确传达其监督该州的愿景及可测量的目标，亦未强调始终如一进行监督的重要性；（2）没有在实现目标和承诺方面对路易斯安那州展开问责；（3）没有确保质量低下的数据得到修正，使其成为做出正确决定的基础。因此，地区与路易斯安那州的工作关系不够紧密"。另参见 Office of the Inspector General, *EPA Must Improve Oversight of State Enforcement* (Washington, D. C.: Environmental Protection Agency, 2011), http: //www. epa. gov/oig/reports/2012/20111209 – 12 – P – 0113. pdf。

18. Office of the Inspector General, *EPA Must Improve*, 16. 居民对社区

疾病高发感到担忧，求助于州政府以外人士，证明其血液中存在二噁英。经路易斯安那州化学家威尔马·苏夫拉博士检测，他们体内的二噁英含量很高。

318 19. Julia O'Donoghue, "Louisiana Failed to Collect Millions in Oil and Gas Taxes," *Times - Picayune*, December 2, 2013, http://www.nola.com/politics/index.ssf/2013/12/louisiana_oil_and_gas_taxes.html. 2009 年和 2010 年，税务局自动化系统就不知所踪的 1190 万美元债务发出通知。该项目于 2010 年 9 月被叫停，因为税务局接到投诉称其发送的通知有误。没有了这一项目，税务局只能依靠审计工作来查找未缴开采税者，此法跟踪的企业要少得多。州议会审计员称："我们不知道。我们不知道真正（损失的金额）是多少。"

20. 路易斯安那州环境质量局将收到的环境许可申请以公告形式发布，并在网站上设立了"查询许可状态"栏，内有 89787 条个人许可记录。数据库中最早的许可来自 1967 年，最近的则是 2013 年 12 月。有些许可申请了几年，有些则长达几十年。20 世纪 70 年代的条目不多，20 世纪 80 年代及 90 年代的条目与后来比也相对较少——网站未对该情况做出解释。

21. 2013 年，州政府科学家对莫斯维尔的二噁英水平展开一项研究——这个黑人镇子位于阿雷诺家的印德河小屋附近，现已成了萨索尔的地盘。科学家将那里的二噁英水平（预计很高）与另一个高度工业化地区拉斐特的对照组进行了比较，然后宣布，一个高度工业化地区（莫斯维尔）的二噁英水平"不比对照组（拉斐特）更高"。奇怪的是，莫斯维尔地区的"检出标准"设得很高（因此在二噁英含量达到很高之前，仪器都未显示有问题），而在对照地区设定则较低。因此，数据不存在可比性。有时，研究结果直接显示为"不可用"。另一方面，著名化学家威尔马·苏夫拉博士 2008 年进行的一项独立研究显示，莫斯维尔居民血液中的二噁英含量比全国水平高三倍。Wilma Subra, *Results of the Health Survey of Mossville Residents and Chemicals and Industrial Sources of Chemicals Associated with Mossville Residents Medical Symptoms and Conditions* (New Iberia, LA: Subra Company, 2008). 西班牙的一项研究发现，靠近废弃物来源与胸膜、胃、肝、肾及其他器官的肿瘤密切相关。该研究于 1997 年至 2006 年进行。参见 Javier Garcia - Perez, et al., "Cancer Mortality in Towns in the

Vicinity of Incinerators and Installations for the Recovery or Disposal of Hazardous Waste," *Environment International* 51 (2013): 31 – 44。英国一项
关于儿童癌症的类似研究将儿童癌症与胎儿期或出生后早期接触油基燃烧 319
气体相关联。E. G. Knox, "Oil Combustion and Childhood Cancers," *Journal of Epidemiology and Community Health* 59, no. 9 (2005): 755 – 60. 近距离接触工业与疾病间存在**因果**关系的说法通常难以证明，也不被法庭接受。

22. Louisiana Department of Health and Hospitals for the Agency for Toxic Substances and Disease Registry, *Health Consultation: Calcasieu Estuary Sediment Sample Evaluation, Calcasieu Parish, Louisiana, EPA Facility ID: LA0002368173* (Baton Rouge, LA: Office of Public Health, 2005).

23. Louisiana Department of Health and Hospitals for the Agency for Toxic Substances and Disease Registry, *Public Health Assessment, Initial/Public Comment Release, Review of Data from the 2010 EPA Mossville Site Investigation* (Baton Rouge, LA: Office of Public Health, 2013).

24. 这份报告由路易斯安那州卫生与医院局、路易斯安那州环境质量局、路易斯安那州农业和林业局及路易斯安那州野生动物和鱼类局合作编写。

25. Louisiana Department of Health and Hospitals, Louisiana Department of Environmental Quality, Louisiana Department of Agriculture and Forestry, and Louisiana Department of Wildlife and Fisheries, *Protocol for Issuing Public Health Advisories for Chemical Contaminants in Recreationally Caught Fish and Shellfish* (Baton Rouge, LA: Office of Public Health, 2012), 24, http://www.dhh.louisiana.gov/assets/oph/Center-EH/envepi/fishadvisory/Documents/LA_Fish_Protocol_FINAL_Feb_2012_updated_links.pdf.

26. 在《有闲阶级论》(*The Theory of the Leisure Class*, New York: Macmillan, 1899) 一书中，托尔斯坦·凡勃伦指出，人类构想的荣誉基于其脱离经济需要及有用性的程度。因此，苗条的女人越是忍饥挨饿便越受青睐，因为这显示出她们不怕被饿死。凡勃伦指出，在高等教育领域，话题越深奥无用便越受尊重。人们认为马比牛美，是因为马无用，牛则不然。也许每个地区、阶级和种族群体都有自己对这一原则的表达方式。

320 第 8 章　讲道坛和媒体："这一话题无人说起"

1. 参见找教堂网站上"Lake Charles, LA"和"Berkeley, CA"的搜索结果。(accessed August 6, 2015), http://www.churchfinder.com.

2. "Bertrand Excited About Future of Southwest Louisiana," *American Press*, January 27, 2015, B4.

3. 赈济处本身主要由教堂捐献资助。麦克尼斯州立大学一个叫 635 校园部（635 Campus Ministry）的团体常为该组织举办筹款活动。"Abraham's Tent Opens New Facility to Feed the Hungry," *Jambalaya News*, December 22, 2014, http://lakecharles.com/2014/12/abrahams-tent-opens-new-facility-feed-hungry.

4. Jack E. White, "The Poorest Place in America," *Time*, August 15, 1994.

5. 参见"Meet the Staff," First Pentecostal Church, Lake Charles (accessed August 28, 2014), http://firstpentecostalchurchlc.org/about-us/meet-the-staff。

6. 这些教堂包括：Living Way, First Pentecostal Church of Lake Charles, Eastwood Pentecostal, Apostolic Temple, First Pentecostal Church of Westlake, Grace Harbor Lighthouse, First Baptist Church, Victory Baptist Church, South City Christian Church, Trinity Baptist Church。这些教堂的网站上，无一提及与环境问题有关的牧师活动。

7. "福音派"教会与其他新教教会的区别在于，他们以对《圣经》的字面理解为基本，特别是新约部分。20 世纪 90 年代以来，帕特·罗伯逊、杰里·福尔韦尔、拉尔夫·里德及最近的大卫·莱恩（David Lane）等福音派领袖通过道义多数（Moral Majority）、基督徒联盟、聚焦家庭（Focus on the Family）、信仰与自由联盟（Faith and Freedom Coalition）、美国家庭协会（American Family Association）等组织，帮助明确了教会在移民、堕胎权、婚姻平等等问题上的立场。

8. 格伦·谢勒（Glenn Scherer）的一项研究发现，2003 年，美国国会中 40% 的议员——45 名参议员及 186 名众议员——在国内三大最有影响力的基督教权利游说团体中支持率为 80% ~100%。三家团体分别为：基督徒联盟、鹰坛（Eagle Forum）及家庭问题研究委员会

(Family Research Council)。这 40% 的议员中，许多人在环保选民联盟的环保计分卡中平均分很低（10% 或更低）。参见 Glenn Scherer, "Christian - 321
Right Views Are Swaying Politicians and Threatening the Environment," Grist. org, October 28, 2004, http: //grist. org/article/scherer - christian。

9. Bill Moyers, "Welcome to Doomsday," *New York Review of Books*, March 24, 2005.

10. 2008 年，阿克伦大学（University of Akron）布利斯应用政治学研究所（Bliss Institute of Applied Politics）对宗教团体展开一项全国性调查，询问人们是否同意下述措辞强硬的言论："有必要为保护环境出台严格规定，即便要以就业或价格上涨为代价。"支持率最低的是传统福音派新教教徒，同意该说法的仅占 40%。支持率最高的是"自由派信仰"(72%)。John C. Green, *The Fifth National Survey of Religion and Politics* (Akron, OH: The Ray C. Bliss Institute of Applied Politics at the University of Akron, 2008), http: //www. uakron. edu/bliss/research/archives/2008/Blissreligionreport. pdf.

11. 美国大约有 5000 万人相信被提，其中大部分是福音派信徒。20 世纪 70 年代，哈尔·林赛（Hal Lindsey）出版《末期的伟大行星地球》(*The Late Great Planet Earth*)，后来，杰里·詹金斯（Jerry Jenkins）和蒂姆·莱希（Tim LaHaye）出版了 12 部系列小说《末世迷踪》（*Left Behind*），卖出 6200 万册，被提说信徒由此大增。参见 Scherer, "Christian - Right Views"。

12. Andrew Kohut, Scott Keeter, Carroll Doherty, Michael Dimock, Michael Remez, Robert Suls, Shawn Neidorf, Leah Christian, Jocelyn Kiley, Alec Tyson, and Jacob Pushter, "Life in 2050: Amazing Science, Familiar Threats: Public Sees a Future Full of Promise and Peril," news release, Pew Center for the People and the Press, June 22, 2010.

13. Gina Kolata, "Death Rate Rising for Middle Aged White Americans, Study Finds," *New York Times*, November 2, 2015. 高中学历、年龄在 45 岁至 55 岁人群的自杀率最高。

14. Sabrina Tavernise, "Life Spans Shrink for Least Educated Whites in U. S." *New York Times*, September 20, 2012.

15. Fox News commentary by George Russell, December 19, 2011, "Exclusive: EPA Ponders Expanded Regulatory Power in Name of 'Sustainable

322 Development'," http://www.foxnews.com/politics/2011/12/19/epa – ponders – expanded – regulatory – powcr – in – name – sustainable – development.

16. "Lou Dobbs on the EPA: 'As It's Being Run Now, It Could Be Part of the Apparatchik of the Soviet Union'," Media Matters, June 6, 2011, http://mediamatters.org/video/2011/06/06/lou – dobbs – on – the – epa – as – its – being – run – now – it – co/180331.

17. Todd Thurman, "Charles Krauthammer Destroys Global Warming Myths in 89 Seconds," *Daily Signal*, February 18, 2014, http://blog.heritage.org/2014/02/18/charles – krauthammer – destroys – global – warming – myths – 89 – seconds.

18. 媒体监督组织"媒体事务"(MediaMatters)的一项研究分析了福克斯新闻2014年5月视频资料库中提及环境保护局的情况。他们发现，该频道七次援引了商会（Chamber of Commerce）的一项研究——内容为批评环保局2014年提出的气候标准。然而，另一项国家资源保护委员会(National Resource Defense Council)的研究则仅被提及一次——该研究发现，更严格的标准可减少家庭能源开销并在清洁能源行业创造就业。"媒体事务"还称，"在碳标准问题上，福克斯新闻频道援引或采访的每一位国会议员都在2014年选举周期中收过石气行业、采矿行业或电力行业的钱"，接收捐款最多的是肯塔基州共和党参议员米奇·麦康奈尔（Mitch McConnell）、西弗吉尼亚州共和党众议员雪莉·摩尔·卡皮托（Shelley Moore Capito）和俄克拉何马州共和党参议员詹姆斯·英霍夫（James Inhofe）。参见 Laura Santhanam, "Report: Fox News Enlists Fossil Fuel Industry to Smear EPA Carbon Pollution Standards," MediaMatters, June 6, 2014, http://mediamatters.org/research/2014/06/06/report – fox – news – enlists – fossil – fuel – industry – to/199622。

19. 参见 Candace Clark, *Misery and Company: Sympathy in Everyday Life* (Chicago: University of Chicago Press, 1998)。

20. James Ridgeway, "Environmental Espionage: Inside a Chemical Company's Louisiana Spy Op."

21. 同上。该公司当时名为BBI，即贝克特－布朗国际公司（Beckett Brown International），总部设在马里兰州伊斯顿（Easton），后来更名为S2i。账单记录显示，该公司服务过的客户还有哈里伯顿、孟山都、全国步枪协会。从一场诉讼获取的材料还显示，BBI 提到了其工作的其他“可能位置”——食品安全中心（Center for Food Safety）、美国公共利益研究集团（U. S. Public Interest Research Group），以及健康、环境与正义中心（Center for Health, Environment and Justice）。健康、环境与正义中心的创始人为洛伊斯·吉布斯（Lois Gibbs），曾揭露臭名昭著的纽约州爱河有毒废弃物污染事件。

22. 同上。案件审理过程中人们发现，公司还“销毁了关于泄漏实际 323
程度及公司在其中作用的文件”。

23. Theresa Schmidt, “Condea Vista Hired Spies,” KPLCTV, May 29, 2008, http://www.kplctv.com/story/8399515/condea-vista-hired-spies; Theresa Schmidt, “Spy Targets Call for Action,” KPLCTV, May 30, 2008, http://www.kplctv.com/story/8404443/spy-targets-call-for-action; Theresa Schmidt, “Motion Filed to Force Disclosure of Spy Details,” KPLCTV, June 4, 2008, http://www.kplctv.com/story/8433538/motion-filed-to-force-disclosure-of-spy-details; Theresa Schmidt, “Attorneys Seek Disclosure of Spy Operation,” KPLCTV, December 3, 2008, http://www.kplctv.com/story/9366858/attorneys-seek-disclosure-of-spy-operation.

24. 我在律商联讯（Lexis-Nexis）中搜索 1980 年至今关于此事的文章，发现除了里奇韦为《琼斯夫人》撰写的这篇文章外，没有其他相关报道。

第 9 章　深层故事

1. 深层故事将业已存在的感觉具体化了。它提供了 T. S. 艾略特（T. S. Eliot）所谓的“客观对应物”（objective correlative）——艾略特将其描述为“一连串事件，它们会成为（表达）某种特定感情的准则……如此一来，一旦出现最终形式必然是感觉经验的外部事实，这种感情即被唤起”。T. S. Eliot, *The Sacred Wood* (London: Methuen, 1920), 100. 隐喻是对满足“情感准则”的情况进行整理的方法。参见 Lakoff and Johnson, *Metaphors We Live By*。隐喻并非现实所致，但在个体看来它**符合**现实。我认为，政治围绕着一个深层故事——一个动态的隐喻。我添加了一个想法，即深层故事中包含一个特殊的对应自我，一旦构建，我们便会通过管理自己的情绪对其加以维护。我还添加了另一个想法，即所有深层故事都包含了一片失忆、非故事、非自我的领域。另参见 *The Managed Heart: Commercialization of Human Feeling*, 44。

2. David R. Gibson, "Doing Time in Space: Line Joining Rules and Resulting Morphologies," *Sociological Forum* 23, no. 2 (June 2008): 207 - 33.

3. 这与拉里·罗森塔尔博士（Dr. Larry Rosenthal）的分析一致。罗森塔尔博士是加州大学伯克利分校社会问题研究所（Institute for the Study of Social Issues）右翼研究中心（Center for Right Wing Studies）主任。参见 http://www.fljs.org/sites/www.fljs.org/files/publications/Rosenthal.pdf。

324 4. Phillip Longman, "Wealth and Generations," *Washington Monthly*, June/July/August 2015, 3, http://www.washingtonmonthly.com/magazine/junejulyaugust_2015/features/wealth_and_generations055898.php.

5. 同上。

6. 参见 Allison Pugh, *The Tumbleweed Society: Working and Caring in an Age of Insecurity* (London: Oxford University Press, 2015)。

7. 随着比尔的工资大幅下降，他看到全国各地民众的消费欲望提升到了最富裕 1% 人口的水准。在《过度消费的美国人》（*The Overspent American*）一书中，经济学家朱丽叶·斯格尔（Juliet Schor）指出，在被要求描述"好生活"时，1975 年，19% 的美国人提到"度假屋"；1991 年这一比例为 35%。游泳池呢？1975 年的比例为 14%，1991 年的为 29%。很多钱？1975 年为 38%，1991 年为 55%。一份薪资水平大大超出平均水平的工作？1975 年为 45%，1991 年为 60%。Juliet Schor, *The Overspent American: Why We Want What We Don't Need* (New York: Harper Perennial, 1999), 16.

8. Barbara Ehrenreich, "Dead, White, and Blue: The Great Die - Off of America's Blue Collar Whites," Tom Dispatch.com, December 1, 2015, http://www.tomdispatch.com/post/176075/tomgram.

9. 1954 年，艾森豪威尔总统签署一项法案，要求在效忠誓词中加入"在上帝之下"几个字。这些年来，这句誓词遭遇了数起官司，2010 年，第九巡回上诉法院对其中一起案件予以驳回。案件原告对该誓词提出反对，称这是公立学校在宣传宗教。法院裁决"在上帝之下"不构成对宗教的支持，指出背诵誓词的行为多年来一直是自愿的。1943 年，最高法院裁定学校不能强迫孩子背诵誓词。奥巴马总统在任时，曾拒绝将“在上帝之下”从效忠誓词中删除的请愿，但有右翼互联网恶作剧声称总统禁止效忠宣誓。“Pledge of Allegiance Fast Facts,” CNN, April 24, 2017, http://www.cnn.com/2013/09/04/us/pledge-of-allegiance-fast-facts; Rachel Weiner, “White House Rejects ‘Death Star’ Petition,” *Washington Post*, January 12, 2013; Caroline Wallace, “Obama Did Not Ban the Pledge,” FactCheck.org, September 2, 2016, http://www.factcheck.org/2016/09/obama-did-not-ban-the-pledge.

10. Nils Kumkar, “A Socio-Analysis of Discontent: Protests Against the 325
Politics of Crisis in the U.S. and Germany: An Empirical Comparison,” PhD thesis, Department of Sociology, University of Leipzig (unpublished; e-mail communication, November 30, 2015).

11. Skocpol and Williamson, *The Tea Party and the Remaking of Republican Conservatism.*

12. Public Religion Research Institute's American Values Atlas, Louisiana, http://ava.publicreligion.org/#religious/2015/States/religion/m/US-LA.

13. Melissa Deckman, “A Gender Gap in the Tea Party?” paper prepared for the Midwest Political Science Association Meetings, April 11-14, 2013 (unpublished paper).

14. 90比10的分配数字描述的是不考虑联邦政府的情况，即税前及未通过失业保险、食品券、医疗补助计划等进行资金分配的状况下。从1980年到2012年，美国国内生产总值大增，然而底层90%的美国人没有因此受益。在此期间，顶层10%人口的年均收入达到260488美元，而底层90%人口则仅有31659美元的年收入。我在这里认识的人中，无一能达到260489美元这样的收入。2014年，顶层10%人口的收入门槛为118140美元（2012年为115938美元）。夫妇两人收入之和——无论两人教育程度如何——为此数或更高。

15. Robert Reich, *Saving Capitalism: For the Many, Not the Few* (New York: Knopf, 2015); John Ehrenreich, *Third Wave Capitalism: How Money, Power, and the Pursuit of Self-Interest Have Imperiled the American Dream* (Ithaca and London: ILR Press, an Imprint of Cornell University Press, forthcoming 2016); Thomas Piketty and Emmanuel Saez, *2007 Average Incomes*,

U. S. 1980 – 2012 (in real 2014 dollars). 另参见 Thomas Piketty, *Capital in the Twenty – First Century* (Boston: Harvard University Press, 2014)。托马斯·皮凯蒂(Thomas Piketty)及其法裔美籍同事伊曼努尔·赛兹(Emmanuel Saez)根据不存在政府活动情况下的个人收入做出这种分配——因此这是人们既不交税，也未获得政府分配（如社会保险、失业保险、食品券、医疗补助或劳动所得税扣抵）的情况下所得到的收入。另参见 Jacob S. Hacker and Paul Pierson, *Winner – Take – All Politics* (New York: Simon & Schuster, 2010)。在美国国内，取得巨大飞跃一向很难。如果一个美国孩子出生于 1971 年，而其父母处在收入阶梯的最底层 5%，那么
326 他/她能上升至顶层 5% 的概率仅有 8%——这是种麻雀变凤凰的传奇发际史。为了计算代际流动性，研究人员分析了 4000 万名 30 岁美国人的纳税申报表及其父母 20 年前的申报表。Raj Chetty, Nathaniel Hendren, Patrick Kline, Emmanuel Saez, Nicholas Turner, "Is the United States Still a Land of Opportunity? Recent Trends in Intergenerational Mobility," NBER Working Paper 19844, http://www.nber.org/papers/w19844. 另参见 Raj Chetty, Nathaniel Hendren, Patrick Kline, and Emmanuel Saez, "Where Is the Land of Opportunity? The Geography of Intergenerational Mobility in the United States," *The Quarterly Journal of Economics* (2014): 1 – 71。对低收入年轻人而言，社会流动性受地点影响很大，而对高收入年轻人而言则不然。参见 David Leonhardt, "In Climbing Income Ladder, Location Matters," *New York Times*, July 22, 2013, http://www.nytimes.com/2013/07/22/business/in – climbing – income – ladder – location – matters.html?。

第 10 章　团队行动者：忠诚至上

1. 贾尼丝支持侵略伊拉克，相信在美国入侵伊拉克前，萨达姆·侯赛因（Saddam Hussein）藏匿了大规模杀伤性武器，并与基地组织（Al Qaeda）有来往。

2. 查兹现在是变性男人，不是同性恋。

3. Louisiana Department of Environmental Quality, "Solid Waste Landfill Report," (accessed August 7, 2015), http://www.deq.louisiana.gov/portal/DIVISIONS/WastePermits/SolidWastePermits/SolidWasteLandfillReport.aspx.

4. 关于个人主义类型的有用分析，参见 Ann Swidler, "Cultural

Constructions of Modern Individualism," paper delivered at Meeting of American Sociological Association, August 23, 1992。

第 12 章　牛仔：坚毅

1. 迈克·特里蒂科三岁时也像多尼一样天不怕地不怕，但很快就转了性子。他最早的记忆之一是他小时候圣诞节时傻乎乎地想往壁炉里跳，被爷爷比尔救了下来。“我以为自己可以像超人一样飞，”特里蒂科回忆道，“便从起居室另一端冲向壁炉，手伸进煤堆中，正准备深吸一口气，就被祖父扯着衬衫拉了出来，（他）说，‘有些事很危险，得有人拉一 327
把。’”成年后，特里蒂科自己变成了保护者。他母亲非常聪明，但情绪不太稳定，因此迈克需要留心看护自己的兄弟姐妹。处处都有危险，需要小心提防。

2. James Ridgeway, "Environmental Espionage: Inside a Chemical Company's Louisiana Spy Op."

3. John Guldroz, "LSU Professor Discusses Climate Change, Erosion," *American Press*, June 28, 2013.

4. 与许多此类对话一样，人们没有指明这个生了太多孩子、依赖于福利的女人是什么人种。关于白人和黑人母亲的实际生育率，参见附录 C。

5. John Baugher and J. Timmons Roberts, "Perceptions and Worry About Hazards at Work: Unions, Contract Maintenance, and Job Control in the U.S. Petrochemical Industry," *Industrial Relations* 38, no. 4 (1999): 522 - 41.

6. 称自己“通常或总是”接触危险化学物质的文员不到 10%——几乎都是女性，但说他们为此感到担忧的有 35%（同上，531），因此，多尼更像计时技工。迈克·特里蒂科更像专业经理和文员。此外，与非工会成员相比，工会成员对安全感到担忧的可能性高出两倍，或许是因为他们接受的安全训练更多；他们也更有可能指出工厂安全监管不足（工会 28%，非工会 10%）。多尼与未参加工会的工人相似，特里蒂科则更像参加工会者。工厂通常雇用合同工帮忙对系统进行周转维护，在此期间，工人们承受着让工厂恢复运转的巨大压力。这段时间内，危险有所增加。六成工人感到在此类时段，工厂的安全性有所下降。核心员工比合同工感到更安全，不那么担心火灾。核心员工的工作更稳定（上一年度，经历过下岗的核心员工仅有 6%，而合同工的这一比例则高达 51%）。不稳定加剧了担忧感。此外，合同工行使其权利拒绝危险工作的可能性仅有核心员工的一半左右。

7. 作者指出，“即便对收入、教育等重要因素进行控制，很明显，不同寻常——不担忧——的群体不是女性，而是白人男性”（同上，523）。

328 8. Matthew Desmond, *On the Fireline: Living and Dying with Wildland Firefighters* (Chicago: University of Chicago Press, 2007).

第 13 章　反抗者：一个有了新目标的团队忠诚者

1. 参议院 209 号议案没有叫停盐丘钻井活动，而是修改了获取钻井许可所需的条件。议案添加了向州政府赔偿救灾费用的要求，还要求企业按市场公平价格向业主赔偿其房产。该议案被搁置了。

2. 他将信寄给了佩姬·哈奇（Peggy Hatch）女士，信件内容有关 LA0126917 号许可及 PER20140001 号活动，得克萨斯卤水有限责任公司，201。

3. 迈克·沙夫，写给作者的电子邮件信息，2015 年 6 月 8 日。

4. 路易斯安那州环境质量局声称其仪表未发现气体痕迹，且空气和水“完全安全”。但迈克在给官员的信中写道，他闻到“这里弥漫着极浓烈的原油及/或柴油味”。他写道，“若联邦政府能提供支持，证实这一说法，我们便可消除恐惧……我们请求你们考虑让环保局派代表检查水质量及空气质量。”（私人通信）

5. “Iberia Parish, Louisiana,” Tour Louisiana travel directory website (accessed August 7, 2015), http://www.tourlouisiana.com/content.cfm?id=15.

6. 杰弗逊岛存储枢纽公司（Jefferson Island Storage and Hub），即曾经的 AGL 资源公司，与能源巨头尼科（Nicor Gas）合并，成为美国最大的天然气分销商。该公司想扩大盐丘的使用范围，用其储存天然气。参见 AGL Resources, *2011 Annual Report* (accessed August 7, 2015), http://www.aglresources.com/about/docs/AGL_AR_2011/2011AnnualReport.pdf。2011 年的股东回报率为 24%。另参见 Yolanda Martinez, “Environmentalists Allege Constitutional Violation in Permitting Gas Storages Salt Dome Construction in Lake Peigneur,” *Louisiana Record*, July 24, 2013。

7. 2013 年，州里为剩下的三个州政府许可之一安排了一场公众听证会。

总部位于亚特兰大的 AGL 资源公司提议，在其杰弗逊岛存储枢纽设施清 329
空两个新盐穴用来存放天然气。那里自 20 世纪 90 年代起便有两个储存穴，扩容后设施储存容量将翻倍。为实现该计划，AGL 公司还需要另外两个州政府许可——一是清理盐丘中的洞穴，二是用清空的洞穴存放天然气。AGL 公司的扩容提议自 2006 年起便陷入了停滞，时任州长凯瑟琳·布兰科（Kathleen Blanco）下令对该项目展开大范围环境研究。AGL 公司对州政府发起诉讼，2009 年官司以和解告终，根据协议，企业需加强安全防护措施，但当地居民要求的环境审查则无需展开。和解后，许可流程重新启动。

8. 2012 年 8 月，《鼓动报》刊登了对自然资源局记录展开的调查，调查发现得克萨斯卤水公司获准于 1995 年向拿破仑维尔盐丘一个洞穴中注入放射性废料。参见 "Dome Issues Kept Quiet," *The Advocate*, August 12, 2012。

9. "朗参议员，早上好，"信件写道，"我不是能源业的高薪说客，也不是'环保狂'。事实上，我和这一地区许多人的生计仰赖于能源业……因我们脚下的盐丘开采缺乏监管，我自己所在社区的成员面临惨淡而不确定的未来，这让人很难过。希望随着这个议案的通过，杰弗逊岛盐丘附近的居民不会面对类似后果。"信件落款为：迈克·沙夫和贝基·沙夫，科恩河居民及佩纽尔湖之友。

10. Coastal Wetlands Planning, Protection and Restoration Act (CWPPRA), "Frequently Asked Questions," https://lacoast.gov/new/About/FAQs.aspx.

11. John Snell, "As More of Coastal Louisiana Is Lost, Official Map Makers Erase Names," WorldNow, April 21, 2014, http://apmobile.worldnow.com/story/24807691/as-more-of-coastal-louisiana-is-lost-mapmakers-erase-names.

12. John Snell, "Despite Land Loss, Native American Community Clings to Life Along the Mississippi River," WorldNow, March 4, 2015, http://apmobile.worldnow.com/story/26559685/despite-land-loss-native-american-community-clings-to-life-along-the-mississippi-river; Amy Wold, "Washed Away," *The Advocate*, http://theadvocate.com/home/5782941-125/washed-away.

330 13. Coral Davenport and Campbell Robertson, "Resettling the First American 'Climate Refugees,'" *New York Times*, May 3, 2016.

14. 2014 年，我造访科恩河天坑后不久，迈克给我发了封邮件，主题为“另一种天坑”，邮件里有篇《华盛顿邮报》稿件的链接，文章内容有关 600 名雇员手工处理公务员纸质退休记录。他们的办公地点位于宾夕法尼亚州博耶斯的一个废弃盐矿中，目的是留出存放记录的空间。“看到多浪费了吗？”他写道。David Fahrenthold, "Deep Underground Federal Employees Process Paperwork by Hand in a Long Outdated Inefficient System," *Washington Post*, March 22, 2014.

第 14 章　历史的火焰：19 世纪 60 年代和 20 世纪 60 年代

1. Richard Hofstadter, *The Age of Reform* (New York: Vintage, 1955), 4；参见 Richard Hofstadter, *Anti - Intellectualism in American Life* (New York: Vintage Books, 1966)；Jill Lepore, *The Whites of Their Eyes: The Tea Party's Revolution and the Battle over American History* (Princeton, NJ: Princeton University Press, 2010)。

2. W. J. Cash, *The Mind of the South* (New York: Vintage Books, 1991).

3. 同上，39，217。卡什写道：“对纺织厂大亨、老船长、所有引领和宣扬‘进步’者及整个统治阶级有种广泛的感激之情，感谢他们接受了这套信条，带来了这些东西（19 世纪 90 年代的经济进步）……既拯救了南方本身，也拯救了他们自己。”（同上，215。）

4. “无论其行为看起来多么自私，”卡什写道，富有的白人种植园园主“始终将自己视为了不起的民众保护者，在被保护人面前摆出一副坚信自己给了他们天大恩惠的态度……他不是让你可以种植棉花吗？他不是令你可以年复一年从事这项工作吗？而且如果他最终出卖了你，那么作为一名坚定的个人主义者，如果你是他，会不这么做吗？他不是很好心吗？他不是常常留心让身为佃农的你有块好地吗——不管是在他自己的土地上还是在别处”？出于对奴隶造反的担忧，富有的种植园园主对他们的穷邻居施恩，并诉诸共同种族身份，令穷邻居感到自己是名誉上的种植园园主。卡什解释道，富裕的白人“使用白人佃农仅是因为种族忠诚及旧时的
331 家长主义。他们感到……对这些一无所有者（穷苦白人）的情况没有一点责任……但穷苦白人就在这里……在我们种植园园主的眼皮底下。与

我们相识多年、一同说笑、一同打猎、多次并肩作战的人”。（同上，166。）

5. 诚然，南方有少数黑人奴隶主和白人契约仆役，但绝大多数受害者都是黑人，他们的命运最令人生畏。南方发生了3959起私刑，其中540起发生在路易斯安那州，4起发生于卡尔克苏堂区，却没有纪念受害者的纪念碑。在记录中，一些人“是强奸犯的父亲”，一些“藏在床下”或“是伏都教教徒”。但在我在此认识的大部分人看来，讨论这段历史的学校课程与“种族主义”完全不是一码事。南方私刑在19世纪90年代最盛——1890年多达26起。1928年发生了两起。大多数是黑人，原因大多是谋杀或强奸，几乎都是男性，只有一位女性因谋杀未遂受刑，还有两人因谋杀和造反受刑。两名白人男性因“惹怒了3K党”被杀，博西尔县（Bossier County）一人因“与白人女性一起生活”，一人因“偷窥”，两人仅因为是“谋杀（犯）的兄弟”受刑。在卡尔克苏，另一个人的受刑原因是“维护强奸犯”。在密西西比州，受刑的一些理由包括“杀人犯的父亲”“吓到女人了”“侮辱年轻姑娘”“责备年轻白人”“种族偏见”及“懒惰”。参见HAL计划的记录：Historical American Lynching Data Collection Project, University of North Carolina – Wilmington, http://people.uncw.edu/hinese/HAL/HAL%20Web%20Page.htm。研究显示，1877年至1950年，行私刑最多的五个县中，有四个位于路易斯安那州（卡多、拉福什、沃希托及滕萨斯堂区）。其私刑数量不及密西西比州，但超过弗吉尼亚州。（发生私刑最多的是阿肯色州、密西西比州和佐治亚州。）

6. Cash, *The Mind of the South*, 22. 北方的银行为许多种植园提供了资金，有时种植园所有者就是北方的银行。

7. 同上。

8. 同上。

9. 同上，23。

10. 同上。

11. 同上。

12. Oliver A. Houck, “Save Ourselves: The Environmental Case That Changed Louisiana,” *Louisiana Law Review* 72 (2012): 409 – 37.

13. 迈克尔·豪特向我指出，19世纪60年代到20世纪60年代，联邦政府在南方进行了大量投资。参见Claude Fischer and Michael Hout, 332

Century of Difference: *How America Changed in the Last One Hundred Years* (New York: Russell Sage Foundation, 2008)。另参见 Ira Katznelson, *When Affirmative Action Was White*: *An Untold History of Racial Inequality in Twentieth – Century America* (New York: Norton Publishing Co., 2006)。

14. 参见 Chip Berlet, "Reframing Populist Resentment in the Tea Party Movement," in *Steep*: *The Precipitous Rise of the Tea Party*, edited by Lawrence Rosenthal and Christine Trost (Berkeley: University of California Press, 2012), 47 – 66。劳伦斯·罗森塔尔也强调了对反越战运动作出反应的重要性。

15. 两个机构一同将学生组织了起来——总部位于芝加哥的争取种族平等大会（Congress for Racial Equality, CORE）和学生非暴力协调委员会(Student Non – Violent Coordinating Committee, SNCC)。

16. Doug McAdam, *Freedom Summer* (Oxford: Oxford University Press, 1990).

17. 1964年，《民权法》中加入第七章，指出歧视女性违法；1972年，第九章禁止了教育领域的歧视（涉及教育领域歧视的疑是《教育法修正案》，而非《民权法案》。——译者注）。

18. Todd Gitlin, *The Twilight of Common Dreams*: *Why America Is Wracked by Culture Wars* (New York: Metropolitan Press, 1995), 124 – 25.

19. 2015年，加州大学伯克利分校的1000个学生活动组织反映了其37000名学生的学生文化，有些学生团体基于专业兴趣（比如景观建筑协会），有些聚焦社会事业（比如校园绿色计划、大赦国际和反人口贩卖联盟），还有一些基于宗教活动（使徒行传2团契）或娱乐活动（伯克利舞厅舞者），或是将两个主题相结合（基督中心舞蹈团）。还有一些基于个人挑战——比如身体和平组织，该团体的学生们正与饮食失调做抗争。身份政治方面，一些组织完全由种族定义——亚太岛民女性圈、加州亚洲同志、阿尔巴尼亚协会、美洲印第安人学习社。或者，种族与性别认同和专业或娱乐兴趣相结合：美国女医师伯克利协会、亚美尼亚法律专业学生协
333 会、工程学与科学黑人学生协会。位于巴吞鲁日的路易斯安那州立大学是我许多调查对象的母校，该校有近31000名学生，375个正式学生组织。这些团体反映出一派繁忙的姐妹会与兄弟会的生活景象，自然心照不宣地以性别区分。还有少数其他团体，比如农业及自然资源业少数族裔协会，或少数族裔女性运动，反映了种族背景是其成员身份的基础。

20. Citizens for Tax Justice, "Corporate Taxpayers and Corporate Tax Dodgers, 2008 – 2010," November 2011, http://ctj.org/ctjreports/2011/11/corporate_ taxpayers_ corporate_ tax_ dodgers_ 2008 – 2010. php. 此外，大多数美国企业在美国交的税也比其境外业务交的税少。

第 15 章　不再是陌生人：承诺的力量

1.《华尔街日报》评论员杰拉德·赛布（Gerald Seib）指出，茶党结合了各路保守主义思想，特朗普虽是茶党的"接班人"，其理念却不完全符合其中任何一路。Gerald Seib, "How Trump's Army Is Transforming the GOP," *Wall Street Journal*, February 23, 2016.

2. CNN Politics, "Trump Ends Wild Day on Campaign Trail by Calling for Protesters' Arrests," March 13, 2016, http://www.cnn.com/2016/03/12/politics/donald – trump – protests. 另参见 "Next Time We See Him, We Might Have to Kill Him: Trump Fan on Punching Black Protester," RT. com, March 11, 2016, https://www.rt.com/usa/335188 – trump – protester – punched – arrest。

3. Donald J. Trump, rally in Kansas City, Missouri, March 12, 2016, https://www.youtube.com/watch? v = owSn8IYQUks.

4. Coral Davenport, "E. P. A. Faces More Tasks, Louder Critics, and a Shrinking Budget," *New York Times*, March 19, 2016.

5. "Donald Trump Forcefully Removes Protesters from Louisiana Rally," Mic. com, March 5, 2016, http://mic.com/articles/137129/donald – trump – forcefully – removes – protesters – from – louisiana – rally.

6. Emile Durkheim, *The Elementary Forms of Religious Life* (New York: The Free Press, 1965 [1915]), 432; 另参见 417 页，作为一种戏剧性表演的仪式；446 页，替罪羔羊。另参见 René Gerard, *The Scapegoat* (Baltimore: Johns Hopkins University, 1986)。

7. 在《当预言失败》(*When Prophecy Fails*, London: Pinter and Martin, 2008 [1956]）一书中，利昂·费斯汀格（Leon Festinger）、亨利·W. 里 334
肯（Henry W. Riechen）和斯坦利·沙赫特（Stanley Schachter）对相信的必要性进行了深刻而有见地的论述。

第 16 章 “他们说那里有美丽的树”

1. Chico Harlan, “Battered by Drop in Oil Prices and Jindal’s Fiscal Policies, Louisiana Falls into Budget Crisis,” *Washington Post*, March 4, 2016, https://www.washingtonpost.com/news/wonk/wp/2016/03/04/the-debilitating-economic-disaster-louisianas-governor-left-behind. 另参见 Campbell Robertson, “In Louisiana, the Poor Lack Legal Defense,” *New York Times*, March 20, 2016。

2. Richard Florida, “Is Life Better in America’s Red States?” *New York Times Sunday Review*, January 3, 2015.

3. Amanda Little, “Will Conservatives Finally Embrace Clean Energy?” *New Yorker*, October 29, 2015.

4. Dan Fagin, *Toms River*: *A Story of Science and Salvation* (New York: Bantam Books, 2013).

5. 虽然此前取得了一些进展，但近来全国污染情况开始呈现恶化势头。1988 年起，有毒废水排放有所增长。陆地处置自 2009 年开始增加，废气废水排放亦然。近年来，在国家、州、县的层面上，水陆空的污染率大体上均呈现上升态势。从美国整体看来，2009 年废气排放总量为 318928965.52 磅，2012 年达 327579947 磅。2008 年全年排放废水 12165940 磅，2012 年上升至 12551178 磅。注入井方面，2005 年向地下储存的数量为 95110426 磅，2012 年为 96246373 磅。垃圾填埋场方面的数量为 74721866 磅，但到 2013 年上升到了 78374459 磅。环保局《有毒物质排放清单》的数据网址：http://www2.epa.gov/toxics-release-inventory-tri-program。

6. 2014 年，企业所得税为路易斯安那州带来 481212000 美元的财政收入，开采税则带来 862150000 美元。然而，来自路易斯安那州议会审计员及州税务局的信息显示，因 2000 年至 2014 年大幅免除了企业的石油开采税，路易斯安那州损失了 24 亿美元收入。事实上，在长达三年的时间内，
335 人们很难判断石油公司究竟有没有向州里交过钱，因为审计石油企业付款的工作交给了矿产资源办公室，该部门与业界关系密切，2010 年至 2013 年根本没有进行审计。U.S. Census Bureau, “State Government Tax Collections: 2014,” Table STC005 (accessed December 11, 2015), http://

factfinder. census. gov/bkmk/table/1. 0/en/STC/2014/STC005. Institute for Southern Studies, "Looting Louisiana: How the Jindal Administration Is Helping Big Oil Rip Off a Cash – Strapped State," http: //www. southernstudies. org/2015/05/looting – louisiana – how – the – jindal – administration – is. html. 报告援引了路易斯安那州税务局的《2011—2012 年度免税预算》及《2014—2015 年度免税预算》。

7. 说来有些矛盾，挪威拥有巨额财富的部分原因正是其**所有权**文化及与公民分享石油收入的信念。挪威石油和能源部（Ministry of Petroleum and Energy）助理秘书长梅特·阿格鲁普（Mette Agerup）解释道，挪威行动的前提是"石油公司在利用国家自然资源方面提供了帮助，但归根结底，石油**属于**国家"。Kevin Grandia, "If Canada Is 'Oil Rich' Why Are We So in Debt?" DESMOGCANADA, March 5, 2013, http: //www. desmog. ca/2013/02/28/if – canada – oil – rich – why – are – we – so – debt.

8. Reich, *Saving Capitalism*, 188.

9. Caroline Hanley and Michael T. Douglass, "High Road, Low Road or Off Road: Economic Development Strategies in the American States," *Economic Development Quarterly* (2014): 1 – 10.

10. 参见 Thomas Frank, *Listen Liberal, or What Ever Happened to the Party of the People?* (New York: Metropolitan Press, 2016), 及 Joe Bageant, *Deer Hunting with Jesus: Dispatches from America's Class War* (New York: Crown Books, 2007)。

11. 提起诉讼的时间为 1996 年 4 月 2 日，法院决定不受理的时间为 2014 年。*Harold Areno, et al. v. the Chemical Manufacturers Association, et al.*, 14th Judicial District Court, Calcasieu Parish, Louisiana. 哈罗德·阿雷诺是集体诉讼申请的 22 名原告之一，他们要求匹兹堡平板玻璃公司、埃克塞尔、雪铁戈、西方化学、韦斯特莱克聚合材料等公司进行赔偿。迈克·特里蒂科在一封电子邮件中解释道："有毒物质和疾病登记局（Agency for Toxic Substances and Disease Registry, ATSDR）未能证实该地区存在严重氯代烃问题，因此原告律师无法证明其应当得到赔偿。"迈克·特里蒂科，写给作者的电子邮件，2015 年 7 月 27 日。

12. Frank DiCesare, "Bayou d'Inde Cleanup to Begin This Month," 336
American Press, February 16, 2015.

13. 在路易斯安那州环境质量局手中，匹兹堡平板玻璃公司成了清理印德河计划的“领头羊”，计划落了空。奇怪的是，附近不远处的弗丁河（Bayou Verdine）——那是卡尔克苏河的一个小支流，与印德河一样，流经之处既有居民区，也有工业区——在 20 世纪 80 年代时同样遭到了污染，现在却已得到清理。在那里，治污的任务没有留给企业自己，而是由联邦政府——国家海洋和大气管理局以及美国鱼类和野生动物管理局——承担起来。

14. 威廉·方特诺特，写给作者的电子邮件，2013 年 12 月 16 日。

15. Mose Buchele, “After HB 40, What’s Next for Local Drilling Rules in Texas?” StateImpact, July 2, 2015, https: //stateimpact. npr. org/texas/2015/07/02/after – hb – 40 – whats – next – for – local – drilling – bans – in – texas/.

16. Zaid Jilani, “Fracking Industry Billionaires Give Record $ 15 Million to Ted Cruz’s Super PAC,” Alternet, July 25, 2015, http: //www. alternet. org/election – 2016/fracking – industry – billionaires – give – record – 15 – million – ted – cruzs – super – pac.

平装本后记

1. Ted Griggs, “Low Oil Prices Claim Sasol’s Proposed $15 Billion Gas – to – Liquids Plant Near Lake Charles,” *The Advocate*, November 23, 2017, http: //www. theadvocate. com/baton_ rouge/news/business/article_ 3c940178 – d051 – 11e7 – 8493 – 07a7ef24d003. html.

2. Richard Thompson, “Louisiana Political Veteran Scott Angelle to Head Federal Offshore Drilling Oversight Agency,” *The Advocate*, May 22, 2017, http: //www. theadvocate. com/baton_ rouge/news/business/article_ 911560b2 – 3efb – 11e7 – 9b89 – 03c7953e6b78. html.

3. Associated Press, “Number of Injured from Axiall Chemical Pant Fire in Westlake Rises to 18,” *Times – Picayune*, December 25, 2013, http: //www. nola. com/environment/index. ssf/2013/12/number_ of_ injured_ from. axiall. html.

4. Daniel Cox, Rachel Lienesch, and Robert P. Jones, “Beyond
337 Economics: Fears of Cultural Displacement Pushed the White Working Class to Trump,” *The Atlantic* and Public Religion Research Institute, May 9, 2017,

https: //www. prri. org/research/white – working – class – attitudes – economy – trade – immigration – election – donald – trump.

5. Fox News, " Charlottesville and a ' New Generation of White Supremacists,' " August 17, 2017, http: //www. foxnews. com/us/2017/08/17/charlottesville – and – new – generation – white – supremacists. html.

6. Graham Lanktree, " Donald Trump's Charlottesville Response Will Continue to Haunt Him, Says Watergate Veteran," *Newsweek*, August 21, 2017, http: //www. newsweek. com/why – donald – trumps – charlottesville – response – will – continue – haunt – him – 652670.

7. Dan Merica, "Trump Calls KKK, Neo – Nazis, White Supremacists ' Repugnant,' " CNN, August 14, 2017, http: //www. cnn. com/2017/08/14/politics/trump – condemns – charlottesville – attackers/index. html.

8. Scott Clement and David Nakamura, "Poll Shows Clear Disapproval of How Trump Responded to Charlottesville Violence," *Washington Post*, August 21, 2017, https: //www. washingtonpost. com/politics/poll – shows – strong – disapproval – of – how – trump – responded – to – charlottesville – violence/2017/08/21/4e5c585c – 868b – 11e7 – a94f – 3139abce39f5_ story. html? utm_ term =. 3ee5ffac299a.

9. Eric D. Knowles, Brian S. Lowery, Elizabeth P. Shulman, and Rebecca L. Schaumberg, "Race, Ideology, and the Tea Party: A Longitudinal Study," *PLoS ONE* 8, no. 6 (2013): e67110, http: //journals. plos. org/plosone/article? id = 10. 1371/journal. pone. 0067110; " NPR Covers Robb Willer's Research on Racial Prejudice and the Tea Party," Stanford University, July 15, 2016, http: //sociology. stanford. edu/news/npr – covers – robb – willers – research – racial – prejudice – and – tea – party.

10. Baxter Oliphant, "Views About Whether Whites Benefit from Societal Advantages Split Sharply Along Racial and Partisan Lines," Pew Research Center, September 28, 2017, http: //www. pewresearch. org/fact – tank/2017/09/28/views – about – whether – whites – benefit – from – societal – advantages – split – sharply – along – racial – and – partisan – lines.

11. This American Life, "White Haze," WBEZ, September 22, 2017, https: //www. thisamericanlife. org/radio – archives/episode/626/white – haze.

338 12. Jeremy Ashkenas, Haeyoun Park, and Adam Pearce, "Even with Affirmative Action, Blacks and Hispanics Are More Underrepresented at Top Colleges Than 35 Years Ago," *New York Times*, August 24, 2017, https://www.nytimes.com/interactive/2017/08/24/us/affirmative-action.html.

13. Paul F. Campos, "White Economic Privilege Is Alive and Well," *New York Times*, July 29, 2017, https://www.nytimes.com/2017/07/29/opinion/sunday/black-income-white-privilege.html?_r=0.

14. Mallie Jane Kim, "Pew: Recession Hurts Hispanics, Blacks More Than Whites," *U.S. News & World Report*, July 26, 2011, https://www.usnews.com/news/articles/2011/07/26/pew-recession-hurt-hispanics-blacks-more-than-whites.

15. 研究还显示，有犯罪记录的黑人得到第二次面试机会的概率为5%。Devah Pager, "The Mark of a Criminal Record," *American Journal of Sociology* (2003): 937-975.

16. Elise Gould, Jessica Schieder, and Kathleen Geier, "What Is the Gender Pay Gap and Is It Real?" Economic Policy Institute, October 20, 2016, http://www.epi.org/publication/what-is-the-gender-pay-gap-and-is-it-real. 另参见 Kevin Miller, "The Simple Truth About the Gender Pay Gap," American Association of University Women, Fall 2017, https://www.aauw.org/research/the-simple-truth-about-the-gender-pay-gap。

17. Camille L. Ryan and Kurt Bauman, "Educational Attainment in the United States: 2015," U.S. Census Bureau, March 2016, https://www.census.gov/content/dam/Census/library/publications/2016/demo/p20-578.pdf.

18. 有关移民人数减少的信息，常被引用的研究来自皮尤研究中心。其报告显示，从2009年到2014年，美国的墨西哥人净流出14万，其中包括合法和非法移民。Ana Gonzalez-Barrera, "More Mexicans Leaving Than Coming to the U.S.," Pew Research Center, November 19, 2015, http://www.pewhispanic.org/2015/11/19/more-mexicans-leaving-than-coming-to-the-u-s.

19. David Wethe, "Robots Are Taking Over Oil Rigs," Bloomberg,

January 24, 2017, https://www.bloomberg.com/news/articles/2017-01-24/robots-are-taking-over-oil-rigs-as-roughnecks-become-expendable.

20. 同上。 339

21. Carl Frey and Michael Osborne, "The Future of Employment: How Susceptible Are Jobs to Computerisation?" (Oxford Martin School Working Paper, University of Oxford, September 2013), http://oxfordmartin.ox.ac.uk/publications/view/1314.

22. 十分感谢加州大学伯克利分校社会学系研究生杰夫·戈登（Jeff Gordon）。

23. McKinsey Global Institute, "A Future that Works: Automation, Employment and Productivity," January 2017, https://www.mckinsey.com/~/media/McKinsey/Global%20Themes/Digital%20Disruption/Harnessing%20automation%20for%20a%20future%20that%20works/MGI-A-future-that-works_Executive-summary.ashx; Michael Chui, James Manyika, and Mehdi Miremadi, "Where Machines Could Replace Humans—and Where They Can't (Yet)," *McKinsey Quarterly*, July 2016, https://www.mckinsey.com/business-functions/digital-mckinsey/our-insights/where-machines-could-replace-humans-and-where-they-cant-yet. 关于机器人对就业的影响，最具权威性的近期资料来自：Daron Acemoglu and Pascual Restrepo, "Robots and Jobs: Evidence from U.S. Labor" (Working Paper 23285, National Bureau of Economic Research, March 2017), http://www.nber.org/papers/w23285。

24. Robert Reich, *Saving Capitalism: For the Many, Not the Few* (New York: Alfred A. Knopf, 2015).

25. Aimee Picchi, "The Robot Revolution Will Take 5 Million Jobs from Humans," CBS News, January 18, 2016, https://www.cbsnews.com/news/the-robot-revolution-will-take-5-million-jobs-from-humans.

26. Ryan Derousseau, "Why Do American CEOs Make Twice as Much as German CEOs?" *Fortune*, November 4, 2014, http://fortune.com/2014/11/04/why-do-american-ceos-make-twice-as-much-as-german-ceos.

27. Kate Taylor, "Trump's Pick for Labor Secretary May Have Saved a Fast-Food Chain—but Workers Question if He's Right for the Job," *Business Insider*,

January 21, 2017, http://www.businessinsider.com/puzders - business - methods - raise - questions - 2017 - 1.

28. Chris Mooney and Juliette Eilperin, "EPA Website Removes Climate Science Site from Public View After Two Decades," *Washington Post*, April 29,
340 2017, https://www.washingtonpost.com/news/energy - environment/wp/2017/04/28/epa - website - removes - climate - science - site - from - public - view - after - two - decades.

29. 英国石油公司在其网站上指出，公司“认为气候变化是一个重要的长期问题，全球行动有充分理由”。康菲石油公司首席执行官瑞安·兰斯（Ryan Lance）在一次股东大会上说：“作为一家公司，我们认识到人们正在对环境造成影响，认识到二氧化碳正对气候情况造成影响。”雪佛龙公司在网站上写道：“我们认识到政府和公众对气候变化的担忧，并与其一样对此感到担忧。人们普遍认为，大气中温室气体（GHGs）增加是造成气候变化的一个因素，对环境有不良影响。”埃克森美孚公司公共关系部门的肯·科恩（Ken Cohen）曾表示：“基于研究和科学，我们足以知道风险真实存在，应采取适当措施应对相关风险。”“气候变化的风险显而易见，有必要对此做出行动。”埃克森美孚副总裁威廉·科尔顿（William Colton）称。壳牌石油公司于2013年也发表过类似声明。壳牌的首席政治分析师表示，气温升高2℃像是“流感”，会导致热浪、海平面上升，可耕地减少10%～20%。“但最糟糕的影响不止于此，我们会开始看到恶性循环，”他警告，“我认为反驳（气候变化）科学是愚蠢之举。”“壳牌……决定与阿迪达斯、联合利华等70余家其他公司一道，签署一份名为《兆吨公告》的非约束性文件……通过签署这份公告，壳牌支持按照联合国政府间气候变化专门委员会（U.N. Intergovernmental Panel on Climate Change, IPCC）的建议，将工业时代开始以来的累计温室气体排放量控制在1万亿吨以内。”参见“Oil Company Positions on the Reality and Risk of Climate Change,” University of Wisconsin - Oshkosh, Department of Environmental Studies, http://www.uwosh.edu/es/climate - change/oil - company - positions - on - the - reality - and - risk - of - climate - change。

30. Aaron Blake, "Nearly Half of Liberals Don't Even Like to Be Around Trump Supporters," *Washington Post*, July 20, 2017, https://www.washingtonpost.com/news/the - fix/wp/2017/07/20/half - of - liberals - cant -

even – stand – to – be – around – trump – supporters.

31. Frank Rich, "No Sympathy for the Hillbilly," *New York*, March 19, 2017, http: //nymag. com/daily/intelligencer/2017/03/frank – rich – no – sympathy – for – the – hillbilly. html.

32. Danielle Kurtzleben, "Here's How Many Bernie Sanders Supporters 341
Ultimately Voted for Trump," NPR, August 24, 2017, http: //www. npr. org/2017/08/24/545812242/1 – in – 10 – sanders – primary – voters – ended – up – supporting – trump – survey – finds.

33. Nate Cohn, "The Obama – Trump Voters Are Real. Here's What They Think," *New York Times*, August 15, 2017, https: //www. nytimes. com/2017/08/15/upshot/the – obama – trump – voters – are – real – heres – what – they – think. html.

34. 参见“桥梁联盟”网站，http: //www. bridgealliance. us。

附录 B　政治和污染：有毒物质释放地图中的全国性发现

1. Alec MacGillis, "Who Turned My Blue State Red," *New York Times*, November 20, 2015.

2. 因此，RSEI 省略了一些污染来源——例如汽车尾气。

3. 起初我们试着以邮政编码为基础，将被调查者的态度（根据 GSS）与接触水平（根据 RSEI）相关联。但 RSEI 中缺少一些邮政编码的信息。也就是说，RSEI 提供了一些邮政编码的信息，还有一些则没有提供。因此，我们将县一级（包含范围较大）的 RSEI 接触污染数据——而非邮政编码一级（包含范围较小）——作为了我们的分析基础。

附录 C　核实普遍印象

1. Center on Budget and Policy Priorities, "Policy Basics: Where Do Our Federal Tax Dollars Go?" March 4, 2016, https: //www. cbpp. org/research/federal – budget/policy – basics – where – do – our – federal – tax – dollars – go.

2. Ife Floyd and Liz Schott, "TANF Cash Benefits Have Fallen by More Than 20 Percent in Most States and Continue to Erode," Center on Budget and

Policy Priorities（最后更新时间：2015 年 10 月 15 日），http：//www. cbpp. org/research/family – income – support/tanf – cash – benefits – have – fallen – by – more – than – 20 – percent – in – most – states.

3. Center on Budget and Policy Priorities，“SNAP Costs and Caseloads Declining，” February 10，2016，http：//www. cbpp. org/research/food – assistance/snap – costs – and – caseloads – declining. 这些数据基于美国农业
342 部报告、美国人口普查局（居民人口估算和预测）及国会预算办公室（Congressional Budget Office）数据，以 2016 年 1 月的数据为基准。

4. Robin Rudowitz，Laura Snyder，and Vernon K. Smith，“Medicaid Enrollment & Spending Growth：FY 2015 & 2016，” Henry J. Kaiser Foundation，October 15，2015，http：//kff. org/medicaid/issue – brief/medicaid – enrollment – spending – growth – fy – 2015 – 2016.

5. 同上；Louis Jacobson，“Are There More Welfare Recipients in the U. S. Than Full – Time Workers?” PunditFact，January 28，2015，http：//www. politifact. com/punditfact/statements/2015/jan/28/terry – jeffrey/are – there – more – welfare – recipients – us – full – time – wor（基于人口普查局及劳工统计局数据）。

6. Ken Jacobs，Ian Perry，and Jenifer MacGillvary，“The High Public Cost of Low Wages，” April 13，2015，栏目名称为 “The High Cost of Low Wages”，http：//laborcenter. berkeley. edu/the – high – public – cost – of – low – wages。

7. Jason Furman，Betsey Stevenson，and Jim Stock，“The 2014 Economic Report of the President，” March 10，2014，https：//www. whitehouse. gov/blog/2014/03/10/2014 – economic – report – president.

8. Jacobs，Perry，and MacGillvary，“The High Public Cost of Low Wages.” 劳工统计局每年编写一份《工作贫穷者概况》。该局于 2013 年发现，在 510 万个美国家庭中，虽至少一名成员参与劳动半年及以上，他们却仍然生活在贫困线以下。“工作贫穷率”——工作贫穷者在参与工作至少 27 周的所有人中所占比例——为 7.7% 的家庭（该局将家庭定义为有血缘、婚姻或领养关系并居住在一起的两人及以上群体）。他们报告中的家庭算法仅包括主要家庭成员。主要家庭成员包括参照人（户主）及所有生活在家中、与参照人有亲属关系者。家庭分为已婚夫妇家庭及一名男性或女性在无配偶情况下供养的家庭。Bureau of Labor Statistics，*A Profile*

of the Working Poor, 2013 (Washington, D.C.: U.S. Department of Labor, 2015), http://www.bls.gov/opub/reports/cps/a-profile-of-the-working-poor-2013.pdf.

关于工作贫穷家庭的种族结构，参见 Deborah Povich, Brandon Roberts, and Mark Mather, *Low-Income Working Families: The Racial/Ethnic Divide* (Working Poor Families Project and Population Reference Bureau, 2015), http:// 343
www.workingpoorfamilies.org/wp-content/uploads/2015/03/WPFP-2015-Report_ Racial-Ethnic-Divide.pdf。

9. 国会预算办公室2011年（最新可用）数据显示，收入最低（经家庭规模调整）的五分之一家庭接收政府转移支付（通过社会保险以及联邦、州和地方政府的其他政府援助项目获得的现金及实物福利）的平均金额为9100美元，占其平均税前收入——24600美元的约37%。Congressional Budget Office, *The Distribution of Household Income and Federal Taxes, 2011* (Washington, D.C.: Congressional Budget Office, 2014), https://www.cbo.gov/publication/49440, 2.

10. Shelley K. Irving and Tracy A. Loveless, *Dynamics of Economic Well-Being: Participation in Government Programs, 2009-2012: Who Gets Assistance?* (Washington, D.C.: U.S. Census Bureau, 2015), http://www.census.gov/content/dam/Census/library/publications/2015/demo/p70-141.pdf.

11. 参见 Figure 2 of Ife Floyd, Ladonna Pavetti, and Liz Schott, "TANF Continues to Weaken as a Safety Net," Center on Budget and Policy Priorities, updated October 27, 2015, http://www.cbpp.org/research/family-income-support/tanf-continues-to-weaken-as-a-safety-net。

12. David J. Drozd, *Trends in Fertility Rates by Race and Ethnicity for the U.S. and Nebraska: 1989 to 2013* (University of Nebraska at Omaha: Center for Public Affairs Research, 2015), http://www.unomaha.edu/college-of-public-affairs-and-community-service/center-for-public-affairs-research/news/fertility-rate-gap.php. 2010年，每名黑人女性平均生育2个孩子，每位白人女性为1.8个孩子；参见 Mark Mather, *Fact Sheet: The Decline in U.S. Fertility* (Washington, D.C.: Population Reference Bureau, 2012), http://www.prb.org/publications/datasheets/2012/world-population-data-sheet/fact-sheet-us-population.aspx; U.S. Census Bureau, *5-Year*

American Community Survey [*2009 - 2013 data*] (Washington, D. C.: U. S. Census, 2013)。根据人口普查局 2013 年的美国社区调查（American Community Survey）数据，从美国整体看来，非拉美裔白人女性的生育率为 59‰，黑人女性的为 58‰，贫困女性（年龄介于 15 至 50 岁、处于某种贫困状态的女性）生育率为 56‰。在路易斯安那州，非拉美裔白人女性生育率为 53‰，黑人女性为 61‰，贫困女性的生育率为 58‰。

344 13. Bureau of Labor Statistics, *Current Employment Statistics* [*2014 data*] (Washington, D. C.: U. S. Department of Labor, 2014) (accessed September 2, 2014), http://stats. bls. gov/ces/#data.

14. Defense Manpower Data Center, *Personnel, Workforce Reports & Publications* (Washington, D. C.: U. S. Department of Defense, 2014) (accessed November 25, 2014), https://www. dmdc. osd. mil/appj/dwp/dwp_reports. jsp.

15. Bureau of Labor Statistics, *Current Employment Statistics* [*2014 data*].

16. David Cooper, Mary Gable, and Algernon Austin, "The Public - Sector Jobs Crisis: Women and African Americans Hit Hardest by Job Losses in State and Local Governments," *Economic Policy Institute*, May 2, 2012, http://www. epi. org/publication/bp339 - public - sector - jobs - crisis.（参见 Keefe, 2010, cited in Cooper, Gable, and Austin。）

17. 在五个教育类别的两个中，公共部门黑人员工的收入低于条件相当的白人（高中学历和一些学院）——而这囊括了大多数在公共部门工作的黑人。高中辍学、有文学学士或更高学位而就职于公共部门的黑人工资略高于同等条件的白人，但属于这些类别的黑人很少。（参见 Cooper, Gable, and Austin, "The Public - Sector Jobs Crisis," Table 4。）

18. *Congressional Budget Office, Comparing the Compensation of Federal and Private - Sector Employees, 2011 to 2015*, Washington, D. C.: Congressional Budget Office, 2017, https://www. cbo. gov/system/files/115th - congress - 2017 - 2018/reports/52637 - federalprivatepay. pdf; Jeffrey H. Keefe, "Debunking the Myth of the Over - Compensated Public Employee," Economic Policy Institute, September 15, 2010, http://www. epi. org/publications/entry/debunking_ the_ myth_ of_ the_ overcompensated_ public_ employee; Jason Richwine and Andrew G. Biggs, "Public - Sector

Compensation: Correction the Economic Policy Institute, Again," March 31, 2011, http: //www. heritage. org/jobs – and – labor/report/public – sector – compensation – correcting – the – economic – policy – institute – again.

19. 参见埃班·古德斯坦（Eban Goodstein）的环境监管综述：*Jobs and the Environment: The Myth of a National Trade – Off* (Washington, D. C. : Economic Policy Institute, 1994)。另参见 Michael Porter and C. Van der Linde, "Toward a New Conception of the Environment – Competitiveness 345
Relationship," *Journal of Economic Perspectives* 9, no. 4 (1995): 97 – 118。波特（Porter）和范德林德（Van der Linde）指出，设计得当的环境监管可能带动大量创新，完全抵消遵守规定需付出的代价。参见近期文献综述：John Irons and Isaac Shapiro, *Regulation, Employment, and the Economy: Fears of Job Loss Are Overblown* (Washington, D. C. : Economic Policy Institute, 2011)。

20. Stephen M. Meyer, "Environmentalism and Economic Prosperity: An Update," working paper, Department of Political Science, Massachusetts Institute of Technology (1993): 1 – 10。另参见 Stephen Meyer, "Endangered Species Listings and State Economic Performance," Project on Environmental Politics & Policy, Massachusetts Institute of Technology (March 1995); J. R. Bliese, *The Great "Environment Versus Economy" Myth* (New York: Brownstone Policy Institute, 1999)。

21. Eli Berman and Linda T. M. Bui, "Environmental Regulation and Labor Demand: Evidence from the South Coast Air Basin," *Journal of Public Economics* 79 (2001): 265 – 95.

22. Richard D. Morgenstern, William A. Pizer, and Jhih – Shyang Shih, "Jobs Versus the Environment: An Industry – Level Perspective," *Journal of Environmental Economics and Management* 43 (2002): 412 – 36.

23. Roger H. Bezdek, Robert M. Wendling, and Paula DiPerna, "Environmental Protection, the Economy, and Jobs: National and Regional Analyses," *Journal of Environmental Management* 86, no. 1 (2008): 63 – 79.

24. 美国劳工统计局要求雇主对导致 50 名以上制造工人下岗的每次裁员主因进行确认。Bureau of Labor Statistics, *Mass Layoff Statistics* [*2012 data*] (Washington, D. C. : Department of Labor, 2012) (accessed March 13,

2014), http: //www. bls. gov/mls.

25. Paul Templet, "Integrating Resource Conservation and Economic Development, People First: Developing Sustainable Communities," working paper (March 1997), 1.

26. 另参见 Irons and Shapiro, *Regulation, Employment, and the Economy: Fears of Job Loss Are Overblown*。

346 27. Todd M. Gabe and Kathleen P. Bell, "Tradeoffs Between Local Taxes and Government Spending as Determinants of Business Location," *Journal of Regional Science* 44, no. 1 (2004): 21 –41.

28. Lingwen Zheng and Mildred Warner, "Business Incentive Use Among U. S. Local Governments: A Story of Accountability and Policy Learning," *Economic Development Quarterly* 24, no. 4 (2010): 325 –336.

29. Gordon Russell, "Giving Away Louisiana: An Overview," *The Advocate*, Special Reports, November 26, 2014, http: //blogs. theadvocate. com/specialreports/2014/11/26/giving – away – louisiana.

30. Bureau of Economic Analysis, *Personal Income and Gross Domestic Product by State* [*1997 – 2012 data*] (Washington, D. C. : Department of Commerce, 2012) (accessed March 13, 2014) .

31. Michael Comiskey and Lawrence C. Marsh, "Presidents, Parties, and the Business Cycle, 1949 – 2009," *Presidential Studies Quarterly* 42, no. 1 (2012): 40 –59.

32. Larry Bartels, *Unequal Democracy: The Political Economy of the New Gilded Age* (Princeton, NJ: Princeton University Press, 2008) .

33. Alan S. Blinder and Mark W. Watson, "Presidents and the U. S. Economy: An Econometric Exploration," National Bureau of Economic Research, Working Paper No. 20334 (July 2014), http: //www. nber. org/papers/w20324.

34. Steve Clemons, "GOP Presidents Have Been the Worst Contributors to the Federal Debt," *The Atlantic*, October 27, 2012, http: //www. theatlantic. com/politics/archive/2012/10/gop – presidents – have – been – the – worst – contributors – to – the – federal – debt/264193.

参考书目

"Abraham's Tent Opens New Facility to Feed the Hungry." *Jambalaya News* (December 22, 2014). http://lakecharles.com/2014/12/abrahams-tent-opens-new-facility-feed-hungry.

AGL Resources. *2011 Annual Report* (accessed August 7, 2015). http://www.aglresources.com/about/docs/AGL_AR_2011/2011AnnualReport.pdf.

Albrizio, Silvia, Enrico Botta, Tomasz Kozluk, and Vera Zipperer. "Do Environmental Policies Matter for Productivity Growth? Insights from New Cross-County Measures of Environmental Policies." Working Paper Number 1176, December 3, 2014. http://www.oecd-ilibrary.org/economics/do-environmental-policies-matter-for-productivity-growth_5jxrjncjrcxp-en.

Annie E. Casey Foundation. *2009 Kids Count Data Book: State Profiles of Child Well-Being*. http://www.aecf.org/resources/the-2009-kids-count-data-book.

Associated Press. "Cross Burning Defendant Speaks Out." KPLC-TV (December 12, 2001). http://www.kplctv.com/story/317803/cross-burning-defendant-speaks-out.

———. "Gulf Platform Owner Sued over Deadly 2012 Blast." KPLC-TV. http://www.kplctv.com/story/23832004/gulf-platform-owner-sued-over-deadly-2012-blast.

———. "Number of Injured from Axiall Chemical Plant Fire in Westlake Rises to 18." *Times-Picayune* (December 25, 2013). http://www.nola.com/environment/index.ssf/2013/12/number_of_injured_from_axiall.html.

———. "Obama Approval Ratings Low in Louisiana." *New Orleans City Business* (October 13, 2011). http://neworleanscitybusiness.com/blog/2011/10/13/obama-approval-ratings-low-in-louisiana.

Ashkenas, Jeremy, Haeyoun Park, and Adam Pearce. "Even with Affirmative Action, Blacks and Hispanics Are More Underrepresented at Top Colleges Than 35 Years Ago." *New York Times* (August 24, 2017).

Auyero, Javier, and Debora Alejandra Swistun. *Flammable: Environmental Suffering in an Argentine Shantytown*. Oxford: Oxford University Press, 2009.

348 Babington, Charles. "A Polarized America Lives as It Votes." Pew Research Center, summer 2014. http://magazine.pewtrusts.org/en/archive/summer-2014/a-polarized-america-lives-as-it-votes.

Bageant, Joe. *Deer Hunting with Jesus: Dispatches from America's Class War*. New York: Crown Books, 2007.

"Baggy Pants Law Will Fine Offenders in Louisiana Parish." *Huffington Post* (April 14, 2013; accessed November, 3, 2015). http://www.huffingtonpost.com/2013/04/14/baggy-pants-law-fine-louisiana_n_3080851.html.

Ballotpedia. "Louisiana State Budget and Finances." 2013. https://ballotpedia.org/Louisiana_state_budget_and_finances.

Bartels, Larry. *Unequal Democracy: The Political Economy of the New Gilded Age*. Princeton, NJ: Princeton University Press, 2008.

———. "What's the Matter with *What's the Matter with Kansas?*" *Quarterly Journal of Political Science* 1 (2006): 201–26.

Baugher, John, and J. Timmons Roberts. "Perceptions and Worry About Hazards at Work: Unions, Contract Maintenance, and Job Control in the U.S. Petrochemical Industry." *Industrial Relations* 38, no. 4 (1999): 522–41.

Bauman, Nick. "Tea Party Frontrunner: Abolish Public Schools." *Mother Jones* (October 13, 2010).

Beckman, Jeffery D., and Alex K. Williamson. "Salt-Dome Locations in the Gulf Coastal Plain, South-Central United States." U.S. Geological Survey, Water-Resources Investigations Report 90-4060, 1990. http://pubs.usgs.gov/wri/1990/4060/report.pdf.

Berlet, Chip. "Reframing Populist Resentment in the Tea Party Movement," in *Steep: The Precipitous Rise of the Tea Party*, edited by Lawrence Rosenthal and Christine Trost, 47–66. Berkeley: University of California Press, 2012.

Berman, Dennis K. "Are You Underestimating America's Fracking Boom?" *Wall Street Journal* (May 27, 2014).

Berman, Eli, and Linda T.M. Bui. "Environmental Regulation and Labor Demand: Evidence from the South Coast Air Basin." *Journal of Public Economics* 79 (2001): 265–95.

"Bertrand Excited About Future of Southwest Louisiana." *American Press* (January 27, 2015, B4).

Bezdek, Roger H., Robert M. Wendling, and Paula DiPerna. "Environmental Protection, the Economy, and Jobs: National and Regional Analyses." *Journal of Environmental Management* 86, no. 1 (2008): 63–79.

Bishop, Bill, and Robert G. Cushing. *The Big Sort: Why the Clustering of Like-Minded America Is Tearing Us Apart*. New York: Houghton Mifflin Company, 2008.

Blake, Aaron. "Nearly Half of Liberals Don't Even Like to Be Around Trump Supporters." *Washington Post* (July 20, 2017). 349

Bliese, John R.E. *The Great "Environment Versus Economy" Myth*. New York: Brownstone Policy Institute, 1999.

Blinder, Alan S., and Mark W. Watson, "Presidents and the U.S. Economy: An Econometric Exploration," National Bureau of Economic Research, Working Paper No. 20334 (July 2014). http://www.nber.org/papers/w20324.

Boyd, James. "Nixon's Southern Strategy: 'It's All in the Charts.'" *New York Times* (May 17, 1970). http://www.nytimes.com/packages/html/books/phillips-southern.pdf.

Boym, Svetlana. *The Future of Nostalgia*. New York: Basic Books, 2001.

———. "Nostalgia and Its Discontents." *Hedgehog Review* (Summer 2007): 13. http://www.iasc-culture.org/eNews/2007_10/9.2CBoym.pdf.

Brooks, Arthur C. *Who Really Cares: The Surprising Truth About Compassionate Conservatism*. New York: Basic Books, 2007.

Brooks, Clem, and Jeff Manza. "A Broken Public? Americans' Responses to the Great Recession." *American Sociological Review* 78, no. 5 (2013): 727–48.

Brown, Heath. *The Tea Party Divided: The Hidden Diversity of a Maturing Movement*. New York: Praeger, 2015.

Buchele, Mose. "After HB 40, What's Next for Local Drilling Rules in Texas?" StateImpact (July 2, 2015). https://stateimpact.npr.org/texas/2015/07/02/after-hb-40-whats-next-for-local-drilling-bans-in-texas.

Bullard, Robert D. *Dumping in Dixie: Race, Class, and Environmental Quality*. New York: Westview Press, 2000.

Bureau of Economic Analysis. "Bureau of Economic Analysis [Regional Datafile]: Louisiana, 2013." Washington, D.C.: Bureau of Economic Analysis (retrieved September 22, 2015).

———. *Personal Income and Gross Domestic Product by State [1997–2012 data]*. Washington, D.C.: Department of Commerce, 2012 (accessed March 13, 2014).

Bureau of Labor Statistics. *Current Employment Statistics [2014 data]*. Washington, D.C.: U.S. Department of Labor, 2014 (accessed September 2, 2014). http://stats.bls.gov/ces/#data.

———. *Mass Layoff Statistics [2012 data]*. Washington, D.C.: Department of Labor, 2012 (accessed March 13, 2014). http://www.bls.gov/mls.

———. *A Profile of the Working Poor, 2013*. Washington, D.C.: U.S. Department of Labor, 2015. http://www.bls.gov/opub/reports/cps/a-profile-of-the-working-poor-2013.pdf.

350 ———. "Quarterly Census of Employment and Wages [December 2014 estimates]" (accessed June 18, 2015). http://data.bls.gov/cgi-bin/dsrv?en.

Campos, Paul F. "White Economic Privilege Is Alive and Well." *New York Times* (July 29, 2017).

"Cancer Facts and Figures 2015." American Cancer Society. http://www.cancer.org/acs/groups/content/@editorial/documents/document/acspc-044552.pdf.

Cash, W.J. *The Mind of the South*. New York: Vintage Books, 1991 (1941).

Center on Budget and Policy Priorities. "SNAP Costs and Caseloads Declining" (February 10, 2016). http://www.cbpp.org/research/food-assistance/snap-costs-and-caseloads-declining.

Cernansky, Rachael. "Natural Gas Boom Brings Major Growth for U.S. Chemical Plants." *Environment 360* (January 29, 2015; accessed August 16, 2015). http://e360.yale.edu/feature/natural_gas_boom_brings_major_growth_for_us_chemical_plants/2842.

Cerrell Associates, Inc. *Political Difficulties Facing Waste-to-Energy Conversion Plant Siting*. Los Angeles: Cerrell Associates, 1984.

Chait, Jonathan. "Confessions of a 'Partyist': Yes, I Judge Your Politics." *New York Magazine* (October 30, 2014). http://nymag.com/daily/intelligencer/2014/10/im-a-partyist-and-yes-i-judge-your-politics.html.

Chetty, Raj, Nathaniel Hendren, Patrick Kline, and Emmanuel Saez. "Where Is the Land of Opportunity? The Geography of Intergenerational Mobility in the United States." *The Quarterly Journal of Economics* (2014): 1–71.

Chetty, Raj, Nathaniel Hendren, Patrick Kline, Emmanuel Saez, and Nicholas Turner. "Is the United States Still a Land of Opportunity? Recent Trends in Intergenerational Mobility." NBER Working Paper 19844 (January 2014). http://www.nber.org/papers/w19844.

Childress, Sarah. "Has the Justice Department Found a New Town That Preys on Its Poor?" *Frontline* (April 27, 2015). http://www.pbs.org/wgbh/pages/frontline/criminal-justice/has-the-justice-department-found-a-new-town-that-preys-on-its-poor.

Chipman, Kim. "Americans in 73% Majority Oppose Ban on Deepwater Oil Drilling." *Bloomberg* (July 14, 2010). http://www.bloomberg.com/news/articles/2010-07-14/americans-in-73-majority-oppose-ban-on-deepwater-drilling-after-oil-spill.

Choi, Charles Q. "Gas-Charged Earthquakes Linked to Mysterious Louisiana Sinkhole." *Live Science*. http://www.livescience.com/46692-louisiana-sinkhole-explained.html.

Citizens for Tax Justice. "Corporate Taxpayers and Corporate Tax Dodgers,

2008–2010." November 2011. http://ctj.org/ctjreports/2011/11/corporate_taxpayers_corporate_tax_dodgers_2008-2010.php. 351

Clark, Candace. *Misery and Company: Sympathy in Everyday Life*. Chicago: University of Chicago Press, 1998.

Clark, Stephen. "Gun Control Advocates Decry Louisiana's New Law Allowing Churchgoers to Pack Heat." Fox News (July 8, 2010). http://www.foxnews.com/politics/2010/07/08/gun-control-advocates-decry-louisianas-new-law-allowing-churchgoers-pack-heat.html.

Clemons, Steve. "GOP Presidents Have Been the Worst Contributors to the Federal Debt." *The Atlantic* (October 27, 2012). http://www.theatlantic.com/politics/archive/2012/10/gop-presidents-have-been-the-worst-contributors-to-the-federal-debt/264193.

Coastal Wetlands Planning, Protection and Restoration Act (CWPPRA). "Frequently Asked Questions." https://lacoast.gov/new/About/FAQs.aspx.

Cockerham, Sean. "Louisiana French: L'heritage at Risk." *Seattle Times* (July 6, 2012).

Cohn, Nate. "The Obama-Trump Voters Are Real. Here's What They Think." *New York Times* (August 15, 2017).

Cohn, Nate, and Toni Monkovic. "How Did Donald Trump Win Over So Many Obama Voters?" *New York Times* (November 14, 2016).

Coll, Steve. "Dangerous Gamesmanship." *New Yorker* (April 27, 2015).

Comiskey, Michael, and Lawrence C. Marsh. "Presidents, Parties, and the Business Cycle, 1949–2009." *Presidential Studies Quarterly* 42, no. 1 (2012): 40–59.

Confessore, Nicholas, Sarah Cohen, and Karen Yourish. "Buying Power." *New York Times* (October 10, 2015).

Congressional Budget Office. *The Distribution of Household Income and Federal Taxes, 2011*. Washington, D.C.: Congressional Budget Office, 2014. http://www.cbo.gov/sites/default/files/cbofiles/attachments/49440-Distribution-of-Income-and-Taxes.pdf.

Cooper, David, Mary Gable, and Algernon Austin. "The Public-Sector Jobs Crisis: Women and African Americans Hit Hardest by Job Losses in State and Local Governments." *Economic Policy Institute* (May 2, 2012). http://www.epi.org/publication/bp339-public-sector-jobs-crisis.

Cornier, Eric. "Construction Boom: Labor Shortage Among Area Concerns." *American Press* (February 10, 2013).

CSRS. *Southwest Louisiana Regional Impact Study, 2014* (accessed August 4, 2015). http://www.gogroupswla.com/Content/Uploads/gogroupswla.com/files/SWLA%20Regional%20Impact%20Study_Final.pdf.

352 Davenport, Coral. "E.P.A. Faces More Tasks, Louder Critics, and a Shrinking Budget." *New York Times* (March 19, 2016).

Davenport, Coral, and Campbell Robertson. "Resettling the First American 'Climate Refugees.'" *New York Times* (May 3, 2016).

"David Vitter on Environment." On the Issues. http://www.ontheissues.org/Domestic/David_Vitter_Environment.htm.

Deckman, Melissa. "A Gender Gap in the Tea Party?" Paper prepared for the Midwest Political Science Association Meetings, April 11–14, 2013 (unpublished paper).

"Deep Water: The Gulf Oil Disaster and the Future of Offshore Drilling." Report to the President, National Commission on the BP Deepwater Horizon Oil Spill and Offshore Drilling (January, 2011). www.oilspillcommission.gov.

Defense Manpower Data Center. *Personnel, Workforce Reports & Publications*. Washington, D.C.: U.S. Department of Defense, 2014 (accessed November 25, 2014). https://www.dmdc.osd.mil/appj/dwp/dwp_reports.jsp.

Desmond, Matthew. *On the Fireline: Living and Dying with Wildland Firefighters*. Chicago: University of Chicago Press, 2007.

DiCesare, Frank. "All Water, Air Permits for Sasol Approved." *American Press* (June 2, 2014).

———. "Bayou d'Inde Cleanup to Begin This Month." *American Press* (February 16, 2015).

Diemer, Miriam. "Energy and Natural Resources: Industry Influence in the Climate Change Debate." OpenSecrets.org (updated January 29, 2015). https://www.opensecrets.org/news/issues/energy.

DiTomaso, Nancy. *The American Non-Dilemma: Racial Inequality Without Racism*. New York: Russell Sage Foundation, 2013.

Dlouhy, Jennifer A. "Dangers Face Immigrant Contract Workforce in Gulf." *FuelFix* (November 3, 2013). http://fuelfix.com/blog/2013/11/03/dangers-face-immigrant-contractor-workforce-in-gulf.

"Dome Issues Kept Quiet." *The Advocate* (August 12, 2012).

"Donald Trump Forcefully Removes Protesters from Louisiana Rally." Mic.com (March 5, 2016). http://mic.com/articles/137129/donald-trump-forcefully-removes-protesters-from-louisiana-rally.

Drozd, David J. *Trends in Fertility Rates by Race and Ethnicity for the U.S. and Nebraska: 1989 to 2013*. University of Nebraska at Omaha: Center for Public Affairs Research, 2015. http://www.unomaha.edu/college-of-public-affairs-and-community-service/center-for-public-affairs-research/news/fertility-rate-gap.php.

Dupre, Deborah. "Sinkhole: H-Bomb Explosion Equivalent in Bayou Corne

Possible." Examiner.com (August 12, 2012). http://www.examiner.com/article/sinkhole-h-bomb-explosion-equivalent-bayou-corne-possible. 353

———. "State Blames One Company for Gassy Sinkhole, Orders More Seismic Monitors." Examiner.com (October 12, 2012). http://www.examiner.com/article/state-blames-one-company-for-gassy-sinkhole-orders-more-seismic-monitors.

Durkheim, Emile. *The Elementary Forms of Religious Life*. New York: The Free Press, 1965 (1915).

Ehrenreich, Barbara. "Dead, White, and Blue: The Great Die-Off of America's Blue Collar Whites." TomDispatch.com (December 1, 2015). http://www.tomdispatch.com/dialogs/print/?d=176075.

Ehrenreich, John. *Third Wave Capitalism: How Money, Power, and the Pursuit of Self-Interest Have Imperiled the American Dream*. Ithaca and London: ILR Press, an Imprint of Cornell University Press, forthcoming 2016.

Einhorn, Robin L. *American Taxation, American Slavery*. Chicago: University of Chicago Press, 2008.

Eliot, T.S. *The Sacred Wood*. London: Methuen, 1920.

Environmental Protection Agency. *TRI Explorer [Data file], 1990 and 2013*. Washington, D.C.: Environmental Protection Agency, 2015. http://iaspub.epa.gov/triexplorer/tri_release.chemical.

Ernst & Young LLP. *2014 US Investment Monitor: Tracking Mobile Capital Investments During 2013* (accessed August 4, 2015). http://www.ey.com/Publication/vwLUAssets/EY-the-us-investment-monitor/$FILE/EY-the-us-investment-monitor.pdf.

Evans-Pritchard, E.E. *The Nuer: A Description of the Modes of Livelihood and Political Institutions of a Nilotic People*. Oxford, UK: Clarendon Press, 1940.

Eysink, Curt. *Louisiana Workforce Information Review, 2010*. Statewide Report. https://www.doleta.gov/performance/results/AnnualReports/2010_economic_reports/la_economic_report_py2010_workforce.pdf.

Fagin, Dan. *Toms River: A Story of Science and Salvation*. New York: Bantam Books, 2013.

Fahrenthold, David. "Deep Underground Federal Employees Process Paperwork by Hand in a Long Outdated, Inefficient System." *Washington Post* (March 22, 2014).

Fallin, Amanda, Rachel Grana, and Stanton A. Glantz. "'To Quarterback Behind the Scenes, Third-Party Efforts': The Tobacco Industry and the Tea Party." *Tobacco Control* (February 8, 2013). http://tobaccocontrol.bmj.com/content/early/2013/02/07/tobaccocontrol-2012-050815.abstract.

Festinger, Leon, Henry W. Riecken, and Stanley Schachter. *When Prophecy*

354 *Fails: A Social and Psychological Study of a Modern Group That Predicted the Destruction of the World*. London: Pinter and Martin, 2008 (1956).

Fischer, Claude, and Michael Hout. *Century of Difference: How America Changed in the Last One Hundred Years*. New York: Russell Sage Foundation, 2008.

Florida, Richard. "Is Life Better in America's Red States?" *New York Times Sunday Review* (January 3, 2015).

Floser, A.D. "A Closer Look at the Parties in 2012." Pew Research Center (August 23, 2012). http://www.people-press.org/2012/08/23/a-closer-look-at-the-parties-in-2012.

Floyd, Ife, Ladonna Pavetti, and Liz Schott. "TANF Continues to Weaken as a Safety Net." Center on Budget and Policy Priorities (updated October 27, 2015). http://www.cbpp.org/research/family-income-support/tanf-continues-to-weaken-as-a-safety-net.

Floyd, Ife, and Liz Schott. "TANF Cash Benefits Have Fallen by More Than 20 Percent in Most States and Continue to Erode." Center on Budget and Policy Priorities (last updated October 15, 2015). http://www.cbpp.org/research/family-income-support/tanf-cash-benefits-have-fallen-by-more-than-20-percent-in-most-states.

Frank, Thomas. *Listen Liberal, or What Ever Happened to the Party of the People?* New York: Metropolitan Press, 2016.

———. *What's the Matter with Kansas? How Conservatives Won the Heart of America*. New York: Metropolitan Press, 2004.

Frankland, Peggy. *Women Pioneers of the Louisiana Environmental Movement*. Jackson: University Press of Mississippi, 2013.

Freddoso, David. "State Government Dependence on Federal Funding Growing at Alarming Rate." *State Budget Solutions* (April 14, 2015). http://www.statebudgetsolutions.org/publications/detail/state-government-dependence-on-federal-funding-growing-at-alarming-rate.

Frey, Carl, and Michael Osborne. "The Future of Employment: How Susceptible Are Jobs to Computerization." Oxford Martin School Working Paper (September 2013). http://www.oxfordmartin.ox.ac.uk/publications/view/1314.

Fuller, Jaime. "Environmental Policy Is Partisan. It Wasn't Always." *Washington Post* (June 2, 2014). https://www.washingtonpost.com/news/the-fix/wp/2014/06/02/support-for-the-clean-air-act-has-changed-a-lot-since-1970.

Furman, Jason, Betsey Stevenson, and Jim Stock. "The 2014 Economic Report of the President" (March 10, 2014). https://www.whitehouse.gov/blog/2014/03/10/2014-economic-report-president.

Gabe, Todd M., and Kathleen P. Bell. "Tradeoffs Between Local Taxes and

Government Spending as Determinants of Business Location." *Journal of Regional Science* 44, no. 1 (2004): 21–41. 355

Garcia-Perez, Javier, Pablo Fernandez-Navarro, Adela Castello, Maria Felicitas Lopez-Cima, Rebeca Ramis, Elena Boldo, and Gonzalo Lopez-Abente. "Cancer Mortality in Towns in the Vicinity of Incinerators and Installations for the Recovery or Disposal of Hazardous Waste." *Environment International* 51 (2013): 31–44.

Gerard, René. *The Scapegoat*. Baltimore: Johns Hopkins University, 1986.

Gibson, David R. "Doing Time in Space: Line Joining Rules and Resulting Morphologies." *Sociological Forum* 23, no. 2 (June 2008): 207–33.

Gillin, Joshua. "Income Tax Rates Were 90 Percent Under Eisenhower, Sanders Says." *PolitiFact* (November 15, 2015). http://www.politifact.com/truth-o-meter/statements/2015/nov/15/bernie-s/income-tax-rates-were-90-percent-under-eisenhower-.

Gitlin, Todd. *The Twilight of Common Dreams: Why America Is Wracked by Culture Wars*. New York: Metropolitan Press, 1995.

Goldstein, Dana. "When Affirmative Action Isn't Enough." *New York Times* (September 17, 2017).

"Gonzales." LouisianaTravel.com. http://www.louisianatravel.com/cities/gonzales.

Goodman, Joseph. "Gulf Oil Spill Threatens Louisiana Native Americans' Way of Life." *Miami Herald* (June 1, 2010).

Goodstein, Eban. *Jobs and the Environment: The Myth of a National Trade-Off*. Washington, D.C.: Economic Policy Institute, 1994.

Gordon, Claire. "Filipino Workers Kept as Slaves in Louisiana, Lawsuit Charges." *AOL Jobs* (November 15, 2011). http://jobs.aol.com/articles/2011/11/15/filipino-workers-kept-as-slaves-in-louisiana-according-to-lawsu.

"Governing, the State and Localities." Governing.com. Source: U.S. Census Bureau (accessed September 21, 2015). http://www.governing.com/gov-data/state-tax-revenue-data.html.

"Governor Bobby Jindal Says Americans Want a 'Hostile Takeover' of Washington." TeaParty.org (September 16, 2014). http://www.teaparty.org/gov-bobby-jindal-says-americans-want-hostile-takeover-washington-55848.

Grandia, Kevin. "If Canada Is 'Oil Rich' Why Are We So in Debt?" DESMOG-CANADA (March 5, 2013). http://www.desmog.ca/2013/02/28/if-canada-oil-rich-why-are-we-so-debt.

Gray, Melissa. "Louisiana Probes Cause of Massive Bayou Sinkhole." CNN (August 10, 2012). http://www.cnn.com/2012/08/09/us/louisiana-bayou-sinkhole.

Green, John C. *The Fifth National Survey of Religion and Politics*. Akron, OH:

356 The Ray C. Bliss Center for Applied Politics at the University of Akron, 2008. http://www.uakron.edu/bliss/research/archives/2008/Blissreligionreport.pdf.

Guldroz, John. "LSU Professor Discusses Climate Change, Erosion." *American Press* (June 28, 2013).

Gulf Engineers and Consultants. "Hazardous, Toxic and Radioactive Waste Reconnaissance Report (HTRW) Calcasieu River and Pass." Louisiana Dredged Material Management Plan, U.S. Army Corps of Engineers, New Orleans District.

Hacker, Jacob S., and Paul Pierson. *Winner-Take-All Politics: How Washington Made the Rich Richer—and Turned Its Back on the Middle Class.* New York: Simon & Schuster, 2010.

Hamilton, Lawrence C., Thomas G. Safford, and Jessica D. Ulrich. "In the Wake of the Spill: Environmental Views Along the Gulf Coast." *Social Science Quarterly* 93, no. 4 (2012): 1053–64.

Hanley, Caroline, and Michael T. Douglass. "High Road, Low Road or Off Road: Economic Development Strategies in the American States." *Economic Development Quarterly* 28:3 (2014): 1–10.

Harlan, Chico. "Battered by Drop in Oil Prices and Jindal's Fiscal Policies, Louisiana Falls into Budget Crisis." *Washington Post* (March 4, 2016). https://www.washingtonpost.com/news/wonk/wp/2016/03/04/the-debilitating-economic-disaster-louisianas-governor-left-behind.

Hertsgaard, Mark. "What BP Doesn't Want You to Know About the Gulf Spill." *Newsweek* (April 22, 2013).

Hochschild, Arlie Russell. *The Managed Heart: Commercialization of Human Feeling.* Berkeley: University of California Press, 2012 (1983).

———. *The Outsourced Self: Intimate Life in Market Times.* New York: Metropolitan Press, 2012.

———. *The Second Shift: Working Families and the Revolution at Home.* New York: Penguin Books, 2012 (1989).

———. *So How's the Family? and Other Essays.* Berkeley and Los Angeles: University of California Press, 2013.

———. *The Time Bind: When Work Becomes Home and Home Becomes Work.* New York: Metropolitan Press, 2000 (1997).

Hofstadter, Richard. *The Age of Reform.* New York: Vintage, 1955.

———. *Anti-Intellectualism in American Life.* New York: Vintage Books, 1966.

Houck, Oliver A. "The Reckoning: Oil and Gas Development in the Louisiana Coastal Zone." *Tulane Environmental Law Journal* 28, no. 2 (2015): 185–296.

———. "Save Ourselves: The Environmental Case That Changed Louisiana." 357
Louisiana Law Review 72 (2012): 409–37.

"How States Compare and How They Voted in the 2012 Election." *The Chronicle of Philanthropy* (updated January 13, 2015; accessed August 5, 2015). https://philanthropy.com/article/How-States-CompareHow/152501.

"Iberia Parish, Louisiana." Tour Louisiana (accessed August 7, 2015). http://www.tourlouisiana.com/content.cfm?id=15.

Institute for Criminal Policy Research. *World Prison Brief*. http://www.prisonstudies.org/highest-to-lowest/prison_population_rate.

Institute for Southern Studies. "Looting Louisiana: How the Jindal Administration Is Helping Big Oil Rip Off a Cash-Strapped State." http://www.southernstudies.org/2015/05/looting-louisiana-how-the-jindal-administration-is.html.

Irons, John, and Isaac Shapiro. *Regulation, Employment, and the Economy: Fears of Job Loss Are Overblown*. Washington, D.C.: Economic Policy Institute, 2011.

Irving, Shelley K., and Tracy A. Loveless. *Dynamics of Economic Well-Being: Participation in Government Programs, 2009–2012: Who Gets Assistance?* Washington, D.C.: U.S. Census Bureau, 2015. http://www.census.gov/content/dam/Census/library/publications/2015/demo/p70-141.pdf.

Iyengar, Shanto, Gaurav Sood, and Yphtach Lelkes. "Affect, Not Ideology: A Social Identity Perspective on Polarization." *Public Opinion Quarterly* 76, no. 3 (2012): 405–31.

Iyengar, Shanto, and Sean Westwood. "Fear and Loathing Across Party Lines: New Evidence on Group Polarization." *American Journal of Political Science* 59, no. 3 (2014): 45.

Jacobs, Ken, Ian Perry, and Jenifer MacGillvary. "The High Public Cost of Low Wages" (April 13, 2015). http://laborcenter.berkeley.edu/the-high-public-cost-of-low-wages.

Jacobson, Louis. "Are There More Welfare Recipients in the U.S. Than Full-Time Workers?" PunditFact (January 28, 2015). http://www.politifact.com/punditfact/statements/2015/jan/28/terry-jeffrey/are-there-more-welfare-recipients-us-full-time-wor.

Jilani, Zaid. "Fracking Industry Billionaires Give Record $15 Million to Ted Cruz's Super PAC." Alternet (July 25, 2015). http://www.alternet.org/election-2016/fracking-industry-billionaires-give-record-15-million-ted-cruzs-super-pac.

Johnson, Brad. "Senate Republicans Introduce Bill to Abolish the EPA." *Think Progress* (May 6, 2011). http://thinkprogress.org/politics/2011/05/06/164077/senate-republicans-introduce-bill-to-abolish-the-epa.

358 Juhasz, Antonia. "Investigation: Two Years After the BP Spill, a Hidden Health Crisis Festers." *The Nation* (April 18, 2012). https://www.thenation.com/article/investigation-two-years-after-bp-spill-hidden-health-crisis-festers.

Kasperowicz, Pete. "Who Wants to Abolish the IRS? So Far, 58 House Republicans." *The Blaze* (accessed August 16, 2015). http://www.theblaze.com/blog/2015/01/07/who-wants-to-abolish-the-irs-so-far-58-house-republicans.

Katznelson, Ira. *When Affirmative Action Was White: An Untold History of Racial Inequality in Twentieth-Century America*. New York: Norton Publishing Co., 2006.

Kenen, Joanne, and Jennifer Haberkorn. "Who Will Replace Price?" *Politico* (October 1, 2017). http://www.politico.com/story/2017/09/29/who-will-replace-tom-price-243317.

Kirshenbaum, Sheril. "Political Ideology Continues to Be the Single Greatest Determinant of Americans' Views on Climate Change." http://news.utexas.edu/2015/10/20/views-of-key-energy-issues-are-shaped-by-partisan-politics.

Knox, E.G. "Oil Combustion and Childhood Cancers." *Journal of Epidemiology and Community Health* 59, no. 9 (2005): 755–60.

Koeppel, Barbara. "Cancer Alley, Louisiana." *The Nation* (November 8, 1999), 16–24.

Kohut, Andrew, Scott Keeter, Carroll Doherty, Michael Dimock, Michael Remez, Robert Suls, Shawn Neidorf, Leah Christian, Jocelyn Kiley, Alec Tyson, and Jacob Pushter. "Life in 2050: Amazing Science, Familiar Threats: Public Sees a Future Full of Promise and Peril." News release, Pew Center for the People and the Press (June 22, 2010).

Kolata, Gina. "Death Rate Rising for Middle Aged White Americans, Study Finds." *New York Times* (November 2, 2015).

Koran, Laura. "Tillerson Signs Declaring Stressing Climate Change Threat." CNN (May 12, 2017). http://www.cnn.com/2017/05/12/politics/tillerson-climate-change-fairbanks-declaration/index.html.

Krugman, Paul. "Enemies of the Sun." Op-Ed. *New York Times* (October 5, 2015).

Kumar, Sheila V. "Jindal Meets with Bayou Corne Residents, Promises to Fight Texas Brine for Fair Buyouts." *Times-Picayune* (March 19, 2013). http://www.nola.com/politics/index.ssf/2013/03/jindal_to_visit_assumption_par_1.html.

Kumkar, Nils. "A Socio-Analysis of Discontent: Protests Against the Politics of Crisis in the U.S. and Germany: An Empirical Comparison." Unpublished PhD thesis, Department of Sociology, University of Leipzig (November 30, 2015).

Kurth, Michael. "On the Brink of the Boom." *Lagniappe* (May 6, 2014). http://www.bestofswla.com/2014/05/06/brink-boom.

Kurtzleben, Danielle. "Here's How Many Bernie Sanders Supporters Ultimately Voted for Trump." NPR (August 24, 2017). http://www.npr.org/2017/08/24/545812242/1-in-10-sanders-primary-voters-ended-up-supporting-trump-survey-finds. 359

"Lake Charles: A Case Study: With Massive New Industrial Investments and up to 25,000 New Workers Headed to Town, the Landscape of Lake Charles Is Changing Dramatically." *Business Report* (September 25, 2014). https://www.businessreport.com/article/lake-charles-a-case-study-with-massive-new-industrial-investments-and-up-to-25000-new-workers-headed-to-town-the-landscape-of-lake-charles-is-changing-dramatically.

Lakoff, George, and Mark Johnson. *Metaphors We Live By*. Chicago: University of Chicago Press, 2003.

Lauderdale, Benjamin. "Nearly All Voters Are Going to Support the Same Party Again (Again)." YouGov (November 3, 2016). https://today.yougov.com/news/2016/11/03/nearly-all-voters-are-going-support-same-party-aga.

Law Center to Prevent Gun Violence and the Brady Campaign. *2013 State Scorecard: Why Gun Laws Matter*. San Francisco: Law Center to Prevent Gun Violence, 2013. http://www.bradycampaign.org/sites/default/files/SCGLM-Final10-spreads-points.pdf.

"Lawsuit: Filipino Teachers Defrauded in International Labor Trafficking Scheme." LA.AFT.org. http://la.aft.org/news/lawsuit-filipino-teachers-defrauded-international-labor-trafficking-scheme.

League of Conservation Voters. *Public Health Basis of the Clean Air Act, House Roll Call Vote* 395. Washington, D.C.: League of Conservation Voters, 2012. http://scorecard.lcv.org/roll-call-vote/2012-395-public-health-basis-clean-air-act.

LaHaye, Tim, and Jerry B. Jenkins. *Left Behind: A Novel of the Earth's Last Days*. Carroll Stream, IL: Tyndale House Publishers, 2011.

Leonhardt, David. "In Climbing Income Ladder, Location Matters." *New York Times* (July 22, 2013). http://www.nytimes.com/2013/07/22/business/in-climbing-icome-ladder-location-matters.html.

Lepore, Jill. *The Whites of Their Eyes: The Tea Party's Revolution and the Battle over American History*. Princeton, NJ: Princeton University Press, 2010.

Lester, James, James Franke, Ann Bowman, and Kenneth Kramer. "Hazardous Wastes, Politics, and Public Policy: A Comparative State Analysis." *Western Political Quarterly* 36 (1983): 255–85.

Lewis, Scott. "Boustany and Landry Fight Over Obamacare, Medicare, Negative Campaigns and Oilfield Jobs [Audio]." Cajun Radio (October 31, 2012). http://cajunradio.com/boustany-and-landry-fight-over-obamacare-medicare-negative-campaigns-and-oilfield-jobs-audio/?trackback=tsmclip.

360 Little, Amanda. "Will Conservatives Finally Embrace Clean Energy? *New Yorker* (October 29, 2015).

Lindsey, Hal. *The Late Great Planet Earth*. Grand Rapids, MI: Zondervan, 1970.

Liptak, Adam. "Supreme Court Blocks Louisiana Abortion Law." *New York Times* (March 4, 2016). http://www.nytimes.com/2016/03/05/us/politics/supreme-court-blocks-louisiana-abortion-law.html.

Longman, Phillip. "Wealth and Generations." *Washington Monthly* (June/July/August 2015). http://www.washingtonmonthly.com/magazine/junejulyaugust_2015/features/wealth_and_generations055898.php.

"Lou Dobbs on the EPA: 'As It's Being Run Now, It Could Be Part of the Apparatchik of the Soviet Union.'" MediaMatters (June 6, 2011). http://mediamatters.org/video/2011/06/06/lou-dobbs-on-the-epa-as-its-being-run-now-it-co/180331.

"Louisiana Department of Environmental Quality. "Solid Waste Landfill Report" (accessed August 7, 2015). http://www.deq.louisiana.gov/portal/DIVISIONS/WastePermits/SolidWastePermits/SolidWasteLandfillReport.aspx.

Louisiana Department of Health and Hospitals, Louisiana Department of Environmental Quality, Louisiana Department of Agriculture and Forestry, and Louisiana Department of Wildlife and Fisheries. *Protocol for Issuing Public Health Advisories for Chemical Contaminants in Recreationally Caught Fish and Shellfish*. Baton Rouge, LA: Office of Public Health, 2012, 24. http://www.dhh.louisiana.gov/assets/oph/Center-EH/envepi/fishadvisory/Documents/LA_Fish_Protocol_FINAL_Feb_2012_updated_links.pdf.

Louisiana Department of Health and Hospitals for the Agency for Toxic Substances and Disease Registry. *Health Consultation: Calcasieu Estuary Sediment Sample Evaluation, Calcasieu Parish, Louisiana, EPA Facility ID: LA0002368173*. Baton Rouge, LA: Office of Public Health, 2005.

———. *Public Health Assessment, Initial/Public Comment Release, Review of Data from the 2010 EPA Mossville Site Investigation*. Baton Rouge, LA: Office of Public Health, 2013.

Louisiana Department of Health and Hospitals. "Health Department Advises 'Take Precautions When Swimming'" (May 21, 2014). http://new.dhh.louisiana.gov/index.cfm/communication/viewcampaign/896?uid=gE&nowrap=1.

Louisiana Economic Development. "Louisiana: At the Epicenter of the U.S. Industrial Rebirth" (accessed January 4, 2014). http://www.opportunitylouisiana.com/index.cfm/newsroom/detail/265.

Louisiana Law Regarding the Unlawful Sale, Purchase and Possession of Alcoholic Beverages. Louisiana R.S.14:93.10–14.

Louisiana Seafood Marketing and Promotion Board. "By the Numbers: Louisiana's Ecology" (accessed April 8, 2015). http://www.louisianaseafood.com/ecology. 361

"Louisiana State Profile." *National Rifle Association* (November 12, 2014; accessed July 31, 2015). https://www.nraila.org/gun-laws/state-gun-laws/louisiana.

Luke, Ronald T. "Managing Community Acceptance of Major Industrial Projects." *Coastal Zone Management Journal* 7 (1980): 271–96.

Lustgarten, Abrahm. "Injection Wells: The Poison Beneath Us." *ProPublica* (June 21, 2012). https://www.propublica.org/article/injection-wells-the-poison-beneath-us.

MacGillis, Alec. "Who Turned My Blue State Red?" *New York Times* (November 20, 2015).

Mann, Catherine L. "Environment and Trade: Do Stricter Environmental Policies Hurt Expert Competitiveness?" Organisation for Economic Co-operation and Development. http://www.oecd.org/economy/greeneco/do-stricter-environmental-policies-hurt-export-competitiveness.htm.

Mann, Robert. "Residents of Bayou Corne Ask, Where Are You, Bobby Jindal?" December 16, 2012. http://bobmannblog.com/2012/12/16/residents-of-bayou-corne-ask-where-are-you-bobby-jindal.

Margolis, Michele F., and Michael W. Sances. "Who Really Gives? Partisanship and Charitable Giving in the United States." Working paper, Social Science Research Network (2013): 1–17. http://papers.ssrn.com/sol3/papers.cfm?abstract_id=2148033.

Martin, Isaac William. *Rich People's Movements: Grassroots Campaigns to Untax the One Percent*. New York: Oxford University Press, 2013.

Martinez, Yolanda. "Environmentalists Allege Constitutional Violation in Permitting Gas Storages Salt Dome Construction in Lake Peigneur." *Louisiana Record* (July 24, 2013).

Mather, Mark. *Fact Sheet: The Decline in U.S. Fertility*. Washington, D.C.: Population Reference Bureau, 2012. http://www.prb.org/publications/datasheets/2012/world-population-data-sheet/fact-sheet-us-population.aspx.

Mayer, Jane. "Covert Operations." *New Yorker* (August 30, 2010).

———. *Dark Money: The Hidden History of the Billionaires Behind the Rise of the Radical Right*. New York: Random House, 2016.

McAdam, Doug. *Freedom Summer*. Oxford: Oxford University Press, 1990.

McKinsey Global Institute. "A Future That Works: Automation, Employment and Productivity" (January 2017). https://www.mckinsey.com/business-functions/digital-mckinsey/our-insights/where-machines-could-replace-humans-and-where-they-cant-yet.

362 "Meet the Staff." First Pentecostal Church, Lake Charles (accessed August 28, 2014). http://firstpentecostalchurchlc.org/about-us/meet-the-staff.

Meyer, Stephen M. "Endangered Species Listings and State Economic Performance." MIT Project on Environmental Politics and Policy, 1995.

———. "Environmentalism and Economic Prosperity: An Update." MIT Project on Environmental Politics and Policy, 1993.

———. "Environmentalism and Economic Prosperity: Testing the Environmental Impact Hypothesis." MIT Project on Environmental Politics and Policy, 1992.

Meyers, Scottie Lee. "Biggest Job Killer in Manufacturing Industry? Automation." Wisconsin Public Radio (January 26, 2017). https://www.wpr.org/biggest-job-killer-manufacturing-industry-automation.

Misrach, Richard, and Kate Orff. *Petrochemical America*. New York: Aperture Foundation, 2012.

Mitchell, David J. "Texas Brine Shifts Blame to Occidental Petroleum, Others for Causing Bayou Corne Sinkhole." *The Advocate* (July 9, 2015). http://theadvocate.com/news/ascension/12870889-123/texas-brine-shifts-blame-to.

Mitchell, Stacy, and Fred Clements. "How Washington Punishes Small Business." *Wall Street Journal* (May 7, 2015).

Mizell-Nelson, Michael. "Nurturing the Drive-Through Daiquiri." *Louisiana Cultural Vistas* (March 12, 2015).

Montopoli, Brian. "Tea Party Supporters: Who They Are and What They Believe." CBS News (December 14, 2012).

Morgenstern, Richard D., William A. Pizer, and Jhih-Shyang Shih. "Jobs Versus the Environment: An Industry-Level Perspective." *Journal of Environmental Economics and Management* 43 (2002): 412–36.

Moyers, Bill. "Welcome to Doomsday." *New York Review of Books* (March 24, 2005).

Mulhere, Kaitlin. "In the Face of Colossal Cuts." *Inside Higher Ed* (April 27, 2015). https://www.insidehighered.com/news/2015/04/27/anxiety-over-massive-proposed-cuts-louisianas-colleges-felt-across-state.

Natural Resources Defense Council. "The BP Oil Disaster at One Year." Washington, D.C.: Natural Resources Defense Council, 2011.

"New Tax Foundation Ranking Indicates Dramatic Improvement in Louisiana's Business Tax Competitiveness." Louisiana Economic Development (February 29, 2012; accessed January 5, 2014). http://www.opportunitylouisiana.com/index.cfm/newsroom/detail/175.

"Next Time We See Him, We Might Have to Kill Him: Trump Fan on Punching

Black Protester." RT.com (March 11, 2016). https://www.rt.com/usa/335188-trump-protester-punched-arrest. 363

Ng, Christina. "Louisiana Boat Disappears into Sinkhole, Workers Rescued." ABC News (August 16, 2012). http://abcnews.go.com/US/louisiana-sinkhole-engulfs-boat-workers-rescued/story?id=17021557.

"Not All Republicans Think Alike About Global Warming." Yale Project on Climate Change Communication. http://environment.yale.edu/climate-communication/article/not-all-republicans-think-alike-about-global-warming.

O'Connor, Arthur. "Political Polarization and Environmental Inequality: A Pilot Study of Pollution Release Amounts and Practices in 'Red' Versus 'Blue' States." *International Environmental Review* 13, no. 4: 308–22.

O'Donoghue, Julia. "Louisiana Failed to Collect Millions in Oil and Gas Taxes." *Times-Picayune* (December 2, 2013). http://www.nola.com/politics/index.ssf/2013/12/louisiana_oil_and_gas_taxes.html.

Office of the Inspector General. *Audit Report: EPA Region 6 Needs to Improve Oversight of Louisiana's Environmental Programs*. Washington, D.C.: Environmental Protection Agency, 2003. http://www.epa.gov/oig/reports/2003/2003-p-0005.pdf.

———. *EPA Must Improve Oversight of State Enforcement*. Washington, D.C.: Environmental Protection Agency, 2011. http://www.epa.gov/oig/reports/2012/20111209-12-P-0113.pdf.

Oldham, Taki. *The Billionaires' Tea Party*. https://www.youtube.com/watch?v=-zBOQL5lZuU.

Pager, Devah. "The Mark of a Criminal Record." *American Journal of Sociology* (2003): 937–975.

Parker, Christopher S., and Matt A. Barreto. *Change They Can't Believe In: The Tea Party and Reactionary Politics in America*. Princeton, NJ: Princeton University Press, 2013.

Pavlov, Pavel. "US' Axiall Declares Force Majeure on VCM from PHH Monomers Plant." *Platts* (December 23, 2013). http://www.platts.com/latest-news/petrochemicals/houston/us-axiall-declares-force-majeure-on-vcm-from-21990566.

Pedersen, Chris. "Sasol Clears Major Hurdle to Build America's First GTP Plant." Oilprice.com (September 4, 2014). http://oilprice.com/Energy/Natural-Gas/Sasol-Clears-Major-Hurdle-to-Build-Americas-First-GTL-Plant.html.

Peterson, Erica. "Silicon Hollow: More Tech Jobs Coming to Eastern Kentucky." WFPL (March 15, 2017). http://wfpl.org/more-tech-jobs-coming-to-eastern-kentucky.

364 Phillips, Justin. "Calcasieu, Cameron Areas 'on Bubble' with EPA for Air Quality." *American Press* (July 11, 2014). http://www.americanpress.com/news/local/Air-quality.

Phillips-Fein, Kim. *Invisible Hands: The Businessmen's Crusade Against the New Deal*. New York: W.W. Norton & Company, 2007.

Picchi, Aimee. "The Robot Revolution Will Take 5 Million Jobs from Humans." CBS News (January 18, 2016). https://www.cbsnews.com/news/the-robot-revolution-will-take-5-million-jobs-from-humans.

Piketty, Thomas. *Capital in the Twenty-First Century*. Boston: Harvard University Press, 2014.

Piketty, Thomas, and Emmanuel Saez. *2007 Average Incomes, U.S. 1980–2012* (in real 2014 dollars). The World Top Incomes Database. http://topincomes.g-mond.parisschoolofeconomics.edu.

Porter, Michael, and C. Van der Linde. "Toward a New Conception of the Environment–Competitiveness Relationship." *Journal of Economic Perspectives* 9, no. 4 (1995): 97–118.

Povich, Deborah, Brandon Roberts, and Mark Mather. *Low-Income Working Families: The Racial/Ethnic Divide*. Working Poor Families Project and Population Reference Bureau, 2015. http://www.workingpoorfamilies.org/wp-content/uploads/2015/03/WPFP-2015-Report_Racial-Ethnic-Divide.pdf.

"Project HAL: Historical American Lynching Data Collection Project." University of North Carolina–Wilmington. http://people.uncw.edu/hinese/HAL/HAL%20Web%20Page.htm.

Pugh, Allison. *The Tumbleweed Society: Working and Caring in an Age of Insecurity*. London: Oxford University Press, 2015.

Regan-White, Heather. "Westlake City Council Reaches Agreement with Sasol on Expansion Costs." *Sulphur Daily News* (November 25, 2015). http://www.sulphurdailynews.com/article/20151125/NEWS/151129875.

Reich, Robert B. *Saving Capitalism: For the Many, Not the Few*. New York: Knopf, 2015.

"Remarks by the President to the Nation on the BP Oil Spill." White House Press Release (June 15, 2010). https://www.whitehouse.gov/the-press-office/remarks-president-nation-bp-oil-spill.

Rich, Frank. "No Sympathy for the Hillbilly." *New York Magazine* (March 19, 2017). http://nymag.com/daily/intelligencer/2017/03/frank-rich-no-sympathy-for-the-hillbilly.html.

Ridgeway, James. "Environmental Espionage: Inside a Chemical Company's Louisiana Spy Op." *Mother Jones* (May 20, 2008). http://www.motherjones.com

/environment/2008/05/environmental-espionage-inside-chemical-compa nys-louisiana-spy-op. 365

Right to Know Network. *Biennial Reporting System Quantities by State for 2011: Waste Received and Managed*. Washington, D.C.: Center for Effective Government, 2015. http://www.rtknet.org/db/brs/tables.php?tabtype=t3&year=2011&subtype=a&sorttype=rcv.

Robertson, Campbell. "In Louisiana, the Poor Lack Legal Defense." *New York Times* (March 20, 2016).

Rogers, Will. "Our Land, Up for Grabs." Editorial. *New York Times* (April 2, 2015; accessed August 16, 2015). http://www.nytimes.com/2015/04/02/opinion/our-land-up-for-grabs.html.

Rosenthal, Lawrence, and Christine Trost (eds.). *Steep: The Precipitous Rise of the Tea Party*. Berkeley: University of California Press, 2012.

Roysler, Deirdre. *Race and the Invisible Hand: How White Networks Exclude Black Men from Blue Collar Jobs*. Berkeley: University of California Press, 2003.

Rudowitz, Robin, Laura Snyder, and Vernon K. Smith. "Medicaid Enrollment & Spending Growth: FY 2015 & 2016." Henry J. Kaiser Foundation (October 15, 2015). http://kff.org/medicaid/issue-brief/medicaid-enrollment-spending-growth-fy-2015-2016.

Russell, George. "Exclusive: EPA Ponders Expanded Regulatory Power in Name of 'Sustainable Development.'" Fox News commentary (December 19, 2011). http://www.foxnews.com/politics/2011/12/19/epa-ponders-expanded-regulatory-power-in-name-sustainable-development.

Russell, Gordon. "Giving Away Louisiana: An Overview." *The Advocate*, Special Reports (November 26, 2014). http://blogs.theadvocate.com/specialreports/2014/11/26/giving-away-louisiana.

Santhanam, Laura. "Report: Fox News Enlists Fossil Fuel Industry to Smear EPA Carbon Pollution Standards." MediaMatters (June 6, 2014). http://mediamatters.org/research/2014/06/06/report-fox-news-enlists-fossil-fuel-industry-to/199622.

Savchuck, Katia. "Are America's Richest Families Republican or Democrat?" *Forbes* (July 9, 2014).

Schell, Jonathan. *The Time of Illusion*. New York: Vintage Books, 1975.

Scherer, Glenn. "Christian-Right Views Are Swaying Politicians and Threatening the Environment." Grist.org (October 28, 2004). http://grist.org/article/scherer-christian/.

Schleifstein, Mark. "Louisiana Politician Scott Angelle Chosen to Head Federal Offshore Oil Safety Agency." *Times-Picayune* (May 23, 2017). http://www.nola.com/politics/index.ssf/2017/05/scott_angelle_named_head_of_fe.html.

366 Schmidt, Theresa. "Condea Vista Hired Spies." KPLCTV (May 29, 2008). http://www.kplctv.com/story/8399515/condea-vista-hired-spies.

———. "Spy Targets Call for Action." KPLCTV (May 30, 2008). http://www.kplctv.com/story/8404443/spy-targets-call-for-action.

———. "Motion Filed to Force Disclosure of Spy Details." KPLCTV (June 4, 2008). http://www.kplctv.com/story/8433538/motion-filed-to-force-disclosure-of-spy-details.

———. "Attorneys Seek Disclosure of Spy Operation." KPLCTV (December 3, 2008). http://www.kplctv.com/story/9366858/attorneys-seek-disclosure-of-spy-operation.

Schor, Juliet. *The Overspent American: Why We Want What We Don't Need*. New York: Harper Perennial, 1999.

Schouten, Fredreka. "Koch Brothers Set $889 Million Budget for 2016." *USA Today* (January 27, 2015). http://www.usatoday.com/story/news/politics/2015/01/26/koch-brothers-network-announces-889-million-budget-for-next-two-years/22363809.

Schulman, Daniel. *Sons of Wichita: How the Koch Brothers Became America's Most Powerful and Private Dynasty*. New York: Grand Central Publishing, 2015.

Schwab, Jim. *Front Porch Politics: The Forgotten Heyday of American Activism in the 1970s and 1980s*. New York: Farrar Strauss, 2013.

Scott, Loren C. *The Energy Sector: A Giant Economic Engine for the Louisiana Economy*. Baton Rouge: Mid-Continent Oil and Gas Association, 2014. http://www.scribd.com/doc/233387193/The-Energy-Sector-A-Giant-Economic-Engine-for-the-Louisiana-Economy.

———. *The Energy Sector: Still a Giant Economic Engine for the Louisiana Economy—an Update*. Louisiana Mid-Continent Oil and Gas Association and Grow Louisiana Coalition report, 2014. http://www.growlouisianacoalition.com/blog/wp-content/uploads/2014/07/Loren-Scott-Study.pdf.

Seib, Gerald. "How Trump's Army Is Transforming the GOP." *Wall Street Journal* (February 23, 2016).

Seydlitz, Ruth, and Shirley Laska. "Social and Economic Impacts of Petroleum 'Boom and Bust' Cycles." Prepared by the Environmental Social Science Research Institute, University of New Orleans. OCS Study MMS 94-0016. U.S. Dept. of the Interior, Minerals Mgmt. Service, Gulf of Mexico OCS Regional Office. New Orleans, LA, 1993.

Shauk, Zain, "Oil CEO: Humans Are Involved with Climate Change." *Fuel Fix* (May 15, 2013). http://fuelfix.com/blog/2013/05/15/no-doubts-on-need-to-act-on-climate-change.

Sheppard, Kate. "BP's Bad Breakup: How Toxic Is Corexit?" *Mother Jones* (September/ October 2010). http://www.motherjones.com/environment/2010/09/bp -ocean-dispersant-corexit. 367

Silverstein, Ken. "Dirty South: Letter from Baton Rouge." *Harpers* (November 2013), 45–56.

Skelley, Geoffrey. "Just How Many Obama 2012–Trump 2016 Voters Were There?" University of Virginia Center for Politics, Sabato's Crystal Ball (June 1, 2017). http://www.centerforpolitics.org/crystalball/articles/just-how -many-obama-2012-trump-2016-voters-were-there.

Skocpol, Theda, and Vanessa Williamson. *The Tea Party and the Remaking of Republican Conservatism*. New York: Oxford University Press, 2012.

Snell, John. "As More of Coastal Louisiana Is Lost, Official Map Makers Erase Names." WorldNow (April 21, 2014). http://apmobile.worldnow.com/story /24807691/as-more-of-coastal-louisiana-is-lost-mapmakers-erase-names.

———. "Despite Land Loss, Native American Community Clings to Life Along the Mississippi River." WorldNow (March 4, 2015). http://apmobile.world now.com/story/26559685/despite-land-loss-native-american-community -clings-to-life-along-the-mississippi-river.

Social Science Research Council. *The Measure of America: American Human Development Report 2008–2009*. Brooklyn, NY: Measure of America, 2009.

———. *The Measure of America: HD Index and Supplemental Indicators by State*. 2013–2014 Dataset. Brooklyn, NY: Measure of America, 2014.

"South Dakota House: Abolish U.S. Department of Education." TeaParty.org. (January 29, 2015; accessed August 16, 2015). http://www.teaparty.org /south-dakota-house-abolish-u-s-dept-education-80153.

Spatig-Amerikaner, Ary. *Unequal Education: Federal Loophole Enables Lower Spending on Students of Color*. Washington, D.C.: Center for American Progress, 2012. https://www.americanprogress.org/wp-content/uploads/2012 /08/UnequalEduation.pdf.

Spencer, Malia. "Fire Damages PPG Industries Plant in Louisiana." *Pittsburgh Business Times* (December 27, 2012). http://www.bizjournals.com/pitts burgh/news/2012/12/27/plant-fire-causes-force-majeure-for-ppg.html.

Staff. "Where's Bobby Jindal Now? In Global Investments," *Greater Baton Rouge Business Report* (August 15, 2017). https://www.businessreport.com/article /jindal-takes-new-role-ares-management.

Steingraber, Sandra. *Living Downstream: A Scientist's Personal Investigation of Cancer and the Environment*. New York: Vintage, 1998.

Stoler, Ann Laura. "Colonial Aphasia: Race and Disabled Histories in France." *Public Culture* 23, no. 1 (2011): 121–56.

368 ———. "Imperial Debris: Reflections on Ruins and Ruination." *Cultural Anthropology* 23, no. 2 (2008): 191–219.

Subra, Wilma. *Results of the Health Survey of Mossville Residents and Chemicals and Industrial Sources of Chemicals Associated with Mossville Residents Medical Symptoms and Conditions*. New Iberia, LA: Subra Company, 2008.

Sunstein, Cass R. "'Partyism' Now Trumps Racism." *BloombergView* (September 22, 2014). http://www.bloombergview.com/articles/2014-09-22/partyism-now-trumps-racism.

Swidler, Ann. "Cultural Constructions of Modern Individualism." Paper delivered at Meeting of American Sociological Association (August 23, 1992).

Tavernise, Sabrina. "Life Spans Shrink for Least Educated Whites in U.S." *New York Times* (September 20, 2012).

Taylor, Kate. "Trump's Pick for Labor Secretary May Have Saved a Fast-Food Chain—But Workers Question if He's Right for the Job." *Business Insider* (January 21, 2017). http://www.businessinsider.com/puzders-business-methods-raise-quesions-2017-1.

Templet, Paul H. "Defending the Public Domain, Pollution, Subsidies and Poverty," in *Natural Assets: Democratizing Environmental Ownership*, edited by James K. Boyce and Barry G. Shelley. Washington, D.C.: Island Press, 2003.

———. "Defending the Public Domain: Pollution, Subsidies and Poverty." PERI Working Paper No. 12 (January 2001). http://ssrn.com/abstract=333280 or http://dx.doi.org/10.2139/ssrn.333280.

———. "Grazing the Commons: Externalities, Subsidies and Economic Development." *Ecological Economics* 12 (February 1995): 141–59.

———. "Integrating Resource Conservation and Economic Development, People First: Developing Sustainable Communities." Working paper (March 1997).

Terkel, Amanda. "GOP Platform in Years Past Supported Equal Rights, Higher Wages, Funding for the Arts." *Huffington Post* (September 24, 2012). http://www.huffingtonpost.com/2012/09/04/gop-platform_n_1852733.html.

Thompson, Richard. "Giving Away Louisiana: Industrial Tax Incentives." *The Advocate* (December 11, 2014). http://blogs.theadvocate.com/specialreports/2014/12/03/giving-away-louisiana-industrial-tax-incentives.

"Three out of Four Believe Climate Change Is Occurring: Views of Key Energy Issues Are Shaped by Partisan Politics." *University of Texas News* (October 20, 2015). http://news.utexas.edu/2015/10/20/views-of-key-energy-issues-are-shaped-by-partisan-politics.

Thurman, Todd. "Charles Krauthammer Destroys Global Warming Myths in 89 Seconds." *Daily Signal* (February 18, 2014). http://blog.heritage.org/2014/02/18/charles-krauthammer-destroys-global-warming-myths-89-seconds.

"Trump Ends Wild Day on Campaign Trail by Calling for Protesters' Arrests." 369
CNN Politics (March 13, 2016). http://www.cnn.com/2016/03/12/politics/donald-trump-protests.

United Health Foundation. *America's Health Rankings, 2015 Annual Report.* http://www.americashealthrankings.org.

U.S. Census Bureau. *5-Year American Community Survey* [*2009–2013 data*]. Washington, D.C.: U.S. Census, 2013 (accessed August 17, 2015). http://factfinder.census.gov/faces/nav/jsf/pages/guided_search.xhtml.

———. "State Government Tax Collections: 2014." Table STC005 (accessed December 11, 2015). http://factfinder.census.gov/bkmk/table/1.0/en/STC/2014/STC005.

Veblen, Thorstein. *The Theory of the Leisure Class.* New York: Macmillan, 1899.

Vogel, Kenneth P. *Big Money: 2.5 Billion Dollars, One Suspicious Vehicle, and a Pimp—on the Trail of the Ultra-Rich Hijacking American Politics.* New York: Public Affairs/Perseus Group, 2014.

Walsh, Katherine Kramer. "Putting Inequality in Its Place: Rural Consciousness and the Power of Perspective." *American Political Science Review* 106, no. 3 (2012): 517–32.

Wei, Jackie. "Governor LePage Undermines Maine's Green-Building Economy, Sets Back Sustainable Forestry." NRDC.org (December 12, 2011). https://www.nrdc.org/media/2011/111212.

Wethe, David. "Robots Are Taking Over Oil Rigs." *Bloomberg* (January 24, 2017). https://www.bloomberg.com/news/articles/2017-01-24/robots-are-taking-over-oil-rigs-as-roughnecks-become-expendable.

White, Jack E. "The Poorest Place in America." *Time* (August 15, 1994).

Williams, Rob, Shane Gero, Lars Bejder, John Calambokidis, Scott D. Krauss, David Lusseau, Andrew J. Read, and Jooke Robbins. "Underestimating the Damage: Interpreting Cetacean Carcass Recoveries in the Context of the Deepwater Horizon/BP Incident." *Conservation Letters* 4, no. 3 (2011): 228–33.

Wilson, Xerxes A. "Mysterious Tremors Raise Questions." DailyComet.com (October 4, 2012; accessed November 19, 2015). http://www.dailycomet.com/article/20121004/ARTICLES/121009798.

Wines, Michael. "Fish Embryos Exposed to Oil from BP Spill Develop Deformities, a Study Finds." *New York Times* (March 25, 2014).

Wolbrecht, Christina. *The Politics of Women's Rights: Parties, Positions, and Change.* Princeton, NJ: Princeton University Press, 2000.

Wold, Amy. "Washed Away." *The Advocate.* http://theadvocate.com/home/5782941-125/washed-away.

370 Wolf, Vicki. "Salt Dome Instability Caused by Bayou Corne Sinkhole Tragedy and Others." *Clean* (Citizen's League for Environmental Action Now). http://www.cleanhouston.org/misc/salt_dome.htm.

Wolff, Henry. "Race and the 2012 Election." *American Renaissance* (November 9, 2012). http://www.amren.com/features/2012/11/race-and-the-2012-election.

Woodard, Colin. *American Nations: A History of the Eleven Rival Regional Cultures of North America*. New York: Penguin Books, 2011.

World Health Organization. *Global Health Observatory Data Repository* [*2013 data*] (accessed August 12, 2015). http://apps.who.int/gho/data/node.main.688.

WWL-TV Staff. "Poll: Obama Loses Support in La.; Perry, Romney, Cain Close on GOP Side." WWL-TV (October 13, 2011). http://www.wwltv.com/story/news/politics/2014/08/29/14408560.

Zheng, Lingwen, and Mildred Warner. "Business Incentive Use Among U.S. Local GBovernments: A Story of Accountability and Policy Learning." *Economic Development Quarterly* 24, no. 4 (2010): 325–336.

索 引

（以下页码为原书页码，即本书的页边码）

阅读小组指引

(以下页码为原书页码，即本书的页边码)

1. 本书开头，阿莉·拉塞尔·霍赫希尔德在引入“同理心之墙”这一重要概念时提到，1960 年时，仅有不到 5% 的美国人会对自己的孩子与另一党派成员结婚感到不安，而 2010 年，会为此感到困扰的人超过 30% 。这显然表明我们的政治分歧日益扩大。你们在自己的社区经历过或观察到过这种现象吗？(p6)

2. 霍赫希尔德认为，我们的政治分歧扩大，是因为“右派更右了，而非左派更左”。你是否同意这种说法？她给出的证据有说服力吗？这对我们的民主可能产生什么影响？(p7)

3. 霍赫希尔德眼中的“大悖论”是什么，为何路易斯安那州是个极端例子？(p8)

4. 本书开头及后文中，霍赫希尔德提到了萨莉·卡佩尔与雪莉·斯莱克的友谊，还表示，她认为“我国也需要效仿她们的友谊模式——跨越分歧沟通交流的能力”。对此你是否赞同？你有跨越政治分歧的朋友吗？这种“跨越分歧”的友谊带来什么挑战？(p13，p240)

5. 围绕李·舍曼的故事展开讨论——他如何体现了“通过一个锁孔看到的大悖论”？一个揭发公司罪行的环保人士怎么可能同时也是茶党成员？(p33)

6. 在讲述哈罗德·阿雷诺的故事时，霍赫希尔德引用他的话说："如果你射杀了一只濒危的褐鹈鹕，他们便将你投入大牢。如果企业污染鱼类，造成褐鹈鹕食用后死亡呢？他们还是放任不管。我认为他们**对草根阶层监管过度**，因为对**顶层**监管**难度更大**。"霍赫希尔德在全书中多次提及褐鹈鹕——作为书中反复出现的一个重要意向，鹈鹕起到了什么作用？（p52，p138，p212）

7. 霍赫希尔德称将军是个"越过了同理心之墙"的人，她在拜访他时写道，路易斯安那州的民众珍视做某些事的自由，却痛恨**免于**某些事的自由，例如枪支暴力和有毒物质污染，即便相关限制可能令其生活得到改善。将军如何评论他所谓的"心理计划"？（p71）

8. 霍赫希尔德提供了大量证据，在污染和红州之间建立了关联。她还谈到了一份 20 世纪 80 年代的报告，其内容有助于辨别哪些社区不会拒绝"本地不欢迎的土地使用"。她将这种"阻力最小型人格"形象与将军的"心理计划"概念联系了起来，你认为这样做正确吗？（p81，附录 B）

9. 在感到自己被困于同理心之墙她自己这一侧时，霍赫希尔德询问迈克·沙夫，联邦政府做了什么令他感激的事。你怎么看待他的回答，以及他的越不依赖于政府，地位便越高这种看法？你是否感到接受政府任意形式的帮助会降低一个人的地位？你认识的其他人是否会有这样的感觉，为什么？你是否认为如今人们对政府的感激程度普遍不及过去？你对政府有何感激之处？（p113，p114）

10. 在霍赫希尔德笔下人们的生活中，宗教在政治选择、优先事项及政治观的形成方面扮演着什么角色？请围绕这一问题展开讨论。宗教因素如何助长了大悖论？霍赫希尔德写道，她走访的教堂“似乎更关注个人忍耐的道德力量，而非对环境做出改变的意愿——这种改变恰恰令人需要力量”。对此你有何看法？（p124，p179）

11. 霍赫希尔德称，福克斯新闻对她的茶党朋友们有重要影响——福克斯对其吸引力何在，自由派评论员为何令其感到不快？所有媒体都有偏见吗？你阅读、收看或收听什么媒体？你认为它公正吗？（p126）

12. 在“深层故事”一章中，霍赫希尔德呈现了她所见之人的视角，以感受和情绪为重点，借此了解并解释他们的立场。你认为这个故事真实吗？霍赫希尔德说我们都有“深层故事”——你赞同吗？你的深层故事是什么？（p135）

13. 同样在本章，霍赫希尔德指出，美国蓝领工人在很多方面感到被边缘化了，包括奥巴马总统的当选。你认为这些感受如何最终导致了特朗普当选？种族主义可能在大选中发挥了什么作用？后来，霍赫希尔德参加了一次特朗普集会——为何她将其称为“情感候选人”？（p140，p225）

14. 霍赫希尔德的种族主义概念与迈克·沙夫有何不同？你更认同谁的观念？（p147）

15. 整本书中，霍赫希尔德主要从环境角度探讨了大悖论。但她也指出，茶党成员支持自由市场之举不符合其自身利益，因为茶党成员中许多人是小企业所有者或员工，而自由市场有利于大企业。为何他们的深层故事令他们难以看到这一点？我们一定要在自由市场与良好环境间做出选择吗？（p150）

16. 霍赫希尔德以对话形式展现了迈克与多尼围绕 10 号州际公路桥展开的辩论——这如何体现了大悖论？如果你能加入他们的对话，你会对迈克和/或多尼说什么？（p185）

17. 霍赫希尔德讲述了她见到的人们经历的环境灾难、工业发展和昔日生活状况，记忆在其中扮演了什么角色？在霍赫希尔德拜访哈代市长的故事中，工业和地方政府如何允许潜在灾难和污染以商业名义再度发生？居民们的深层故事为何令他们容易出现“结构性失忆”？（p50，p90，p198）

18. 霍赫希尔德如何解释茶党成员对特朗普和1%权贵的认同感？读完《故土的陌生人》后，书中有没有什么观点或故事能帮你理解特朗普的当选？（p217）

19. 霍赫希尔德口中的“北方战略”是什么意思，该战略如何对应她的历史叙述？她指出，南方的分离遗产体现在社会阶级上：不是南方与北方分离，而是富人与穷人分离。你如何看待这种观点？（p220）

20. 本书结尾部分，霍赫希尔德对她新结交的茶党朋友表示了钦佩，称其忠诚、甘于牺牲、坚韧不拔。你在书中有没有发现他们的其他显著优点？（p234）

21. 霍赫希尔德结识的许多人对就业情况忧心忡忡，指责政府监管妨碍了就业。但路易斯安那州的大多数石化公司归外国企业所有，因此资金会流向州外，而工作机会则通常流向了菲律宾或墨西哥的临时工人。你如何解释这种不一致的情况？

22. 本书有没有令你对攀越同理心之墙以及与你自己社区的人弥合政治分歧的可能性产生希望？

23. 在附录C中，霍赫希尔德列出了一些令人吃惊的研究，与不少普遍看法背道而驰。例如，为联邦及州政府工作的人并没有占到40%；正确数字是1.9%。“环境监管越多，就业岗位越少”的说法也不符合事实。为何霍赫希尔德笔下一些人的感觉与研究和事实有如此大偏差？

24. 霍赫希尔德认为，左派和右派聚焦于不同的冲突领域，即“爆发点”。你赞同这种说法吗？（p236）

25. 霍赫希尔德写道，我们的深层故事令我们欣然接受某些方面的现实，同时逃避其他现实，右派倾向于逃避哪方面的现实？左派呢？

26. 霍赫希尔德认为，左右两派的深层故事有应对全球化新动向的不同策略，这些新动向令二者都惶惶不安。你更认同哪方的策略？你是否认为农村地区或锈带市镇选民有不同版本的深层故事？（p236）

27. 一些读者和评论人士称《故土的陌生人》一书改变了他们。本书是否改变了你看待、思考或感受世界的方式？

图书在版编目(CIP)数据

故土的陌生人：美国保守派的愤怒与哀痛／（美）阿莉·拉塞尔·霍赫希尔德著；夏凡译. --北京：社会科学文献出版社，2020.5（2021.2 重印）

书名原文：Strangers in Their Own Land：Anger and Mourning on the American Right

ISBN 978-7-5201-5108-5

Ⅰ.①故… Ⅱ.①阿… ②夏… Ⅲ.①政治-研究-美国 Ⅳ.①D771.2

中国版本图书馆 CIP 数据核字（2020）第 043262 号

故土的陌生人

——美国保守派的愤怒与哀痛

著 者／［美］阿莉·拉塞尔·霍赫希尔德（Arlie Russell Hochschild）
译 者／夏 凡

出 版 人／王利民
组稿编辑／董风云
责任编辑／刘 娟 成 琳

出 版／社会科学文献出版社·甲骨文工作室（分社）（010）59366527
地址：北京市北三环中路甲 29 号院华龙大厦 邮编：100029
网址：www.ssap.com.cn
发 行／市场营销中心（010）59367081 59367083
印 装／北京盛通印刷股份有限公司

规 格／开 本：889mm×1194mm 1/32
印 张：13.625 字 数：312 千字
版 次／2020 年 5 月第 1 版 2021 年 2 月第 2 次印刷
书 号／ISBN 978-7-5201-5108-5
著作权合同登记号／图字 01-2018-2784 号
定 价／69.00 元